CODE
CRIMINEL,
OU
COMMENTAIRE
Sur l'Ordonnance de 1670,

CODE CRIMINEL,

OU

COMMENTAIRE

Sur l'Ordonnance de 1670,

CONTENANT les Regles prescrites par les anciennes & nouvelles Ordonnances pour l'Instruction des Procès Criminels. Plusieurs questions de Droit incidentes aux Matieres Criminelles. Les Réglements concernant la compétence des Juges Royaux & subalternes. Les Regles pour l'Instruction conjointe des Juges Royaux & Ecclésiastiques, & les Réglements concernant les Privileges Ecclésiastiques.

Un Commentaire particulier sur l'Ordonnance de 1731, concernant les Cas Prévôtaux, avec un Traité des Fonctions, Droits & Prérogatives des Officiers de Maréchaussée. Les Regles pour le jugement des Procès Criminels. Un Recueil des Privileges & Immunités de MM. les Officiers des Parlements, Chambre des Comptes & du Domaine, Trésoriers de France, & Officiers des Bailliages & Sénéchaussées & Sieges Présidiaux.

Enfin plusieurs Réglements sur les Cas Royaux, & les Droits concernant les Offices des Lieutenans Criminels & autres Officiers.

Par M. FRANÇOIS SERPILLON, Lieutenant Général Criminel, & Conseiller honoraire aux Bailliage, Chancellerie & Siege Présidial d'Autun.

TROISIEME PARTIE.

A LYON,

Chez les FRERES PERISSE, Libraires, rue Merciere.

M. DCC. LXVII.

AVEC APPROBATIONS ET PRIVILEGE DU ROI.

CODE
CRIMINEL,
OU
COMMENTAIRE
Sur l'Ordonnance de 1670.

TITRE XVIII.

Des Muets & Sourds, & de ceux qui refufent de répondre.

ARTICLE I.

Si l'accufé eft muet, ou tellement fourd qu'il ne puiffe ouïr, le Juge lui nommera d'Office un Curateur qui faura lire & écrire.

1. UN accufé qui n'auroit que de la difficulté de parler ou d'entendre ne feroit pas dans le cas de cet article. Il faut qu'il foit véritablement muet ou fourd. *Hæc regula procedit in eo qui nihil loqui vel audire poteft, unde fecus in furdaftro, vel balbutiente, & tardiùs audiente.* Farinace, queftion 60, n. 56, tome 2, page 166.

A

2. Lorsqu'un Juge se transporte dans les prisons pour interroger un accusé sourd ou muet, il doit dresser un procès verbal, contenant ce qui s'est passé. La premiere formalité est celle du serment. Le Juge interpelle l'accusé de le prêter. S'il est sourd, il ne fait aucune réponse, à moins qu'il n'ait compris par signe ; on en fait mention dans le verbal, & après quelques demandes pareilles au sujet de ses nom, surnom, âge, & demeure, s'il ne répond pas, ou s'il ne fait pas quelques signes, on en fait encore mention dans le verbal que l'on interpelle l'accusé de signer. Enfin après avoir fait un récit exact de cette entrevue, le Juge se retire.

Si l'accusé est muet il faut de même lui faire plusieurs demandes auxquelles, s'il entend, il ne manque pas de faire quelques signes pour faire comprendre qu'il entend, mais qu'il ne peut répondre. Sur le verbal qui est dressé de tout ce qui s'est passé soit à l'égard du sourd ou du muet; si le Juge connoît qu'il n'y a ni malice ni affectation, il lui nomme à la suite du verbal & d'Office un curateur. Ce mot *d'Office* signifie qu'il n'est pas nécessaire pour cela de communiquer le procès verbal ni à la partie publique, ni à la partie civile. Mais il faut qu'ils aient ensuite communication du verbal & de l'Ordonnance.

3. Il y a des accusés qui savent feindre être muets ou sourds. Tous les Auteurs conviennent que lorsqu'il y a soupçon de malice, il faut à la requête de la partie publique, s'il n'y a point de partie civile, ordonner qu'il sera informé diligemment & sommairement de l'état de l'accusé; l'objet de cette information est d'acquérir la preuve du fait; savoir, si l'accusé est tel qu'il paroît, ou affecte de paroître, ou s'il lui est arrivé quelque accident qui lui a causé cette maladie ou incommodité; & s'il est prouvé qu'il y a de la fourberie on lui fait son procès comme à un muet volontaire. Mais si les témoins déposent qu'il est réellement sourd ou muet, il faut lui créer un curateur.

L'Ordonnance n'a pas dans cet article parlé des sourds volontaires; elle ne dit pas qu'il leur sera fait trois interpellations, & qu'ils ne seront pas reçus à répondre à ce qui auroit été fait en leur présence; les peines ne s'étendent pas d'un cas à un autre. Il est cependant à présumer que l'Ordonnance a entendu parler tant du sourd que du muet volontaire; sans quoi elle auroit aussi prescrit la forme de procéder contre le sourd volontaire. Mais ce qui fait croire qu'il faut suivre les mêmes formalités contre l'un & contre l'autre, c'est que, affecter de ne pas entendre pour avoir occasion de ne pas répondre, c'est être muet volontaire.

4. Quelques-uns ont cru que lorsque l'on soupçonne de malice un accusé, contre lequel il y a des preuves considérables, il falloit le condamner à la torture. Mais on peut dire que l'objet de la question étant de tirer la vérité de la bouche de l'accusé, il y auroit de l'injustice & de la cruauté à y faire appliquer celui que l'on n'est pas certain s'il pourra remplir l'objet de la torture, qui ne peut faire parler celui qui n'en a pas la faculté.

ARTICLE II.

*Le Curateur fera ferment de bien & fidèlement défendre l'accusé,
dont fera fait mention ; à peine de nullité.*

1. La prestation de ferment du curateur se met au bas du procès verbal par lequel il a été nommé. Il faut l'assigner pour prêter le ferment & accepter la commission ; à moins qu'il ne veuille comparoître volontairement. Mais s'il refusoit de l'accepter, il ne pourroit y être forcé.

Le Roi a taxé les salaires des curateurs par le tarif qui est copié ci-devant sur l'article XIII, du titre VI, des informations. Ils font payés sur le même pied que les Chirurgiens, savoir quatre livres par jour ; mais cela ne concerne que les procédures instruites à requête des Procureurs du Roi. Dans les cas où il y a partie civile, le Juge peut les taxer à une somme plus forte.

2. S'il se trouve quelque parent de l'accusé qui veuille faire la fonction de curateur, il est juste de le préférer. Il est censé le vouloir défendre avec plus d'affection. L'accusation intéresse l'honneur de la famille. Il paroît même que c'est l'intention de l'Ordonnance qui par l'article II, du titre XXII, veut que le parent de celui à la mémoire duquel on fait le procès soit préféré. Il y a encore pour cela un motif pressant, qui doit engager les parents à accepter la curatelle ; c'est la conservation dans la famille des biens qui pourroient être confisqués. D'ailleurs les parents qui ont habitude avec le muet & le sourd peuvent plus facilement qu'un autre lui faire comprendre par signes, ce qu'ils veulent lui faire entendre, & concevoir ce qu'il veut lui-même faire entendre.

ARTICLE III.

*Pourra le Curateur s'instruire secrettement avec l'accusé par
signes ou autrement.*

Il est juste que le curateur ait la liberté de s'entretenir en secret avec l'accusé muet ou sourd, afin qu'il puisse tirer de lui par gestes & signes la vérité des faits nécessaires pour sa défense ; c'est par cette raison que comme il vient d'être observé, on préfère un parent ou autre accoutumé aux manieres & façons d'agir de l'accusé. Mais il faut que le curateur sache lire & écrire.

ARTICLE IV.

*Le muet ou sourd qui saura écrire pourra écrire & signer tou-
tes ses réponses, dires, & reproches contre les témoins, qui
seront encore signés du Curateur.*

1. Quoique le sourd ou muet sache écrire, il lui faut suivant cet
article un curateur; ils doivent l'un & l'autre signer tous les actes. Mais
il faut observer que l'accusé ne peut écrire lui-même que ses réponses,
ses plaidés, & reproches, s'il le sait & s'il le veut. Car tout le surplus
des actes doit être écrit à l'ordinaire par le Greffier; l'accusé les lit, &
il écrit à la suite des demandes ses moyens de défense. *Si mutus aut
surdus ex accidenti litteras scribere sciat, admittitur & recipitur ejus testimonium per scripturam.* Farinace, question 60, n. 52, tome 2, p. 166;
à plus forte raison un accusé peut user de cette faculté. Les réponses
qu'un accusé rédige lui-même sont moins suspectes que de toute autre
manière.

2. Si le sourd ou muet, qui sauroit écrire, refusoit de se prêter à la
permission que lui accorde cet article, on ne pourroit l'y contraindre,
ou l'y engager par des menaces & interpellations qui lui seroient faites
comme à un muet volontaire. Car l'Ordonnance se sert du terme *pourra*;
ce qui prouve que ce n'est qu'une faculté dont il peut user, ou non.
L'article suivant y est précis; ainsi le Juge doit se contenter de lui déclarer qu'il a le choix d'écrire ses réponses, ou de les laisser écrire.

3. Du Rousseau de la Combe, partie 3, chap. 17, n. 5, édition de
1744, p. 516, a donné un modele d'interrogatoire à un accusé qui sait
lire & écrire; il l'a copié dans le style de Gauret; mais il seroit dangereux de le suivre. Il prétend que le Juge doit faire mettre, sur une feuille
séparée des interrogatoires, les réponses de l'accusé, & qu'après que
l'accusé a écrit sur la feuille séparée, il doit ordonner que cette feuille demeurera jointe à l'interrogatoire. Ensorte que l'interrogatoire seroit sur
une feuille, & les réponses sur une autre. Mais ce style n'est pas conforme à l'intention de l'Ordonnance qui ne parle pas de deux feuilles;
l'article suivant au contraire veut que dans cette occasion les formalités ordinaires soient suivies, comme à l'égard des autres accusés. Ce qui donne
à entendre que le Greffier doit écrire à l'ordinaire les interrogatoires, &
que l'accusé muet ou sourd peut à la suite de chaque interrogatoire écrire
ses réponses, telles qu'il le jugera à propos; cette façon est moins embar-
rassante & plus réguliere.

Suivant cette regle qui paroît résulter de l'Ordonnance, le Juge fait
écrire *v. g.* à son Greffier ces mots. *Vous jurez & promettez de répondre
vérité.* Et l'accusé à la suite écrit: *je jure & promets à Dieu de répondre*

vérité. Enſuite le Greffier écrit. *Interrogé de ſes nom, ſurnom, âge, qualité & demeure* L'accuſé, après en avoir pris lecture, écrit à la ſuite. *Mon nom eſt, Jean . . ma demeure eſt en un tel lieu, je ſuis âgé de,* &c. Les demandes toujours écrites par le Greffier, & lecture priſe par l'accuſé; il écrit à la ſuite de chacune, ſes réponſes.

Si l'accuſé n'écrit pas facilement, il peut prendre lecture de la demande, & faire entendre ſa réponſe au curateur qui l'ayant rendue au Juge, celui-ci la dicte au Greffier. Voyez la Pratique d'Ayrault, livre 3, chap. 3, n. 6, & ſuivant p. 324.

L'accuſé ſourd, ſans être muet peut prendre lecture des interrogatoires, & faire ſes réponſes que le Juge dicte au Greffier; il pourroit auſſi les écrire lui-même ſuivant cet article. Mais le curateur doit toujours être préſent. Dans ce cas c'eſt à peu près la même procédure que celle qui s'obſerve dans le cas d'un accuſé qui n'entend pas la langue françoiſe. Voyez les obſervations ſur l'article XI, du titre XIV.

ARTICLE V.

Si le ſourd ou muet ne ſait ou ne veut écrire ou ſigner, le Curateur répondra en ſa préſence, fournira des reproches contre les témoins, & ſera reçu à faire tous actes, ainſi que pourroit faire l'accuſé. Et ſeront les mêmes formalités obſervées : à la réſerve ſeulement que le Curateur ſera débout & nue tête en préſence des Juges, lors des derniers interrogatoires, quelques concluſions ou Sentences qu'il y ait contre l'accuſé.

Cet article contient à l'égard des muets & ſourds une partie des mêmes diſpoſitions, du titre XXII, concernant les curateurs donnés aux cadavres, & du titre XIV, article XXIII, concernant les interprètes donnés aux accuſés qui n'entendent pas la langue françoiſe.

Le curateur peut parler en ſecret à l'accuſé, même dans le temps qu'il eſt ſur la ſellette. Il peut dans ce cas demander permiſſion de ſe retirer dans une autre chambre, pour y conférer plus librement & ſecrettement, avec l'accuſé, par ſignes ou autrement.

ARTICLE VI.

Si l'accusé est sourd ou muet, ou ensemble sourd & muet, tous les actes de la procédure feront mention de l'assistance de son Curateur; à peine de nullité, & des dommages & intérêts des parties contre les Juges. Le dispositif néanmoins du Jugement ne fera mention que de l'accusé.

Les articles XXIII, du titre XIV; & III, du titre XXI, contiennent les mêmes dispositions, parce qu'il n'y a que l'accusé qui est condamné; le curateur de même que les interprêtes ne doivent pas être nommés dans le dispositif de la Sentence qui contient la conviction du crime & les peines; mais ils sont nommés dans les qualités & dans le vu de pieces de la Sentence pour prouver qu'il y a eu un curateur.

ARTICLE VII.

Ne sera donné aucun Curateur à l'accusé qui ne voudra pas répondre, le pouvant faire.

1. Un accusé témoigne plus de mépris pour la Justice en refusant de répondre lorsqu'il est interrogé, qu'en refusant de comparoître sur son décret. L'amour de la liberté, l'infidélité des témoins, l'incertitude du Jugement des hommes & une infinité d'autres périls auxquels les innocents sont exposés excusent la fuite; au contraire celui qui refuse en face à la Justice de répondre à ses demandes, n'a aucune excuse légitime; c'est pour cela qu'elle le traite sévérement. Au lieu que le contumax est toujours reçu favorablement; sa représentation, même forcée, annéantit les Jugements rendus contre lui; mais le muet volontaire n'est plus reçu malgré sa soumission à répondre sur ce qui a été fait pendant sa contumace ou refus de répondre. Il ne peut plus reprocher les témoins que par piéces authentiques. Peines de sa désobéissance.

2. Il y avoit autrefois une contumace de présence qui étoit celle que l'on instruisoit contre les muets volontaires; mais cette forme de procédure fut blâmée par Arrêt du Parlement de Paris du 1 Décembre 1663, qui se trouve dans le recueil de la Maréchaussée, p. 847. Il fut ordonné qu'il seroit publié dans tous les Sieges du ressort.

ARTICLE VIII.

Le Juge lui fera, sur le champ, trois interpellations de répondre, à chacunes desquelles il lui déclarera qu'autrement son procès lui fera fait, comme à un muet volontaire, & qu'après il ne fera plus reçu à répondre fur ce qui aura été fait en fa préfence, pendant fon refus de répondre. Pourra néanmoins le Juge, s'il le trouve à propos, donner pour répondre un délai, qui ne pourra être plus long de vingt-quatre heures.

1. Monfieur le premier Préfident, lors de la lecture de cet article, obferva que ce titre étoit conforme à l'ufage du Parlement, mais qu'il fe trouvoit une difficulté, favoir, que les trois interpellations étoient trop précipitées; qu'au Parlement l'ufage étoit de les faire à trois différens jours: parce qu'un accufé interrogé au moment de fa capture, peut être furpris, il voudra peut-être délibérer fur la compétence du Juge. Qu'il lui falloit donner quelque temps pour fe reconnoître, & que le tempérament qui pourroit y être apporté feroit de lui faire trois interpellations dans les vingt-quatre heures à trois différentes féances, le matin, l'après midi, & le lendemain matin.

M. Puffort répondit qu'il n'y avoit rien de fi recommandé que la prompte expédition en matiere criminelle; que tout devoit être quitté pour y travailler, & que le procès pouvant être fait & parfait dans vingt-quatre heures à un homme préfent, il devoit répondre fur le champ. Que fi les délais de ces interpellations étoient établis, ils deviendroient de ftyle, & pendant ce temps les accufés prendroient confeil, & profiteroient des autres avantages que leur donnent les longueurs de l'inftruction. Qu'il ne falloit pas favorifer la contumace, qu'il n'y en avoit pas de plus affectée que celle d'un accufé qui refufe de répondre à fon Juge; & enfin qu'il pouvoit faire des proteftations, s'il croyoit le Juge incompétent.

M. Talon remontra que l'ufage du Châtelet avoit changé plufieurs fois; qu'anciennement on leur créoit un curateur, mais que comme l'on y avoit reconnu de l'inconvénient, en ce qu'il falloit recommencer la procédure, lorfque l'accufé offroit de répondre, on avoit introduit l'ufage des trois interpellations à trois différens jours. M. Puffort répondit qu'il en falloit parler au Roi. Et on ajouta à l'article les derniers termes, qui permettent au Juge de donner à l'accufé un délai de vingt-quatre heures. Ce qui n'étoit pas dans le projet.

2. L'Ordonnance ne prononce pas la peine de nullité dans le cas où le Juge ne feroit pas les trois interpellations; mais comme elle eft de droit

étroit, par Arrêt du 26 Octobre 1684, le Parlement de Paris déclara nulle une procédure faite par le Prévôt d'Andrefy, qui n'avoit fait que l'une des trois interpellations prefcrites par cet article.

3. M. Jouffe, fur cet article, prétend qu'il en eft de même, fi l'accufé refufe de prêter ferment, comme cela arrive quelquefois; c'eft-à-dire, qu'il faut lui faire les trois interpellations, comme à un muet volontaire: on ne peut cependant regarder comme tel, celui qui répond, en difant qu'il ne veut pas prêter ferment; il ne refufe pas de répondre, il ne fait pas le muet, il n'y a aucune peine prononcée contre celui qui refufe de prêter ferment; tout ce que peut faire le Juge, c'eft de faire mention du refus de l'accufé, de prêter ferment; il eft cependant vrai que Meffieurs les Commiffaires du Parlement de Paris, dans la procédure de l'infâme Damiens, firent le 8 Février 1757, à cet accufé, trois différentes interpellations, de prêter le ferment qu'il refufa; ce qui prouve leur ufage à cet égard. *Idem*, le 18 du même mois.

Il ne fuffiroit pas de faire mention qu'il a été fait à l'accufé, trois interpellations différentes; il faut les faire écrire dans trois articles, interpellé pour la première fois, de répondre fur le champ; finon nous lui avons déclaré, &c., comme le porte cet article, n'a voulu répondre: interpellé pour la feconde fois, &c.; finon lui avons déclaré, &c.; n'a voulu répondre: interpellé pour la troifieme & derniere fois, de répondre fur le champ; finon nous lui avons déclaré, &c., n'a voulu répondre: copier trois fois les termes de l'Ordonnance, dans les trois interpellations; après lefquelles, le Juge continue fes interrogatoires; & à chaque article, il fait mention du refus de répondre: le Juge peut cependant, comme l'Ordonnance lui en donne la faculté, accorder à l'accufé, le délai de vingt-quatre heures; ce qu'il ne fait qu'après avoir fait à l'accufé plufieurs interrogatoires peu importants; parce qu'il eft inutile de lui apprendre tous les faits fur lefquels il doit répondre, fi l'on veut lui accorder le délai de faveur.

4. Si l'accufé pour motif de fon refus de répondre, propofoit l'incompétence du Juge; il feroit obligé d'en faire mention, & de ceffer fes interpellations, pour renvoyer la caufe à l'Audience, fuivant Lange, dans fon Praticien, liv. 1, chap. 10. M. Jouffe dit auffi qu'il faut regarder cette incompétence propofée, comme un incident qui doit être jugé par le Siége. M. Talon, fur l'article IX de ce titre, qui eft le fuivant, demanda fi l'accufé propofant un déclinatoire, il ne faudroit pas faire droit fur fa demande. M. Puffort répondit que s'il alléguoit un déclinatoire ou incompétence, il la faudroit juger; c'eft-à-dire, qu'il faudroit renvoyer à l'Audience, pour y juger cet incident préliminaire, fur la plaidoirie du Procureur de l'accufé, s'il veut en faire trouver un à une Audience extraordinaire; finon en référer à la Chambre: & pour cela, il faudroit lorfque l'accufé propofe le déclinatoire ou l'incompétence, l'interpeller d'en déclarer les moyens, ou de nommer un Procureur pour les plaider; finon lui

déclarer

déclarer que sur les conclusions de la partie publique seule, il y sera
prononcé; il faut le mettre en retard, s'il refuse de s'expliquer, afin qu'il
ne puisse dire qu'il a été débouté du déclinatoire, sans l'entendre.

L'Arrêt du 1 Décembre 1663, dont il a été parlé sur l'article VII
de ce titre, a servi de regle pour le rédiger: ainsi il est important de
remarquer qu'il fut rendu sur les conclusions de M. l'Avocat Général
Talon, qui après avoir fait voir l'irrégularité de quelques procédures de
contumace, que plusieurs Juges étoient dans l'usage de faire contre les
muets volontaires, remontra que les accusés qui refusoient de répondre, ne
manquoient pas d'alléguer les raisons de leur refus: ce qui obligeoit le Juge,
avant toute chose, de prononcer sur le déclinatoire: sur ces remontrances,
le Parlement de Paris rendit l'Arrêt de Réglement, portant que les
précédents Arrêts seroient exécutés; ce faisant que les Juges qui procéderoient à l'instruction des procès, seroient tenus, *après qu'ils auroient
jugé le déclinatoire*, de faire trois interpellations, &c.: ce qui prouve qu'il
faut effectivement juger le déclinatoire sur les conclusions de la partie
publique, soit à l'Audience, soit à la Chambre du Conseil. Nous ne
sommes cependant pas dans cet usage, au Parlement de Dijon: depuis
trente-huit ans d'exercice de mon Office de Lieutenant Criminel, je me
suis trouvé souvent dans le cas des accusés qui proposoient des incompétences lors de leurs interrogatoires; j'ai toujours passé outre, sans les
juger, & mes procédures n'ont pas été blâmées à la Cour: il est vrai
que si l'accusé déclaroit précisément qu'il ne veut pas répondre, & que
la cause de son refus est l'incompétence; il paroît qu'il seroit absolument
nécessaire de la juger, avant de pouvoir lui faire son procès, comme à
un muet volontaire: la peine de ce refus est trop grande, pour la faire
subir à un accusé, sans avoir examiné en regle, si l'incompétence qu'il
propose, est bien ou mal fondée: s'il en est débouté sur les conclusions
de la partie publique seule, ou autrement, le Juge continue sa procédure:
nonobstant toutes appellations comme de Juge incompétent, suivant l'article II, du titre XXV: mais s'il est prononcé sur l'incompétence, le Juge
est dépouillé, & le procès doit être renvoyé en la Jurisdiction qui doit
en connoître. Voyez l'article suivant, n. 1.

5. Les foux sont comparés aux muets & sourds, même aux animaux;
ils sont regardés comme incapables de dol, fraude, & malice; ils sont
comme les animaux privés de la faculté de penser: ce qui pourroit faire
croire que l'on devroit à leur égard, suivre la même procédure que
pour les muets & sourds. Cependant l'Ordonnance n'en a pas parlé;
peut-être pour donner à entendre que les foux ne pouvant être punis
pour les crimes qu'ils commettent, il étoit inutile de preferire des formalités pour leur faire leur procès: il est néanmoins vrai, comme il a été
prouvé sur l'article I du titre III, n. 26; & sur l'article XXI du titre
XVI, n. 1, que dans plusieurs cas, comme de Religion, de crime de
lese-Majesté, de parricide, & autres crimes énormes, on punit les foux.

Voyez Jul. Clar., liv. 5, parag. fin. n. 7, Gomes *vari resel.* chap. 1, n. 72; & Tiraqueau, *de pœnis*, cauf. 3, n. 6.

On distingue si le crime a été commis pendant la folie, ou avant la folie: au premier cas, il n'y a pas de véritable crime, à moins qu'il ne fût prouvé que l'accusé étoit *in dilucidis intervallis*, suivant Jul. Clar., question 60, parag. fin. Farinace, question 94, n. 45, dit: *Furiosus non est liberandus, sed custodiendus à suis in carceribus & vinculis, non ad pœnam delicti commissi, sed ne quid perniciosus in se, aut in alios moliatur:* n. 52, il ajoute: *licet furor non præsumatur, nisi probetur, si tamen suit probatum aliquem aliquo tempore fuisse furiosum, & in futurum etiam fuisse, præsumitur furiosus.*

La folie se prouve par les discours, par les actions, & par le rapport des Médecins: le Juge commence par interroger l'accusé, on fait une enquête des actes de folie, pour savoir s'il y a eu, *dilucida intervalla*, où si avant le crime il avoit eu des accès; s'il est prouvé que la folie est survenue depuis le crime, qu'elle est réelle, & sans soupçon de malice, il faut surseoir toute procédure criminelle, parce que l'accusé est hors d'état de se défendre, même par un curateur; il ne pourroit l'instruire de sa défense: si la folie est survenue après l'instruction finie, alors l'accusé ayant fourni ses moyens de défense, il peut être puni: mais d'une peine qui suivant les Auteurs, & entr'autres, Jul. Clar. liv. 5, *Sententiarum*, question 60, n. 30, & suivants, *ex additionibus*, ne doit pas aller jusqu'à la mort: cependant, comme il a été observé sur l'article XXI, du titre XVI, n. 1, les Parlements défendent aux Juges d'avoir égard, en jugeant, à la folie; les Cours veulent qu'ils jugent l'accusé, & le condamnent à la peine de son crime, comme s'il n'étoit pas fou, sauf en cause d'appel, à faire informer des faits de folie. Bruneau, titre XXVII, max. 12, p. 257, rapporte un Arrêt du Parlement de Paris, du 12 Juillet 1702, qui l'a ainsi jugé.

Malgré les Arrêts rendus à ce sujet, on peut dire qu'il n'y a point de Juge qui pût se déterminer à condamner à mort un accusé qu'il connoîtroit réellement fou; on a beau dire qu'en cause d'appel, on y remédiera; si c'est par contumace, la Sentence s'exécute par effigie, sans être confirmée par Arrêt; si c'est contradictoirement, le Jugement ne laisse pas de déshonorer la famille: il peut s'évader après une condamnation à mort, prononcée par le premier Juge; dans ce cas, la procédure n'est pas portée à la Cour; la Sentence de contumace subsiste: on ne veut pas que le Juge informe des faits de folie; c'est ce qui paroît impossible: les témoins en déposant du crime, ne manquent pas en même temps de parler des faits de folie; si le Juge refusoit de rédiger à charge & décharge leurs dépositions, ils se retireroient avec raison; le Juge lui-même auroit une répugnance invincible d'en user autrement, quand même les faits de folie se feroient passés avant le crime commis; il n'y a ni Juge, ni témoin, qui crût pouvoir diviser la vérité, & ne parler que

du crime, sans faire mention de l'état de celui qui l'a commis. J'ai toute
la soumission possible, pour les décisions des Cours ; mais je prendrois
dans ce cas, le parti de m'abstenir, plutôt que de contrevenir à la regle
de la charge & décharge ; & je pense que tout autre Juge en feroit de
même. Voyez à ce sujet, d'autres observations sur l'article XXI du
titre XVI.

ARTICLE IX.

Si l'accusé persiste en son refus, le Juge continuera l'instruc-
tion de son procès, sans qu'il soit besoin de l'ordonner ; &
fera mention à chacun article des interrogatoires, & autres
procédures, faites en présence de l'accusé, qu'il n'a voulu
répondre ; à peine de nullité des actes, où mention n'en
aura pas été faite, & des dépens, dommages & intérêts contre
le Juge.

1. On pourroit induire de ces termes, *le Juge continuera l'instruction,*
sans qu'il soit besoin de l'ordonner ; que quelque motif que l'accusé apporte
de son refus de répondre, le Juge doit continuer sa procédure : cependant,
comme il vient d'être observé sur l'article précédent, n. 4, si l'accusé
déclaroit formellement que son refus de répondre, procede de ce qu'il
soutient l'incompétence du Juge, & qu'il ne répondra pas qu'elle ne soit
jugée ; il faudroit absolument juger cet incident à l'Audience, ou à la
Chambre du Conseil, avant de continuer le procès à l'accusé, comme
muet volontaire.

2. Si le Juge a accordé à l'accusé, le délai de vingt-quatre heures,
il doit le lendemain se transporter dans les prisons, & l'interroger de
nouveau ; il n'est pas besoin de lui faire de nouvelles interpellations ; il
suffit suivant l'Ordonnance, de faire mention à chaque article que l'accusé
n'a voulu répondre ; il est cependant ordinaire de faire dans l'interrogatoire, des remontrances à l'accusé, sur les inconvénients qui naîtront de
son refus, afin qu'il ne puisse dire dans la suite, qu'il n'en a pas connu
les conséquences ; & sur-tout que lors des confrontations, il perd tout
l'avantage de faire expliquer les témoins à sa décharge, sur les faits de
leurs dépositions, & sur les reproches qu'il pourroit fournir contre eux

A R T I C L E   X.

Si dans la suite de la procédure, l'accusé veut répondre, ce qui sera fait jusqu'à ses réponses, subsistera, même la confrontation des témoins contre lesquels il n'aura fourni des reproches, & ne sera plus reçu à en fournir, s'ils ne sont justifiés par écrit.

Il ne faut pas induire de la sévérité des peines que l'Ordonnance prononce contre les muets volontaires, que tous les faits sur lesquels ils ont été interrogés, sont tenus pour confessés & avoués, faute par eux d'avoir répondu : leur obstination à garder le silence, peut seulement faire présumer qu'ils n'ont point de moyen de défense ; ainsi il ne faut pas moins de preuve pour les convaincre du crime dont ils sont prévenus que contre tous autres accusés.

On ne doit pas recommencer les actes de la procédure, faits pendant le refus de répondre : cet article veut qu'ils subsistent ; il n'y a que les interrogatoires qui, pouvant être réitérés en tout état de cause, doivent l'être ; si l'accusé dans la suite, offre de répondre, il faut lui donner toutes les facilités de se justifier, pourvu qu'elles ne soient pas prohibées.

A R T I C L E   XI.

S'il a commencé de répondre, & cessé de vouloir le faire, la procédure sera continuée, comme il est ordonné ci-dessus.

L'Ordonnance a prévu tous les cas de la malice & du caprice d'un accusé ; s'il affecte de faire le muet, ou le sourd, dès le premier interrogatoire, on ne laisse pas de continuer la procédure ; si dans la suite il ouvre les yeux sur les inconvénients de son obstination, & qu'il offre de répondre, il est reçu à répondre : s'il retombe dans sa premiere désobéissance, on reprend la route prescrite par l'Ordonnance ; rien n'arrête l'instruction : de quelque maniere que l'accusé se conduise, la procédure n'est pas retardée.

TITRE XIX.

Des Jugements & Verbaux de Torture.

ARTICLE I.

S'il y a preuve considérable contre l'accusé d'un crime qui mérite peine de mort, & qui soit constant, tous Juges pourront ordonner qu'il sera appliqué à la question, au cas que la preuve ne soit pas suffisante.

1. IL y a long-temps que le public se plaint de l'usage de la torture: on en fit même des remontrances lors des Conférences sur ce titre. M. Pussort, principal rédacteur de cette Loi, convint que la question préparatoire lui avoit toujours paru inutile; & ajouta que si l'on vouloit se détacher de toute prévention de l'ancien usage, on trouveroit que rarement elle tire la vérité de la bouche des accusés: M. le premier Président répondit qu'il voyoit de grandes raisons de la supprimer; mais qu'il n'avoit que son sentiment particulier: effectivement, on ne peut rien trouver de plus cruel & de plus injuste, que la question préparatoire; les Romains la faisoient donner à leurs esclaves, mais c'étoit parce qu'ils les regardoient comme des animaux domestiques; ils n'y condamnoient jamais un citoyen: à plus forte raison, des Chrétiens & des peuples civilisés devroient s'en abstenir. Quintilien dit, que la question opere selon les tempéraments, un scélérat d'une constitution robuste, dénie son crime, un innocent d'une complexion délicate, avoue celui qu'il n'a pas commis; s'il se trouve quelques indices contre un accusé, on le met à la torture, sans être certain qu'il est coupable: si la force des tourments le fait déposer contre lui-même, peut-on en tirer une conséquence, qu'il a commis le crime qui lui est imputé? N'est-il pas d'ailleurs de principe, qu'il vaut mieux innocenter plusieurs coupables, que de s'exposer à faire périr un innocent: ces inconveniens ont déterminé plusieurs Souverains à supprimer ce tourment; il y a environ quinze ans qu'il le fut en Prusse: ce Prince n'a pas voulu que l'on confondît l'innocent avec le coupable: la question n'est aussi plus en usage en Angleterre, suivant Despeisses, qui, chap. 10, partie 1, n. 10, se récrie beaucoup contre l'usage en France, à cet égard. Plusieurs innocents sont morts à la question, ce fait est trop notoire, pour avoir besoin d'être prouvé en détail. M. d'Alembert, dans une lettre à M. Rousseau, imprimée en 1759, touchant le Gouvernement

de Genève, p. 571, dit : *Dans cette République, la Justice criminelle s'exerce avec plus d'exactitude, que de rigueur ; la question déjà abolie dans plusieurs Etats, & qui devroit l'être par tout comme une cruauté inutile, est proscrite à Genève ; on ne la donne qu'à des Criminels, condamnés à mort.*

Lors des conférences sur cet article, M. le premier Président dit encore, qu'il seroit à souhaiter que la façon de faire donner la question, fût uniforme, parce que dans certains endroits, elle étoit donnée si rudement, que celui qui la souffroit, restoit hors d'état de travailler, & en demeuroit même souvent estropié ; ce qui étoit contre l'intention de la Loi, qui n'ordonne pas la question comme une peine, puisqu'elle n'infame pas, & que nous avons reçu cette belle maxime des Romains, auxquels Tertulien dit : *Apud tyrannos tormenta pro pœna adhibentur, apud vos soli questioni temperantur.*

M. Pussort répondit qu'il étoit difficile de rendre la question uniforme, parce que la description qu'il en faudroit faire, seroit indécente dans une Ordonnance ; mais qu'il étoit sous-entendu dans cet article, que les Juges prendroient garde que les condamnés n'en demeurassent estropiés : ce sous-entendu est bien mal entendu, & exécuté, puisque plusieurs en ont été estropiés, & qu'il y en a même qui y sont morts : nous en avons un grand exemple, dans la cause célebre, qui fut plaidée au Parlement de Paris, le 27 Janvier 1600, en présence du Roi Henri IV, & du Duc de Savoie, par deux grands Avocats, Anne Robert, & Antoine Arnaud. Un Boulanger de Paris, accusé d'un assassinat, fut appliqué à la question, & ensuite reconnu innocent par la Déclaration des véritables assassins : il poursuivit la partie civile, pour ses dommages & intérêts, il n'en put obtenir ; il fut mis hors de Cour, sans dépens. Voyez ci-devant, l'Arrêt sur l'article VII, du titre III, n. 1 : les Histoires de M. de Langlade, & de Lebrun, qui sont dans les causes célebres, ne prouvent pas moins les grands inconvéniens, & l'injustice de la question, à laquelle ils furent condamnés, & qu'ils souffrirent, quoiqu'innocents. Il y a un Traité fait à ce sujet, en 1681, par M. Nicolas, Président au Parlement de Besançon. Voyez Papon, liv. 24, titre VIII, n. 1, où il cite l'exemple de plusieurs accusés, qui ont avoué avoir assassiné des personnes trouvées dans la suite vivantes : on peut voir encore une savante déclamation contre la torture dans un essai de Jurisprudence, imprimé en 1694, *in-12*, p. 179.

On dira en vain que la torture n'est pas regardée comme une peine, elle en est une grande & bien réelle : nous en avons une à Autun, qui est un des plus grands, des plus cruels, & des plus longs supplices : notre usage est de faire attacher l'accusé sur une table qui a quatre roulettes, elle n'est élevée de terre que d'un demi pied, elle est percée en plusieurs endroits, pour passer des cordes avec lesquelles l'accusé est attaché par les bras, les jambes, les cuisses, & l'estomac : il est garotté nud en chemise sur cette table, de façon qu'il ne peut remuer ni bras ni jambes ; on lui a mis auparavant une espece de brodequins, ou de botines, qui lui enveloppent les pieds & les jambes, jusqu'aux genoux ; ces brodequins sont faits avec de mauvais cuir spongieux, appellé du baudrier ; le questionaire fait rouler la table à un pied de distance d'un grand feu de bois & de charbon, il a auprès de lui, dans une chaudiere, sur un trepied, douze peintes d'huile bouillante ; & avec un bassin, il verse de cette huile sur les jambes, & sur les pieds de l'accusé ; l'huile pénetre au travers de ce mauvais cuir spongieux ; les jambes, & sur-tout les pieds du patient, en sont brûlés, & même en partie calcinés ; les interrogatoires ne pouvant être que longs à rédiger, le supplice est ordinairement de deux heures, ou au moins d'une heure & demie, suivant le nombre des chefs d'accusation, parce que le patient plus occupé de ses douleurs, que des réponses qu'il doit faire, jure, & s'emporte pendant le supplice.

Je n'ai vu donner cette question que deux fois, l'une par mon Prédécesseur, qui y fit appliquer le nommé Develai, de la Paroisse de Broie, en conséquence d'un Jugement préparatoire, en dernier ressort ; la table ayant été approchée trop près du feu, la flamme conrut aux brodequins, au moyen de l'huile qui coule sur le carreau, le patient perdit la connoissance, ses jambes furent si fort brulées, qu'il fallut les couper l'une & l'autre, les interrogatoires n'ayant par conséquent pu être finis, l'accusé fut renvoyé avec deux membres de moins ; il a vécu plus de trente ans après, sans pieds, & même sans jambes.

Il y a environ vingt-cinq ans, que nous fûmes encore forcés de condamner à la question préparatoire, le nommé Auribaut, de la Paroisse de Planché en Nivernois, accusé de dix ou douze crimes, dont la plus grande partie étoient des assassinats sur les grands chemins, sans qu'il y en eût un seul, parfaitement prouvé : je pris toutes les précautions possibles pour prévenir l'inconvénient où étoit tombé mon prédécesseur ; je veillai sur-tout à ce que le charriot ne fût pas approché trop près du feu ; mais le grand nombre de crimes sur lesquels les interrogatoires devoient être faits, les fit encore durer plus de deux heures ; les tourments furent si grands, que les cris continuels du patient, l'empêchoient d'entendre & de répondre ; il étoit cependant si robuste, qu'il soutint le supplice, sans rien avouer ; en sorte que je n'en pus tirer aucun aveu, même après qu'il fut détaché ; ainsi il fut aussi renvoyé : il eut les doigts des deux pieds, si fort calcinés, qu'il s'en arracha le même jour les os, avec des tenailles.

Je ne connois dans la Province, ni ailleurs, aucun autre Tribunal qui soit dans l'usage de cette cruelle torture, que l'on dit avoir eu lieu anciennement dans toute la France : notre Siege est, à ce que je crois, le seul qui l'ait conservée ; mais nous la trouvons si cruelle, que nous nous abstenons depuis ces accidents, d'y condamner préparatoirement ; il y a même un inconvénient très grand, dans cette torture : c'est que celui qui l'a soufferte, ne peut plus être condamné aux galeres, qui est la peine la plus ordinaire, à laquelle on peut condamner ceux qui y sont appliqués, lorsqu'ils n'ont rien avoué, & que le Jugement contient une réserve des preuves, en leur entier.

Il n'est pas étonnant que par l'article XIII, du titre XXV, l'Ordonnance ait mis la peine de la question, au nombre des peines, & après celle de la mort; elle fait souffrir par provision à un accusé, une peine aussi forte que plusieurs genres de mort; malgré cela, on veut qu'elle ne soit pas une peine.

M. le Procureur Général au Parlement de Paris, remontra en 1697, à la Cour, que les inconvénients qui étoient arrivés à Saint Pierre le Moutier, de l'usage de la question qui y avoit été pratiquée, jusqu'à l'Arrêt du 14 Décembre 1695, lui ayant donné lieu d'écrire à ses Substituts, pour être informé de la maniere dont elle s'y donnoit; il en avoit reçu plusieurs mémoires, par l'examen desquels il avoit reconnu, qu'il étoit encore nécessaire de prévenir de semblables inconvéniens dans des autres Sieges où elle étoit donnée d'une maniere trop rigoureuse, & principalement dans celui d'Orléans, où l'usage étoit pour la question ordinaire, de mettre une clef de fer entre les deux revers des mains du condamné, liées avec force l'une sur l'autre, derriere le dos, & avec un cable passé dans une poulie, pendante au planché, élever le condamné à un pied de terre, ayant un poids de cent quatre-vingt livres, attaché au pied droit; & pour l'extraordinaire, le lever jusqu'au plancher, ayant alors un poids de deux cents cinquante livres, attaché au pied droit, & en cet état, lui donner une secousse en forme d'estrapade, par trois fois : en sorte que ceux qui y avoient été appliqués, avoient presque tous perdu connoissance; ce qui paroissoit d'une rigueur excessive, & reconnue telle, même par les Officiers du Siege; pourquoi il croyoit nécessaire de changer cet usage : sur ces remontrances, intervint l'Arrêt suivant, du 18 Janvier 1697, qui se trouve dans le Recueil de M. Jousse, tome 2, p. 207.

" La Cour ayant égard à la requête du Procureur Général du Roi, a
" ordonné & ordonne qu'au lieu de la question dont on a usé jusqu'à
" présent au Bailliage d'Orléans, elle sera donnée à ceux qui y seront
" condamnés, de la maniere qu'elle se donne à la Cour, soit par l'extension,
" & avec de l'eau, ou par les brodequins; ainsi que les Officiers dudit
" Bailliage, jugeront le plus à propos, & que le lieu à ce destiné, la
" saison & la disposition des accusés, le pourront permettre. "

Depuis cet Arrêt, le Parlement de Paris, & tous les Sieges de son ressort, ont abandonné l'usage de la question à l'eau, ou avec extension, à cause des accidents qui en arrivoient; on se sert de celle des brodequins, qui est la moins dangereuse, quoiqu'extrêmement douloureuse. Voyez à ce sujet, sur l'article IX de ce titre, une instruction pour la faire donner.

2. Puisque l'Ordonnance a laissé subsister l'usage de la torture, & qu'elle a même prescrit des formalités pour la faire subir; il faut entrer

dans

dans le détail des regles à ce sujet. La premiere condition est que les preuves soient considérables. Mais la difficulté est de savoir quelles sont les preuves qui doivent passer pour considérables. Celles qui peuvent l'être à l'égard d'un vagabond ou autre mal famé, ne doivent pas être regardées du même œil, quand l'accusé est domicilié & bien famé ; par conséquent rien n'est si arbitraire, ni si difficile à fixer. Cela dépend du lieu, du temps, de la qualité des personnes, & d'une infinité d'autres circonstances.

L'Ordonnance n'a pas voulu dire qu'une sémi-preuve suffiroit, parce qu'il ne peut y en avoir. *Probatio quæ non est plena veritas, est plena falsitas ; sic quod non est plena probatio, plane nulla est probatio* : c'est ce qui sera plus solidement prouvé sur l'article XII, titre XXV, n. 11.

Il faut donc pour condamner à la torture des preuves considérables ; c'est-à-dire des preuves presque complettes, de violentes présomptions, du moins la déposition d'un témoin sans reproches, de laquelle on puisse induire que s'il y en avoit encore une pareille il y auroit conviction ; & avec cela on exige aussi des indices violents, joints à la preuve du délit constant ; outre cela l'Ordonnance veut qu'il s'agisse d'un crime qui mérite la mort.

3. Les indices les plus forts sont, par exemple, s'il s'agit d'un vol, la chose volée trouvée en la puissance de l'accusé mal famé ; s'il l'a vendue, ou donnée ; s'il a fait depuis le vol des dépenses au-delà de ses facultés ; s'il a fréquenté les cabarets plus qu'à son ordinaire, & y a fait & payé de la dépense excessive ; s'il a montré de l'argent plus que vraisemblablement il n'en pouvoit avoir, &c. Plusieurs indices pareils joints, approchent de la preuve considérable, sur-tout si l'accusé ne peut prouver d'où lui est venu l'argent qu'il a fait voir ou dépensé. Il faut que chacun de ces indices soit prouvé par deux témoins irréprochables. *Indicia hæc sufficientia sunt, si probetur pecunias habuisse quas unde habuerit, dicere aut probare non potuerit. Si viso eo cui furtum fecisse dicebatur, protinus auffugerit ; si eum qui subreptas pecunias persequetur indicârat occidere voluerit. Neque dubitavit Senatus quin his omnibus indiciis concurrentibus, accedente præsertim malâ famâ rei, dedendus esset cum de subtractis nummorum corporibus constaret. Ita Senatus* 1590. Code Favre, liv. 9 titre XXI, définition 4, p. 1176 ; il faut que tous ces indices, où la plus grande partie concourent, & soient prouvés ; car le même Auteur liv. 6, titre III, définition 4, p. 612, dit, *non probatur quis fur ex eo solo quod res furtiva in ejus domo reperta fuerit, si neque subripiendi neque celandi animus probetur. Qui nec præsumendus est in eo præsertim qui rei subtractæ facilem paratamque offerat restitutionem. Quid enim faciliùs quàm ut per aliquem ex domesticis, aut etiam fortasse per calliditatem adversarii calumniatoris, res quæ furto subtracta dicitur in ignorantis & innoxii viri domum inferatur. Aliis igitur probationibus opus est. Ita senatus* 1591.

4. S'il s'agissoit d'un meurtre, voici les regles que nous donne le célebre Farinace question 52, n. 73, & suivants. *Qui ante homicidium cum armis, baculo ferreo, & simili armorum genere ambulabat, dat suspicionem quòd occiderit. Pariter multò magis indicium oritur contra eum qui defert arma evaginata, quia sine dubio animum occidendi habet. Maximum oritur si ejus gladius repertus fuerit penès cadaver, & cum illo gladio occisus fuerit, repertâ vaginâ vacuâ apta ad recipiendum illum gladium. Tunc enim ex eo solo reum posse torqueri bene crederem.*

Cependant le même Auteur, après avoir encore parlé d'autres indices pareils dit n. 84. *Hæc est resolutio totius materiæ, quòd & si doctores dixerint delatione armorum oriri indicium, & inde etiam deprehendi malum animum deferentis; non per hoc dicunt quod tale indicium sufficiat ad torturam, quia cum hoc sit indicium remotum de se solum, aliis non concurrentibus, ad torturam non sufficit, secundùm communes & approbatas opiniones.*

Il faut donc, on ne peut trop le répéter, plusieurs indices joints, pour former une preuve considérable, telle que l'exige cet article de l'Ordonnance. La plupart des Auteurs en exigent trois; mais il faut distinguer. Il y a des indices manifestes, & des indices éloignés: les premiers fournissent des conséquences nécessaires d'un fait certain. Il en est parlé dans la Loi derniere au code *De probationibus. Indiciis indubitatis, & luce clarioribus.* Par exemple un indice manifeste, est le cas de deux témoins sans reproches qui déposent avoir vu l'accusé sortir du lieu où il vient d'être commis un meurtre, ayant son épée nue & ensanglantée. Cet indice paroit *luce clarior.* Cependant pour condamner à la question, il faudroit encore d'autres indices appellés éloignés. Comme des menaces précédentes, une inimitié prouvée, & autres pareilles adminicules; à moins que ce ne fût un vagabond ou un homme mal famé qui fût accusé; car s'il étoit de bonne réputation, & s'il ne paroissoit pas qu'il eût intérêt à commettre le crime, quelque violent que soit l'indice manifeste, dont on vient de parler, il ne suffiroit pas pour la torture.

5. La variation d'un accusé dans ses réponses, est un indice considérable. Lange chap. 14, de sa pratique, prétend que c'est une semi-preuve lorsqu'elle concerne le delit & les circonstances essentielles. Il cite Farinace question 52, n. 31, & suivants, où cet Auteur dit effectivement: *variatio facit indicium ad torturam, quando respicit delictum principale, vel qualitates & circumstantias substantiales, & ad delictum inferentes. Alias secus v. g. si reus dicat se in die commissi delicti fuisse Venitiis, deinde dicat Mediolani; ista sunt incompatibilia in facto. Erubescere, pallere, & inconstanter loqui, sunt signa mala conscientiæ secundùm Ovidium. Quàm difficile est crimen non prodere vultu.*

Farinace ajoute. *Vultu cognoscitur dolor & alacritas cordis. Sicut inconstantia vacillatio & trepidatio faciunt præsumere contra reum, ita &*

contrà constantia , alacritas , & in respondendo audacia maximè rei innocentiam demonstrant.

Dolus ex vultu rei colligi potest , quia per exteriora comprehenduntur interiora. Code Favre , titre XXI, définition 1 , n. 1 , p. 1175. Ainsi non-seulement la variation d'un accusé dans les réponses ; mais encore sa contenance, son geste , son trouble , & autres indices pareils prouvent une conscience bourrelée , embarrassée , & qui craint que son crime ne soit découvert.

6. Plusieurs prétendent que la déposition d'un seul témoin suffit pour condamner à la question ; pourvu que ce soit un témoin exempt de reproches , qu'il affirme avoir vu l'accusé commettre le crime , & qu'il explique clairement les circonstances du lieu , du temps & autres faits concernant l'action , de maniere à ne souffrir aucune équivoque. Mais il est certain qu'il faudroit encore des indices. *Regulare est unicum testem , licèt integrum non facere indicium sufficiens ad quæstionem , si non alia adsint conjecturæ.* Code Favre , livre 9, titre XXI, définition 7 : un seul témoin ne peut faire preuve suffisante qu'il n'y ait des indices pour fortifier sa déposition , de quelque éminente qualité qu'il soit. Conformément à ce principe, le Parlement de Dijon rendit Arrêt le 30 Juin 1681 , par lequel, sans déférer à la déposition de M. de Laloyer Conseiller de la Cour, qui étoit témoin unique , il fut ordonné qu'un autre témoin, que l'on disoit avoir été présent, seroit entendu. Il n'étoit cependant pas question d'un crime capital.

Dans tous les cas où la preuve par témoins peut être reçue , il en faut au moins deux : un seul témoin de quelque qualité qu'il puisse être ne fait point de preuve. *Simili modo sanximus ut unius testis testimonium nemo judicum in quâcumque causâ facilè patiatur admitti , & nunc manifestè sancimus ut unius omnimodo testis responsio non audiatur , etiam si præclaræ Curiæ honore fulgeat. L.* 9 , parag. 1 , Code de *testibus.* Voyez Domat , livre 3 , *des preuves.* Section 3 , n. 13 , p. 249.

M. d'Argentré sur la coutume de Bretagne article XLI, glose 2 , n. 2, convient qu'un seul témoin ne suffit pas pour condamner à la question ; mais il ajoute , *a moins que* ce ne soit un témoin dont la probité & la condition ne soient au-dessus de la vulgaire. Raviot qui cite cette autorité, tome 2 , p. 645, question 327, n. 13 , cite aussi Jul. Clar. *sententiarum* , liv. 5. question 21 , & question 22 , n. 2 , & 3, où ce dernier dit, qu'il semble que la Loi, *Si quis in verb. Convictus. Cod. ad leg. jul. majest.* veut qu'un témoin suffise pour une demi-preuve : il finit en disant, *unum tamen scias quòd ad hoc ut dictum unius testis faciat indicium ad torturam, requiritur quod sit integer , & omni exceptione major. Alias autem unus testis nunquam facit indicium ad torturam.* Jul. Clar. ne parle que d'un indice. En tout cas son sentiment ne prévaudra jamais à la regle. On trouve dans la Jurisprudence du Code par Ferriere tome 2 , p. 513 , une Ordonnance de 1254, conçue en ces termes. *Personas honestas vel bonæ famæ , etiamsi sint pauperes , ad dictum testis unici subjici tormentis seu quæstionibus inhibemus : ne ob metum falsum confiteri, vel suam vexationem redimere compellantur.*

Un témoin unique suffit cependant pour condamner aux dépens. *Accusatus de crimine si ab uno tantùm teste impetatur , neque condemnandus est , neque testi objiciendus , nec rursus omninò absolvendus : sed interim dimittendus , quousque amplior criminis probatio facta sit. Et nihilominùs in expensas litis condemnandus. Ita Senatus* 1591, Code Favre, liv. 9 , titre 2, définition 3, p. 1139.

7. La fuite , au temps du crime , fait présumer que celui qui se sauve en est l'Auteur ; il est cependant vrai que cet indice est foible. Il peut s'être sauvé , parce qu'il a craint d'être soupçonné ; quoiqu'innocent , des indices trompeurs, l'infidélité des témoins, le danger d'une procédure criminelle, l'horreur des prisons, même l'erreur dans laquelle on ne voit que trop souvent tomber les Juges, ont intimidé les plus constants, & les plus innocents. Voyez les observations sur l'article XV , du titre XVII , n. 2.

8. Le bruit public est encore , fort sujet à tromper , il ne faut pas le prendre pour une forte présomption. *Vanæ voces populi non sunt audiendæ , nec enim vocibus eorum credi oportet , quando aut noxium crimine absolvi , aut innocentem condemnari desiderant.* Loi 12 , Code de pœnis , liv. 9 , titre XLVII. Le bruit public ne se forme que sur des ouï dire ; souvent l'accusateur en est l'Auteur, sa déposition ne seroit pas recevable ; *non creditur plus copia quàm originali* : Voyez à ce sujet les observations sur l'article VII , du titre III , n. 2 , & sur l'article III , du titre VI , n. 7.

9. La contrariété dans les dépositions fait qu'ordinairement on n'ajoute foi ni aux unes, ni aux autres. *Testis unus contradicens alteri , neutri credi debet.* Ce qui doit s'entendre lorsque les dépositions ne peuvent absolument se concilier , que les témoins sont également dignes de foi, & que leurs contradictions tombent sur des circonstances essentielles.

Quant à la contrariété qui se trouve dans les dépositions & autres différents actes de la procédure faits par le même témoin, si cette contrariété concerne des faits essentiels, non-seulement elle fait tomber tout ce que ce témoin a dit ; mais elle l'expose encore à être repris, à moins qu'il ne s'agisse d'un fait , arrivé depuis si long-temps, qu'il y ait lieu de croire, que c'est un défaut de mémoire de la part du témoin.

10. La Déclaration faite par un blessé en mourant que c'est un tel qui l'a assassiné, est une forte présomption ; mais elle ne suffiroit pas pour le faire condamner à la question ; parce qu'il a pu se tromper, & & dans les frayeurs de la mort qui lui ont troublé les sens ne pas dire la vérité. Dailleurs dans cette occasion le blessé déposant dans sa propre cause, nos Auteurs répugnent à donner une pareille Déclaration comme une preuve assez considérable pour opérer seule une condamna-

tion à la question. *Sola assertio vulnerati non solùm ad condemnationem indicium non facit , sed nec ad habendam de reo questionem ; adeoque nec ad citandum eum qui dicitur vulnerasse ; sed ad hoc tantùm ut de crimine inquiratur ; eoque jure nos uti constat. Itaque si factâ inquisitione alia emergant indicia contra eum quem vulnerati assertio suspectum fecit ut citandus aut prehendendus videatur. Et postea vero ex innocentia probationibus appareat absolvi eum debere in omnes temerariæ assertionis impensas condemnandus erit is qui vulneratus fuit. Sed si ex vulnere decesserit , & in eadem assertione ad mortem usque perstiterit , securus hæres est , neque calumniatoris aut temerarii accusatoris ; pœnam meretur qualiscumque accusationis eventus futurus sit. Quoniam vulnerati assertio quæ non excusaret vulneratum , ipsius hæredem excusat. Ita Senatus 1595.* Code Favre , liv. 9. titre XXI , définition 16 , p. 1181.

S'il y a d'autres indices qui forment des présomptions relatives à la déclaration du blessé , il y a lieu à une condamnation à la question. *Tunc enim oriri indicium ad torturam ex dicto existentis in articulo mortis ; non solùm est communis opinio , sed nemo quem viderim contradicit.* Farinace question 41 , n. 35, *si declarans sit vir probatæ vitæ , isto casu sufficit pro adminiculo minimum indicium , quando vultus illatum constitutæ in articulo mortis non posset per alios testes probari : ut puta quia de nocte , vel in loco secreto in quo testes non intervenerunt ; tunc enim solam morientis assertionem , si is tempore assertionis , erat sana mentis , & homo bona conditionis & fama , indicium faceret ad torturam contra inculpatum. Quia aliter si diceremus impunita remanerent delicta.* Le même Auteur ajoute cependant. *Contrarium est veriùs , nam nunquam in jure cautum reperitur , quod ob difficultatem probationis credatur testi in causa propria , ac etiam inimico.*

Il est donc certain qu'il faut avec la déclaration faite , par un blessé mourant , d'autres indices ou présomptions considérables pour condamner à la question celui qu'il a indiqué pour Auteur de son assassinat.

Il y a des occasions moins importantes où la déclaration d'un mourant peut faire preuve contre lui-même. Lapeyrere , édition de 1717, Lettre C , n. 82 , page 56 , dit , que la confession d'un mourant fait preuve contre un usurier qui ordonne à ses héritiers de restituer ; parce qu'il n'y a alors que son intérêt particulier ; mais que si l'intérêt public s'y opposoit , cette déclaration ne seroit pas une preuve suffisante ; comme si un témoin en mourant avouoit avoir déposé faux , un Notaire avoir fait un faux acte , ou une mere avoir accouché d'un enfant illégitime. Il cite Mornac Loi 13 , Cod. *de non numeratâ pecuniâ.*

Lapeyrere , lettre Q , n. 4 , p. 351 , dit encore , que la persévérance du blessé jusqu'à la mort ne suffit pas pour la question , mais bien pour excuser l'héritier des dommages & intérêts. C'est à dire que l'héritier qui sur une pareille Déclaration faite au moment de la mort , poursuit le meurtre commis en la personne de celui auquel il succede , ne peut être regardé comme calomniateur ; cette déclaration l'excuse dans le cas où il ne pourroit parvenir à convaincre du crime celui que la déclaration du mourant, en avoit chargé.

11. La déclaration d'un blessé qui décharge en mourant l'accusé suffit pour le faire renvoyer : L. 2, D. *ad silanianum*, liv. 9, titre, V. *nec pietas pro servis, nec sollicitudo hæredis obtinere debet ut ad pœnam vocentur quos absolvit dominus ipse.* Les Loix sont plus portées à absoudre qu'à condamner. Cependant si l'on trouvoit d'ailleurs des preuves suffisantes, la déclaration du mourant n'empêcheroit pas la condamnation, il a pu lui pardonner sa mort, mais il n'a pu lui remettre la peine publique.

Par Arrêt, du 10 Mars 1713, rapporté au Journal des Audiences tome 6, p. 327, il a été défendu aux Juges de se faire assister de la partie publique lorsqu'ils se transporteront dans des maisons pour y recevoir des déclarations, & par une nôte au bas de cet Arrêt il est porté : *sauf à lui communiquer ces déclarations, & même à la faire intervenir s'il est besoin de ses réquisitions.*

12. L'aveu qu'un accusé seroit de son crime ne seroit pas une preuve suffisante pour le condamner ; il faut d'autres preuves & présomptions qui puissent persuader qu'il est coupable. L'article V, du titre XXV, veut outre l'aveu de l'accusé des pieces authentiques, ou des autres présomptions & circonstances. Muyart de Vouglans, partie 6, chap. 4, p. 333, convient que la confession d'un accusé est une forte preuve ; mais il dit, avec justice, qu'il faut qu'elle soit faite librement, & non extorquée par crainte, ou par promesse, en connoissance de cause, & non par erreur, qu'elle ne soit pas révoquée avant le jugement, qu'elle soit claire & bien circonstanciée ; vraisemblable, & sans aucune restriction qui tende à la détruire ; & enfin qu'elle soit fondée sur un fait réel & certain, sur un délit constant.

Il y a des aveux faits en justice & hors justice. Quoiqu'un aveu ait été fait hors Jugement, il forme en plusieurs cas un indice suffisant pour la question avec les moindres indices. Comme si l'accusé a fait cet aveu librement, sans surprise, sérieusement ; s'il y avoit des menaces précédentes ; si le crime a suivi de près les menaces ; si l'accusé est d'une réputation qui puisse l'en faire soupçonner coupable ; il faut encore pour que la confession extrajudiciaire puisse donner lieu à une condamnation à la question, qu'elle n'ait pas été révoquée peu de temps après ; & qu'elle n'ait pas été faite par plaisanterie. Et qu'elle soit prouvée par deux bons témoins ; toutes ces circonstances réunies peuvent faire condamner à la question celui qui auroit fait un aveu du crime hors Justice, & qui le dénieroit dans la suite : encore faudroit il avec cela la preuve d'une partie des conditions qui viennent d'être rapportées.

On trouve quelquefois dans les papiers d'un accusé sa confession, ou la preuve du crime. Il faut alors qu'ils soient par lui reconnus ou vérifiés par experts, suivant les formalités prescrites par nos Ordonnances pour la reconnoissance des écritures en matiere criminelle. Voyez le titre 3, de l'Ordonnance de 1737, il y en a même qui étant papiers secrets ne pourroient faire preuve. Par exemple la confession d'un pénitent, un pareil papier ne peut être produit, il est rejeté. C'est ce qui fut jugé par le Parlement de Paris le 16 Juillet 1676, en faveur d'une accusée qui disoit avoir écrit sa confession dans les vapeurs d'une fievre chaude. C'étoit la Dame de Brainvilliers célebre empoisonneuse qui avoit fait périr son pere, ses deux freres, & sa sœur. Elle fut condamnée à mort & exécutée ; mais ce fut sur d'autres preuves que celles résultantes de cette confession.

Il en seroit de même de quelques lettres interceptées, desquelles on voudroit tirer les preuves d'un aveu du crime, elles doivent par la même raison être rejetées. Voyez Brillon, au mot *Lettres*, n. 40, tome 4, p. 93.

13. L'inimitié capitale entre le blessé & l'accusé, forme une forte présomption ; mais ce ne seroit pas un motif suffisant seul pour occasionner une condamnation à la question ; à moins qu'il n'y eût des menaces violentes, faites peu de temps avant le crime. Si l'accusé les a faites, il a donné lieu à le soupçonner du crime. *Minæ præcedentes delictum faciunt indicium ad torturam ; sed distinguendum : nam siquidem sint minæ prolatæ per virum potentem & malæ famæ in eodem genere mali, qui de facili potuisset minas exequi, & eas solitus erat exequi, faciunt indicium ad torturam, quando scilicet ignoratur quis maleficium commiserit. Alias autem secus, apud nos semper admittitur hæc distinctio ; nam probatis minis, ex causa minarum Senatus mandat sæpe reos tormentis subjici.* Jul. Clar. sententiarum, lib. parag. fin. question 21, n. 37, partie 2, p. 114.

Le célebre Farinace ne fait à ce sujet aucune distinction. *Minæ faciunt indicium ad torturam contra minantem, delicto secuto in personam in quam minæ fuerunt illata, si inculpatus de crimine occiso vel vulnerato paulò ante maleficium commissum minatus fuerit. Tales minæ, licet plenum præjudicium non inferant, inducunt tamen indicium & præsumptionem contra illas proferentem.* L. quidem. L. etiam, L. derniere D. de probationibus. *Animus enim & voluntas non solum ex rebus, sed ex factis declaratur.*

Licet inimicitia per se sola sufficiens non sit, ut reus quæstioni apponatur ; hoc tamen fallit in criminibus occultis quorum veritas haberi non potest. Matthieu Etfanz *de re criminali*, Imprimé à Lyon en 1738, Controverse 23, n. 26.

Dans la regle générale l'inimitié bien prouvée, ne suffiroit pas pour condamner à la question ; il faut au moins trois fortes présomptions, comme il a été dit ; par exemple, l'inimitié, les menaces, & une autre, ou la déposition d'un témoin sans reproche jointe à l'une de ces présomptions.

14. Il faut que le crime mérite la peine de mort, suivant l'Ordon-

nance pour que l'on puisse condamner l'accusé à la question. Ce qui est conforme à la Loi 8, D. *De pœnis*, liv. 48, titre XVIII; par conséquent, il faut que l'accusation soit d'un crime capital, qui, suivant nos Ordonnances, doit être puni du dernier supplice; s'il n'y pouvoit écheoir que la peine des galeres, & toute autre que la mort, les Juges ne pourroient prononcer la torture.

15. Le Juge d'Eglise, suivant Fevret, liv. 8, chap. 4, n. 1, pourroit condamner à la question, pourvu qu'il ne s'ensuivît pas mutilation de membre; mais cette opinion résiste aux termes de notre Ordonnance, qui veut qu'elle ne puisse être ordonnée, que lorsqu'il y échet peine de mort. Et alors c'est le Juge Royal qui connoît de la peine; car le Juge d'Eglise ne peut prononcer que des peines canoniques, comme des Jeûnes, des prieres, des retraites : quand l'Ordonnance a dit que tous Juges pourroient condamner à la question, il est certain qu'elle n'a pas entendu parler des Juges d'Eglise; puisque par l'article XIII, du titre XXV, elle a mis la question dans l'ordre des peines, après celle de mort, & par conséquent, avant celle des galeres; à laquelle le Juge d'Eglise ne pouvant condamner, il suit qu'il ne peut condamner à la question.

16. Le délit doit être constant, c'est la troisieme condition que l'Ordonnance exige, pour que l'accusé puisse être condamné à la torture. La premiere de toutes les regles est que le délit soit constant, toutes les fois que l'on s'est écarté de cette maxime, on a péché contre les principes les plus certains, & on s'est exposé à faire périr des innocents. Brillon au mot *homicide*, n. 4, tome 3, p. 608, rapporte un Arrêt du 21 Novembre 1580, qui interdit des Juges pour avoir condamné à mort pour un prétendu assassiné, qui revint au pays deux ans après : *Proditum quidem est non esse quemquam de homicidio, quantumcumque probationes urgeant & indubitata videantur; adeoque licèt confessio ipsius concurrat, quin prius constet de corpore mortuo, nec desunt exempla multorum post reorum supplicia reversorum, qui falso dicebantur occisi.* Cod. Favre, liv. 19, titre XXI, définition 17, p. 1179.

Chasseneux sur notre coutume de Bourgogne, titre I, *Des Justices*, Rubrique 1, parag. 5, n. 41, parle d'un homme jeté dans la mer, & dont le corps ne put se trouver; il est d'avis dans ce cas, si l'accusé est mal famé, qu'il puisse être condamné. Voici un autre exemple du même Auteur. *Cum semel evenisset de quodam Masserio qui ibat ad lacum Cumarum, dictus Masserius occidit dominum & magistrum, & ipsum projecit in lacum, persecutus fuit à parentibus, & conductus ad carceres Capitanei Mediolani; confessus fuit homicidium. Piscatum fuit corpus & non inventum. Conductus fuit Masserius ad locum ubi interfecerat magistrum, & in illo loco repertus fuit sanguis. Licèt enim non potuisset inveniri corpus, condemnatus fuit ad mortem Masserius. De qua sententia fuit consultus Senatus qui dixit ita debere fieri.*

Charondas

Charondas, livre 9, rep. 1, rapporte qu'un homme fut accusé d'avoir tué sa femme, il étoit prouvé qu'il l'avoit maltraitée le soir même qu'elle avoit disparu. Le mari fut appliqué à la question; il avoua qu'il avoit assassiné sa femme, & dit qu'il l'avoit fait brûler dans un four : il fut condamné à mort par le premier Juge. Mais pendant l'appel de la Sentence, la femme qui s'étoit retirée chez un Prêtre se présenta la veille du rapport du procès. Voyez Robert, *rerum judicatarum*, livre 1, chap. 4. Imbert, livre 3, chap. 14; & l'histoire de Frillet, aux Causes célebres, tome 9, où l'on trouve l'exemple d'un prétendu jeté dans le fourneau d'un tuillier, lequel se présenta à Dijon après l'exécution des accusés.

Ce mélange d'autorités & d'exemples fait voir qu'il est très dangereux de condamner à la question, & encore plus de condamner à mort, sans la preuve d'un délit constant, quelque fortes que soient les preuves. Si elles ne constatent pas le corps du délit, on ne peut décider qu'avec incertitude. Il est vrai que le scélérat prend toutes sortes de mesures pour cacher son crime; un cadavre peut être jeté dans un fourneau, dans un puits, ou dans une grande riviere avec un poids qui l'empêche de paroître; il peut être enterré dans une cave, dans une grande forêt, enfin dans un lieu où il ne peut être découvert. On aura des preuves des coups donnés, l'accusé sera mal famé. Soupçonné d'avoir commis de pareils assassinats, tout cela ne suffit pas pour condamner à la question, à plus forte raison pour condamner à mort. L'Ordonnance veut que le délit soit constant. Dans ces cas, les Juges se déterminent à retarder leur Jugement, pour tâcher de découvrir avec le temps le corps du délit. Si enfin ils ne peuvent y réussir, l'usage est de renvoyer l'accusé jusqu'à rappel, ou d'ordonner un plus amplement informé de plusieurs années. Il vaut mieux risquer de laisser un crime impuni, que de s'exposer à condamner un innocent.

17. L'Ordonnance par cet article défend aussi de condamner à la question, sinon dans le cas où les preuves ne sont pas suffisantes, pour prononcer la conviction du crime. Cette condition est naturelle, & auroit pu être supposée. En effet, il seroit très irrégulier de condamner à une question préparatoire, un accusé suffisamment convaincu de son crime. Ce seroit un expédient inventé pour lui sauver la vie; parce que s'il n'avouoit pas à la question, on ne le pourroit plus condamner à la mort, quoique les preuves eussent été réservées en entier.

18. Quand plusieurs accusés sont condamnés à la question, on a coutume d'y faire appliquer le premier, celui dont on croit plus facilement tirer la vérité. C'est le Conseil que donne la Loi 1, parag. 2. D. *de quæstionibus*, livre 48, titre XVIII. *Divus Adrianus rescripsit a suspectissimo incipiendum, & a quo facillimè posse verum scire Judex crediderit.* Ainsi l'on commence par les plus foibles, les plus timides, les enfants, les femmes.

19. Toutes sortes de personnes peuvent être condamnées à la question.

Tome III.   D

Le Droit Romain en exceptoit quelques-uns à cause de leurs dignités, & de l'importance de leurs fonctions ; mais ces exceptions n'ont pas lieu en France ; parce que le crime dégrade celui qui le commet, & le rend indigne de tous priviléges. C'est pour cela que par plusieurs Arrêts rapportés par *Joannes Galli*, question 46, il a été défendu aux Avocats de citer les Loix, pour prouver que les Nobles & les Docteurs étoient exempts de la torture. Il n'y a plus de dignité exceptée dans cette occasion. Voyez Bruneau, p. 205 ; & Mayart de Vouglans, partie 6, chap. 4, p. 443.

Il est cependant vrai que l'on ne condamne pas aussi facilement à la question les gens en dignité, & même que quand on se trouve forcé de les y condamner, on ne la leur fait pas donner avec autant de rigueur qu'aux autres. *Doctores, Nobiles, Presbyteros, & alios hujusmodi personas quæ inspecto jure communi non possunt quæstioni subjici, receptum est moribus nostris torquere debere si criminis gravitas id exigat, & semi-probatio proferatur, quasi sublato per criminis præsumptionem privilegio dignitatis. Ita Senatus,* 1593. Code Favre, livre 9, titre XXI, définition 13, p. 1178. & aux notes. *Sanè ratio illa facere debet ut talis persona nec tam facilè, nec tam graviter torqueatur.*

Quoiqu'il n'y ait point d'exception pour les gens en dignité, il y en a pour les enfants, & les septuagénaires : les Arrêts rapportés par *Joannes Galli*, qui vient d'être cité, ne parlent que des dignités qui parmi nous n'ont point de privilége, à cet égard. Pour le reste le Droit Romain est suivi. *Septuagenarium hominem quòd non solùm sit senex, sed etiam decrepitæ ætatis, placuit torqueri non posse, quantiscumque criminis indiciis urgeatur. Quin immò, nec facilè injiciendum esse metum tormentorum, cùm sit verissimum quod dici solet, metum torturæ, torturam esse ; nec minus habere momenti ad extorquendum falsum ab eo qui per ætatem tam justum metum ferre non possit. Ita Senatus,* 1591 ; *ibidem*, définition 6. Cependant à la définition 24, cet Auteur dit que les vieillards peuvent être appliqués à la question ; mais qu'elle doit être modérée, à l'arbitrage du Juge, & donnée telle que l'âge peut le permettre ; parce qu'il y en a qui à soixante & même à septante ans pourroient la soutenir plus facilement que d'autres à quarante, ce qui fait qu'il faut avoir plus d'égard à la force de la complexion qu'à l'âge. *Ignoscitur iis qui ætate defecti sunt.* L. 3. D. *ad Sillam.* On ne fait même donner que la question ordinaire aux gens foibles. Voyez Despeisses, partie 1, titre X.

Les impuberes sont aussi exempts de la question. L. 10 & 15, *de quæstionibus* ; & Loi 1. D. *de Senat. Sillan.* & L. 37, parag. 1, *de minoribus.*

Quant aux femmes enceintes la question doit être différée, jusqu'à ce qu'elles soient délivrées, suivant la Loi 3. D. *de pœnis.* Celles qui se disent enceintes pour différer leur supplice sont visitées. Voyez les observations à ce sujet sur les rapports à la suite du titre V, n. 14.

L'exemption des soldats admise par le Droit Romain, a fait douter s'il en devoit être de même *de militibus sacræ militiæ.* Fevret, livre 8, chap. 4, n. 1, dit que non, & rapporte plusieurs autorités qui prouvent que les Ecclésiastiques comme les laïcs, peuvent être condamnés à la question. *Nullo honoris vel dignitatis discrimine rei criminis casu exigente quæstioni subdantur.* On a bien remarqué, dit Fevret, que M. Delagrange Président au Parlement de Paris, dit aux Avocats qu'ils n'eussent plus à alléguer le privilege de la Loi *miles* pour excepter qui que ce soit de la torture. Cet Auteur ajoute que *Joannes Galli*, dans son Journal du Parlement de Paris, rapporte qu'en 1385, le Sieur d'Argentóne fut condamné à la question ; qu'il voulut s'en défendre par sa qualité de Baron ; mais que la Cour n'y eut aucun égard. La note de Dumoulin sur cette question est que, comme il a déjà été observé, on ne doit pas si facilement condamner une personne noble & qualifiée à la question, qu'une personne roturiere & vile.

20. La torture ne passe pas pour infamante. Ce fut l'une des observations des Messieurs les Commissaires lors de la lecture de cet article. Elle n'est même pas regardée comme une peine, c'est dit-on, une préparation à la peine. Il est vrai que l'article XIII, du titre XXV, l'a mise la seconde dans l'ordre des peines ; mais ce n'a été que pour régler les opinions des Juges. Ainsi elle n'est pas censée une peine, & elle n'est pas infamante. Brillon, au mot *question*, n. 5, tome 5, p. 642, dit que la torture ne doit pas toujours être donnée par le bourreau. Il cite un Arrêt du Parlement de Grenoble, qui ordonna le 8 Mars 1634, qu'elle seroit donnée par un Sergent, ou valet de Concierge. Il renvoie à Basset, tome 1, livre 6, titre XII, chap. 2. Il est cependant vrai que l'article XXII, de l'Edit de Crémieu, met aussi la torture au nombre des peines afflictives, de même que l'Edit de Novembre 1542. Voyez Guénois, aux notes, p. 752.

ARTICLE II.

Les Juges pourront aussi ordonner que nonobstant la condamnation à la question, les preuves subsisteront en leur entier, pour pouvoir condamner l'accusé à toutes sortes de peines ; excepté toutes fois la peine de mort, à laquelle l'accusé qui aura souffert la question, sans rien avouer, ne pourra être condamné ; si ce n'est qu'il survienne de nouvelles preuves depuis la question.

1. Quelques-uns ont prétendu, comme Bornier, sur cet article, qu'il n'y avoit que les Cours qui eussent droit de condamner à la question avec la réserve des preuves. Et même Monsieur le premier Président, lors de la lecture, de cet article, dit qu'il n'appartenoit qu'aux Juges souverains de faire cet arrêté, *manentibus indiciis.* Que c'étoit une chose secrette qui

perdoit son effet, lorsqu'elle venoit à la connoissance du condamné. Cela n'empêcha pas que l'article ne demeurât rédigé tel qu'il étoit. Mais ces sortes de Sentences sont sujettes à être confirmées avant de pouvoir les faire exécuter; à moins qu'elles ne soient rendues en dernier ressort.

2. Cet article défend de condamner à mort celui qui aura souffert la question, sans rien avouer, il suit de cette disposition que s'il avoue le crime, ou même quelques circonstances essentielles, qui jointes aux autres preuves puissent rendre la conviction complette, il doit être condamné à mort. Il en est de même si depuis la question, quand même il n'auroit rien avoué, il survient de nouvelles preuves qui perfectionnent celles qui étoient déjà acquises.

3. Un aveu fait dans la torture, a toujours été regardé comme équivoque. C'est ce que Ciceron exprime éloquemment dans son oraison pour Sylla, nomb. 78. *Illa tormenta gubernat dolor, moderatur natura cujusque, tum animi, tum corporis; regit quæsitor, flectit libido, corrumpit spes, infirmat metus, ut in tot angustiis nihil veritati loco relinquatur, mentietur qui ferre potuerit, mentietur qui ferre non potuerit,* Epist. 693. Et Quintilien, livre 5, chap. 4; en parle en ces termes: *Quod aliis patientia mendacium facit aliis infirmitas necessarium.*

Puisque pour condamner à la question, il faut des preuves considérables, suivant l'Ordonnance, il en faut conclure que lorsque par le Jugement les preuves sont réservées, si l'accusé avoue dans la torture quelques circonstances essentielles; ce n'est pas son aveu seul qui le fait condamner; cet aveu n'est qu'un supplément qui donne la perfection aux preuves réservées. Qui par ce moyen se trouvant complettes. L'accusé est ordinairement condamné à mort.

4. Ces mots *sans rien avouer* dont se sert l'Ordonnance, prouvent qu'il n'est pas nécessaire que l'accusé avoue à la question toutes les circonstances du crime pour en être convaincu. On peut même en conclure que l'aveu de la moindre circonstance suffiroit. Sur tout en matiere criminelle où la confession se divise; car on prend ce qu'il avoue faisant charge contre lui, & on n'ajoute aucune foi à ce qu'il dit à sa décharge; à moins qu'il ne le prouve, s'il est admis à ses faits justificatifs. *In criminalibus scinditur confessio.*

5. Les galeres à perpétuité, ou à temps, & le bannissement sont les peines ordinaires auxquelles on condamne les accusés qui n'ont rien avoué à la question, lorsque les preuves ont été réservées, & que les Juges trouvent qu'il y en a suffisamment pour prononcer ces peines. Mais lorsqu'il n'y a dans le Jugement aucune réserve des preuves & que l'accusé n'a rien avoué, les Juges sont forcés de prononcer sur son absolution. Toutes les preuves sont anéanties par la condamnation à la question sans réserves. Et cependant s'il y a partie civile, elle ne doit être condamnée, ni aux dommages & intérêts de l'accusé renvoyé absous, ni aux dépens; parce que l'on ne peut reprocher, à cette partie civile, d'avoir formé une

accufation calomnieufe & téméraire ; puifqu'il s'eft trouvé des preuves affez confidérables, pour faire condamner l'accufé à la queftion. Voyez les obfervations fur l'article VII, du titre III, des plaintes, n. 1 ; & le nombre fuivant *hìc*.

6. On pourroit même encore condamner l'accufé aux dépens quoique renvoyé de l'accufation. Parce que l'on peut dire qu'il ne doit fon renvoi qu'au défaut des preuves, qui étant prefque complettes, il eft jufte qu'il paye au moins les frais, quoiqu'échappé à la peine. Voyez à ce fujet l'autorité du M. le Préfident Favre, fur l'article I, de ce titre, n. 6, à la fin.

Ces principes ont lieu à plus forte raifon, lorfque par le Jugement les preuves ont été réfervées. Puifque l'on peut condamner l'accufé qui n'a rien avoué à la queftion à des peines afflictives. On peut, & même on doit le condamner aux réparations civiles & aux dépens. La queftion n'a pas été ordonnée fans des preuves confidérables, la conftance de l'accufé, la force de fon tempérament & fa fermeté, l'ont garanti du dernier fupplice ; mais ils ne doivent pas empêcher qu'il ne puiffe être condamné aux intérêts & dépens de la partie civile, *pro modo probationum.* Argument tiré de l'article CLXIV, de l'Ordonnance de 1539, qui porte : " Et fi par la queftion ou torture l'on ne peut rien gagner à l'encon- ,, tre de l'accufé, tellement qu'il n'y ait matiere de le condamner, nous ,, voulons lui être fait droit fur fon abfolution, pour le regard de la ,, partie civile : & fur la réparation de la calomnieufe accufation : & à ,, cette fin les parties ouies en Jugement, pour prendre leurs conclu- ,, fions l'une à l'encontre de l'autre, & être réglées en procès ordinaire, ,, fi métier eft, & fi les Juges y voient la matiere difpofée. ,,

Cette Ordonnance veut que fur la demande en réparations les parties puiffent être réglées en procès ordinaire, c'eft-à-dire, le procès civilifé pour qu'elles puiffent prendre l'une contre l'autre leurs conclufions. Ce n'eft effectivement après le renvoi de l'accufé fur la peine, qu'un procès civil pour les intérêts civils, que les parties peuvent prétendre refpective- ment. Voyez les obfervations, fur l'article V, du titre XX, n. 1, où il eft prouvé que l'Ordonnance de 1539, eft encore en ufage à préfent, & que le Parlement de Paris réçoit en pareil cas les parties en procès ordinaire. Et même fouvent au lieu de renvoyer à pur & à plein l'accufé, les Juges fe contentent de le mettre hors de caufe, afin de ne pas préjudicier à la partie civile, qui ne peut être regardée comme mal fondée dans fon accufation, puifqu'elle eft parvenue à acquérir des preuves affez confidérables pour faire condamner l'accufé à la queftion. Voyez l'article CLXIV, de l'Ordonnance de 1539.

Il eft affez ordinaire après un procès criminel jugé, & l'Arrêt exécuté pour la peine publique, que l'on civilife, ou l'on intente une nouvelle action pour les réparations civiles. Voyez au Journal des Audiences, tome 4, livre 8, chap. 33, un Arrêt du 4 Avril 1685, qui a décidé, qu'après un Arrêt exécuté, on peut demander les réparations civiles. Elles furent dans un cas pareil adjugées pour trois mille livres, dont le tiers à la veuve & les deux tiers aux enfants.

ARTICLE III.

Par le Jugement de mort, il pourra être ordonné que le condamné sera préalablement appliqué à la question, pour avoir révélation de ses complices.

On ne peut se dispenser de condamner à la question préalable, celui qui est condamné à mort, s'il paroit qu'il a eu des complices qu'il n'a pas voulu révéler. Il ne faut pas perdre l'occasion d'un condamné qui se voyant convaincu, ne fait ordinairement plus de difficulté de convenir de la vérité. D'un autre côté on ne se fait plus de scrupule de faire appliquer à la question un homme qui doit être exécuté.

ARTICLE IV.

Si celui qui aura été condamné à mort par Jugement prévôtal & en dernier ressort, préalablement appliqué à la question, révèle aucuns de ses complices qui soient arrêtés sur le champ, la confrontation pourra en être faite; encore que le Prévôt n'ait été déclaré compétent pour connoître des complices, sera tenu néanmoins après de faire juger sa compétence.

1. On ne trouve aucun vestige de cet article dans le projet de l'Ordonnance, ni dans les conférences de Messieurs les Commissaires. C'étoit une omission considérable. Il est important de confronter autant qu'il est possible des complices, à celui qui va être exécuté; il n'y a pas de temps à perdre. Cette confrontation peut fournir de grands éclaircissements.

Quoique l'Ordonnance par cet article ne parle que des procès présidiaux & prévôtaux, il ne laisse pas d'être exécuté dans les Parlements, & autres tribunaux.

Avant de faire appliquer à la question préalable ou définitive un condamné à mort, il faut lui faire faire lecture de son Arrêt ou Jugement en dernier ressort : & comme suivant l'article XXI, du titre XXV, l'exécution doit être faite le même jour de la prononciation, il faut faire grande diligence pour confronter les complices qui peuvent être arrêtés. Cependant si le condamné en révéloit plusieurs, comme cela arrive souvent pour retarder le supplice, il faudroit continuer jusqu'au lendemain.

Il est à présumer que l'Ordonnance a voulu seulement donner à entendre qu'il faut en cette occasion faire toute la diligence possible. C'est ainsi que les Cours l'ont interprétée. Ces sortes de confrontations sont si importantes qu'elles n'ont pas cru contrevenir à la Loi, en profitant du peu de temps que le condamné doit rester en vie, pour acquérir les preuves nécessaires au Jugement des complices. Cette instruction se fait sans desemparer du lieu où le condamné a été conduit, Hôtel de Ville, ou autre maison. On ne prend aucunes conclusions de la partie publique, on ne rend aucun Jugement pour ordonner ces sortes de confrontations; de même que l'on ne fait juger aucune compétence. Le Lieutenant Criminel, ou autre Commissaire ordonne seul que les complices révélés seront arrêtés; que le condamné sera récollé dans ses réponses, au testament de mort, & confronté aux complices, s'ils peuvent être arrêtés. Ce qui s'exécute sur le champ; en observant néanmoins toutes les formalités ordonnées pour le récollement & les confrontations des accusés les uns aux autres, dont il y a un modele sur l'article XXIII du titre XV, n. 5.

2. L'article XXVI du titre II, porte que si l'accusé d'un crime prévôtal est appliqué à la question, le procès verbal sera fait par le Rapporteur en présence d'un Conseiller du Siege & du Prévôt. Celui-ci pourroit dans le cas de la question préalable où le condamné révéleroit des complices, prétendre que ce seroit à lui à faire les confrontations de ces complices au condamné; mais il y seroit mal fondé, parce que c'est une suite du verbal de torture, sur-tout si elles sont faites au lieu où est donnée la question. Tout cela se fait sans desemparer. Ainsi ce seroit le Rapporteur qui y procéderoit en présence du Conseiller & du Prévôt; suivant cet article de l'Ordonnance. Voyez les observations sur l'article XXVI du titre II, n. 1, 2 & 3; c'est le Rapporteur qui doit aussi recevoir les testaments de mort des condamnés par Jugemens prévôtaux. *Ibidem.*

3. La déclaration d'un condamné faite dans le procès verbal de torture contre un complice qu'il accuse, n'est pas un indice considérable; parce qu'il est déclaré infame par le Jugement qui le condamne à mort: elle suffit seulement pour faire arrêter le prétendu complice, sur-tout si c'est un homme suspect, & de vile condition. Il y a des criminels qui conservent la vengeance jusqu'à la mort. Ainsi dans le cas où un condamné accuseroit de complicité un homme d'une condition honnête & bien famé; on pourroit à la verité le faire arrêter, & le confronter: mais l'Ordonnance ne dit pas qu'il sera arrêté, & constitué prisonnier. Cela dépend donc des charges résultantes de la déclaration & de la confrontation, de la vraisemblance des faits, de la condition, qualité, & réputation du prétendu complice. Ainsi le Juge suivant les circonstances & l'apparence des charges peut décréter de prise de corps, d'ajournement personnel, ou de soit oui; il peut même n'y échoir aucun décret.

Si c'est un Jugement présidial ou prévôtal qui prononce la question préalable, il faut faire, après l'exécution du condamné, juger la compétence. Si elle n'est pas adjugée au Prévôt il faut en délaisser la connoissance au Lieutenant Criminel, pour instruire le procès des complices, à la charge de l'appel, suivant l'article XX, de la Déclaration de 1731, commentée ci-devant, à la fin du titre II.

4. La regle exige que les accusés soient récollés dans leurs réponses ou déclarations avant d'être confrontés les uns aux autres; ainsi qu'il a été prouvé sur l'article XXIII du titre XV, n. 6. Mais il semble que cet article dispense de cette formalité, à l'égard des interrogatoires lors de la question préalable; il n'exige même pas que la confrontation du condamné soit faite aux complices qu'il a révélés; il porte seulement qu'elle *pourra* être faite: ce qui laisse au Juge la liberté, d'y procéder ou de passer outre sans faire cette confrontation. Il faut cependant convenir que le Juge ne doit pas manquer de la faire, s'il y a des complices qui puissent être arrêtés; & par rapport au cas pressant, il doit profiter de l'occasion de découvrir de plus en plus la vérité par une confrontation; mais il est certain qu'elle ne peut être faite sans que le condamné ait été récollé dans les déclarations qu'il a faites par son testament de mort. Ce récollement se fait pendant que les Cavaliers vont arrêter les complices révélés. On commence par interroger le complice révélé par le condamné, quoiqu'il ne soit pas encore décrété; on le récolle dans ses réponses aussi-bien que le condamné, & ensuite on les confronte l'un à l'autre. C'est la procédure la plus reguliere.

ARTICLE V.

Défendons à tous Juges, à l'exception de nos Cours seulement, d'ordonner que l'accusé sera présenté à la question, sans y être appliqué.

1. Cet article se sert du mot *accusé* pour donner à entendre qu'il ne parle que de la question préparatoire, parce que lorsqu'il s'agit de celle qui doit être donnée préalablement à celui qui est condamné à mort, il ne conviendroit pas d'ordonner qu'il y seroit seulement présenté. C'est un scélérat déclaré infame, & abandonné au supplice; il ne mérite aucun ménagement; on ne lui épargne aucun tourment pour le forcer à révéler ses complices.

2. Les Cours ne profitent de la faculté que leur laisse cet article pour ordonner que l'accusé sera présenté seulement à la question préparatoire, que lorsque l'accusé est un vieillard, ou d'une foible complexion, ou d'une condition distinguée; & cela par un arrêté de la Chambre, séparé de l'Arrêt, afin de le tenir secret; & que l'accusé n'en étant pas averti, la frayeur des tourments lui fasse avouer le crime qu'il a commis. On fait commencer tout l'appareil de la question, l'accusé est attaché & prêt

à

à y être appliqué, il est interrogé exactement & après les réponses, au lieu de lui faire subir la question, le Commissaire le fait détacher, & l'interroge de nouveau.

Les autres Juges, quoiqu'en dernier ressort, n'ont pas la même autorité: il faut absolument que ceux qu'ils ont condamnés à la question y soient appliqués; mais ils sont maîtres d'en modérer les tourments, eu égard à l'âge de l'accusé, à la foiblesse de son tempérament, à sa condition & aux autres circonstances qui peuvent y déterminer. Les Juges sujets à l'appel ne sont pas dans ce cas; parce que leurs Sentences ne peuvent être exécutées que lorsqu'elles sont confirmées par Arrêts, suivant l'article VII de ce titre.

ARTICLE VI.

Le Jugement de condamnation sera dressé, & signé sur le champ: & le Rapporteur assisté de l'un des autres Juges se transportera, sans divertir, en la Chambre de la question, pour le faire prononcer à l'accusé.

1. L'article CLXIII, de l'Ordonnance de 1539, porte également que si par la visitation du procès la matiere est sujette à la torture, ou question extraordinaire, la Sentence sera prononcée au prisonnier, pour être promptement exécutée. C'est cependant ce qui ne peut être exécuté dans plusieurs Présidiaux, où il n'y a point de questionnaire, les Procureurs du Roi sont obligés dans ce cas d'avertir les Maires ou Echevins, ou Syndics des villes; parce que ce sont les villes qui doivent fournir les exécutants ou questionnaires: on est obligé d'envoyer dans les villes voisines où il y en a pour les faire venir, ce qui retarde nécessairement l'exécution du Jugement; & on ne peut y remédier qu'en retardant la prononciation. Et même comme il y a peu de questionnaires dans les Présidiaux, on est souvent obligé d'employer l'Exécuteur de la Haute-Justice pour faire subir la question; ce qui est irrégulier, lorsqu'il s'agit d'une question préparatoire qui comme nous l'avons déjà observé, n'étant pas infamante, il n'est pas juste de livrer entre les mains d'un bourreau un accusé qui peut être renvoyé absous. Voyez cependant sur l'article IX de ce titre, l'instruction pour donner la question. L'article VI, parle de l'Exécuteur; mais c'est la question définitive donnée à un condamné à mort; mais il n'en devroit pas être de même, lors de la question préparatoire: on peut se servir d'un Guichetier ou personne vile.

2. C'est aux villes, comme il vient d'être observé à fournir les Exécuteurs; parce que dans les villes où il y a des Juges en dernier ressort il doit y en avoir; ils y percevroient des droits sur les bois, & autres denrées qui entrent dans les villes; ces droits seroient à charge aux habi-

tants qui en profitent, lorsqu'il n'y en a point. C'est la raison pour laquelle on les oblige à en fournir pour mettre à exécution les Jugements : ainsi le voyage de ces Exécuteurs est à la charge des villes, & les frais de l'exécution à celle du Roi ou des Seigneurs, suivant le tarif ci-après sur l'article dernier du titre XXV. Tel est notre usage en Bourgogne, les villes payent aux Exécuteurs dix livres par jour de voyage ; le séjour n'est pas à leur charge, au moyen des frais de l'exécution.

3. Quoique l'Ordonnance n'exige pas que les Médecins & Chirurgiens jurés soient appellés pour assister à la question, il est cependant d'usage de les y faire trouver ; & même au Parlement de Paris on leur fait auparavant prêter serment de ne pas révéler le secret de ce qui s'y passera. Ce qui prouve qu'ils y assistent, & que l'on ne doit y laisser entrer que ceux qui y sont nécessaires.

Les Commissaires, après avoir fait prononcer le Jugement à l'accusé, doivent le faire visiter par les Chirurgiens, pour savoir s'il n'a pas quelque descente ou autre infirmité qui le mette hors d'état de souffrir la question, telle quelle se donne suivant l'usage. S'il s'y trouvoit de l'inconvénient, le Rapporteur & le Conseiller doivent faire assembler les Juges, qui, sur cet avis, pourroient changer la forme de la question dans les lieux où l'usage a introduit plusieurs façons de la faire donner. Mais dans ceux où elle est donnée par extension, ils ne pourroient que prendre le parti d'en écrire à Monseigneur le Chancelier, si l'accusé avoit une descente. Il ne seroit pas juste d'exposer à périr un accusé, qui, quoique condamné à la question préparatoire, n'est pas déclaré convaincu ; il peut se trouver innocent.

5. C'est un mauvais usage de laisser entrer dans la chambre de la torture d'autres personnes que celles qui y sont nécessaires. C'est un interrogatoire qui comme les autres doit être secret, ainsi qu'il a été prouvé sur l'article VI du titre XIV. L'accusé peut révéler des complices, ceux qui craignent d'être dénoncés peuvent y faire trouver des personnes affidées pour les en avertir, & avoir le temps de s'évader. Ces inconvénients mettent en droit le Juge de retenir dans les prisons, ceux qui s'y seroient glissés malgré lui, pour donner le temps aux Cavaliers d'arrêter les complices révélés, auparavant qu'ils puissent être avertis.

ARTICLE VII.

Les Sentences de condamnation à la question, ne pourront être exécutées qu'elles n'aient été confirmées par Arrêts de nos Cours.

1. Dans le projet de l'Ordonnance il y avoit un article portant que si l'accusé appelloit de la Sentence de condamnation à la question, il

feroit déféré à l'appel ; & que s'il n'y en avoit point d'appel, ou s'il
étoit interjeté depuis que l'on auroit commencé de donner la question,
il feroit passé outre, & la Sentence exécutée : mais M. Talon remontra
que puisque un accusé n'a pas liberté d'acquiescer à une Sentence, portant condamnation à une peine afflictive, il sembloit que par une conséquence nécessaire, celui qui étoit condamné à la question, devoit être
transféré au Parlement, quand même il n'y auroit point d'appel. M.
Pussort répondit que le mot *peine* ne convenoit pas à la question, parce
qu'elle n'est pas ordonnée comme une peine, mais comme préparation à
la peine : que cependant, l'observation lui paroissant bonne, il en parleroit
au Roi ; & dans la suite, l'article fut changé & rédigé, de maniere que
l'appel est forcé ; à moins qu'il ne s'agisse d'un Jugement en dernier
ressort.

2. Si une femme condamnée à la question, déclare être enceinte, il
faut, suivant l'article XXIII du titre XXV, nommer d'Office deux
matrones ; & si leur rapport assure la grossesse, ou même s'il porte qu'elles
en ont quelque doute, il faut surseoir la prononciation du Jugement,
portant condamnation à la torture ; il faut en dresser procès verbal, &
sur le champ, ou le lendemain, en référer en la Chambre avec les autres
Juges, auxquels le rapport en ayant été fait par les Commissaires, il
intervient Jugement, portant que la question sera retardée jusques après
l'accouchement, ou que l'on soit certain que l'accusée n'est pas enceinte :
on attend ordinairement quarante jours après l'accouchement.

On nomme souvent pour faire le rapport, un Chirurgien, avec deux
Matrones, parce qu'il est dangereux de s'en rapporter à elles ; leur ignorance a souvent causé de grands inconvéniens. Voyez à ce sujet, les
observations sur les rapports, à la suite de l'article III du titre V,
n. 14.

ARTICLE VIII.

*L'accusé sera interrogé, après avoir prêté serment, avant qu'il
soit appliqué à la question, & signera son interrogatoire ; sinon
sera fait mention de son refus.*

1. Ce premier interrogatoire, est ordinairement sommaire ; à moins
que l'accusé ne paroisse disposé par la crainte des tourments, à confesser
son crime : il y a trois interrogatoires, lors de la question préparatoire,
l'un avant que l'accusé soit lié ou attaché ; le second, pendant les douleurs de la torture ; & le troisieme, après que l'accusé est détaché de la
question : ces trois actes sont écrits à la suite les uns des autres, sur un
même cahier ; & cependant, chacun doit être fait avec les mêmes forma-

lités, que si ce n'étoit qu'un seul interrogatoire, séparé des autres; il
paroit qu'il faut aussi faire trois différens interrogatoires, lors de la
question définitive, sur le même cahier; les articles suivans ne font aucune
distinction.

ARTICLE IX.

La question sera donnée en présence des Commissaires, qui chargeront leur verbal, de l'état de la question, & des réponses, confessions, dénégations & variations, à chacun article de l'interrogatoire.

Par un Arrêt du Parlement de Paris, du 18 Juillet 1697, rapporté sur
l'article I de ce titre, n. 1, la forme de donner la question dans le ressort
de certe Cour, fut changée; on joignit à cet Arrêt, une instruction qu'il
est nécessaire de rapporter, pour le pouvoir exécuter.

Mémoire instructif, pour faire donner la Torture par extension.

Article I. " Il y aura dans tous les Sieges Présidiaux, & autres Sieges
,, royaux, ressortissans au Parlement où les Juges ont le pouvoir de juger
,, en dernier ressort, & dans les Justices auxquelles la Cour renvoie l'exé-
,, cution des Arrêts, une chambre destinée pour la question.
Article II. " Dans la chambre de la question, il y aura une sellette,
,, sur laquelle l'accusé condamné sera mis & interrogé par le Rapporteur
,, du procès, assisté de l'un des Juges, du nombre de ceux qui auront
,, jugé le procès.
Article III. " Il y aura pareillement un bureau pour le Greffier, &
,, un petit tableau de l'Evangile, sur lequel le Juge fera prêter serment
,, à l'accusé, de dire vérité.
Article IV. " Si la question est préparatoire, après que l'accusé aura
,, été interrogé, & que lecture lui aura été faire de son interrogatoire,
,, signé de lui, ou déclaré qu'il ne fait signer; lecture lui sera faite de
,, son Jugement de condamnation à la question; après laquelle, sera vu
,, & visité par un Médecin, & deux Chirurgiens, si tant se trouvent
,, dans le lieu, pour savoir si l'accusé n'a point de descente, ou autre
,, infirmité, qui le mette hors d'état de souffrir l'extension.
Article V. " Si le Médecin & le Chirurgien, le trouvent ainsi, il en
,, sera fait mention dans le procès verbal; & sur le champ, le Rappor-
,, teur & le Conseiller assistant, en donneront avis aux Juges qui auront
,, jugé le procès; & sera ordonné que la question des brodequins sera
,, donnée.

Article VI. " Si la question est jointe à une condamnation de mort,
„ sera fait lecture à l'accusé, étant à genoux, de la condamnation de
„ mort, & de la question préalable ; ensuite, sera lié par l'Exécuteur,
„ mis sur la sellette, & interrogé comme dessus, délié pour signer, &
„ pareillement visité ; ainsi qu'il a été dit ci-dessus, & de tout sera fait
„ mention.
Article VII. " Si la question est donnée avec de l'eau, l'accusé sera
„ dépouillé, & en chemise, attachée par le bas, entre ses jambes.
Article VIII. " Si c'est une femme ou fille, lui sera laissé une jupe
„ avec la chemise, & sera la jupe liée aux genoux.
Article IX. " Si la question est de brodequins, l'accusé sera déchaussé,
„ nues jambes ; ce qui sera fait après l'interrogatoire, la visite du Médecin,
„ & des Chirurgiens.
Article X. " La question de l'eau ordinaire, avec extension, se donnera
„ avec un petit traiteau de deux pieds de hauteur, & quatre coquemars
„ d'eau, de deux pintes & demie chacun, mesure de Paris.
Article XI. " La question ordinaire & extraordinaire, avec extension,
„ se donnera avec le même petit traiteau, & quatre coquemars pareils
„ d'eau, puis on ôtera le petit traiteau ; & sera mis en sa place, un
„ grand traiteau de trois pieds & quatre pouces, & se continuera la
„ question avec quatre autres coquemars, pareillement de deux pintes
„ & chopine chacun ; lesquels coquemars d'eau, seront versés dans la
„ bouche, lentement, & de haut.
Article XII. " A cet effet, sera l'accusé lié par les poignets ; & iceux,
„ attachés & liés entre deux cordes, à chacun poignet, d'une grosseur
„ raisonnable, à deux anneaux qui seront scellés dans le mur de la cham-
„ bre, de distance de deux pieds quatre pouces l'un de l'autre, à trois
„ pieds au moins, de hauteur du plancher, par le bas de ladite
„ chambre.
Article XIII. " Seront pareillement scellés deux autres grands anneaux,
„ au bas du plancher, à douze pieds au moins, dudit mur, lesdits
„ anneaux l'un à la suite de l'autre, & éloignés l'un de l'autre, d'environ
„ un pied ; dans lesquels anneaux, seront passés des cordages assez gros,
„ avec lesquels les pieds de l'accusé seront liés, chacun séparément,
„ au-dessus des chevilles des pieds ; lesdits cordages tirés à force d'homme,
„ noués, passés, & repassés les uns sur les autres ? en sorte que l'accusé
„ soit bandé le plus fortement, que faire se pourra.
Article XIV. " Ce fait, le questionnaire fera glisser le petit traiteau,
„ le long des cordages, le plus près desdits anneaux des pieds, qu'il
„ se pourra.
Article XV. " L'accusé sera interpellé de déclarer la vérité.
Article XVI. " Un homme qui sera avec le questionnaire, tiendra la
„ tête de l'accusé, un peu basse, & une corne dans la bouche, afin
„ qu'elle demeure ouverte ; le questionnaire prenant le nez de l'accusé,

„ le lui ſerrera, & néanmoins le lâchant de temps en temps, pour lui
„ laiſſer la liberté de la reſpiration, & tenant le premier coquemar haut,
„ il verſera lentement dans la bouche de l'accuſé, le premier coquemar,
„ il les comptera au Juge, & ainſi des trois autres; leſquels pareillement
„ finis, ſera mis pour l'extraordinaire, un grand traiteau de trois pieds
„ de hauteur, à la place du petit; & les quatre autres coquemars,
„ donnés ainſi que les quatre premiers: à chacun de tous leſquels le
„ Juge interpellera l'accuſé, de dire la vérité, & de tout ce qui ſera
„ fait & dit; & généralement de tout ce qui ſe paſſera lors de ladite
„ queſtion, en ſera fait une très exacte mention.

Article XVII. " Sera miſe une grande chaudiere ſous l'accuſé, pour
„ recevoir l'eau qui tombera.

Article XVIII. " Si pendant les tourments, l'accuſé vouloit reconnoître
„ la vérité, & que le Juge trouvât à propos de le ſoulager, ſera mis
„ ſous lui le traiteau, dont ſera pareillement fait mention; & enſuite,
„ ſera l'accuſé remis au même état qu'il étoit, avant d'avoir été ſoulagé:
„ & la queſtion continuée, ainſi que deſſus; ſans néanmoins qu'il puiſſe
„ être délié, qu'après la queſtion finie; après laquelle, il ſera détaché,
„ mis ſur un matelas, près du feu, & interpellé de nouveau par le Juge,
„ de dire la vérité: lecture lui ſera faite de tout ce qui ſe ſera paſſé,
„ depuis la lecture de l'interrogatoire, avant d'être appliqué à la queſtion;
„ & s'il peut ſigner, ſera le procès verbal de queſtion, ſigné de lui,
„ ſinon ſera fait mention de ſon refus, & de la raiſon dudit refus.

Pour les brodequins.

Article XIX. " L'accuſé après l'interrogatoire ſur la ſellette, ſigné de
„ lui, ſera mis nues jambes; & étant aſſis ſur la ſellette, lui ſera mis
„ quatre planches de bois de chêne, entre les jambes, depuis les pieds,
„ juſqu'au deſſus des genoux, deux en dedans, & une à chaque jambe,
„ en dehors, de deux pieds de hauteur chacune, & d'un pied de largeur,
„ qui excéderont le haut du genou, de quatre doigts, ou environ,
„ leſquelles planches enfermeront les pieds, jambes, & genoux, en dedans
„ & dehors, & ſeront percées de quatre trous chacunes, dans leſquels
„ ſeront paſſées de longues cordes, que le queſtionnaire ſerrera forte-
„ ment; & après tournera leſdites cordes autour des planches, pour les tenir
„ plus ſerrées; & avec un marteau ou maillet, il pouſſera à force, ſept
„ coins de bois, l'un après l'autre, entre les deux planches qui ſeront
„ entre les jambes, à l'endroit des genoux, & le huitieme aux chevilles,
„ des pieds, en dedans; à chacun deſquels, le Juge ſera des interpella-
„ tions à l'accuſé, derriere lequel, il y aura un homme pour le ſoutenir;
„ s'il tomboit en défaillance; lui ſera donné du vin: leſdits coins finis,
„ ſera délié & mis ſur le matelas, ainſi qu'il a été dit ci-deſſus.

Article XX. " Si la question de l'eau, étoit préparatoire, & que le
" froid ne permît pas que l'accusé la pût soutenir, sera différé jusqu'à
" ce que le temps soit adouci, sans qu'il soit permis de donner les
" brodequins; lesquels ne le seront, qu'en cas que l'accusé par quelque
" incommodité, ne puisse soutenir l'extension.

Article XXI. " Si le temps n'est pas froid, on fera un peu chauffer
" l'eau dans la chambre de la question, en laquelle il y aura absolu-
" ment une cheminée, & du feu, pendant tout le temps de la question,
" & que l'accusé restera sur le matelas.

Article XXII. " Si l'accusé est condamné à mort, préalablement appli-
" qué à la question, & qu'il ne puisse souffrir celle de l'eau, avec exten-
" sion, soit par la rigueur du temps, ou par quelque incommodité, lui
" sera donné sur le champ, la question des brodequins; attendu que
" c'est un corps confisqué, & que les exécutions de mort, ne peuvent se
" différer.

Article XXIII " Les Médecins & Chirurgiens, resteront en la chambre
" de la question, tout le temps qu'elle durera, pour veiller soigneusement
" qu'il ne vienne faute de l'accusé; & resteront encore dans ladite chambre,
" quelque temps après que l'accusé sera sur le matelas, pour lui donner
" le soulagement nécessaire, & même le saigner, s'ils l'estimoient à propos;
" ce qui arrive assez souvent, sans qu'il soit besoin que les Juges soient
" présents. "

M. Jousse, sur l'article X de ce titre, fait mention de cette instruction,
& il la rapporte en entier dans son recueil, tome 2, p. 210; elle se
trouve encore, tome 1, des Loix criminelles, p. 362.

ARTICLE X.

*Il sera loisible aux Commissaires, de faire modérer & relâcher
une partie des rigueurs de la question; si l'accusé confesse,
& s'il varie, de le faire mettre dans les mêmes rigueurs;
mais s'il a été délié, & entiérement ôté de la question, il ne
pourra plus y être remis.*

1. Il n'y a point de temps fixé par les Ordonnances, pour la durée
de la question; quelques Auteurs prétendent qu'elle ne doit pas durer
plus d'une heure, ou une heure & demie: *Non licebit torquere reum per
tres aut quatuor horas, prout scio quosdam iniquos sed ignaros judices fecisse;
sed vel etiam per horam, vel paulo plus.* Farinace, question 38, n. 54,
tome 1, p. 199; *& ut verum fatear in quocumque enormissimo crimine
apud nos vidi torturam adhibitam ultrà horam; & si fuit adhibita ultrà
horam non excessit quartam partem secunda horæ, ibidem.*

2. Si l'accusé a été retiré de la question, il ne peut plus y être remis suivant cet article; il faut pour cela, non-seulement qu'il ait été délié, mais qu'il ait été entiérement ôté de la question; ainsi cet article donne aux Commissaires, une grande liberté d'augmenter ou diminuer les rigueurs; de prolonger ou raccourcir le temps de la question; pour la durée de laquelle, il seroit impossible de fixer un temps; parce qu'il y a des accusés, chargés de plusieurs crimes, & d'autres chargés d'un seul; ce qui peut être prescrit pour regle en général, c'est l'humanité & la compassion, de la part des Commissaires, sur-tout pour la question préparatoire qui est donnée à un accusé, sans être certain qu'il soit coupable.

A R T I C L E XI.

Après que l'accusé aura été tiré de la question, il sera sur le champ de rechef, interrogé sur ses Déclarations, & sur les faits par lui confessés, ou déniés, & l'interrogatoire par lui signé, sinon sera fait mention de son refus.

1. L'article VIII, prescrit un premier interrogatoire avant la question; les autres articles suivants parlent de l'interrogatoire, pendant la question; & celui-ci veut que l'accusé soit de rechef interrogé pour une troisieme fois, après la question préparatoire; le premier doit être fait à l'accusé, étant assis sur la sellette, avant de lire le Jugement qui le condamne à la question; suivant l'article IV, de l'instruction ci-dessus rapportée, le second dans les tourments, & le troisieme après, lorsqu'il est sur le matelas: ces trois actes, quoique séparés, sont écrits sur un même cahier, & chacun avec les mêmes formalités, que si c'étoit un seul interrogatoire: tous trois assermentés, & tous signés de l'accusé, s'il le fait & le veut; sinon à la fin de chacun, & dans toutes les pages, il faut faire mention de sa Déclaration, qu'il ne le fait, ou ne le veut.

2. L'Ordonnance exige un troisieme interrogatoire, après la question préparatoire, afin de voir si l'accusé qui auroit avoué son crime, où quelques circonstances essentielles, y persiste; mais si dans ce dernier interrogatoire, il déclaroit expressément qu'il n'a rien dit, ni avoué, que par la rigueur des tourments, & qu'il révoque ses aveux, ne les ayant fait que pour faire cesser ses peines; ce désaveu fait sur le champ, affoibliroit & anéantiroit presque entiérement, les avantages que l'on auroit pu tirer contre lui, de ses réponses.

3. S'il y a eu plusieurs accusés appliqués à la question préparatoire, il faut dès le lendemain, ou quelques jours après, les récoller dans leurs réponses; & si les unes contredisent les autres, il faut les confronter les uns aux autres, afin de pouvoir en tirer de nouvelles preuves, & éclaircir

de

de plus en plus la vérité : les contradictions dans des circonstances essentielles, prouvent qu'il n'y a que déguisement & mensonge, de la part des uns ou des autres : c'est ce qui rend nécessaire cette confrontation. On trouve dans Brillon, au mot *procédure*, n. 113, p. 529, un Arrêt du Grand Conseil, du 6 Juin 1704, qui ordonne que les accusés feront recollés dans les procès verbaux de torture, faisant charge ; ce qui suppose qu'ils doivent aussi être confrontés les uns aux autres, parce que le recollement n'est qu'une préparation à la confrontation. Voyez les observations sur l'article XXIII, du titre XV, n. 5 & 6.

ARTICLE XII.

Quelque nouvelle preuve qui survienne, l'accusé ne pourra être appliqué deux fois à la question, pour le même fait.

Lebrun, dans son procès Criminel, chapitre de la question, p. 125, édition de 1658, prétend que le Juge peut faire réitérer la question, sans nouveaux indices, comme il a été jugé par plusieurs Arrêts, & qu'il peut y appliquer jusqu'à trois fois ; mais ces usages inhumains sont abrogés par le présent article, qui le défend pour un même fait ; ce qui laisse entendre que si celui qui a souffert la question, pour un crime, étoit dans la suite accusé d'un autre crime, il pourroit être condamné & appliqué une seconde fois à la question. Papon, livre 23, titre IX, Arrêt 2, rapporte des anciens Arrêts qui avoient condamnés des accusés à être appliqués trois fois, même jusqu'à sept fois, à la question, parce qu'ils dénioient ce qu'ils y avoient avoué.

Lebrun, dans une plus ancienne édition de 1643, p. 166, avertit les Juges qu'il y a des voleurs, qui, dans les forêts, s'exercent, en se donnant les uns aux autres, la question de toutes les manieres, afin de s'y accoutumer : il cite *Danhouderius*, chap. 38, de sa pratique criminelle, où il dit en avoir vu plusieurs, qu'il a lui-même fait torturer, & que la premiere année de sa réception au Barreau de Beaujolois, en 1588, de quatre voleurs prisonniers, le Chef, nommé *Grand-François*, homme d'une hauteur gigantesque, ayant été appliqué à la question, s'y endormit ; qu'à force de tirer, les pouces des deux pieds lui furent emportés, sans qu'il fit aucune démonstration de douleur, & que jusqu'à ce que l'un de ses compagnons eût dit qu'il avoit mangé du savon, qui, à la force de stupéfier les nerfs, il ne souffrit rien ; que le remede contre cette ruse, est de donner du vin à l'accusé ; que lui en ayant donné, il dit : *je suis mort* ; & sans se faire tourmenter, il avoua une infinité de meurtres & de vols, qui le firent condamner aussi-bien que ses compagnons, par Sentence Prévôtale, à être rompu.

Lebrun parlant aussi des accidents, arrivés à l'occasion de la question, où plusieurs sont morts, ou en ont été estropiés, dit que le Juge est coupable, s'il a excédé la forme prescrite par les Ordonnances ; & il raconte que le sieur de la Morte-Boisy étant mort à la question, à Montbrison, le sieur Humbert, alors Prévôt, en eût été inquiété, s'il n'eût justifié que c'étoit par l'ouverture d'une plaie, que l'accusé avoit autrefois reçue, qu'il étoit sorti beaucoup de sang, qui avoit causé la mort, & non aucune faute de sa part, à la question.

Theveneau, titre VIII, des questions & tortures, dit que c'est avec raison, que les Ordonnances qu'il cite, ont voulu que la question fût donnée le matin, parce qu'elle ne peut être donnée de relevée ; à cause que la digestion du dîné n'étant pas faite, l'estomac peut se troubler, & être provoqué au vomissement ; que c'est la raison qui en est rendue par Marsil, sur la Loi 1, *D. de quæstionibus.* Il semble cependant que l'article VI de ce titre, n'y est pas conforme, & y déroge ; puisqu'il veut que le Jugement soit dressé & signé sur le champ, & que les Commissaires se transportent tout de suite en la chambre de la question, pour la faire donner ; ce qui suppose que les Juges ont achevé de voir le procès, d'interroger d'Office, & d'opiner le matin ; & par conséquent, que la matinée est bien avancée, si elle n'est pas écoulée ; mais pour prévenir tous inconvéniens, on a coutume de donner des ordres, pour que l'on ne donne pas à manger à l'accusé, plusieurs heures avant la torture.

Quand un accusé a été appliqué à la question, on ne laisse pas de lui faire encore subir de nouveaux interrogatoires d'Office, avant de le juger définitivement.

TITRE XX.

*De la Conversion des Procès Civils en Procès Criminels,
& de la Réception en Procès ordinaire.*

ARTICLE I.

*Les Juges pourront ordonner qu'un procès commencé par voie
civile, sera poursuivi extraordinairement, s'ils connoissent
qu'il peut y avoir lieu à quelque peine corporelle.*

1. C'Est en voyant un procès Civil pour le juger, que les Juges peuvent le convertir en procès Criminel ; cela se peut également faire
à l'Audience ; mais il faut, suivant cet article, qu'il puisse y avoir lieu
à une peine corporelle ; c'est-à-dire, au moins au bannissement ; cependant l'usage est, que quand il n'y pourroit échoir qu'une amende envers
le Roi, ou autre peine infamante ; cette conversion se fait même d'Office,
& cependant sur les conclusions de la partie publique.

Pour faire une pareille conversion, il faut ordonner qu'il en sera informé ; car c'est un nouveau procès, comme en convinrent Messieurs les
Commissaires, lors de la lecture de cet article, & non pas une conversion
d'un procès, en un autre.

2. Pour distinguer les peines afflictives, corporelles, & infamantes.
Voyez les observations sur l'article XXI du titre XIV, des interrogatoires.

3. On peut convertir des informations en enquêtes, c'est à-dire, civiliser un procès Criminel ; mais on ne peut convertir des enquêtes en
informations. M. Talon, lors de la lecture de l'article II de ce titre,
observa que l'on ne peut dire qu'un procès Civil puisse être converti en
procès Criminel ; mais que dans une affaire civile, quand le Juge découvre
du crime, il peut décréter contre l'accusé ; & à cet effet, s'il y a quelqu'enquête, répéter les témoins, & ensuite, instruire l'accusation
par la voie ordinaire ; parce que, quoiqu'une information puisse se convertir en enquête, une enquête ne peut être convertie en information ;
ainsi, lorsque dans un procès Civil, on veut prendre la voie criminelle,
il faut ordonner qu'il en sera informé ; & s'il y a une enquête, qu'elle
demeurera jointe, pour servir de mémoire seulement ; & ensuite, il faut
répéter les témoins ; c'est-à-dire, les entendre de nouveau par dépositions,

F 2

comme dans une information ordinaire, comme les Huissiers sont répétés sur leurs verbaux de rébellion. Voyez les observations sur l'article VI du titre X, n. 1.

Tous les Auteurs conviennent qu'une enquête ne peut être convertie en information. Voyez entr'autres, le Traité Criminel, p. 72. Bruneau, p. 213 ; & Du Rousseau de la Combe, partie 3, chap. 4, section 1, n. 18. Ce dernier, chap. 19, n. 2, partie 3, dit qu'il faut bien remarquer qu'une information peut être convertie en enquête, mais que l'on ne peut convertir une enquête en information ; ainsi qu'il a été jugé au Parlement de Paris, en la Tournelle, le 31 Mars 1708.

Le Parlement de Dijon en use de même ; nous en avons un exemple dans un Arrêt que cette Cour vient de rendre le 19 Janvier 1758, par lequel, faisant droit sur les conclusions de M. le Procureur Général, il a été ordonné que deux rôles de tailles, & une enquête faite dans un procès Civil, demeureroient assoupis au Greffe ; & que les témoins seroient répétés dans leurs dépositions, pour tenir lieu d'information : cet Arrêt rendu à la Tournelle, n'exclut pas de faire entendre d'autres témoins que ceux de l'enquête ; on est libre d'en faire entendre un aussi grand nombre que l'on veut, même de ne pas faire assigner tous ceux de l'enquête, puisque c'est un nouveau procès Criminel, au lieu d'un procès Civil ; & effectivement, cet article de l'Ordonnance se contente de dire qu'un procès Civil pourra être poursuivi extraordinairement, sans dire qu'il sera converti en procès Criminel ; ainsi c'est un nouveau procès Criminel, que les parties instruisent ; comme s'il n'y en avoit point eu de Civil.

ARTICLE II.

En instruisant les procès ordinaires, ils pourront, s'il y échet, décerner décret de prise de corps, ou d'ajournement personnel, suivant la qualité de la preuve, & ordonner l'instruction à l'extraordinaire.

1. Cet article dans le projet de l'Ordonnance, étoit rédigé dans les termes suivans. " En convertissant les procès ordinaires, en procès Criminels, les Juges pourront décerner, par le même Jugement, décret „ de prise de corps, ou d'ajournement personnel, suivant la qualité de „ la preuve. „ Mais il fut changé, parce que les premiers mots, *en convertissant les procès ordinaires, en procès Criminels*, furent trouvés irréguliers, par la raison expliquée sur l'article précédent, n. 3, qui est, que l'on ne peut *convertir* un procès Civil en Criminel, & qu'il faut faire un nouveau procès, par nouvelle instruction, sans pouvoir se servir des enquêtes, que comme de mémoires.

Suivant cet article, lorsque des Juges envoyant à l'Audience, ou à la Chambre du Conseil, un procès Civil, y trouvent du crime; ils peuvent en tout état de cause, comme l'observa M. Pussort, décréter: par exemple, un particulier a été chassé de son bien par violence; il y aura dans un procès Civil, un commencement de preuve d'un vol, d'une usure, d'un faux, &c. Les Juges alors, après avoir ordonné la communication à la partie publique, peuvent en faire un procès Criminel, ordonner qu'il en sera informé, que les pieces qui peuvent servir de preuve, demeureront assoupies au Greffe; & en même temps, décréter, même faire arrêter sur le champ l'accusé. M. Jousse sur cet article, dit qu'il n'est pas nécessaire que le décret soit rendu sur les conclusions de la partie publique, & qu'il a vu dans l'usage, que le décret est ordonné à l'Audience, ou en la Chambre du Conseil, en ajoutant sur les conclusions du Procureur du Roi, quoiqu'il ne l'ait pas requis: il est vrai que l'on peut faire arrêter sur le champ, sauf à décréter dans les vingt-quatre heures; mais il paroit que décréter sans communications aux gens du Roi, ce seroit contrevenir à l'article I du titre X, qui ne fait aucune exception, puisqu'il veut que *tous décrets* soient rendus sur les conclusions de la partie publique.

2. Lorsque le procès Criminel est ordonné, c'est la partie publique qui devient la partie principale, la partie civile a peu d'intérêts à cette procédure extraordinaire; elle pourroit également obtenir ses réparations au Civil: il est vrai qu'au Criminel, elles se prononcent par corps; la question est de savoir si cette partie demanderesse au procès Civil, peut être forcée à devenir partie instigante, & à fournir aux frais du procès Criminel. L'article V du titre III, des plaintes, porte que les plaignants ne seront réputés parties civiles, s'ils ne le demandent formellement par la plainte ou par acte subséquent: cette Loi décide clairement, que le demandeur, dans le cas dont il s'agit, ne pourroit être obligé à se rendre partie civile, & à payer les frais de la procédure criminelle, s'il ne le veut, & ne le déclare formellement, ou faisant lui-même faire l'information.

A R T I C L E   I I I.

S'il paroît avant la confrontation des témoins que l'affaire ne doit pas être poursuivie criminellement, les Juges recevront les parties en procès ordinaire; & pour cet effet, ordonneront que les informations seront converties en enquêtes, & permis à l'accusé d'en faire, de sa part, dans la forme prescrite pour les enquêtes.

1. Les deux articles précédents concernent les procès commencés par la voie civile, & poursuivi ensuite par la voie criminelle; celui-ci au con-

traire, parle des procès Criminels, qui sont convertis en procès Civils: les parties qui desirent ordinairement plutôt la voie criminelle, que la civile, exposent souvent dans leurs plaintes, des faits plus graves qu'ils ne le sont; elles grossissent les objets pour saisir le Tribunal Criminel, & effrayer davantage leur partie contraire; mais quand l'information est faite, le Juge qui ne trouve pas matiere à continuer la voie criminelle, renvoie à l'Audience, en déclarant qu'il n'y échet décret: si cependant il trouve preuve de quelque délit, il décréte; mais si l'accusé par ses réponses, fait voir qu'il n'y a aucun délit de sa part; c'est le cas de la civilisation, en convertissant le procès Criminel, en procès Civil.

Il y a d'autres occasions où les preuves d'un délit grave ont donné lieu à un décret de prise de corps; mais l'accusé par ses réponses, ayant aussi fort diminué les charges, alors il est assez ordinaire d'élargir l'accusé, en civilisant; dans ce cas il doit donner caution de se représenter à toutes requisitions, suivant l'Ordonnance de Louis XII, de 1498, article CXIX. Voyez Guenois, livre 9, titre 1, parag. 27, p. 789. Voyez cependant les observations sur l'article XXII titre X, n. 2.

2. Cet article porte que l'accusé pourra faire de sa part une enquête dans la forme prescrite par l'Ordonnance civile; il faut donc, lorsque l'on civilise un procès criminel, suivre cette Ordonnance civile; par conséquent il faut que le Jugement de civilisation contienne les faits contraires dont l'accusé entend faire la preuve, & pour cela il faut que l'accusé en demandant la civilisation articule ses faits. Sinon, le Juge pour les inférer dans son Jugement, les tireroit des réponses prétées par devant lui en conséquence du décret, & dans le Jugement de civilisation le Juge doit encore inférer la clause, *sauf à reprendre la voie extraordinaire s'il y échet,* quoiqu'elle soit censée réservée de droit, suivant l'article V de ce titre.

3. Si le procès étoit civilisé en cause d'appel, le Greffier seroit obligé de rendre au demandeur, auparavant partie instigante, la grosse des informations & autres procédures, pour lui tenir lieu d'enquête; les informations ne sont plus secrettes, & même le Greffier y seroit tenu par corps, suivant Du Rousseau, partie 3, chap. 19, n. 21, sans qu'il soit besoin d'aucun Arrêt, ou Ordonnance, sinon du Jugement de civilisation, qui est censé l'ordonner.

4. Il n'est pas défendu à l'instigant devenu demandeur par la civilisation, de faire entendre de nouveaux témoins, autres que ceux de l'information; pourvu qu'il le fasse dans les délais prescrits par l'Ordonnance civile; il donne ensuite copie du verbal de son enquête, des noms, surnoms, âge, qualité, & demeure des témoins de son information, convertie en enquête: en un mot, il doit observer toutes les formalités des enquêtes; il doit même faire donner copie de la plainte, pour tenir lieu de libelle, sauf à changer, rectifier les conclusions, & en prendre de nouvelles.

M. Talon, lors des conférences sur cet article, convint que le demandeur pouvoit faire entendre des nouveaux témoins , autres que ceux qui avoient été entendus dans l'information civilisée , aucun de Messieurs les Commissaires ne contredit cette proposition ; mais il faut qu'il le fasse entendre par forme d'addition d'enquête , avant de donner copie du procès verbal ; qu'il fasse assigner la partie , pour être présente à la prestation de serment , & qu'il observe toutes les autres formalités des enquêtes.

5. Quand il y a eu sur l'information , décret , on ne peut civiliser avant les réponses de l'accusé ; mais quand les deux parties ont fait informer respectivement , on peut dire qu'elles ont fait de part & d'autre , leurs preuves ; par conséquent , il seroit frustratoire de civiliser.

6. Quand le Procureur du Roi ou du Seigneur , est seule partie ; on ne peut civiliser , parce que la partie publique ne peut poursuivre seule , que les procès où il peut échoir peine afflictive , à la forme de l'article XIX , du titre XXV , ci-après.

7. Lorsqu'il y a appel d'un Jugement de civilisation , les Juges ne peuvent passer outre ; l'appel est suspensif : c'est ce qui a été décidé par plusieurs Arrêts anciens , rapportés par Fileau sur Chenu , partie 1 , titre IV , chap. 24 , *in folio.* Où se trouve entr'autres , celui du 12 Mai 1604 , qui fait défenses au Lieutenant Criminel d'Yssoudun , & à tous autres Juges , en matiere criminelle , lorsqu'ils auront reçu les accusés en procès ordinaires , où à la preuve de leurs faits justificatifs , de passer outre au préjudice de l'appel , à peine de tous dépens , dommages & intérêts des parties : ces défenses sont fondées sur ce que la Sentence de civilisation , détruit , pour ainsi dire , les preuves du procès , & en change l'état & la nature ; ce qui seroit irréparable , s'il étoit permis de passer outre , nonobstant l'appel. Voyez les Arrêts rapportés à ce sujet , sur l'article II du titre XXVIII , des faits justificatifs qui sont dans le même cas.

8. Un Lieutenant Criminel ne peut seul rendre une Sentence de civilisation , suivant plusieurs Arrêts : nous en avons entr'autres , un rendu au Conseil le 30 Mars 1719 , servant de Réglement pour les Officiers du Présidial de Brives , qui par l'article X , le défend expressément. Brillon , au mot *civilisation* , tome 1 , p. 180 , dit qu'il faut au moins deux Officiers avec le Lieutenant Criminel , comme pour un Jugement définitif.

9. Le Lieutenant Criminel reste Juge d'un procès commencé par la voie criminelle , & dans la suite civilisé : c'est la disposition expresse de l'Edit de Mai 1553 ; il a été en conséquence , rendu une infinité d'Arrêts conformes. Fileau , *in-folio* , partie 2 , titre 1 , chap. 15 , en rapporte un du 12 Août 1600 , en faveur du Lieutenant Criminel d'Angoulême , contre le Lieutenant Civil : on en trouve un autre du 16 Octobre 1582 , pour le Lieutenant Criminel de Concressaut , un autre du 28 Mars 1609 , pour le Siege du Mans. L'article XIII du Réglement fait au Parlement de Dijon , le 28 Novembre 1623 , entre le Lieutenant Civil & le Lieutenant Criminel d'Arnay-le-Duc , porte de même que la

connoissance des causes criminelles qui auront été civilisées, appartiendra au Lieutenant Criminel. Les Loix criminelles, tome 1, p. 147, en rapportent un autre du Parlement de Paris, du 29 Août 1579, pour le Siege du Mans: le même Arrêt est au tome 2, p. 84; *ibidem*: ces Arrêts sont fondés sur l'Edit de 1553, qui suffit seul pour établir ce droit. Voyez le n. suivant.

10. C'est la qualité de la matiere, qui décide du Tribunal où la cause doit être portée en cause d'appel, elle ne cesse pas d'être du Tribunal Criminel, quoique civilisée; parce qu'elle peut devenir de nouveau criminelle, suivant l'article V de ce titre: c'est pourquoi l'appel d'une Sentence de civilisation, se porte à la Tournelle, ou aux enquêtes, comme matiere du petit Criminel.

11. Ces principes sont si certains, que dans le cas d'une Sentence rendue par un Prévôt royal, ou un Juge de Seigneur, qui auroit civilisé un procès Criminel, l'appellant peut porter la cause d'appel, au Bailliage Criminel, ou à la Tournelle; j'ai eu à ce sujet, des contestations contre notre Lieutenant Général, qui a été obligé de donner les mains, après avoir consulté l'usage du Parlement de Dijon, qui est de ne recevoir les appellations qu'à la Tournelle, quand il s'agit de l'appel d'une Sentence de civilisation. Le sujet de notre différent, vint à l'occasion d'une spoliation d'hoirie, du nommé Brossard, Orfevre; il y eut Sentence à la Mairie d'Autun; appel relevé au Bailliage Civil, je revendiquai, & le procès me fut relâché; & ensuite, encore jugé au Parlement de Dijon, par Arrêt de 1727, rapporté sur le nombre 18 de cet article, à la fin.

12. Les Prévôts de Maréchaussée ne peuvent connoître des procès Prévôtaux, lorsqu'ils ont été civilisés: c'est ce qui fut décidé par le célebre Arrêt de Réglement rendu au Conseil, le 15 Novembre 1608, entre les Officiers de la Sénéchaussée, & le Vice-Sénéchal d'Armagnac; qui défend à ce dernier, de prendre aucune connoissance des procès où les parties auront été reçues en procès ordinaire: c'est alors au Lieutenant Criminel, à en connoître. Voyez les observations sur l'article XXVII du titre II, n. 7.

13. Quand un procès a été civilisé, & que les enquêtes sont faites, rien n'empêche que l'on ne puisse à l'Audience, appointer, s'il survient des questions de droit, s'il y a plusieurs titres, ou autres motifs justes pour ne pas juger à l'Audience; c'est notre usage en Bourgogne. Voyez à ce sujet les observations sur l'article I du titre XXIII.

14. Si dans un procès Criminel, il y avoit plusieurs décrétés d'ajournemens personnels, dont l'un n'auroit pas comparu, & auroit laissé convertir son décret en prise de corps; il faudroit nécessairement instruire contre lui une contumace dans toutes les regles: annoter & saisir ses biens, le proclamer, &c; parce que quand il y a décret, il faut absolument les réponses de l'accusé, ou le contumacer; il peut cependant arriver après une grande instruction de contumace, que le procès Criminel

change

change de face, que les autres accusés présents en atténuent si fort les preuves, que ce seroit le cas de la civilisation ; alors cette grande instruction de contumace s'évanouiroit, & ne serviroit plus que d'un simple défaut, pour le profit duquel, les Juges condamneroient le défaillant, & les autres défendeurs présents, à tels intérêts qu'ils jugeroient à propos ; & même ils pourroient les renvoyer tous : ensorte que la contumace instruite contre l'un des accusés, ne pourroit empêcher la civilisation de tout le procès, si la matiere y étoit disposée ; mais le contumax seroit tenu de rembourser les frais de la contumace, article XIX du titre XVII.

15. Le cas le plus ordinaire, où il y a lieu à la civilisation ; c'est celui de spoliation, ou recélé fait par une veuve, quelques jours avant ou après le décès de son mari ; on civilise aussi dans le cas d'une instance de trouble, portée au Criminel, à cause de quelque violence, si l'accusé dans ses réponses, articule sa possession, & soutient qu'il a été en droit de s'entremettre, ou se maintenir dans la possession de l'héritage contentieux, & autres cas semblables, où l'objet ne paroit pas mériter le récollement & la confrontation, quoiqu'il exige de plus grands éclaircissements.

16. La spoliation d'hoirie de la part des veuves, a donné lieu à une infinité d'Arrêts, concernant la question de savoir, si lorsque le procès a commencé par la voie criminelle, il doit nécessairement être civilisé à l'égard de la veuve. M. l'Avocat Général Daguesseau, lors d'un Arrêt du 19 Avril 1698, rapporté au Journal des Audiences, dit que cette action, à l'égard d'une veuve, ne pouvoit être poursuivie criminellement ; & que les Arrêts avoient toujours admis cette Jurisprudence, en convertissant les informations en enquêtes : qu'à l'égard des complices, on confirmoit la procédure criminelle, quand ils avoient pris des effets pour en faire leur profit particulier ; mais que quand ils n'avoient fait qu'exécuter les ordres de la veuve ou du mari, & qu'ils n'en avoient pas profité, on civilisoit aussi à leur égard : l'Arrêt fut conforme aux conclusions.

De Rénusson, Traité de la Communauté, partie 2, chap. 2, n. 19, dit que les créanciers ne peuvent procéder criminellement contre la veuve ; mais qu'ils peuvent demander permission de faire informer ; & qu'après l'information, ils doivent la faire convertir en enquête, afin que la femme ne puisse avoir lieu de se pourvoir contre la procédure extraordinaire : mais le même Auteur remarque que quoique l'affaire soit civilisée, la preuve ne peut être respective, ni la femme reçue à faire preuve contraire.

L'action extraordinaire ne peut avoir lieu contre une veuve, parce que *turpis actio adversùs uxorem negatur. L. 2, D. de act. rer. amot.* Il y en a une autre raison plus convenable dans les pays coutumiers, où il y a communauté qui rend la femme en quelque façon propriétaire des biens de cette communauté : *Nemo rei suæ furtum facit.* Ainsi il est de Jurisprudence certaine, que l'on ne peut agir criminellement contre une veuve pour spoliation, quand même on contesteroit la légitimité du mariage. Voyez M. Louet, lettre C, n. 36, où il rapporte plusieurs Arrêts qui l'ont ainsi décidé en faveur des veuves, même en faveur des cohéritiers ; pourvu que ces derniers n'aient pas volé du vivant de celui de la succession duquel il s'agit ; dans ce cas, il y auroit lieu à la voie extraordinaire contre eux ; mais si c'est après le décès, que les enfans ou autres cohéritiers ont spolié, il faut aussi civiliser à leur égard.

Thomassin de Givry, héritier universel de son pere, se plaignit qu'après sa mort on avoit pris dans une armoire trois cents livres ; il en fit informer ; décret d'ajournement personnel contre la fille ; elle demanda la civilisation ; elle lui fut refusée par le Lieutenant Criminel de Challons sur Saône. Le Parlement de Dijon réforma, civilisa, & renvoya les parties pardevant autre Juge, par Arrêt d'Audience à la Tournelle, le 7 Juin 1687. Pareil Arrêt en la même Chambre le 19 Janvier 1692, entre Claudine Richard instituée héritiere universelle par sa mere. Elle accusa Marthe Richard sa sœur d'avoir dérobé des papiers de sa mere. Marthe Richard & son mari avoient été décrétés d'ajournement personnel ; sur l'appel la Cour réforma & convertit les informations en enquêtes. Voyez Raviot, question 250, n. 29, tome 2, p. 290.

Suivant les mêmes principes, le Parlement de Paris, à l'audience de relevée le 29 Avril 1689, jugea qu'un enfant pouvoit faire informer contre sa mere, même faire publier monitoire ; sauf après l'information à civiliser le procès. Les parties étoient la Dame Dufresnoi & son fils. Voyez le Dictionnaire de Pratique par Ferriere, au mot *recélé*.

Le Parlement de Dijon paroît avoir fixé sa Jurisprudence par un nouvel Arrêt de 1744, dont voici le fait. La Dame Dareau de Saulieu, après le décès de son mari, fut nommée tutrice, elle convola en secondes noces ; ses enfants devenus majeurs se pourvurent en reddition de compte ; deux transigerent ; le troisieme, après plusieurs Jugements préparatoires, se plaignit de la spoliation de l'hoirie de son pere, sans désigner personne. Sur les charges, la mere fut décrétée de soit oui. Assignée pour répondre, elle appelle, & cependant répond. Son fils lui fait sommation par laquelle il consent à la civilisation, & l'interpelle de se départir de son appellation. Sentence au Bailliage de Saulieu qui réforme. Autre appel à la Cour. La mere intimée disoit qu'elle n'auroit pas dû être décrétée, suivant la disposition des Loix, qui ne permettent pas l'action criminelle contre les veuves pour spoliation ; & qu'il étoit indécent qu'un fils fit décréter sa mere, & enfin que le consentement à la civilisation étoit un aveu qu'elle avoit été mal décrétée.

Le fils répondoit, que les actions *rerum amotarum* n'étoient pas différentes de celles *condict. rei furtiva* ; que s'il avoit pris la voie extraordinaire, c'étoit parce qu'il ne connoissoit pas les Auteurs de la spoliation ; que quand il avoit appris qu'elle étoit imputable à sa mere, il avoit consenti à la civilisation; qu'une information doit être suivie d'un décret, parce que dans ses réponses, elle pourroit révéler quelques complices; & enfin que la civilisation ne pouvoit être ordonnée qu'après les réponses, suivant cet article III de l'Ordonnance, qui le décide clairement. Sur ces moyens intervint à l'Audience publique criminelle de Dijon du 19 Février 1744, Arrêt par lequel, conformément aux conclusions de M. l'Avocat Général, il fut ordonné, que la premiere Sentence sortiroit son plein & entier effet; la cause & les parties furent renvoyées en la Justice du Comté de Saulieu, pour être prononcé sur la civilisation, & la mere fut condamnée aux dépens des deux causes d'appel.

Le Parlement de Dijon autorise à présent les décrets contre les veuves, même contre les meres, accusées de spoliation par leurs enfants. Un décret de soit ouï n'est pour ainsi dire qu'une assignation à fins civiles pour faire répondre. Une veuve par la force du serment peut plutôt que par la voie civile avouer la vérité, & sur-tout nommer ses complices. Une veuve manque la premiere à la religion & à la bienséance, en spoliant l'hoirie, & volant le bien des enfants de son premier lit, pour convoler plus facilement à de secondes nôces. Après une action aussi indigne, on voudroit lui épargner le désagrément d'un simple décret de soit ouï, dans une occasion où souvent un autre seroit décrété de prise de corps. M. Jousse, sur cet article III, p. 403, dit même, que quand il y a plusieurs accusés dans un procès, on ne peut instruire criminellement à l'égard des uns, & civiliser à l'égard des autres; suivant un Arrêt du Parlement de Paris du 9 Août 1709, rapporté au Journal des Audiences; mais l'usage est contraire à cette maxime. On trouve au même Journal des Audiences, tome 6, liv. 5, p. 120, un Arrêt du Parlement de Paris du 7 Décembre 1715, par lequel il fut ordonné que le procès criminel contre une veuve seroit continué à cause d'une déprédation considérable. Il fut même continué après la mort de la veuve contre les complices. Les plaignants étoient des collatéraux. On n'a plus tant d'égard pour les veuves que l'on en avoir, parce qu'elles en abusent, en spoliant presque toujours les hoiries, sous prétexte qu'il n'y en aura point de preuve; ou du moins que l'on n'en pourra prouver qu'une partie. Le surplus les dédommage quelques fois, même audelà des adjudications qui sont prononcées contre elles. Denisard, au mot *recélé*, rapporte l'Arrêt du 19 Avril 1698, qui se trouve au Journal des Audiences; & deux autres des 15 Juillet 1741, & 26 Octobre 1754, qui ont autorisé des procédures criminelles, l'un contre une veuve, & l'autre contre un frere héritier présomptif.

17. Les complices de la veuve qui a recélé doivent être poursuivis criminellement, lorsqu'ils ont profité des effets recélés: De Renusson, de la Communauté, partie 2, chap. 2, n. 21, p. 329, en cite un Arrêt rendu contre la Dame Duchesse d'Aumont, & sa Demoiselle suivante, accusées du divertissement de plusieurs effets de la succession de M. le Duc d'Aumont. Il y eut décret de prise de corps décerné contre la Demoiselle

suivante qui fut emprisonnée. L'Auteur dit, il est vrai, que l'on en fit difficulté; parce que la Dame qui étoit la principale partie ne pouvant être poursuivie criminellement, ses domestiques, qui n'avoient fait qu'obéir à ses ordres, sans profiter du délit, ne pouvoient être poursuivis extraordinairement. Cependant par cet Arrêt, suivant De Rénusson, la procédure extraordinaire fut autorisée contre cette Demoiselle suivante. Ce qui paroît contraire à la décision de l'Arrêt du 19 Avril 1698, qui vient d'être rapporté par lequel conformément aux conclusions de M. l'Avocat Général Daguesseau il a été jugé, que lorsque les complices n'ont pas profité des effets spoliés, & qu'ils n'ont fait qu'obéir aux ordres de la veuve, on doit civiliser à l'égard de tous & c'est l'usage. Mais il est à propos que, suivant le présent article de l'Ordonnance, la civilisation ne soit prononcée qu'après des décrets & les réponses des accusés.

Il n'en est pas de même à plus forte raison quand les domestiques font leur profit de la spoliation, sans ordre de la veuve ou du mari; car c'est alors un vol domestique, puni très sévérement. On feroit la même distinction à l'égard des étrangers qui auroient spolié; si c'étoit par les ordres de la veuve, & pour lui aider, sans en avoir profité, on civiliseroit aussi à leur égard. Mais s'ils avoient profité des effets spoliés, ils seroient poursuivis extraordinairement.

Dans les instances de spoliation, les parents peuvent être témoins. C'est la remarque de Bornier, sur l'article XI du titre XXII des enquêtes, où il observe que les parents sont témoins nécessaires dans plusieurs cas, & entr'autres, quand il s'agit de récélé d'une succession; parce que ce sont les parents qui en ont ordinairement plutôt connoissance que les autres: ce que Bornier répete un peu plus bas. Mais outre cette autorité nous en avons une plus respectable dans le procès verbal des conférences sur le même article des enquêtes, où l'on voit que Messieurs les Commissaires convinrent de ce principe. Et même M. le Président de Novion observa que lorsqu'une femme est accusée de soustraction des effets de la succession de son mari, & que l'on intente contr'elle l'action, *rerum amotarum*, la principale preuve réside toujours dans la bouche de ses domestiques, & de ses proches; sans quoi on n'en auroit jamais raison. Joignez à cette observation celles faites ci-devant sur l'article V du titre VI, des informations, n. 4, au sujet des parents & des domestiques témoins.

18. Suivant l'Article XXI, titre IV, de notre Coutume de Bourgogne, la femme qui a spolié les effets de la Communauté, est tenue de payer la moitié des dettes, malgré sa renonciation à la Communauté. Mais M. Bretagne, l'un de nos Commentateurs, remarque que cela ne peut s'entendre que du récélé fait avant la renonciation. Dans ce cas la veuve par le recélé est privée du bénéfice du statut qui lui permet moyennant sa renonciation de se décharger des dettes de la communauté; mais depuis que le droit lui est acquis par une renonciation en bonne forme

& qui n'est pas empêchée par une spoliation précédente, elle ne peut en perdre l'avantage par des faits postérieurs. Ce qui est suivant le même Auteur, conforme au droit écrit, par lequel notre Coutume doit être expliquée. Il cite la Loi, *si servus*, parag. 7. D. *de acquirendâ vel ammittendâ hæreditate*. La femme qui soustrait les biens de la communauté fait un acte d'acceptation, par lequel elle entre dans une obligation envers les créanciers. Au lieu que quand elle souftrait après la renonciation, elle ne s'engage pas envers les créanciers; mais elle tombe dans une autre obligation *ex delicto*, *vel quasi delicto*, pour laquelle elle peut être poursuivie, non par action de larcin, mais par celle appellée *rerum amotarum*. Ce sentiment n'est pas suivi par les autres commentateurs qui disent au contraire que la Coutume ne fait aucune distinction de la spoliation faite avant ou après la renonciation, ce qui est conforme à l'article CXXVII, de l'Ordonnance de 1629, qui porte que tous ceux qui se trouveront avoir recélé ou détourné des biens de la communauté à laquelle ils voudront renoncer, *avant ou après ladite renonciation*, seront tenus des dettes de la Communauté, nonobstant ladite renonciation. Il est cependant vrai, suivant Taifand, sur le même article, que si la veuve souftrait les effets de la communauté après que la succession du mari a été acceptée, & que ses héritiers en ont pris possession, elle peut être convenue *actione furti*. Sans que l'on puisse au moyen de ce recélé la rendre portionnaire.

Non seulement la veuve qui est convaincue de recélé est privée du bénéfice de la renonciation; mais elle perd encore sa portion dans les effets qu'elle a spoliés, ou qui l'ont été par son ordre. On peut voir à ce sujet l'Arrêt du Parlement de Paris du 26 Mai 1674, rapporté au Journal du Palais. Il est vrai que les Auteurs conviennent que la Jurisprudence a varié à cet égard. Mais ils disent qu'elle est à présent constante, sur-tout au Parlement de Paris & au Parlement de Dijon. Cette Jurisprudence nouvelle peut avoir son principe dans les Loix Romaines, suivant lesquelles un cohéritier qui avoit souftrait les effets d'une succession étoit privé du droit de la partager. Loi 46, D. *ad Senat. Treb.* Par le même raison le légataire étoit privé de son legs dans les effets qu'il avoit spoliés, Loi 5. Cod. *de legatis*.

Par le testament d'Antoine Brun, Simone Magnien étoit légataire de cent cinquante livres; il fut prouvé qu'elle avoit spolié; Françoise Charon héritiere soutint que la Magnien devoit être privée de son legs. Et cela fut ainsi jugé au Parlement de Dijon par Arrêt d'Audience publique, du 25 Juin 1676. Voyez Raviot, question 250, n. 34, tome 2, page 291.

On poussoit anciennement la sévérité jusqu'à priver la femme convaincue de spoliation non seulement de sa portion dans les effets spoliés; mais encore de ses gains nuptiaux: il y en a un Arrêt du Parlement de Dijon du 5 Juin 1575; mais on s'est relâché de cette rigueur, on a coutume de priver le mari, la femme, ou l'héritier qui a recélé, de sa portion dans les choses recélées, & on les adjuge en totalité à celui qui le plaint.

De Rénusson, Traité de la Communauté, partie 2, chap. 2, n. 34, dit que lorsque la femme a accepté la communauté, & qu'elle a fait fraude aux héritiers avec lesquels elle veut la partager, elle doit être privée de sa part dans les choses recélées, de même que le mari lorsqu'il a recélé après le décès de sa femme : & même il cite Dumoulin, sur la question 113, de *Joannes Galli* qui dit que celui des survivans qui a recélé, doit être privé entièrement de sa part de la communauté, *non solum in celatis, sed in totum.*

Les Arrêts du Parlement de Dijon ont fixé notre Jurisprudence à l'égard des peines de spoliation : en voici quelques-uns, Barbe Soucelier veuve de Jean d'Albric de Beaune fut privée de la participation qu'elle devoit avoir aux biens de la communauté conjugale, & de toutes les bagues qui lui appartenoient ; parce qu'elle avoit recélé ces bagues & distrait une partie des meubles. L'arrêt est du 15 Juin 1670 ; mais on s'est encore relâché de cette sévérité par les nouveaux Arrêts. Nous en avons un du 13 Février 1727, rendu en la Chambre des Enquêtes par lequel Pierrette Brossard fut condamnée à rapporter cinq mille livres pour les effets par elle spoliés dans la succession d'Antoine Brossard, Orfevre, son pere. Il fut dit par cet Arrêt confirmatif de ma Sentence qu'elle demeureroit privée de sa portion dans cette somme. Par autre Arrêt rendu en la même Chambre en 1728, Leger Labille fut condamné à rapporter dans sa communauté avec Simone Febvre sa femme la somme de trois cents quarante livres qu'il avoit cachée dans un tas de bled, & il fut aussi déclaré déchu de la portion qu'il auroit pu prétendre dans cette somme. Enfin par autre Arrêt du même Parlement de Dijon rendu en la Grand'Chambre le 30 Juin 1731, la Sentence de notre Siege qui avoit condamné Enée Pinard veuve de Claude Pauchard de S. Léger à rapporter trois mille livres qu'elle avoit spoliées, & qui l'avoit déclarée déchue de sa portion, fut confirmée avec dépens. La veuve Pauchard avoit représenté cette somme avant la prestation de serment lors de la clôture de l'inventaire. Elle prétendoit que ce rapport de la somme devoit la mettre à couvert de la peine du recélé ; mais elle ne fut pas écoutée. Voyez dans Raviot, question 250, n. 38, p. 292, ces Arrêts.

Ce qui oblige de prendre la voie criminelle en fait de spoliation même contre les meres, c'est que l'on ne peut obtenir un monitoire dans un procès civil, que sur des faits dont la preuve a été ordonnée contradictoirement ou par défaut avec le défendeur. Ce qui ne se pourroit que très rarement ; parce que le plus souvent on ne connoît pas les spoliateurs de l'hoirie, ou l'on ne veut pas les désigner. Au lieu qu'au criminel sans frais, & sur une simple requête & sans appeller une partie, on obtient permission d'informer & de faire publier monitoire. Et même quand le procès civil seroit commencé pour partage ou autrement, il arrive souvent que l'on suspend le procès civil pour donner sa plainte en spoliation : on obtient permission d'informer des monitoires, & des décrets ; on ne fait aucune mention du procès civil dans la plainte, afin qu'il ne passe pas pour un incident criminel. On en fait un procès criminel principal dont l'instruction ne peut être arrêtée par aucune appellation ; les adjudications sont prononcées, même pour les dépens par corps, & l'appel s'en releve à la Cour, ou au Bailliage Criminel, si l'on veut. Voyez à ce sujet les observations sur les articles I du titre VII, n. 5 ; & XI du même titre.

19. Les scellés ne sont mis sur les effets d'une succession que pour leur conservation ; ainsi lorsque ces scellés sont brisés, on présume qu'ils l'ont été dans le dessein de spolier. C'est par cette raison que par Arrêt du Parlement de Dijon, rendu par Commissaire à la Tournelle, le 2 Juin 1696, la Dame Rémond veuve d'Alexandre Legrand, qui avoit des enfants d'un premier lit, fut condamnée en mille livres de dommages & intérêts pour avoir brisé le scellé ; quoiqu'il n'y eût aucune preuve qu'elle eût spolié. Mais elle ne fut pas déclarée déchue du don mutuel qu'elle avoit fait avec son mari ; quoique les parents y eussent conclu. Voyez Raviot, question 250, n. 37, tome 2, p. 292.

ARTICLE IV.

Après la confrontation des témoins l'accusé ne pourra plus être reçu en procès ordinaire, mais sera prononcé définitivement sur son absolution, ou sa condamnation.

Il seroit frustratoire après la confrontation, de civiliser un procès criminel ; puisqu'alors toute l'instruction étant finie, il ne reste plus qu'à juger. Mais il ne faut pas induire de cet article que les Juges sont, comme il le porte, obligés de juger définitivement, & de prononcer l'absolution ou la condamnation ; puisqu'ils peuvent condamner à la question préparatoire, ordonner un renvoi jusqu'à rappel, ou un plus amplement informé, &c. suivant la qualité des preuves & l'importance de la matiere.

Il est ordinaire lorsque l'on civilise d'élargir l'accusé s'il est prisonnier à la forme de l'article CL, de l'Ordonnance de 1539, qui veut que dans ce cas l'accusé donne une caution limitée. Voyez Fontanon, livre 3, titre LXXVIII, n. 21, p. 694, tome 1, & p. 700. Fontanon rapporte l'article CXIX, de l'Ordonnance de 1499, qui exigeoit seulement une caution bonne & solvable de se représenter ; ce qui ne concerne que les cas de la civilisation.

ARTICLE V.

*Encore que les parties aient été reçues en procès ordinaire,
la voie extraordinaire sera reprise, si la matiere y est disposée.*

1. On avoit omis cet article dans le projet de l'Ordonnance. Mais
M. le Président de Memes observa, qu'en recevant les parties en procès
ordinaire, on avoit coutume de réserver la voie extraordinaire ; ce qui
obligea d'en faire un article séparé. Enforte que quand même un Jugement n'en auroit pas fait la réserve, elle seroit de droit. M. de Memes
ajouta qu'il en avoit vu un exemple au sujet du Messager de Bordeaux,
qui ayant été obligé de voiturer les deniers du Roi, il fut volé par deux
hommes ; qu'en ayant fait informer, & le procès instruit contre l'un
des accusés, il ne s'en étoit trouvé qu'un témoin, ce qui avoit donné
lieu à le condamner à la question ; mais que n'ayant rien avoué les
parties avoient été reçues en procès ordinaire. Qu'ensuite le procès ayant
été discontinué & le Messager étant pourfuivi par les Fermiers; il avoit
fait tant de diligence qu'il avoit trouvé un autre témoin qui avoit déposé aussi formellement que le premier : qu'en conséquence la procédure
criminelle ayant été reprise, & l'accusé arrêté, il fut sur cette nouvelle
preuve condamné à la roue, & exécuté. Voyez les observations, sur
l'article II du titre XIX, n. 6.

2. La péremption a lieu dans les procès criminels civilisés comme
dans les procès civils, parce que la civilisation est un préjugé qu'il
n'y a point de crime grave. C'est ce qui a été jugé par Arrêt du 10
Mai 1597, rapporté par Lebrun à la fin du chapitre *de la question*, où
il cite les Ordonnances de 1539 & 1563, articles CXX & XV; avec
l'Arrêt rapporté par Louet, lettre P, n. 37. Voyez aussi Brillon, au
mot *péremption.*

Elle a également lieu dans les procès du petit criminel ; c'est-à-dire,
qui n'ont pas été instruits par récollement & confrontation. Voyez
Brillon, *ibidem*, n. 32 ; & au mot *prescription*, n. 30, où il cite plusieurs Arrêts qui l'ont ainsi décidé. Legrand, partie 2, titre XI, article CC, glose 1, n. 56, p. 325. M. Leprêtre, centurie 1, chap. 61 ; &
Lapeyrere, lettre I, n. 41; en rapportent aussi plusieurs. Mais cette
maxime n'a jamais lieu contre la partie publique ni pour la péremption, ni pour la désertion quand elle est seule partie. On trouve encore
au Journal des Audiences, tome 5, livre 8, chap. 7, p. 595, un Réglement du Parlement de Paris du 28 Mars 1692, qui a également
jugé que la péremption a lieu au petit criminel. Ce Réglement est aussi
dans Brillon, au mot *péremption* ; & dans le Recueil de M. Jousse, tome 2,

page

page 122, le petit criminel étant regardé comme les procès civils, il sera utile de rapporter le précis de ce Réglement concernant les péremptions.

L'article I, porte que les instances intentées, bien qu'elles ne soient contestées, ni les assignations suivies de constitution & de présentation de Procureur par aucune des parties, seront déclarées péries, en cas que l'on ait cessé & discontinué les procédures pendant trois ans ; & qu'elles n'auront pas l'effet de perpétuer l'action, ni d'interrompre la prescription. Article II, que les appellations tomberont en péremption, & emporteront de plein droit la confirmation des Sentences ; si ce n'est qu'en la Cour les appellations soient conclues, ou appointées au Conseil. Article III, que les saisies réelles & les instances de criées des terres, héritages, & autres immeubles ne tomberont pas en péremption, lorsqu'il y aura établissement de Commissaire, & baux faits en conséquence. Que la péremption n'aura lieu dans les affaires qui y sont sujettes, si la partie qui a acquis la péremption reprend l'instance ; si elle forme quelque demande, fournit des défenses, ou si elle fait quelqu'autre procédure, & s'il intervient quelque appointement ou Arrêt interlocutoire ou définitif ; pourvu que lesdites procédures soient connues de la partie, & faites par son ordre. On trouve dans le même tome 2, du Recueil de M. Jousse, p. 318, un autre Arrêt du Parlement de Paris du 5 Juin 1703, qui a jugé que la péremption s'acquiert, quoiqu'il n'y ait point de présentation au Greffe, & qu'elle court contre toutes sortes de parties, même contre les tuteurs. A la suite de cet Arrêt est l'avis de la Communauté des Procureurs de Paris, qui font voir que l'Ordonnance qui a établi la péremption n'a fait aucune différence des majeurs & des mineurs. Cet avis rapporte plusieurs Arrêts rendus au sujet des péremptions.

3. Une instance au grand criminel instruite par récollement & confrontation ne peut être sujette à péremption. Ce principe fut attesté par M. l'Avocat Général Joly de Fleury, lors de l'Arrêt du 12 Mai 1711, rapporté au tome 6, du Journal des Audiences. Le Parlement de Provence est le seul qui ne fait point de distinction du grand & du petit criminel, suivant Muyart de Vouglans, partie 3, chap. 4, p. 85, où il cite à ce sujet Bretonier, Questions de Droit, au mot *péremption* ; & Boniface, tome 1, livre 1, titre XXIII, n. 5, & tome 5, livre 20, titre I.

TITRE XXI.

De la maniere de faire le Procès aux Communautés des Villes, Bourgs, Villages, Corps & Compagnies.

ARTICLE I.

Le Procès sera fait aux Communautés des Villes, Bourgs, & Villages, Corps & Compagnies, qui auront commis quelque rebellion, violence, ou autre crime.

1. S'Il arrive quelque soulevement du peuple, dit Imbert, livre 3, chap. 22, n. 8, la Cour a coutume sur les informations de décréter contre les Marguilliers, les Echevins & les particuliers, comme elle fit par son Arrêt du 14 Octobre 1567, contre ceux du Comté de Beaufort, & contre des particuliers. Cet Arrêt prouve que l'on observoit alors presque la même procédure qu'à présent.

La difficulté est de savoir dans quels cas les villes, compagnies ou communautés sont censées avoir délinqué en corps. Charondas, livre 3, rép. 83, p. 75, rapporte un Arrêt du 21 Mars 1583, suivant lequel, des excès faits par des habitants d'une commune déliberation, ou par tumulte & émotion populaire, comme au son de tocsin, ont été déclarés imputables à la communauté.

Jul. Clar. *Sententiarum,* livre 5, parag. fin. de sa Pratique Criminelle, n. 8, p. 102, dit : *Ut Civitas, Universitas, Collegium, sive Capitulum dicatur delinquere, & possit pro tali delicto puniri, non sufficit quod totus populus vel omnes de Collegio aliquid faciant, sed necesse est quod præcesserit ad id Consilii publica convocatio. Ita dicit Barthole in L. aut facta D. de pœnis, parag. final. n. 9. Sed si omnes de Collegio non præviâ Consilii deliberatione commiserunt aliquod delictum, tunc non punitur ipsa Universitas, sive Collegium; sed illi qui deliquerunt, tanquam singuli. Et illa servavit quidam Prætor Verona qui processit contra conventum & Fratres sancti Francisci ex eo quòd interfecissent quemdam Cremonensem, qui apud eos hospitatus fuerat, & fecit ipsos omnes qui erant ultra numerum quinquaginta suspendi per Hortulanum qui minùs erat gravatus.*

Domat, supplément du droit public, liv. 3, titre XIII, dit qu'un crime est regardé comme un excès de Communauté, quand il a été commis par les habitants des villes, villages, ou par les membres d'une compagnie, en conséquence d'une délibération de la Communauté, ou avec délibération par tumulte, & par émotion populaire comme au son de tocsin.

Il y en a qui ont prétendu que suivant la Loi, 10, *D. ad municip. quod major pars curia efficit, pro eo habetur ac si omnes egerint.* On peut voir au Journal du Palais les plaidoyers lors de l'Arrêt du Grand Conseil du 14 Mars 1673, qui cassa le décret de prise de corps décerné par le Présidial d'Evreux contre tous les habitants de Breteuil. Parce qu'il avoit contrevenu à la disposition de l'article suivant qui veut que les Communautés nomment un Syndic. Cela n'empêche pas que si l'on peut distinguer les principaux Auteurs, ils ne soient décrétés & punis séparément.

2. Sous le nom de Communauté, on entend les habitants d'une ville, bourg, ou village. Sous le nom de corps, on comprend les universités, les colleges, les chapitres, & les couvents ; & par le nom de compagnies, on entend une assemblée de plusieurs personnes, comme celles des Officiers d'un tribunal, de l'ordre des Avocats, de la Communauté des Procureurs, Huissiers, & autres compagnies semblables ayant droit de s'assembler pour leurs affaires, comme les corps des Arts & métiers autorisés pour s'assembler. &c.

3. Les principaux crimes sont comme le porte cet article, les rebellions ou violences à l'occasion des Droits du Roi, ou des ordres de la Justice. Par exemple des émotions populaires, & des assemblées illicites. Ce qui forme autant de cas Royaux de la compétence des Lieutenants Criminels privativement à tous autres Juges, suivant l'article XI, du titre 1, de cette Ordonnance. Quoique les habitants d'une ville, où village, aient droit de s'assembler pour leurs affaires communes, leurs assemblées deviennent illicites lorsqu'elles sont faites pour délinquer.

DES PROCÈS
DES
COMMUNAUTÉS.

ARTICLE II.

Elles seront tenues, pour cet effet, de nommer un Syndic ou député, suivant qu'il sera ordonné par le Juge ; & à leur refus, il sera nommé un Curateur.

1. Il faut que le Syndic ou Député ait une délibération en bonne forme pour défendre à l'accusation formée contre la ville, corps, ou communauté. Il n'est pas nécessaire pour cela d'une permission de Messieurs les Commissaires députés dans les provinces ; parce que c'est le même cas des mineurs accusés, qui sont poursuivis au Criminel, quoiqu'ils ne soient pas autorisés ; ainsi qu'il a été expliqué sur l'article 1, du titre III, des plaintes n. 19, & 22. D'ailleurs ce n'est qu'en matiere civile que le Roi a défendu aux Communautés des villes, bourgs, &

villages de plaider fans être autorifées ; la défenfe au criminel eft forcée, & les condamnations font par corps contre les mineurs comme contre les majeurs.

Le Juge Royal eft en droit de décerner au Syndic ou Député, ou au Curateur, des exécutoires contre les Communautés, corps & compagnies, pour qu'ils puiffent faire les frais de leur défenfe ; & comme les condamnations même provifionnelles font par corps & folidaires, ils peuvent s'adreffer aux principaux habitants.

2. On ne peut trop conftater le refus de la Communauté de nommer un Syndic ; parce que c'eft fur ce refus que le Juge eft en droit d'en nommer un, avec lequel toute la procédure étant faite ; il faut qu'il foit nommé d'Office bien en regle : on fait une fommation, à requête de la partie civile ou de la partie publique, au Syndic ordinaire, ou s'il n'y en a point de connu, on la fignifie à l'un des principaux habitants, même à plufieurs, de choifir un Syndic. Le Juge qui voit de pareilles fommations fans reponfes peut leur enjoindre dans un bref délai d'y fatisfaire, à peine d'en être nommé un d'Office ; & faute d'y fatisfaire, il en nomme effectivement un. Mais pendant ce temps les informations ne font pas arrêtées ; les décrets font décernés, non-feulement contre la Communauté, mais encore contre les principaux accufés. Il y en a qui prétendent que pour parvenir à la nomination d'un Syndic, il faut fuivant l'Ordonnance du Juge donner aux habitants une affignation à l'extraordinaire, & enfuite s'ils font défaut, nommer d'Office le Syndic. Cette façon de procéder ne peut être irreguliere puifqu'elle tend à conftater le refus de la Communauté.

Si le Juge ayant nommé au refus de la Communauté un Syndic, elle en préfentoit un autre, il paroît que ce feroit avec lui qu'il faudroit procéder, fauf à décerner au premier exécutoire de fes frais & vacations, comme il eft expliqué ci-deffus.

Cet article de l'Ordonnance, en donnant au Juge le pouvoir de nommer un Syndic, ne dit pas qu'il aura befoin pour cela des conclufions de la partie publique ; au contraire elle veut qu'il le nomme d'Office ; ce qui le difpenfe de prendre des conclufions.

3. On pouvoit induire des termes de cet article que les villes, compagnies & communautés feroient obligées de choifir parmi leurs membres un Syndic. Mais comme, l'Ordonnance n'a pas à ce fujet impofé de néceffité, il eft certain que fi elles n'ent ont pas, qu'elles croient capables d'en remplir les fonctions, elles peuvent nommer un étranger, ou un habitant du lieu où fe fait l'inftruction afin d'éviter les frais.

ARTICLE III.

*Le Syndic , Député , ou Curateur subira les interrogatoires
& la confrontation des témoins , & sera employé dans toute
la procédure , en la même qualité , & non dans le dispositif
du Jugement qui sera rendu seulement contre les Communautés , corps , & compagnies.*

1. Le Syndic , ou autre , en acceptant la commission , doit prêter serment de bien & fidélement défendre les accusés. Il est interrogé dans tout
le cours de la procédure , & répond au nom de la Communauté ; mais
lors du Jugement il n'est interroge que derriere le barreau , quand même
les conclusions seroient à peines afflictives , & il n'est pas nommé dans
le dispositif du Jugement; il faut à cet égard observer les mêmes formalités que celles prescrites aux curateurs à l'égard des muets & sourds par
les articles XI , & XXIII du titre XVIII , & par le titre XXII , concernant
les procès faits aux cadavres; l'un de ceux qui se trouvent décrétés ne
peut faire fonction de Syndic.

2. On ne peut décréter les villes , corps, & communautés que d'a-
journement personnel ; sauf à décréter de prise de corps les principaux
Auteurs , à la forme de l'article V de ce titre.

ARTICLE IV.

*Les condamnations ne pourront être que des réparations civiles ,
dommages & intérêts envers la partie ; d'amende envers
nous ; de privation de leurs privileges , & de quelque autre
permission qui marque publiquement la peine qu'elles auront
encourues par leurs crimes.*

1. On peut ajouter aux peines indiquées par cet article une aumône ;
mais il faut faire attention que l'aumône ne peut être prononcée conjointement avec un amende *envers le Roi* , sinon dans les cas expliqués
par la Déclaration de 1685 , rapportée sur l'article IV du titre I , n.
2 , savoir lorsqu'il y a sacrilege , ou lorsque l'aumône fait partie de la
réparation.

2. Quant aux autres peines , c'est ordinairement la privation des privileges , la descente des cloches pour un temps , la démolition de quelques
portes ou murs , ou édifices publics. Mais cette démolition ne peut être
exécutée sans permission du Roi : aussi bien qu'une condamnation à

élever dans une place un monument public avec inscription. On se contente souvent au lieu d'ordonner la démolition d'une porte de ville, d'ordonner que les portes en bois seront descendues pendant un temps.

3. M. Jousse sur cet article dit que les réparations civiles se prennent sur les biens de la Communauté, sinon qu'elles sont levées par forme de taxe sur les particuliers par tête & sans solidité ; l'Auteur du traité criminel imprimé en 1732, in-4°. p. 208, dit au contraire que l'on a coutume de prononcer la solidité. Ce qui paroît plus conforme aux regles & à l'usage ; parce qu'il suffit qu'il s'agisse d'un même crime ; pour que tous ceux qui y ont participé soient condamnés solidairement, il seroit fort à charge à une partie civile, déjà assez à plaindre d'avoir été insultée & d'avoir avancé les frais d'une procédure, si elle étoit obligée de faire son recouvrement contre chaque particulier d'une Communauté, ou d'attendre une imposition qui ne pourroit être faite sans une permission & des longueurs infinies.

4. Boutaric sur cet article rapporte la condamnation prononcée par le Parlement de Paris en 1331, contre la ville de Toulouse au sujet du nommé Béranger étudiant en droit, qui ayant blessé un Capitoul, il y accourut plus de six mille habitants qui demanderent punition; il fut condamné le lendemain à avoir le poing coupé & à être traîné aux fourches patibulaires, & y eut la tête tranchée. Les parents de Béranger qui avoient appellé verbalement de la sentence des Capitouls au Parlement de Paris, y poursuivirent la vengeance & y obtinrent Arrêt qui priva la ville du droit de corps & communauté, avec confiscation au profit du Roi, du patrimoine de la ville. L'Arrêt ordonna que le corps de Béranger seroit rendu à ses parents pour être enterré avec les cérémonies de l'Eglise, qu'il seroit fondé une chapelle de quarante livres de revenu, pour le salut de l'ame du défunt. La Cour députa trois Conseillers pour l'exécution de cet Arrêt. Boutaric dit que l'on commença par un service qui fut célébré dans la chapelle de l'Hôtel-de-Ville pour le repos de l'ame de Béranger ; que l'Hôtel-de-Ville étoit tout tendu en noir, & que tous les chefs de famille avoient eu ordre de s'y rendre ; qu'après le service on alla processionnellement vers les écoles où les Capitouls firent satisfaction au Recteur de l'Université & aux Professeurs de l'infraction de ses privileges, en présence de trois mille écoliers ; que de là on se rendit aux fourches où le corps de Béranger étoit encore exposé, que le corps fut levé en présence de tout le peuple à genoux criant miséricorde : qu'il fut mis ensuite dans un cercueil & porté à l'Hôtel-de-Ville, où il reposa, jusqu'au lendemain qu'il fut enterré dans le cimetière de la Durade, avec la même cérémonie, & que le jour suivant les Conseillers s'étant rendus à l'Hôtel-de-Ville, ils chasserent publiquement les Capitouls, & donnerent au Viguier le Gouvernement de la Ville, & l'administration des affaires publiques.

L'Auteur ajoute que les Historiens ont observé que s'il y avoit quelque chose à dire contre cet Arrêt du Parlement de Paris, c'est en ce qu'il fit tomber sur la ville la punition d'un délit auquel elle n'avoit point de part, puisque c'étoit le crime personnel des Capitouls.

Le même Auteur rapporte encore qu'en 1379, M. le Duc d'Anjou frere du Roi, Charles V, Gouverneur de Languedoc, ayant voulu établir quelque nouvel impôt sur la ville de Montpellier, le peuple se souleva; il n'y eut ni Collecteur, ni Officier du Roi qui échappât à sa fureur. Monsieur le Duc d'Anjou se transporta à Montpellier, il désarma les habitants, fit dresser un échafaut, & le peuple étant à genoux il fit lire sa sentence par laquelle, il privoit la ville de son Université, du Consulat, de la maison commune, & de tous ses privileges; la condamna en six cents mille livres d'or, & aux frais de son voyage; ordonna que les deux portes de la sonnerie & de Saint Gilles seroient abbatues, une partie des murailles démolie, & des fossés comblés; qu'aux dépens de la ville il seroit bati une Eglise avec six chapelles de soixante livres de revenu chacune, destinées à faire prier Dieu pour les ames de ceux qui avoient été massacrés, avec des inscriptions qui porteroient la cause de cette fondation; & que les corps qui avoient été jetés dans les puits en seroient tirés par les Consuls, de leurs propres mains, pour être enterrés avec les cérémonies de l'Eglise; se réservant encore de condamner six cents habitants des plus coupables, savoir deux cents à être brûlés vifs, deux cents à avoir la tête tranchée, & deux cents à être pendus. Et leurs enfants & postérité à être dans une perpétuelle servitude.

Boutaric ne dit pas si ces peines réservées furent dans la suite exécutées; mais il rapporte encore qu'en 1548, on voulut établir la gabelle à Bordeaux, que cette ville se révolta, & que la punition qui en fut faite est écrite dans Mornac sur la rubrique du digeste; *quod cujusque universitatis &c.* dans ces termes. *Et animadvertendum est in omne exemplum necessarium. Jure enim antiquo omnibusque privilegiis destituta est civitas Burdigalorum. Sublatum enim cadaver occisi, coram provinciæ Rectore, elatum est à defensoribus civitatis tedas ardentes gestantibus, atratisque vestibus, & capitibus nudis quin imo flexis genibus omnes conclamare misericordiam principis.* Baillon au mot *abolition* rapporte une Déclaration du Roi, en faveur des habitants de Bordeaux, du 9 Octobre 1553, tome 1, p. 26, n. 17, & au mot *amnistie* n. 1, p. 182, tome 1, & encore au mot *rebellion* n. 20, tome 5, p. 685.

Ces anciens traits d'Histoire sont rapportés pour prouver que dans tous les temps, les rébellions sur-tout, ont été punies avec la plus grande sévérité. Ils nous apprennent aussi les peines que l'on a coutume de prononcer en pareil cas. Voyez au sujet des peines Delpeisses, traité des crimes, partie 2.

ARTICLE V.

Outre les poursuites qui se feront contre les Communautés, voulons que le procès soit fait aux principaux Auteurs du crime & à leurs complices. Mais s'ils sont condamnés à quelques peines pécuniaires, ils ne pourront être tenus de celles auxquelles les Communautés auront été condamnées.

Voici encore des regles pour prononcer des peines contre les Communautés &c. Jul. Clar. *sententiarum practica criminalis.* Question 16, partie 2, n. 9, p. 102, dit ; *sed quomodò punitur universitas pro dilictis qua ab ipsis de universitate & totam universitatem repræsentantibus committuntur ; Respondeo : aliquandò punitur in ademptione privilegiorum & jurium suorum, quandoque etiam punitur universitas civiliter ; scilicet in publicatione alicujus rei, vel in pœnâ pecuniariâ seu multâ. Et tunc sciendum est quòd si talis pœna pecuniaria non æquè cadit in singulos de universitate, sicut in ipsam universitatem, puta quia publicatur res ex dilicto. Tunc si illa res est universitatis, ipsa universitas punitur, & in hoc conveniunt omnes. Si verò pœna æquè cadit in singulos, tunc aut collegium est parvum, & non punitur totum collegium, sed tantùm delinquentes. Aut est magnum & punitur totum collegium sive universitas. Scias tamen quòd in omnem casum non evadent pœnam Rectores & Gubernatores civitatum qui consilium & mandatum dederunt ; & ita dicit Gomez cap. 1, delictorum n. 54, ubi dicit quòd aliquandò aliqua civitates illius regni fuerunt rebelles contra Carolum Imperatorem, licèt communi consilio deliquissent tamen fuerunt etiam punita persona particulares & singulares qua vere & realiter commiserunt delictum, & similiter ipsi rectores & gubernatores culpabiles. Et ita etiam memini observatum fuisse contra civitatem Gandensem, & ejus Rectores.*

TITRE

TITRE XXII.

De la maniere de faire le procès au cadavre ou à la mémoire d'un défunt.

ARTICLE I.

Le procès ne poura être fait au cadavre ou à la mémoire d'un défunt, si ce n'eft pour crime de lefe - Majefté, divine ou humaine, dans les cas où il échet de faire le procès aux défunts ; duel, homicide de foi-même, ou rebellion à Juftice avec force ouverte, dans le rencontre de laquelle il aura été tué.

1. CEt article contient une exception à la regle qui veut que le crime & la peine foient éteints par la mort du coupable. Il exige que le procès foit fait même après la mort de ceux qui ont commis les crimes y mentionnés. Il ne feroit pas permis de le faire pour tout autre crime, de quelque nature qu'il fût.

2. Si le cadavre eft extant, le Juge doit en dreffer procès verbal. C'eft la premiere formalité à obferver, fuivant la Déclaration du Roi du 5 Septembre 1712 ; rapportée fur l'article I du titre IV, n. 4 : on fait le procès aux cadavres pour imprimer de la terreur aux vivants. *Malè tractando mortuos terremus viventes.*

3. Le crime de lefe - Majefté au premier ou au fecond chef eft le premier cas, pour lequel l'Ordonnance veut que le procès foit fait aux cadavres. On le fait auffi pour crime d'héréfie ou de relaps, fuivant les Déclarations du Roi, des 29 Avril 1686, & 14 Mai 1724 : parce qu'ils font regardés comme crimes de lefe - Majefté divine. Voyez les obferva- tions fur l'article XI, du titre I, n. 2, & 46.

La queftion eft de favoir, dit Du Rouffeau, cinquieme édition, p. 227, fi les reglements qui ordonnent le renvoi des Eccléfiaftiques aux Juges d'Eglife doivent être obfervés dans le cas où le procès eft fait au cadavre d'un Eccléfiaftique. Cet Auteur après avoir cité Rebuffe fur la Bulle de Léon X, de 1518, p. 786 ; Ayrault, Inftitutes Judiciaires, partie 4, parag. 14, & Fevret traite de l'abus, obfervent que la Jurifprudence du Par- lement de Paris eft conforme à celle du Parlement de Dijon, & aux prin- cipes qui veulent que ce foit le Juge féculier qui inftruife un pareil crime ; parce que d'un côté l'homicide est un crime capital qui emporte confiscation, & que de l'autre, il seroit inutile d'instruire avec le Juge d'Eglise, puisqu'il n'y a plus de peines Canoniques à prononcer contre un cadavre. L'Auteur cite un exemple d'un Ecclésiastique qui s'étant tué depuis peu à Paris d'un coup de pistolet, le cadavre fut condamné par le Lieutenant Criminel seul à être traîné sur la claie & pendu par les pieds. Du Rousseau dans sa Jurisprudence canonique au mot *cadavre* & au mot *délit*, n. 10, section 1, persiste au même sentiment.

Par le Juge séculier on ne peut entendre que le Juge Royal : tout ce qui concerne les Ecclésiastiques, & l'Eglise, est sous la protection du Roi & de ses Officiers, ainsi qu'il a été expliqué sur l'article XIII, du titre I, n. 1, 2, & 3. Voici comme s'en explique l'Auteur du traité des matieres criminelles imprimé en 1732, p. 212 : " La connoissance d'un „ homicide volontaire en la personne d'un Prêtre, ou autre Ecclésiasti- „ que appartient au bras séculier, c'est-à-dire *au Juge Royal*, & non au „ Juge d'Eglise ; car ce crime, s'il n'est pas tout à fait un cas privi- „ légié, il est du moins une espece de cas privilégié, & non un délit „ commun, parce qu'il est de l'intérêt du Prince que ses sujers ne se tuent „ pas volontairement. „ Voyez les observations sur l'article XI, du titre I. n. 50.

4. Le Duel est aussi un des cas, où suivant cet article de l'Ordonnance le procès doit être fait aux cadavres de ceux qui ont été tués lors du duel, ou qui sont morts depuis ce crime. Ainsi que l'observe Domat supplément au droit public liv. 3, titre VII, n. 21, les Edits de Juin 1643, article XVII, & d'Août 1679, article XIII, portent, que si l'un des combattants ou tous deux sont tués, le procès sera fait contre la mémoire des morts, comme contre celle des criminels de lese-Majesté divine & humaine, & que leurs corps seront privés de la sépulture ; avec défenses à tous Ecclésiastiques de les enterrer, ni souffrir qu'ils soient enterrés en terre sainte. Et l'Edit de 1643, ajoute que leurs corps seront traînés à la voirie. Voyez les observations sur les articles XI, du titre I, n. 44, & sur l'article IV, du titre XVI, n. 2.

5. L'homicide de soi-même, autrement le suicide est le troisieme cas que l'Ordonnance met au nombre de ceux pour lesquels le procès doit être fait aux cadavres. Ce crime à ordinairement pour cause. *Aut conscientia criminis, aut tædium vitæ, aut impatientia doloris, aut insania.* Ceux qui se tuent volontairement sont, suivant nos maximes, bien différentes de celles des Romains, coupables d'homicide ; à plus forte raison ceux qui pendant l'instruction de leur procès, ou après leur condamnation se tuent euxmêmes. Ce crime est puni si sévérement, que quoique plusieurs Arrêts aient jugé que la confiscation n'avoit pas lieu dans le cas de suicide commis par celui qui n'est prévenu d'aucun crime, elle doit nécessairement être prononcée contre les accusés qui se tuent, *conscientiâ criminis.* Ainsi qu'il sera plus amplement expliqué n. 9. Voyez les autorités rap-

portées à ce fujet par D'Olive fur la queftion 40, du livre 1, & fes notes n. 20.

Il faut que le titre d'accufation foit capital, & que la preuve de cette accufation foit parfaitement acquife pour que l'on puiffe regarder ce crime comme commis, *confcientiâ criminis*.

Dans le cas de fuicide commis par impatience des douleurs d'une maladie, plufieurs Arrêts fe font contentés de priver les cadavres de fépulture en terre fainte. Voyez brillon au mot *homicide* n. 57, & 58. Quant à celui qui eft commis par ennui de la vie, comme c'eft le cas le plus ordinaire, il eft puni plus féverement ; les anciens Arrêts qui ne le puniffoient que de privation de la fépulture ne font plus fuivis ; cette Ordonnance a changé l'ancienne Jurifprudence : elle veut que le procès foit fait pour ce crime : on n'excufe plus que les fuicides commis dans les accès d'une maladie.

6. La folie excufe les crimes. Les maladies de l'efprit, & fouvent celles du corps, dérangent fi fort les facultés de la raifon, qu'il y auroit de l'injuftice à imputer à crime, ce qui eft fait dans cet état. C'eft pourquoi il eft d'ufage, lorfque le procès eft fait à un cadavre pour fuicide, de faire en même temps, à la requête de la partie publique, une enquête des vie & mœurs du défunt & de l'état de fon efprit & de la raifon, lorfque l'accident lui eft arrivé ; cette enquête eft indifpenfable, on ne peut informer des circonftances de l'action, fans informer en même temps de l'état du malade ; les témoins ne peuvent dépofer du fuicide, fans dire en même temps, ce qui eft de leur connoiffance à l'égard de la folie. Voyez à ce fujet les obfervations fur les articles 1 du titre III ; n. 21 du titre XVI, & 8 du titre XVIII.

Dans le cas de fuicide commis par folie bien prouvée, on ne prononce aucune peine ; on ordonne au contraire que le cadavre fera inhumé en terre fainte. Voyez ci-après le n. 10.

7. On puniffoit chez les Romains l'homicide de foi-même lorfqu'il étoit commis par un accufé d'un crime capital ; notre Jurifprudence y eft conforme, & même s'il étoit prouvé qu'un accufé eût fait fes efforts pour fe tuer, fans avoir pu y réuffir, foit parce que la corde a rompu, foit parce qu'il en a été empêché. *Puniatur perinde ac fi delictum commiffum fuiffet*. Il eft cependant vrai dit Bruneau p. 225, qu'il doit être puni moins féverement ; parce que les Ordonnances n'ont pas parlé de ce cas ; & même il cite celui d'un particulier prifonnier au Châtelet qui s'étant extirpé ce qui fait l'homme, on ne lui en parla pas lors de l'Arrêt qui intervint le 22 Août 1689 ; l'Auteur du traité criminel dit auffi p. 212, que celui qui auroit voulu fe défaire ne feroit pas puni pour cela, & qu'il feroit plutôt plaint que condamné.

8. La rébellion à Juftice eft le quatrieme cas dont parle cet article ; mais il faut qu'elle ait été faite à force ouverte, de deffein prémédité, avec armes & violence publique. Par exemple pour enlever un prifonnier

des mains de ceux qui le conduifent, pour brifer publiquement les prifons, ou s'en emparer par force & violence. Dans ces cas & autres femblables, le procès eft fait aux cadavres de ceux qui font tués, &
même ils font privés de la fépulture en terre fainte. Voyez les obfervations fur les articles XI, n. 10, & 20, du titre premier.

La confifcation de biens dans le cas où le procès eft fait au cadavre,
ou à la mémoire eft fort controverfée. Legrand fur l'article CXXXII, n. 3,
de la coutume de Troye, dit, que plufieurs ont cru que les biens de celui
qui s'eft homicidé, fans être accufé d'aucuns crimes doivent être confifqués. Il cite Baquer, L'hommeau, Anne Robert, Mainard, &c. Mais il en
cite plufieurs autres qui ont penfé le contraire; parce que l'ignominie
d'être privé de fépulture & jeté à la voirie, fuffit pour donner de l'horreur d'un tel crime. Cette derniere opinion a été confirmée par un Arrêt
du Parlement de Paris du mois de Mars 1606, & autres anciens Arrêts
rapportés par Ferriere fur Paris, article 183, n. 35. Coquille queftion 16,
& autres Auteurs. Mais ces Arrêts ne font plus fuivis au Parlement de
Paris, dont la Jurifprudence à préfent, eft que dans les coutumes où
la confifcation a lieu, elle doit être prononcée pour crime de fuicide;
parce que la nouvelle Ordonnance, ayant voulu que le procès fût fait
au cadavre, il faut que la fentence rendue contre le défunt, prononce
les mêmes peines que s'il étoit vivant.

M. le Préfident Bouhier auffi diftingué dans la république des lettres
que par les ouvrages dont il a enrichi notre Barreau, nous a donné en
1717, des obfervations fur notre Droit coutumier de Bourgogne. Dans
la feconde de ces obfervations, ce célebre Auteur commence par dire que
perfonne n'a douté que l'homicide de foi-même commis pour éviter la
peine d'un crime capital n'emporte confifcation, que celui qui s'eft tué
par égarement d'efprit, eft plus digne de compaffion que de punition;
enforte qu'il n'y a de difficulté qu'à l'égard de celui qui s'eft homicidé
par ennui de la vie, ou par l'impatience de quelque douleur. Dans ce
dernier cas M. le Préfident Bouhier prétend que la confifcation doit avoir
lieu, fur-tout en Bourgogne, fuivant un manufcrit ancien & très curieux
de notre Droit coutumier, tel qu'il s'obfervoit avant qu'il eût été redigé
par écrit de l'autorité du Duc Philippe. Ce manufcrit précieux porte. "
,, coutume eft en Bourgogne fe aucun fe occis & tue par défefpérance,
,, le Sire, en quel Juftice il eft trouvé, en doit faire Juftice auffi comme
,, s'il avoit tué un autre. La caufe, car il eft homicide de lui-même.
,, Tous fes biens font confifqués au Seigneur deffous qui ils font. Et n'eft
,, plus entendue cette coutume fi largement, que ceux qui fe tuent par
,, un accident qui leur furvient, ou par la choite de fus arbre, ou de fus
,, maifon, ou qu'aucune chofe chée fur lui outre fa volonté, & il en meurt,
,, il n'eft pas homicide de lui. Car la caufe de fa mort n'eft pas venue
,, par fon pourchas, ni fa volonté. ,,

J'ai lu, dit M. Bouhier dans les mémoires de Me. Charles Fevret qu'il avoit vu en la Chambre des Comptes de Dijon les lettres de la Duchesse Agnès fille du Roi Saint Louis, & mere du Duc Eudes IV, par lesquelles elle faisoit don aux héritiers de Jean de Bourges Chanoine à Beaune, qui s'étoit homicidé lui-même, de la confiscation de ses biens ; avec les lettres de confirmation du Duc Eudes données à Rouvre le Dimanche des Rameaux 1330.

Le même Auteur dit encore avoir vu en la Chambre des Comptes à Dijon, dans le compte du receveur du Bailliage de Chatillon sur Seine pour l'année 1386, que demoiselle Joland de Turcey s'étant pendue en la Chambre de Turcey, il y eut contestation entre le Procureur du Duc de Bourgogne & l'Abbé de Saint Seine Seigneur dudit lieu, au sujet de la confiscation des meubles de la défunte que vouloit avoir l'Abbé, & que l'on prétendoit appartenir au Duc, de même que tous les heritages situés ailleurs qu'à Turcey ; & qu'au compte du Receveur du Bailliage de Dijon pour 1427, il est dit que Isabeau femme de Guillaume Moine de Nuits qui étoit de bons & notables parents, & avoit été une notable & prude femme se pendit de mélancolie pour la mort de son mari n'a guere trépassé. Et que ses biens ayant été confisqués, le Duc Philippe en remit la moitié à ses enfants.

M. le Président Bouhier rapporte encore que outre un Arrêt du Parlement de Dijon de 1622, cité par Cuillaume, il en a vu deux assez récents par lesquels il a été jugé que les corps de deux particuliers qui s'étoient homicidés eux-mêmes seroient traînés sur la claie, jetés à la voirie, & que leurs biens seroient confisqués ; quoique ni l'un ni l'autre ne fussent prévenus d'aucun crime. L'un de ces Arrêts est du 23 Juin 1683, & l'autre du 26 Février 1688. Voyez dans Brillon au mot *Revendication* n. 4, l'Arrêt du Grand Conseil du 3 Juillet 1726, rendu contre le cadavre de M. de la Frenaye, Conseiller de la même Cour, qui alla chez une Demoiselle, & s'y homicida dans un cabinet. Ses biens furent déclarés confisqués, & sa mémoire fut condamnée.

Les coutumes qui comme la nôtre portent que *qui confisque le corps confisque les biens*, décident clairement la question. Le corps ne peut être confisqué sans que les biens ne le soient aussi ; la condamnation du cadavre ou de la mémoire est une confiscation du corps ; d'où il suit nécessairement que les biens sont aussi confisqués. La Loi ne doit pas être divisée.

Quand on trouve une personne pendue ou noyée, il ne faut pas d'abord en conclure qu'elle a commis elle-même cet attentat sur sa personne ; elle peut avoir été homicidée par un autre, ou s'être noyée par accident. C'est sur ce fondement, dit encore M. le Président Bouhier, que par Arrêt d'Audience criminelle du 14 Décembre 1602, le chapitre de la Cathédrale d'Autun fut débouté de la confiscation des biens d'une femme que l'on disoit s'être noyée dans un étang. Il ne paroissoit pas qu'elle se fût précipitée elle-même, & dans le doute, il est des regles de présumer en faveur des accusés. Le même Auteur, chap. 55, n. 42, & 43, tome 2, p. 146, rapporte un Arrêt du Parlement de Dijon, du 19 Septembre 1622, au sujet du nommé Paquelle qui avoit été trouvé pendu. La Cour accorda à sa fille la main-levée des biens, & lui permit de faire informer contre sa belle mere qu'elle accusoit d'avoir pendu son mari. Ce qui fut prouvé dans la suite ; d'où l'on doit conclure qu'il ne faut pas présumer qu'une personne s'est homicidée, s'il paroît possible que la chose peut être arrivée autrement.

Nous avons encore une Loi particuliere en Bourgogne. C'est l'article 402, de nos anciennes coutumes qui porte. *Se aucun est emprisonné pour soupçon de crime, il meurt dans la prison ; ains qu'il soit convaincu, ne atteint du cas, son corps, ne ses biens ne sont point confisqués, ne acquis au Seigneur.*

A l'égard de la Jurisprudence des autres Parlements concernant la confiscation, tous les Auteurs conviennent, comme d'une maxime constante, de la confiscation des biens de celui qui s'est homicidé, à moins que ce ne soit par folie, ou excès de maladie : l'Ordonnance a changé la Jurisprudence des Parlements qui avoient rendu des Arrêts contraires. Quel que soit le motif d'une action aussi brutale & aussi impie, on fait le procés au cadavre ou à la mémoire, & on ordonne la confiscation. L'Auteur du traité criminel imprimé en 1732, p. 212, dit que la condamnation du cadavre ou de la mémoire emporte confiscation de biens, comme les autres condamnations qui confisquent le corps & les biens. Du Rousseau de la Combe partie 3, chap. 21, dit que la confiscation a lieu au Parlement de Paris pour les pays où elle est admise, sans distinguer si le suicide a été commis par crainte de la peine du crime dont le défunt étoit accusé ou autrement, pourvu qu'il n'ait pas été commis en démence ou maladie, comme l'atteste Bretonier sur Henrys tome 2, p. 903, Edition de 1708 : l'Ordonnance, en voulant que le procés soit fait à l'homicide de soi-même, ne distingue pas s'il a été commis dans la crainte d'une peine ou non. Ainsi ceux qui se sont homicidés par ennui de la vie sont punis aussi sévérement que ceux qui se sont tués pour éviter la peine d'un crime dont ils se voient bien-tôt convaincus ; dans l'un & l'autre cas la confiscation a lieu pour les pays où elle est prononcée par les coutumes. Voyez les Arrêts de 1737, & 1749, copiés sur l'article suivant n. 2.

A l'égard des autres peines, Muyart de Vouglans titre IV, chap. 7, p. 537, dit qu'à la réserve de ceux qui se tuent par l'effet d'une maladie ou autre accident, nous regardons tous les autres suicides comme des véritables crimes, non-seulement du côté de la Religion ; mais encore relativement à l'ordre politique. Ce qui est cause que ce crime est puni par des peines dont les unes frappent la personne & l'honneur, & les autres tombent sur les biens. Les premieres consistent dans la privation de la sépulture, & si le condamné avoit été enterré, l'exhumation en seroit ordonnée, comme il y en a plusieurs exemples dans Maïnard & dans la Rocheflavin. Les Parlements y en ont ajouté une autre, qui est de faire traîner sur la claie & jeter à la voirie le cadavre, après avoir été pendu par les pieds. Cet usage est attesté par Loisel livre 6, titre 2, regle 18.

La peine qui affecte l'honneur & la condamnation de la mémoire. Cette peine a lieu lorsque le cadavre n'est pas représenté, soit parce que l'on n'a pu le trouver, soit parce qu'il est déjà corrompu. Enfin la peine qui concerne les biens, c'est la confiscation qui est prononcée, comme il vient d'être observé, & que le dit encore Loisel *ibidem*, dans ces termes. *L'homme qui se met à mort par désespoir confisque ses biens.* Il est vrai que l'annotateur de Loisel est d'un sentiment contraire. Mais la Jurisprudence est constante depuis notre Ordonnance. Les Romains ne punissoient pas le suicide commis par ennui de la vie ; ils le regardoient au contraire comme une action héroïque : mais les lumieres du christianisme nous ont dessillé les yeux sur cette matiere. Tout homme qui se tue volontairement est regardé parmi nous comme homicide ; quoiqu'il n'eût suparavant commis aucun crime, & qu'il n'en soit pas accusé. *Est verus homicida, & reus homicidii, cùm se interficiendo innocentem hominem interfecerit. Nemini liceat se ipsum occidere, nec spontaneam mortem sibi inferre. Homo enim non est vitæ suæ dominus. Can. si non licet 23, quæst. 5 ; secus dicendum est de his qui per furorem vel insaniam sibi mortem consciverunt ; hi enim, cùm nesciant quid agant, & suris furore puniantur, culpâ vacant. Can. si quis insaniens 15, quæst. 1.* C'est pourquoi le Juge qui instruit le procés à un cadavre doit à requête de la partie publique informer des vie & mœurs du défunt, pour savoir en quel état étoit sa raison lors de l'accident.

10. Plusieurs prétendent que quand l'Eglise, par le ministere d'un Prêtre, s'est emparée d'un cadavre, la Justice doit se retirer & en laisser le Jugement à Dieu. Voyez entr'autres l'Auteur du traité criminel imprimé en 1732, p. 212, & Du Rousseau de la Combe partie 3, chap. 21, p. 548, édition troisieme de 1744 : mais c'est une erreur. Nous avons différents Arrêts qui en pareils cas ont ordonné l'exhumation des corps inhumés dans les Eglises. Il paroît inutile de les rapporter ; parce que nous avons l'article XII, de la Déclaration du Roi, du 9 Avril 1736, qui défend aux Ecclésiastiques de faire inhumer sans permission du Juge, les corps de ceux qui auront été trouvés morts avec des signes de mort violente ou autres circonstances qui donnent lieu de le soupçonner. L'article XIII, défend d'inhumer ceux auxquels la sépulture Ecclésiastique ne sera pas accordée, sinon en vertu d'une Ordonnance du Juge. Et une autre Déclaration du 5 Septembre 1712, rapportée sur l'article 1, du titre 1, n. 4, avoit déjà défendu à toutes personnes de faire inhumer les cadavres trouvés avec soupçon ou indice de mort violente, avant que les Officiers de Justice en aient été avertis ; à peine d'être regardés comme

complices d'homicide : il est vrai que Brillon aux mots *non bis in idem.* n. 21 , rapporte un Arrêt du Parlement de Paris du 5 Juillet 1664 , qui se trouve au Journal des Audiences , par lequel il fut jugé qu'une personne trouvée morte ayant été enterrée par permission du Juge , & après une information ayant été prouvé qu'elle s'étoit pendue , on ne pouvoit plus faire le procès au cadavre ni le faire exhumer. Mais il y avoit une permission du Juge. Et D'ailleurs cet Arrêt est antérieur à l'Ordonnance & aux Déclarations du Roi qui viennent d'être rapportées : enfin il paroît qu'il y avoit fort long-temps que le corps étoit inhumé. Voici un Arrêt de la même Cour du premier Septembre 1725, qui décide la question ; il a été rendu sur les remontrances de M. le Procureur Général , au sujet des plaintes qui lui avoient été faites par plusieurs Officiers qui étoient empêchés par les Ecclésiastiques dans les exhumations. " La Cour
„ ordonne que les Ordonnances , Edits , & Déclarations du Roi &
„ notamment celle du 5 Septembre 1712 , seront exécutées selon leur for-
„ me & teneur. Enjoint à toutes personnes de quelqu'état & condition
„ qu'elles soient de s'y conformer, sous les peines y portées ; fait aussi
„ défenses à toutes personnes de quelqu'état & condition qu'elles soient d'ap-
„ porter aucun trouble ou empêchement , sous quelque prétexte que ce
„ puisse être , soit aux verbaux de visite de l'état des cadavres , que les
„ Juges doivent faire avant l'inhumation , *soit aux exhumations que lesdits*
„ *Juges auront ordonnées* ; à peine contre les contrevenants d'être procédé
„ contr'eux extraordinairement, & punis comme rebellionnaires aux ordres de
„ la Justice ; ordonne que le présent Arrêt sera publié. „ &c. On trouve cet Arrêt en entier dans le recueil de M. Jousse tome 3 , p. 302.

11. L'état des personnes ne peut plus être contesté après cinq ans. Ainsi l'on ne pourroit après ce temps faire le procès à la mémoire d'un défunt. C'est ce qui a été jugé au Parlement de Dijon par Arrêt du 11 Août 1733 , rapporté par Raviot question 256 , n. 33 ; tome , 2 , p. 233 ; Catherine Pinette née dans l'héréfie de Calvin & mariée en 1679 , à Pierre Paul Avocat de la même Religion avoit abjuré ses erreurs en 1686 ; son mari fit aussi abjuration. Depuis ce temps ils n'avoient pas fréquenté les Sacrements & les Offices de l'Eglise Romaine. Catherine mourut au mois d'Octobre 1718 , & fit refus de recevoir les derniers Sacrements ; elle fut enterrée dans un coin de son Jardin ; sa succession qui étoit considérable , fut partagée entre ses héritiers présomptifs. Le Sieur Delaforet acquit la terre de la Baronnie de Montfort en 1731 , il fit agir son Procureur d'Office qui demanda qu'il lui fût permis de faire faire le procès à la mémoire de Catherine Pinette , & de faire exhumer son cadavre ; le Juge de la Baronnie permit l'information & l'exhumation. Le Procureur du Roi au Bailliage de Semur en Auxois révendiqua l'affaire, le Sieur Delaforet intervint ; les héritiers interjetèrent appel de la permission d'informer , il y eut Sentence au Bailliage qui déclara Catherine Pinette atteinte & convaincue d'être morte Religionnaire relaps &c.

Pour

Pour réparation de quoi sa mémoire fut condamnée à perpétuité , & en conséquence ses biens acquis & confisqués au profit du Seigneur.

Les appellants à la Cour citerent la Loi *de statu defunctorum* au digeste qui dit ; *quinquennium quarere non licet neque privatim , neque fisci nomine.* On citoit encore la Loi 2 , Cod. *de apostatis.* On rapportoit un passage de Mornac sur la Loi 4 , Cod. *de hæreticis.* L'intimé répondoit que le Droit Romain ne pouvoit détruire les édits qui ordonnoient que le procès seroit fait à la mémoire & aux cadavres des Religionnaires relaps , sans avoir limité aucun temps ; qu'il n'y avoit pas vingt ans que Catherine Pinette étoit morte dans son endurcissement , & par conséquent que sa mémoire devoit être condamnée & ses biens confisqués. Cependant la Cour crut que malgré l'article IX de la Déclaration du 14 Mai 1724 , le délai de cinq ans suffisoit pour établir une fin de non recevoir , en faveur des héritiers contre le fisc qui est toujours défavorable.

L'état des personnes ne peut être attaqué que difficilement : on trouve au Journal des Audiences tome 6 , liv. 6 , p. 126 , un Arrêt du 7 Janvier 1616 , qui a jugé qu'après quinze ans , on ne pouvoit attaquer un mariage prétendu contracté par violence. Voyez Ferriere , sur la Coutume de Paris , titre V , des prescriptions , n. 23 , p. 293 , édition de 1714; & ci-après sur l'article IV de ce titre , n. 2. Voyez aussi l'Arrêt du Parlement de Paris du 18 Mars 1666 , rapporté par Soefve , partie 2 , centurie 2 , chap. 69 , p. 216.

ARTICLE II.

Le Juge nommera d'Office un Curateur au cadavre du défunt , s'il est encore extant , sinon à sa mémoire , & sera préféré le parent du défunt , s'il s'en offre quelqu'un , pour en faire la fonction.

1. La Déclaration du Roi du 5 Septembre 1712 , rapportée sur l'article I , du titre I , n. 4 , prescrit tout ce que le Juge doit observer dans le cas d'un cadavre trouvé avec soupçon de mort violente. Il faut dresser procès verbal de son état , expliquer toutes les marques & tous les indices qui peuvent servir à constater le fait à charge & décharge , & faire visiter le cadavre par des Chirurgiens , ainsi qu'il a été plus au long expliqué dans les observations sur les rapports à la suite du titre V , où il y a des instructions intéressantes pour les Juges en pareil cas. Tout cela est nécessaire avant de nommer un curateur; parce que s'il étoit reconnu qu'il n'y a point de crime , il seroit inutile d'en nommer un ; on ordonneroit que le cadavre seroit inhumé : mais ce seroit par un Jugement rendu en la Chambre du Conseil avec les Officiers du Siege. C'est un Jugement définitif qui exige au moins trois Juges.

2. Quand le cadavre de celui qui s'est homicidé, est extant, on le fait, après le rapport des Chirurgiens, transporter dans une cour, ou quelqu'autres dépendances des prisons, afin de le faire traîner sur la claie, s'il est condamné : on ne peut à ce sujet, donner des regles plus certaines qu'en rapportant les conclusions de M. le Procureur Général, au Parlement de Paris, contenues dans l'Arrêt suivant.

Arrêt du Parlement de Paris, concernant l'instruction des procès faits aux cadavres, & la police des prisons.

Du 2 Décembre 1737.

"Vu par la Cour, la requête présentée par le Procureur Général du
" Roi, contenant qu'un conflit de Jurisdiction entre les Officiers du
" Bailliage, & ceux de la Prévôté d'Orléans, l'oblige d'avoir recours à
" l'autorité de la Cour, pour y être pourvu. Louis Martin, au mois
" d'Octobre de la présente année 1737, fut arrêté pour vol, par la
" Maréchaussée d'Orléans ; après huit jours de prisons, il fut trouvé
" dans son cachot, pendu & étranglé, avec une corde faite de la paille
" de son lit, attachée à une fente qui étoit en haut du cachot ; les
" Officiers de la Maréchaussée en dresserent leur verbal, firent saller le
" cadavre ; & comme il n'étoit plus question d'instruire les accusations
" de vol, ils delaisserent l'accusation d'homicide de soi-même, aux
" Officiers du Bailliage ; c'est alors que s'est élevé le conflit de Juris-
" diction ; le Prévôt a prétendu qu'en qualité de premier Juge ordinaire,
" c'étoit à lui à en connoître : il a instruit l'accusation, & a fait la
" procédure requise : les Officiers du Bailliage ont aussi instruit, & le
" Jugement est arrêté de part & d'autre ; le Prévôt se fonde sur ce qu'il
" prétend que le crime d'homicide de soi-même n'est pas un cas royal :
" le Bailliage l'a réclamé, comme ayant la Police dans les prisons.
" Pendant ce temps, le cadavre n'est pas inhumé, il est actuellement
" en dépôt dans une des tours de la ville où il a été mis à cause de
" l'infection qu'il causoit dans la prison : dans cet état, il paroît d'abord
" que ce qu'il y a de provisoire, est de statuer sur l'inhumation du
" cadavre, & le Procureur Général du Roi ne croit pas que la Cour
" fasse difficulté de l'ordonner : dans ces sortes d'accusations, la présence
" du cadavre n'est nécessaire que pour constater le corps du délit ; & ce
" délit une fois constaté, rien ne paroît pouvoir empêcher l'inhumation
" du cadavre : il est vrai que dans le cas où le procès peut être fait en
" peu de temps, instruit & jugé, on conserve souvent le cadavre pour
" lui faire en quelque sorte, supporter la peine due à un si grand crime :
" mais cet usage n'est pas fondé sur le principe, que le cadavre soit
" absolument nécessaire pour toute l'instruction & le Jugement du procès :

„ les peines qui se prononcent dans ces sortes de crimes, ne s'exécutent
„ sur le cadavre, que pour l'exemple ; & afin de détourner de commettre
„ de pareils crimes par l'horreur du spectacle ; mais lorsque quelque raison
„ comme celle de l'infection que le cadavre peut causer, empêche de le
„ garder ; alors la Loi qui n'exige rien d'impossible, n'assujettit point à
„ conserver le cadavre ; son esprit est rempli en faisant le procès à sa
„ mémoire : c'est ce que nous marque bien précisément l'Ordonnance
„ par l'article II du titre XXII ; le Juge nommera d'Office, dit-elle,
„ un curateur au cadavre du défunt, *s'il est extant* ; si l'on punit en
„ apparence le cadavre incapable de tout sentiment, cette punition n'est
„ que la figure du déshonneur, & de l'affront imprimé sur la mémoire
„ par la condamnation. Ici, le corps du délit a été constaté, il y a
„ un procès verbal fait en Justice, de l'état où le cadavre a été trouvé,
„ les Médecins & Chirurgiens ont fait leur rapport de la cause de la
„ mort, ce cadavre pouvoit donc être inhumé dès le commencement de
„ l'instruction ; il le devoit être à plus forte raison, depuis la contesta-
„ tion survenue entre les Juges sur leur compétence, qui arrêtoit le
„ Jugement du procès : le Procureur Général du Roi se persuade donc
„ que la Cour ne fera point de difficulté d'ordonner l'inhumation du
„ cadavre en question.

„ A l'égard de la compétence, il est vrai qu'il ne paroît pas que
„ l'Ordonnance ait mis le crime d'homicide, de soi-même, au nombre
„ des cas royaux ; ce n'est pas toujours l'atrocité du crime, qui rend
„ le cas royal ; & il faut convenir que celui-ci ne paroît pas en avoir
„ le caractere : par cette raison, la connoissance sembleroit en appartenir
„ au Prévôt, comme premier Juge : mais d'un autre côté, il est de
„ principe que la Police des prisons appartient aux Officiers des Baillia-
„ ges ; & par une conséquence naturelle, la connoissance des crimes
„ commis par les prisonniers : c'est la disposition de tous les Réglemens.
„ Quelques-uns de ces Réglemens paroissent à la vérité, excepter quel-
„ quefois le cas où le prisonnier a été arrêté de l'Ordonnance du Pré-
„ vôt ; & dans ce cas, ils accordent au Prévôt le droit de connoître
„ du crime du prisonnier, comme par une sorte de suite de la main-mise
„ que le Juge a faite sur le prisonnier ; mais il faut pour cela que le
„ Prévôt se trouve dans le cas précis de l'exception des Réglemens :
„ ici la police des prisons ne paroît pas pouvoir être contestée aux
„ Officiers du Bailliage, le crime dont est question, a été commis par
„ un homme qui n'étoit pas arrêté de l'Ordonnance du Prévôt ; par
„ conséquent, la connoissance du crime que cet homme a commis sur
„ lui-même, ne paroît pas pouvoir appartenir au Prévôt, mais aux
„ Officiers du Bailliage. Il y a même plus, quand l'homme en question
„ auroit été arrêté en vertu de l'Ordonnance du Prévôt d'Orléans, le
„ Procureur Général du Roi auroit encore peine à croire que ce Juge
„ pût prétendre la connoissance du crime en question. L'exception des

„ Réglements qui laissent aux Prévôts la connoissance des crimes commis
„ par les prisonniers arrêtés de leur Ordonnance, est fondée sur ce que
„ le Juge ayant acquis par son décret, une sorte de droit sur la personne
„ & les actions du prisonnier, lorsqu'il est de sa compétence; il paroît
„ juste de réunir dans le même Siege, qui se trouve le Siege de la
„ Justice ordinaire, tous les chefs d'accusation qu'il peut y avoir contre
„ le même accusé, lorsque les nouvelles accusations sont aussi de la
„ compétence du Juge qui se trouve légitimement saisi de la premiere
„ accusation; mais ce droit de Juge sur la personne du prisonnier, ne
„ peut durer qu'autant que dure l'affaire ou l'instruction du procès qui
„ a mis le prisonnier sous sa main; ainsi, si un prisonnier venoit à com-
„ mettre un crime après le Jugement définitif, rendu par le Prévôt, il
„ n'y a pas d'apparence qu'il fût en droit de réclamer la connoissance de
„ ce crime; il semble que par un retour au droit commun, elle devroit
„ appartenir aux Officiers du Bailliage: or, la mort paroît devoir faire
„ le même effet; elle fait même plus, elle éteint la poursuite de tous
„ les crimes; elle la termine absolument, pour réserver la vengeance de
„ ses crimes, au souverain Juge. C'est la mort qui a brisé les liens du
„ prisonnier, c'est cela même qui fait son crime; ce n'est pas le prisonnier
„ qu'il s'agit de punir, c'est un cadavre, c'est une mémoire sur laquelle
„ le premier Juge n'a jamais eu aucun droit, qu'il s'agit de flétrir:
„ c'est un crime nouveau, qui ne peut être regardé comme une suite des
„ premiers, parce que ces premiers sont éteints par la mort, & qu'il
„ n'en reste plus de trace; ainsi les premiers crimes ne peuvent acquérir
„ au premier Juge, un droit de suite pour le second: de quelque côté
„ donc, que l'on envisage l'accusation dont il s'agit, rien ne paroît parler
„ pour le Prévôt d'Orléans; les principes & les faits paroissent au con-
„ traire, en faveur des Officiers du Bailliage.

“ Reste une difficulté qui paroît arrêter les Officiers du Bailliage,
„ qui est de savoir si la Sentence qu'ils rendront, dans le cas où elle
„ prononceroit les peines ordinaires de crime d'homicide de soi-même,
„ peut être exécutée sans être confirmée par Arrêt; mais le principe à
„ cet égard, paroît certain. La condamnation d'une mémoire équivaut
„ à une mort naturelle; & par conséquent, elle ne peut s'exécuter sans
„ être confirmée par Arrêt; les condamnations contre la mémoire, ne
„ sont pas des condamnations par contumace: l'instruction pour ces sortes
„ de crimes, se fait toujours avec des curateurs; *elle se fait par récollement*
„ *& confrontation*: en un mot, elles ne sont pas plus regardées comme
„ des condamnations par contumace, que les condamnations contre les
„ muets & les sourds, aussi, ne voit-on pas *qu'elles s'exécutent par effigie*;
„ il est vrai que l'article IV du titre XXII, de l'Ordonnance de 1670,
„ semble faire naître un doute à cet égard: cet article porte que le cura-
„ teur pourra interjeter appel de la Sentence rendue contre le cadavre
„ ou la mémoire du défunt; il va même jusqu'à autoriser les parents du

„ défunt à forcer le curateur, d'interjeter cet appel ; si le curateur n'est
„ autorisé à interjeter appel de la Sentence de condamnation de la mé-
„ moire, qu'en vertu d'une faculté que l'Ordonnance lui donne, cet appel
„ n'est donc pas de droit ; & dans le cas où le curateur & les parents
„ ne l'interjeteroient pas, la Sentence pourroit donc être exécutée : telle
„ est la conséquence qui paroît, suivant les termes de cet article ; mais
„ il est difficile de se persuader que ce soit là l'esprit de l'Ordonnance ;
„ il y a bien plus lieu de croire que son intention n'a été que d'autoriser
„ le même curateur à défendre en cause d'appel, la mémoire du défunt,
„ comme il l'a fait en cause principale : on auroit pu penser que les
„ fonctions de ce curateur, étoient finies par la Sentence de condamna-
„ tion, & qu'il n'étoit plus en état d'en suivre l'événement à la Cour ;
„ ç'a été apparemment pour lever ce doute, que l'Ordonnance a permis
„ au curateur, d'interjeter appel de la Sentence rendue contre la mé-
„ moire. Donner un autre sens à l'article de l'Ordonnance, ce seroit
„ aller contre son esprit, qui ne peut jamais permettre d'exécuter une
„ Sentence qui en même temps qu'elle couvre d'infamie la mémoire d'un
„ défunt, enleve à ses héritiers, irrévocablement par la confiscation
„ qu'elle emporte, un bien que la nature & la Loi même, cessant la
„ condamnation, leur défere ; ainsi toutes les fois que les premiers Juges
„ se sont ingérés, de faire exécuter ces sortes de Sentences avant qu'elles
„ eussent été confirmées par Arrêts ; la Cour par ses défenses, a réprimé
„ leur témérité ; le Procureur Général du Roi ne fatiguera pas la Cour
„ de la citation de ces Arrêts ; il croit en avoir assez dit, pour l'éta-
„ blissement d'une maxime qui trouve sa source dans les principes de
„ l'Ordonnance, dans la raison & l'équité même : à ces Causes, re-
„ quiert, &c.

„ " Ladite Cour ordonne, sans préjudice des droits de Jurisdiction de
„ la Prévôté, & du Bailliage d'Orléans, en autres causes ; que le procès
„ encommencé contre le cadavre dudit Louis Martin, par les Officiers
„ du Bailliage, sera continué, fait & parfait à sa mémoire par le Lieu-
„ tenant Criminel dudit Bailliage, jusqu'à Sentence définitive, inclusive-
„ ment ; sauf l'exécution, si la Sentence porte quelque peine contre ladite
„ mémoire, laquelle ne pourra être faite qu'après que, sur le vu du
„ procès, ladite Sentence aura été confirmée par Arrêt ; & cependant,
„ ordonne que ledit cadavre sera enterré en terre profane, jusqu'à ce
„ qu'autrement, par la Cour, en ait été ordonné en jugeant ledit procès.
„ Fait en Parlement, le 2 Décembre 1737, *collationné*, FOESNAND. *Signé*
„ RICHARD. „ Voyez l'Arrêt suivant.

*Autre Arrêt du Parlement de Paris, concernant les procès faits
aux cadavres.*

Du 31 Janvier 1749.

“ Vu par la Cour, le procès Criminel fait par le Lieutenant Criminel
,, de Chaumont en Baſſigni, à la requête du Subſtitut du Procureur
,, Général du Roi, demandeur & accuſateur, contre François Gaudin,
,, curateur, nommé d'Office au cadavre d'Hubert Portier, la Sentence
,, rendue ſur ledit procès, le 27 Janvier 1749, de laquelle le Subſtitut
,, du Procureur Général du Roi auroit déclaré être appellant *à minima*,
,, par laquelle ledit Hubert Portier auroit été déclaré dûment atteint
,, & convaincu de s'être homicidé & étranglé ſoi-même, le 20 dudit
,, mois, dans ſon cachot, où il étoit détenu pour crime de vol &
,, d'aſſaſſinat prémédité ; pour réparation de quoi, auroit condamné ſa
,, mémoire, & ordonné que le cadavre dudit défunt Portier, ſeroit
,, attaché par l'Exécuteur de la Haute-Juſtice, derriere une charrette,
,, & traîné ſur une claie, la tête en bas, & la face tournée contre
,, terre, par les rues de ladite ville, depuis les priſons, juſqu'à la place
,, publique, où il ſeroit pendu par les pieds, à une potence qui ſeroit
,, à cet effet plantée audit lieu ; & après y avoir demeuré vingt-quatre
,, heures, jeté à la voirie, ſes biens acquis & confiſqués au profit de
,, qui il appartiendra ; ſur leſquels ſeroit priſe la ſomme de cent livres
,, d'amende, au profit du ſieur Engagiſte. Concluſions du Procureur
,, Général : ouï & interrogé à la Cour, Nicolas Huart, Guichetier de
,, la Conciergerie du Palais, curateur nommé d'Office au lieu & place
,, dudit Gaudin, au cadavre dudit Hubert Portier, de lui préalablement
,, pris le ſerment ſur les faits réſultants dudit procès.

“ Ladite Cour ordonne que ladite Sentence ſortira ſon plein & entier
,, effet ; en conſéquence ſur l'appel *à minima*, met les parties hors de
,, Cour : faiſant droit ſur les concluſions du Procureur Général du Roi,
,, ordonne que les Ordonnances, Arrêts & Réglements de la Cour, con-
,, cernant les cadavres des perſonnes qui ſe ſont homicidées elles-mêmes,
,, ſeront exécutés ſelon leur forme & teneur, & que l'Arrêt du 2 Décem-
,, bre 1737, rendu pour la Prévôté & le Bailliage d'Orléans, ſera envoyé
,, au Bailliage de Chaumont, & autres Bailliages du reſſort de la Cour,
,, pour être lu & publié aux Audiences deſdits Bailliages, & enrégiſtré
,, aux Greffes deſdits Sieges. Fait en Parlement, le 31 Janvier 1749,
,, *collationné* FOESNAND. *Signé* DUFRANC. ,,

Ces deux Arrêts ſe trouvent ſuivant l'Ordre de leurs dates, dans le
Recueil de M. Jouſſe.

3. Le curateur, nommé d'Office par le Juge, doit prêter ſerment

en acceptant fa commiffion ; les formalités font prefque les mêmes que celles prefcrites par le titre XVIII , concernant les muets & fourds.

4. Cet article de l'Ordonnance , veut que le parent du défunt foit préféré , pour être curateur : rien de fi jufte , les parents , lors d'un pareil accident , doivent s'empreffer pour défendre celui de leur famille , qui eft accufé d'un crime qui tend à les déshonorer : outre les raifons d'honneur & de Religion , l'intérêt s'y trouve compris , à caufe de la confifcation des biens qui leur feroient ravis ; le Juge n'eft cependant pas obligé d'avertir les parents , c'eft à eux à fe préfenter , finon il nomme d'Office le curateur , qui ne fait pas fes fonctions *gratis*. Voyez le tarif copié fur l'article XIII du titre VI , des informations , pour régler les journées du curateur : on le taxe plus fort , lorfqu'elles ne font pas à la charge du Domaine du Roi.

ARTICLE III.

Le Curateur faura lire & écrire , fera le ferment , & le procés fera inftruit contre lui en la forme ordinaire : fera néanmoins debout feulement , & non fur la fellette , lors du dernier interrogatoire ; fon nom fera compris dans toute la procédure , mais la condamnation fera rendue contre le cadavre ou la mémoire feulement.

1. M. Jouffe fur cet article , obferve que quand le cadavre n'a pu être confervé , & a été enterré , on fait une figure d'homme , qui repréfente le défunt , & que le Jugement s'exécute fur cette figure , de même que fi c'étoit le cadavre : cette opinion paroit contraire à l'article XVI du titre XVII , des contumaces , qui porte : les *feules* condamnations de mort naturelle , feront exécutées par effigie ; & ce qui le prouve encore bien davantage , c'eft l'obfervation faite par M. le Procureur Général , au Parlement de Paris , dans le vu de l'Arrêt de 1737 , copié fur l'article précédent. Ce Magiftrat M. Joly de Fleury , fi verfé dans les matieres criminelles , dit que ces fortes de condamnations contre les cadavres ou la mémoire , ne devroient pas être exécutées par effigie ; & effectivement , il feroit irrégulier de le faire : on fe contente de condamner la mémoire , lorfque le cadavre n'eft pas extant , ou qu'il eft corrompu ; & on déclare les biens confifqués , fur iceux préalablement pris une amende au profit du Roi , ou du Seigneur , dans la Juftice duquel le crime a été commis ; mais aucune Ordonnance , ni Arrêt , n'a parlé d'effigie à cet égard.

ARTICLE IV.

Le Curateur pourra interjeter appel de la Sentence rendue contre le cadavre ou la mémoire du défunt ; il pourra même y être obligé par quelqu'un des parents ; lequel, en ce cas, sera tenu d'avancer les frais.

1. Il résulte clairement de cet article, que l'intention de l'Ordonnance, n'a pas été de rendre l'appel forcé de la Sentence rendue contre le cadavre ou la mémoire ; & par conséquent, que s'il n'y en a point d'appel de la part de la partie publique, du curateur, ou autre, elle peut être exécutée, sans être confirmée par Arrêt : cependant, les Cours jalouses de leur autorité, le défendent aux Juges. Messieurs les Commissaires, députés du Parlement de Paris, lors des conférences sur cet article, quoique très exacts dans les autres occasions, à faire des observations pour conserver l'autorité des Cours, n'en firent aucune au sujet des Sentences rendues contre les cadavres ou la mémoire ; ils trouverent bons tous les articles de ce titre. Il est inutile de dire qu'il n'est pas à présumer que l'intention de l'Ordonnance ait été de laisser aux Juges la liberté d'exécuter sans Arrêt, des Sentences qui prononcent des confiscations de biens, puisque toutes les Sentences de contumace en prononcent également ; & cependant elles sont exécutées sans être confirmées par Arrêt : on objecte encore que l'Ordonnance en laissant au curateur la liberté d'interjeter appel, n'a eu d'autre intention que d'autoriser le curateur à défendre en cause d'appel : mais, outre que la lettre de l'Ordonnance est directement contraire à ce sens, c'est que l'article suivant y est opposé, puisqu'il porte que les Cours en cause d'appel, pourront élire un autre curateur : ce qui prouve que celui de la cause principale n'est pas nécessaire en cause d'appel, où il iroit inutilement, & à grands frais, défendre une cause qui peut facilement l'être sans frais par un autre. La liberté que l'Ordonnance laisse aux parents, de forcer le curateur à interjeter appel, décide aussi clairement que l'appel n'est pas forcé ; c'est une conséquence si nécessaire & si naturelle, qu'elle ne peut être légitimement combattue : cependant, les Cours décidant le contraire, il faut s'y soumettre malgré les inconvénients qui en naissent : en effet, le public est ordinairement par-là, privé de l'exemple qui lui est dû. Un Juge sur les lieux, peut dans deux fois vingt-quatre heures, instruire, juger, & faire exécuter son Jugement, en faisant traîner sur la claie, & faisant pendre par les pieds un cadavre, pour donner de l'horreur d'un crime qui ne devient que trop fréquent ; au lieu que ce Juge étant obligé de faire faire des grosses de sa procédure, & de les envoyer à la Cour, pour la faire confirmer,

il

il ne peut conserver le cadavre qu'il est obligé de faire inhumer en terre profane; & quand la Sentence est confirmée, il ne peut la faire exécuter par effigie, ce n'est pas la regle; ainsi qu'il a déja été observé: par conséquent, elle ne peut plus être exécutée contre le cadavre; c'est cependant contre lui qu'elle est rendue. La maxime *malè tractamus mortuos, ad terrendos viventes*, ne peut plus avoir lieu dans la plus grande partie des Jurisdictions, par rapport à l'éloignement & à l'impossibilité de conserver les cadavres, pour faire faire sur eux l'exécution: on ne peut donc plus condamner que des mémoires, condamnations fort inutiles pour l'exemple, puisque le public les ignore, n'étant pas exécutées par effigie; ainsi les défenses des Cours anéantissent les dispositions de l'Ordonnance, à cet égard. La Déclaration du Roi de 1724, rapportée au nombre suivant, veut aussi que les biens des Religionnaires relaps, soient confisqués; mais elle n'exige pas, & il n'est pas d'usage que les Sentences soient confirmées par Arrêts, s'il n'y en a point d'appel; c'est précisément le cas, comme celui-ci, d'une mémoire condamnée.

2. Les Religionnaires relaps, suivant les Déclarations du Roi des 29 Avril 1686, & 8 Mars 1715, étoient traités avec une sévérité qui a été mitigée par celle du 14 Mai 1724, qui, article IX, au lieu de la peine d'être traînés sur la claie, ordonne seulement que le procès sera fait à leur mémoire, & leurs biens confisqués, & même l'exécution de cette Déclaration, est à présent négligée. Voyez les observations sur l'article I de ce titre, n. 11.

3. Les curateurs aux cadavres, sont payés sur le Domaine du Roi, suivant le tarif copié sur l'article XIII du titre VI: il en est de même du voiturier qui conduiroit la charrette pour l'exécution d'un cadavre; on prend ordinairement celui qui enleve les boues des rues de la ville; on est en droit de l'y forcer, ou tout autre voiturier public par toutes voies, même par corps sur le champ. Voyez les observations sur l'article XXI du titre XXV, n. 9. On décerne contre les Contrôleurs des exécutoires, pour toutes ces sortes de dépense, comme pour les taxes des témoins.

ARTICLE V.

Nos Cours pourront élire un autre Curateur que celui qui aura été commis par les Juges dont est appel.

L'Ordonnance a prévu que difficilement on trouveroit un curateur en cause principale, & encore plus en cause d'appel, parce que le premier refuseroit de faire fonction à la Cour, lorsque l'affaire y seroit portée: c'est pourquoi elle a laissé la liberté d'en nommer un

Tome III.   L

autre; on a tant de répugnance à faire de pareilles fonctions, que par l'Arrêt de 1749, copié sur l'article III de ce titre, il paroît que le Parlement de Paris, fut obligé de prendre pour curateur, le Guichetier des prisons.

Il y a des cas où la condamnation est aussi prononcée contre des animaux, comme dans celui du crime de bestialité, crime abominable, au sujet duquel il est plus à propos de garder le silence, que de citer des exemples des punitions qui en ont été faites.

TITRE XXIII.

De l'Abrogation des Appointements, Ecritures, & Forclusions en matiere criminelle.

ARTICLE I.

Abrogeons les appointements à ouir droit, produire, bailler défenses par atténuation, causes & moyens de nullité, réponses, fournir moyens d'obreption, & d'en informer, donner conclusions civiles, & tous autres appointements.

1. TOutes ces anciennes formes de procéder, consommoient les parties en frais, & occasionnoient des longueurs infinies : mais ce titre XXIII les a abrogées, afin de simplifier autant qu'il a été possible, la procédure criminelle.

Le Parlement de Paris a voulu enchérir sur les précautions prises par l'Ordonnance, pour tâcher d'éviter de plus en plus les frais aux parties : cette Cour a rendu plusieurs Arrêts qui ordonnent aux Juges de décider à l'Audience les procès du petit Criminel ; c'est-à-dire, ceux qui sont instruits sans récollement ni confrontation : nous en usons autrement en Bourgogne, le petit Criminel est souvent jugé comme procès par écrit ; il est vrai que les Juges ne souffrent pas que les Procureurs fassent des inventaires de productions ; ils sont abrogés par l'article suivant : ils font un simple état sommaire des pieces civiles qu'ils remettent au Greffe, afin d'en avoir le *récépissé* ; & ils le font signifier à la partie, afin qu'elle ait connoissance de ce qui est produit ; & sans autre procédure que les requêtes, contenant les conclusions respectives, on rend le Jugement en la Chambre du Conseil : cette procédure paroît très conforme à l'esprit de l'Ordonnance qui, par l'article II du titre XXVI, porte que les appellations de permission d'informer, des décrets, & de toute autre instruction, seront portées à l'Audience des Cours & des Juges ; ce qui suppose qu'il n'y a que les causes d'instruction qui doivent être portées à l'Audience, & que les Sentences définitives doivent être rendues par écrit : il est même d'usage dans cette Province, lorsqu'il y a appel d'une Sentence rendue au petit Criminel, d'insérer dans l'Arrêt qui donne acte de l'appellation, que les parties remettront leurs pieces civiles au Greffe de la Cour ; au lieu que s'il n'y a point de Sentence définitive, l'Arrêt porte que les parties viendront à l'Audience. Les Lieutenants Criminels en usent de

L 2

même lorsque les appellations des Justices subalternes sont portées pardevant eux; & lorsque le Greffier a omis de l'insérer dans l'Arrêt, le Procureur le plus diligent donne une réquête à la Cour, & dénonce l'Audience pour faire ordonner qu'attendu qu'il y a Sentence définitive, les parties remettront leurs pieces civiles au Greffe.

Nous avons l'Edit des épices, du mois de Mars 1673. L'article X porte: " ne seront taxées ni prises aucunes épices, pour Arrêts, Juge-
„ mens, ou Sentences rendues sur la requête d'une partie, sans ouir
„ l'autre, tant en matiere civile *que criminelle*, à peine de concussion,
„ & de tous dépens, dommages & intérêts, contre celui qui aura fait
„ la taxe; *si ce n'est qu'en matiere criminelle, il y ait des verbaux ou infor-*
„ *mations, concernant le crime joint à la requête.* „

Voilà une permission bien authentique, de prendre des épices en matiere criminelle, lorsqu'il y a des procès verbaux ou informations jointes à la requête de l'une des parties; ce qui arrive toujours dans les matieres du petit Criminel, parce qu'il ne manque jamais d'y avoir une requête en réparations civiles, avec des verbaux d'interrogatoires, & des informations; les termes de cet Edit n'exigent aucune interprétation.

Nous avons encore un Edit du mois de Juillet 1685, rendu pour servir de Réglement au sujet des épices & vacations des Juges du Comté de Bourgogne; l'article IX porte les mêmes termes que l'Edit de 1673, qui viennent d'être rapportées.

L'article XII du titre XXVI, des appellations, porte que si les procès dont il s'agit, sont portés aux Parlements, ils seront distribués comme les procès Civils: c'est décider encore bien clairement qu'ils ne seront pas jugés à l'Audience, puisqu'ils doivent être distribués à des Rapporteurs; ce qui ne peut s'entendre que pour être jugés par écrit. L'article III de ce titre XXIII, paroît le décider également, puisqu'il porte que ces sortes de procès seront jugés en cause d'appel, sur ce qui aura été produit: cet article ne fait aucune distinction du petit & du grand Criminel; il veut qu'en cause d'appel, il soit jugé sur ce qui aura été *produit* en la Justice des lieux; ce qui suppose aussi nécessairement que le Juge des lieux a jugé sur la production des parties, & non à l'Audience: il faut donc convenir que trois articles de cette Ordonnance, & l'Edit des épices, qui fait notre derniere Loi, à l'égard des épices, décident que les Juges peuvent juger par écrit les procès du petit Criminel; & par conséquent, prendre des épices qui, à la vérité, doivent être modérées suivant la qualité de la matiere.

On trouve dans le Recueil d'Edits & Arrêts par M. Jousse, tome 2, p. 520, un Réglement fait par le Parlement de Paris le 15 Mai 1714, pour régler les droits des Officiers du Bailliage de Pontchartrain. L'article VIII, porte: " Toutes causes sommaires seront jugées à l'Audience,
„ ou sur le vu des pieces, après en avoir délibéré, sans pouvoir être
„ appointées, ni être pris aucunes épices ni salaires pour lesdites affaires

„ jugées à l'Audience, ni sur les délibérés, non plus que pour les Juge-
„ mens sur Requête d'une partie en matiere civile, *ni pour ceux en ma-*
„ *tiere criminelle où il n'y auroit informations ou procès verbaux, concer-*
„ *nant le crime, joints à la Requête.*

Une infinité d'autorités pareilles sont citées dans la conférence que M.
Jousse a faite des Réglemens à la suite de cet article; ensorte que l'on
peut dire que toutes les Ordonnances & les Arrêts sont uniformes à cet
égard. Il n'en est pas de même dans les Sieges que dans les Cours où
l'abondance des procès exige une grande & sommaire expédition. Au lieu
que dans les Bailliages & les Jurisdictions subalternes, les Juges ont tout
le temps de voir les procès en la Chambre du Conseil sans retarder l'expédition des procès.

ARTICLE II.

Abrogeons aussi l'usage de fournir des conclusions civiles, dé-
fenses, avertissemens, inventaires, contredits, causes &
moyens de nullité, d'appel, griefs, & réponses. Comman-
demens & forclusions de produire, ou contredits pris à
l'Audience, ou au Greffe.

Tous les articles de ce titre, ont pour objet de simplifier la procédure, & de diminuer les frais & les longueurs pour accélérer l'instruction
& le Jugement, il n'y a plus d'appointemens à produire, ni forclusions
par écrit, ni défauts levés au Greffe, suivant qu'il a été expliqué sur
l'article XII du titre XVII, des contumaces. Les Edits & Arrêts rendus
depuis l'Ordonnance qui ont parlé des défauts au Greffe ne concernent
que les droits du Roi, & les assignations données entre les parties ou
à des tiers appellés en cause pour l'adjudication des conclusions civiles,
& non pas les assignations sur les décrets contre les accusés; c'est ce qui
paroît bien prouvé sur le même article XII du titre XVII.

ARTICLE III.

Pourront néanmoins les parties présenter leurs requêtes, & y attacher les pieces que bon leur semblera, dont sera baillé copie à l'accusé; autrement la requête & les pieces seront rejettées, & pourra l'accusé y répondre par requête, qui sera aussi signifiée & baillé copie, comme aussi des pieces qui y feront attachées; sans néanmoins que faute d'en bailler par l'accusé, ou par la partie, le Jugement du procès puisse être retardé: ce qui aura pareillement lieu en cause d'appel, qui sera jugée sur ce qui aura été produit en la Justice des lieux.

1. Cet article prouve encore bien clairement qu'il ne faut ni en cause principale, ni en cause d'appel, prendre au Greffe aucuns défauts ni forclusions. L'Ordonnance ne pouvoit plus formellement abroger tous les actes de l'ancien style, elle a réduit les parties à ne pouvoir donner que des requêtes respectives auxquelles elles peuvent joindre leurs pieces. C'est toute la procédure civile qu'elles peuvent faire. Toute autre doit être rejetée en taxe.

2. On avoit inséré dans le projet de l'Ordonnance un article qui portoit que les Juges pourroient, s'ils le trouvoient à propos donner & régler les délais pour l'instruction & le Jugement du procès; après lesquels il seroit passé outre, sans sommation, ni commandement; mais il fut retranché. Nouvelle preuve que l'Ordonnance ne prescrit aucuns délais, qu'elle ne veut pas qu'il en soit donné, ni pris défauts sur les décrets, ou autre instruction de la procédure criminelle sur laquelle seule les Juges se reglent pour juger, quant à la peine. Les pieces civiles sont à cet égard inutiles; elles ne servent que pour fixer les réparations civiles. On ne peut juger un procès criminel & faire toute l'instruction dans vingt-quatre heures. Voyez l'article I du titre XV, n. II.

TITRE XXIV.

Des Conclusions définitives de nos Procureurs, ou de ceux des Justices Seigneuriales.

ARTICLE I.

Après que le récollement & la confrontation auront été par-achevés, nos Procureurs ou ceux des Seigneurs prendront communication des procès, pour y donner leurs conclusions définitives ; ce qu'ils seront tenus de faire incessamment.

1. SI l'on prenoit les termes de cet article à la lettre, c'est-à-dire, dans son sens étroit, il sembleroit que la partie publique ne pourroit prendre aucunes conclusions préparatoires, par exemple, conclure à la question, à de nouveaux décrets, à un plus amplement informé ou à la preuve des faits justificatifs, &c. L'article IV du titre XX, porte également qu'après la confrontation il sera prononcé définitivement sur l'absolution ou la condamnation. Mais il est certain que l'Ordonnance n'a pas eu intention, de priver les parties publiques, ni les Juges de la liberté de conclure & de juger suivant l'exigence des cas tout ce qui leur paroît juste & raisonnable. L'usage a manifesté l'intention de la Loi.

2. On avoit inséré dans cet article une obligation aux gens du Roi, de donner leurs conclusions dans vingt-quatre heures ; mais Monsieur le premier Président observa que ce terme étoit trop court, ce qui fit que l'on se contenta de mettre *incessamment*.

3. La partie publique ne donne ordinairement dans ses conclusions aucune fixation aux dommages intérêts, & réparations civiles, qui ne paroissent pas intéresser le public. Il est cependant vrai de dire qu'elles sont souvent partie de la peine. Brillon, au mot *dommages*, n. 14, dit que cette question fut agitée au Grand Conseil le 23 Avril 1706, dans l'affaire du nommé Louis Courtin appellant d'une Sentence du Présidial de Tours, qui l'avoit condamné aux galeres perpétuelles. M. le Procureur Général conclut à cinq cents livres d'intérêts civils ; ce qui fut suivi par l'Arrêt ; mais quelques-uns des Messieurs ayant dit, qu'un Procureur Général ne devoit pas arbitrer les intérêts civils, les autres répondirent que cela se pouvoit en *matiere criminelle* par la raison qu'ils font partie de la peine, & que souvent il n'y en a point d'autres. Il paroît effectivement que

c'est aussi l'usage au Parlement de Paris, on en trouve plusieurs exemples dans le Journal des Audiences, & entr'autres dans l'Arrêt du 6 Décembre 1716, lors duquel M. l'Avocat Général conclut à cinquante livres de dommages & intérêts dans un procès du petit criminel, tome 6, partie 2, p. 344, livre 6, chap. 81 ; & page 384 du même tome, on en trouve un autre du 27 Janvier 1717, où les conclusions tendirent également à une somme fixe pour les réparations civiles. Une infinité d'autres prouvent de même l'usage du Parquet du Parlement de Paris.

4. Quand en cause d'appel il n'est survenu aucune nouvelle demande qui intéresse le public, M. le Procureur Général ne prend pas de nouvelles conclusions, celles de ses substituts aux Bailliages ou aux Justices subalternes suffisent ; ce qui est si vrai que quand un Procureur du Roi n'auroit conclu en cause principale, qu'à des peines qui ne seroient ni afflictives ni même infamantes, la Cour sans autres conclusions pourroit condamner à mort : Monseigneur le Chancelier Le Tellier le décida ainsi, par une lettre écrite à M. le Procureur Général du Parlement de Dijon le 28 Mars 1680 ; cette lettre est dans la liasse de celles qui sont gardées au Palais, le Chef de la Justice manda que dans le cas de l'appel *à minima* forcé, il ne falloit plus de conclusions au Parquet, ce qui étoit fondé sur l'article X du titre XXVI, de cette Ordonnance, qui porte que les procès criminels seront distribués par les Procureurs Généraux à leurs Substituts pour donner leurs conclusions, *s'il y échet*. Ces derniers mots supposent qu'il y a des cas ou en cause d'appel il n'échet pas de donner des conclusions. Cette question est encore décidée par un Arrêt du Conseil du 14 Mai 1708, servant de Réglement pour le Parquet du Parlement de Bordeaux. L'article XII, porte : " Ne sera donné aucunes „ conclusions dans les procès d'appel par écrit quand il en aura été donné „ devant les premiers Juges ; à moins qu'il ne soit survenu quelques de- „ mandes nouvelles. Il en sera usé de même dans les instances qui au- „ ront été appointées à l'Audience sur les conclusions des Avocats Géné- „ raux, lorsque leurs conclusions se trouveront rédigées par écrit dans „ les Arrêts d'appointé. „

Ces regles ont également lieu dans les Bailliages, lorsqu'ils jugent les appellations des Sentences rendues dans les Justices subalternes. L'arrêt du Conseil pour le Siege de Montdidier, qui se trouve dans les Loix criminelles, tome 2, p. 188, sous la date de 6 Juin 1659, porte que quand le Substitut de M. le Procureur Général en la Prévôté aura donné ses conclusions aux procès qui y auront été jugés, tant en matiere civile, que criminelle ; le Substitut de M. le Procureur Général au Bailliage ne pourra donner ses conclusions sur les mêmes procès ; si ce n'est qu'il soit survenu en cause d'appel, quelque incident nouveau qui mérite d'avoir de nouvelles conclusions.

Le Procureur du Roi de notre Siege ayant élevé une contestation à ce sujet j'en écrivis à M. le Procureur Général du Parlement de Dijon, qui

nous

nous mit d'accord par sa réponse du 30 Juin 1733. “ Vous avez raison,
„ Monsieur, de penser que la communication au Parquet de votre Siege
„ n'est pas nécessaire pour les appellations des Sentences du petit crimi-
„ nel, lorsque les Procureurs d'Office sur les lieux ont donné des con-
„ clusions aux procès. Mais il n'est pas moins certain qu'une nouvelle de-
„ mande en cause d'appel doit passer au Parquet avec tout le procès;
„ en voici les raisons : on ne peut dire que le ministere public est rempli,
„ quand il survient une nouvelle demande au tribunal supérieur. Car le
„ Procureur d'Office ne l'a pas connue, & par conséquent il ne peut y
„ avoir conclu. Il faut donc qu'elle revienne au Parquet de ce tribunal,
„ & il n'est pas possible qu'elle y soit décidée en ignorant le procès avec
„ lequel elle a une relation immédiate ; ce qui assujettit à une communi-
„ cation entiere, sans pouvoir la morceler. Je suis, &c. *Signé*, QUARÉ,
Procureur Général au Parlement de Dijon.

L'Auteur du livre des Loix criminelles, tome 1, p. 318, dit aussi que
les termes de l'article X du titre XXVI, *s'il y échet*, prouvent assez clairement, que tous les procès criminels ne sont pas de communication en
cause d'appel ; & que lorsqu'il y a eu des conclusions en cause principale, il n'est pas nécessaire d'en prendre en cause d'appel. Il ajoute qu'une
requête civile ayant été prise sur le moyen qu'en cause d'appel l'Arrêt
étoit intervenu sans conclusions, sous prétexte qu'il y en avoit eu en cause
principale, la requête fut rejetée par Arrêt du 27 Janvier 1665, rapporté par Soefve, tome 1, centurie 3, chap. 42.

Enfin il y a un Edit de Février 1694, servant de Réglement pour le
Parlement de Besançon, qui porte, article L, que toutes matieres es-
quelles Sa Majesté aura intérêt ou le public, les mineurs, & les matieres bénéficiales seront communiquées à M. le Procureur Général ;
& que les procès d'appel auxquels il y aura eu des conclusions du Procureur du Roi, devant les premiers Juges, ne seront pas communiquées
s'il n'y a appel *a minima* & s'il n'y a quelques nouveaux faits survenus.

Quand les Edits & Arrêts parlent d'une nouvelle demande, ils entendent une demande qui intéresse le public. Une demande en dommages &
intérêts ou autres peines civiles n'exigeroit pas en cause d'appel une nouvelle communication ; puisque même après les conclusions une pareille
demande ne seroit pas communiquée. Voyez ci-après l'article L, du Réglement de Montdidier.

5. Il y a continuellement des contestations dans les Sieges pour savoir
quelles matieres sont sujettes à la communication du Parquet, nous n'en
pouvons donner des regles plus certaines qu'en rapportant les principaux
Réglements rendus à ce sujet. En voici un ancien qui est intéressant pour
le Parquet de tous les Sieges de la Province ; puisqu'il est rendu pour
régler ceux du Parquet du Parlement de Dijon.

Arrêt de Réglement pour le Parquet du Parlement de Dijon.

Du 8 Janvier 1603.

„ Entre M. Antoine Millotet, Conseiller du Roi son Avocat au Par-
„ lement de Bourgogne, demandeur à ce que sans avoir égard au Ré-
„ glement, fait par Arrêt du Conseil du 19 Septembre 1594; il soit
„ de nouveau réglé avec M. Hugues Picardet, Conseiller au Conseil d'Etat,
„ Procureur Général audit Parlement, &c. Le Roi en son Conseil a
„ ordonné.

Article I. „ Pour ôter à l'avenir toutes occasions de dispute entr'eux,
„ que toutes conclusions, tant verbales que par écrit, sur les requêtes ou
„ pieces à eux communiquées, seront délibérées & prises en l'Assemblée
„ de leur Parquet; fors & excepté ès causes légeres, comme les requê-
„ tes servant seulement à l'instruction de la cause, réparations de griefs,
„ profits, défauts, acquiescements entre particuliers, & ès causes ef-
„ quelles le Roi n'a intérêt que de l'amende, désertions, & générale-
„ ment en toutes instructions & préparations, qui ne porteront préju-
„ dice à la décision de la cause, auxquelles le Procureur Général pourra
„ seul conclure. En quoi sa Majesté n'entend que les prises de corps &
„ ajournements personnels sur informations soient compris; même si c'est
„ entre personnes & pour crimes qualifiés.

Article II. „ Si l'un ou deux d'entr'eux ne se trouvoit au jour ordi-
„ naire du Parquet, celui ou les deux qui seront présents ne laisseront
„ d'expédier les affaires qui méritent célérité, & ne peuvent attendre
„ l'Assemblée du Parquet suivant, sans trop grande incommodité ou
„ dommage des parties.

Article III. „ Les conclusions par écrit seront conçues sous le nom du
„ Procureur Général, & signées par lui seul; à la charge toutes fois
„ que celles qui doivent être délibérées en leurs assemblées seront pre-
„ mièrement insérées & écrites par ledit Procureur Général en un régistre
„ qui sera fait, mis, & laissé en sa garde pour être représenté par lui
„ à tous les jours du Parquet, ou en son absence par l'un de ses Subs-
„ tituts.

Article IV. „ Au bas desquelles conclusions ainsi écrites audit régis-
„ tre sera mis la date & le jour qu'elles auront été délibérées, avec
„ la signature dudit Procureur Général & de l'un desdits Avocats; à
„ savoir, ès causes civiles de celui qui sera en charge au civil, & ès
„ criminelles de celui qui aura la charge du criminel, avant lequel en-
„ registrement fait en la forme susdite ne pourra le Procureur Général
„ les signer ni délivrer, sinon qu'au jour ordinaire du Parquet il se fût
„ trouvé seul; auquel cas l'enrégistrement & signature de lui seul sera
„ bonne & valable; comme au semblable l'enrégistrement & signature

„ de l'un defdits Avocats en l'abfence de l'autre & dudit Procureur Général.

Article V. „ Pareil enrégiftrement fera fait & en la même forme des
„ délibérations qui auront été prifes en ladite Affemblée du Parquet
„ pour conclure ès caufes de plaidoirie fors que ce fera à la charge de
„ l'Avocat, qui devra porter la parole d'écrire & inférer audit régiftre
„ ladite délibération, & non au Procureur Général.

„ Article VI. „ Se feront les communications defdites caufes de plai-
„ doiries par les Avocats des parties au Parquet, & non ailleurs.

„ Article VII. „ Seront auffi portés, au Parquet, au jour ordinaire d'ice-
„ lui, par le Greffier ou fon commis, les faes & procès de toutes les cau-
„ fes éfquelles ils devront prendre leurs conclufions, foit verbalement
„ ou par écrit, & mis ès mains du Procureur Général pour être diftri-
„ buées & féparées à l'inftant entre eux, pour les voir & en faire leur
„ rapport en la plus grande diligence qu'ils pourront. Et néanmoins s'il
„ furvient quelque affaire qui merite célérité, & ne puiffe attendre le
„ jour ordinaire du Parquet, le Greffier fera tenu les porter ou envoyer
„ par fon commis en la maifon du Procureur Général, lequel fera aver-
„ tir les Avocats de fe trouver extraordinairement au Parquet, pour les
„ voir enfemble & ouïr fon rapport, s'il les a vus; afin d'y faire ce
„ que le devoir de leurs charges requiert.

„ Article VIII. „ Au même inftant que les conclufions auront été déli-
„ bérées, enrégiftrées, & fignées, comme il a été dit ci-deffus, elles
„ feront délivrées & mifes au Greffe, enfemble les pieces, fans que
„ ceux qui en auront eu la charge les puiffent retenir plus long-temps,
„ & par ce moyen retarder l'expédition de la Juftice, dont Sa Majefté
„ charge l'honneur & la confcience de fefdits Avocats & Procureur Gé-
„ néral; comme auffi de faire avec foin, diligence, & intégrité ce qui
„ dépend de leurs charges.

„ Article IX. „ Si quelques Commiffions font adreffées par Sa Majefté,
„ ou par ladite Cour de Parlement au Procureur Général, l'exécution
„ d'icelles en fon abfence, récufation, ou empêchement appartiendra à
„ l'un des Avocats, felon l'ordre & réglement de leurs charges, & au
„ défaut d'eux aux Subftituts du Procureur Général.

„ Article X. „ Pourra le Procureur Général plaider les caufes éfquelles
„ Sa Majefté a intérêt, tant à huis clos, qu'aux Audiences publiques; avec
„ tempérament toutes fois que lefdits Avocats n'aient fujet de fe plain-
„ dre qu'ils font empêchés en l'exercice de leurs charges.

„ Article XI. „ Pour le regard de l'ordre & féance qui doivent être gardés
„ entr'eux, foit à marcher ou feoir, ledit Procureur Général fera toujours
„ au milieu; fans que pour l'abfence du premier Avocat, le fecond puiffe
„ prétendre le précéder. Fait au Confeil privé du Roi, tenu à Paris le
„ huitieme jour de Janvier 1603. *Signé*, Le Tenneur. „

Ce Réglement fe trouve dans le Recueil de Fileau fur Chenu, *in-fol.*
partie 2, titre VI, chap. 31, p. 264.

M 2

Arrêt du Parlement de Paris, servant de Réglement pour le Présidial d'Angouleme.

Du 30 Juin 1689.

Article LIII. " La Cour ordonne que les Avocats & le Substitut du
„ Procureur Général auront communication de toutes les affaires, con-
„ cernant le Domaine du Roi, *fond du bien d'Eglise, de l'œuvre & fa-*
„ *brique des Paroisses;* des réparations des Eglises, droits honorifiques &
„ bancs d'icelles, fondations & legs faits au profit desdites Eglises, *lors-*
„ *qu'il n'y aura Administrateurs ou Marguilliers parties.* Les dixmes, droits
„ de Justice, corvées, & bannalité, les réglemens des arts & métiers,
„ & les réceptions d'Officiers.
Article LIV. " Qu'on leur communiquera pareillement les procès,
„ instances & causes, où les villes, corps, & communautés laïques, Ec-
„ cléfiastiques, féculieres & régulieres, seront parties *pour la propriété* de
„ leurs biens en fonds, terres, & héritages.
Article LV. " Comme aussi qu'ils auront communication des affaires,
„ touchant les usurpations & entreprises qui iront à empêcher le passage
„ fur les grands-chemins royaux, ponts & chaussées qui s'y trouvent; &
„ pourront affister aux descentes qui seront faites pour raison de ce.
Article LVII. " Qu'ils pourront affister fans frais aux inventaires, tant
„ des biens des Receveurs des deniers du Roi, que des mineurs qui se
„ feront par autorité de Justice, *avant qu'il y ait tuteurs ou curateurs.*
Article LVIII. " Qu'ils affisteront aux baux à ferme des Domaines du
„ Roi, fans frais. „ Ce Réglement est en entier dans Henrys édition de
1708, tome 2, question 24, livre 2, p. 132.

Arrêt du Conseil du 31 Août 1689, servant de Réglement pour le Présidial d'Orléans. Ce Réglement est suivi dans la plus grande partie des Sieges.

Article XXXVI. " Le Roi faisant droit fur la Requête d'intervention
„ du Procureur du Roi, du 29 Janvier 1689, ordonne qu'il aura com-
„ munication de tous procès criminels & incidents d'iceux, & inscriptions
„ de faux, & de procès civils, congés, & défauts pendants aux Bailia-
„ ges & Siege Présidial d'Orléans, où Sa Majesté & le public auront
„ intérêt, ceux concernant le domaine *le fond & propriété* des biens
„ d'Eglise, Hôpitaux, maladeries, confrairies, communautés laïques &
„ ecclésiastiques; comme aussi de ceux où il s'agira *du fond & de la*
„ *propriété* du bien des mineurs, ou aliénation d'iceux, des procès con-
„ cernant les complaintes en matiere bénéficiale, des réparations des bé-
„ néfices, de l'Etat des personnes, de la validité, des mariages, des

„ féparations de biens & d'habitations entre maris & femmes ; le tout
„ tant en premiere inftance qu'en caufe d'appel des Jurifdictions des Seigneurs
„ particuliers & à l'égard des Juftices Royales fubalternes lorfqu'il y aura
„ quelque nouvelle demande ; production, ou autre incident en ladite
„ caufe d'appel, ou qu'il n'y aura point eu de conclufions du Procureur
„ de fa Majefté dans lefdites Juftices Royales ; & ce par le moyen des
„ Greffiers : & à cet effet fe chargera ledit Procureur de fa Majefté des
„ procès & inftances fur le régiftre du Greffe.
„ Article XXXVII. " Toutes commiffions du Confeil de fa Majefté,
„ du Parlement & autres compagnies fupérieures où il s'agira de l'in-
„ térêt public, toutes lettres de grace, rémiffion, pardon rappel de
„ ban ou des galeres, commutation de peine, ou réhabilitation, enno-
„ bliffement, naturalité, & légitimation feront communiquées audit Pro-
„ cureur de fa Majefté qui fait défenfes auxdits Officiers du Préfi-
„ dial d'Orléans de juger aucun procès de la qualité fufdite, & de
„ procéder à l'enrégiftrement defdites lettres, fans conclufions.
„ Article XXXVIII. " Les baux à ferme du domaine & appanage,
„ les vifites & réparations d'iceux, les baux à rabais des mineurs, les
„ avis des parents d'iceux, les nominations de tuteurs & curateurs à la
„ perfonne & biens defdits mineurs ne pourront être faits qu'en la préfence
„ du Procureur de fa Majefté, & fur fes conclufions.
„ Article XXXIX. " Affiftera le Procureur de fa Majefté aux fcellés &
„ inventaires des biens des mineurs, lorfqu'il n'y aura point encore de
„ Tuteurs ou Curateurs nommés, & des Majeurs lorfqu'il y aura quelques.
„ uns des héritiers préfomptifs, ou habiles à fuccéder abfents.

*Arrêt du Parlement de Dijon, fervant de réglement entre
les Officiers & les gens du Roi, du Bailliage de Beaune.*

Du 17 Mai 1707.

„ La Cour ayant égard à l'oppofition des Officiers du Bailliage à
„ l'Arrêt du 21 Février 1679, a mis & met les parties au même état
„ qu'elles étoient avant ledit Arrêt, & en conféquence fur la demande
„ de Grofelier Procureur du Roi à ce que les procès des mineurs lui
„ foient communiqués, a mis & met les parties hors de Cour. Ordonne
„ du confentement defdits Officiers que ledit Grofelier aura communi-
„ cation des procès concernant les Hôpitaux, comme auffi des lettres de
„ Bénéfice d'âge, émancipation, confection de terriers, & autres lettres
„ Royaux, *lors feulement que le Roi, le public, ou l'Eglife y auront
„ intérêt.* "
Brillon au mot *lettres*, n. 55, p. 96, dit qu'il n'eft pas néceffaire de
communiquer aux gens du Roi les lettres de refcifion prifes par un majeur ;

suivant un Arrêt du Grand Conseil du 16 Juin 1713, Matthieu, Procureur, fit des remontrances pour faire ordonner la communication. M^e. Macé Avocat fit ordonner que sans avoir égard à la remontrance on plaideroit ; parce qu'il ne s'agissoit pas de l'intérêt public ; mais d'un simple intérêt particulier pour la conservation duquel on avoit jugé à propos de prendre des lettres : effectivement le ministere des gens du Roi, n'est pas nécessaire lorsqu'il ne s'agit que de l'intérêt des particuliers, quoiqu'ils aient obtenu des lettres de Chancellerie. Ce qui est conforme à l'Arrêt de 1707, pour Beaune.

Arrêt de réglement entre les gens du Roi du Bailliage d'Arnay-le-Duc.

Du 26 Janvier 1691.

„ Entre Jean-Baptiste Nicole Ecuyer, Avocat du Roi aux Bailliages „ & Chancelleries d'Arnai-le-Duc demandeur, contre M^e. Antoine Hernoux, „ Procureur du Roi auxdits Sieges, défendeur.

„ Vu &c. La Cour faisant droit sur le tout, a ordonné & ordonne „ du consentement des parties que les Avocat & Procureur du Roi aux „ Bailliages & Chancelleries d'Arnai-le-Duc prendront l'avis l'un de l'autre „ dans toutes les causes d'Audience & procès par écrit ; à la charge „ que dans les causes d'Audience la parole sera portée par l'Avocat du „ Roi ; & que son avis prévaudra, & que dans les procès par écrit les „ conclusions seront signées par le Procureur du Roi seul, selon son „ avis. „

Article II. “ Ordonne que lesdits Avocat & Procureur du Roi, se „ trouveront au Parquet les lundis, mardis & vendredis une heure avant „ l'Audience pour délibérer sur les affaires où le Roi, l'Eglise & le public „ auront intérêt ; & à cet effet feront résidence audit Arnay-le-Duc.

Article III. “ Que tous les procès par écrit seront remis au Procureur „ du Roi, pour y prendre des conclusions avec ledit Avocat du Roi „ d'un commun avis, & seront les conclusions régistrées avec les délibé- „ rations qui se feront pour le service du Roi, & le bien public, sur un „ régistre qui sera mis & gardé dans une armoire au Parquet, dont la „ clef sera entre les mains du Procureur du Roi, & en cas d'absence „ ou empêchement légitime, il la remettra entre celles de l'Avocat du „ Roi.

Article IV. “ Ordonne que le réglement de la Cour du 19 Juillet „ 1679, sera exécuté ; ce faisant que les épices des conclusions défini- „ tives qui seront données par le Procureur du Roi, en procès civils ou „ criminels, seront taxées par le Juge de l'avis des autres Officiers qui „ auront assisté aux Jugements, & pour les conclusions & affaires qui

„ seront jugées par un seul Juge, suivant la taxe qui en sera faite par le-
„ dit Juge. „

Nota. Au Bailliage d'Autun & autres Jurisdictions qui y sont unies,
l'usage immémorial est que les gens du Roi, ont pour leurs conclusions
le quart des épices des Jugements définitifs; & dans l'instruction où il
n'y a qu'un Juge, ils ont les trois quarts du Juge.

Article V. " Ne pourra ledit Hernoux Procureur du Roi, intenter
„ procès civil pour le Roi, ni se joindre, au nom de sa Majesté, à
„ d'autres parties, sans l'avis de l'Avocat du Roi; aux peines portées
„ par l'Ordonnance de Louis XII, article LXII, de l'an 1498.

Article VI. " Sera tenu ledit Hernoux de prendre aussi l'avis de
„ l'Avocat du Roi, sur les main-levées définitives dans les procès civils
„ où ledit Hernoux sera partie au nom de sa Majesté.

Article VII. " Sur la demande dudit Nicole, à ce que ledit Her-
„ noux soit tenu de prendre son avis sur les élargissements en matiere
„ criminelle, a mis & met les parties hors de cour & de procès.

Article VIII. " Ordonne que la poursuite des procès criminels, dont le
„ titre d'accusation emportera peine afflictive, sera faite par le Procu-
„ reur du Roi, & en son absence après vingt-quatre heures, par
„ l'Avocat du Roi; & pour les autres crimes non sujets à peines afflictives,
„ la poursuite en pourra être faite par l'Avocat du Roi, trois jours après
„ l'absence du Procureur du Roi.

Article IX. " Ordonne qu'en cas de négligence du Procureur du Roi,
„ de commencer ou continuer la poursuite, l'Avocat du Roi, en avertira
„ le Procureur Général.

Article X. " Sur les demandes dudit Nicole à ce qu'en cas de négli-
„ gence du Procureur du Roi, de poursuivre les malversations des Ser-
„ gents, il sera permis à l'Avocat du Roi, d'en faire les poursuites, la
„ Cour déclare qu'elle y a pourvu en statuant sur les précédents articles.

Article XI. " Sur les demandes dudit Nicole à ce que par maniere
„ de provision le réglement fait pour le Bailliage d'Avalon par Arrêt du
„ 17 Mars 1637, soit déclaré commun entre les parties; ladite Cour
„ ordonne que ledit Nicole articulera les articles sur lesquels il prétend
„ devoir être fait plus ample réglement, que celui porté par le présent Arrêt.

Article XII. " Sur le premier & deuxieme chef de la requête inci-
„ dente dudit Hernoux du 30 Décembre 1690, ladite Cour a déclaré qu'il y
„ a été fait droit en statuant sur le premier chef des demandes dudit
„ Nicole; sur le troisieme chef de ladite requête incidente, il y a été
„ prononcé en faisant droit sur le deuxieme chef des demandes dudit
„ Nicole.

Article XIII. " Sur le quatrieme chef, ordonne que ledit Hernoux ne
„ pourra être chargé en qualité de Procureur du Roi, que de la pour-
„ suite des crimes graves rapportés dans l'Arrêt du Conseil du 3 Novem-
„ bre 1683; sinon qu'il y eût partie civile.

Article XIV. " Sur le cinquieme chef de ladite requête incidente a maintenu
„ & gardé ledit Procureur du Roi , au droit & possession de conclure
„ seul, privativement à l'Avocat du Roi, en toutes matieres sommaires &
„ préparatoires & d'instruction , ou d'emancipation, Bénéfice d'âge, &
„ d'inventaire, repis, cessions de biens , séparations de communauté
„ entre maris & femmes, saisies, provisions, *pareatis*, remissions, rappel
„ de ban, commutation de peines, annoblissement ,légitimation, naturalité ,
„ tutelle , curatelle, décharge d'icelles, scellé, inventaires , actes d'assem-
„ blée de parents, audition de comptes de fabriques & d'Hôpitaux,
„ Baux à ferme du Roi, ouvrages publics & leur réception , & assem-
„ blées publiques & de Police, sinon qu'il y ait contestation pour rai-
„ son de ce ; auquel cas il en sera usé dans les causes & procès tant
„ d'Audience que par écrit à la forme du premier article du présent
„ Arrêt.
Article XV. " A maintenu & maintient ledit Hernoux au droit de
„ demander par écrit en la Chambre du Conseil les dilations au temps
„ des moissons & des vendanges, après en avoir pris l'avis du Procu-
„ reur du Roi, pour être ensuite lesdites dilations publiées à l'Audience
„ à la requisition dudit Avocat du Roi.
Article XVI. " Ordonne que les ordres & lettres adressées au Pro-
„ cureur du Roi, seront enrégistrées par l'Ordonnance de la Chambre
„ du Conseil sur les conclusions du Procureur du Roi , après en avoir
„ communiqué à l'Avocat du Roi , & ensuite lus & publiés à l'Audience
„ sur les conclusions du Procureur du Roi.
Article XVII. " Comme aussi a maintenu ledit Procureur du Roi au droit &
„ possession de conclure seul à l'ouverture & publication des testamens &
„ substitutions , insinuations de donations , homologation d'accords &
„ traités ; & qu'à cet effet les assignations concernant lesdits testamens ,
„ si aucunes il échet de donner , seront données aux intéressés sous le
„ nom du Procureur du Roi à l'Audience du lundi.
Article XVIII. " Avant de faire droit définitivement sur le sixieme
„ chef de ladite requête incidente concernant les droits de conclusions ,
„ ordonne que le Procureur du Roi , justifiera , que l'usage des Baillia-
„ ges & Sieges Royaux de cette Province , est que le Procureur du
„ Roi , a les deux tiers desdits droits, & l'Avocat du Roi, l'autre tiers ;
„ & cependant que les droits desdites conclusions seront partagés entre
„ lesdits Avocat & Procureur du Roi , également & par maniere de
„ provision ; & en conséquence que ledit Hernoux rapportera audit Nicole
„ la moitié desdits droits par lui perçus pour les conclusions des procès
„ par écrit, auxquels il a conclu, sans l'avis de l'Avocat du Roi.
Article XIX. " Faisant droit sur le septieme chef de ladite requête,
„ ordonne que ledit Nicole se mettra au banc des Avocats pour plaider
„ les causes des particuliers.
Article XX. " Sur le huitieme chef. Ordonne au Greffier d'expédier

sans

„ fans remife ni falaire au Procureur du Roi, les actes concernant le
„ fait de fa charge.
„ Article XXI. " Sur le neuvieme, qu'en cas de partage d'opinions
„ entre les Juges dudit Bailliage, l'Avocat du Roi fera appellé pour
„ lever ledit partage, & à fon défaut le Procureur du Roi, à l'exécu-
„ tion des Avocats du Siege dans les cas qui ne concerneront ni le
„ Roi, ni l'Eglife, ni le public : ce qui aura pareillement lieu pour
„ la tenue de l'Audience en cas d'abfence, maladie, ou récufation def-
„ dits Juges, ou Avocat du Roi.
„ Article XXII. " Sur le dixieme chef, a déclaré & déclare le Procu-
„ reur du Roi, curateur à tous biens vacants, fous le Bénéfice des
„ offres par lui faites, de fe contenter des droits qui feroient dus à un
„ fimple Procureur ; lui fait néanmoins très expreffes inhibitions & défen-
„ fes, conformement au réglement de la Cour, de recevoir aucune chofe
„ des biens vacants ou hoiries jacentes ; à peine de concuffion.
„ Condamne ledit Nicole au fixieme des dépens de la préfente inftance,
„ & de ceux réfervés par l'Arrêt du Confeil du 24 Janvier 1690, les
„ autres compenfés. Fait en Parlement à Dijon, le 26 Janvier 1692.
„ *Signé*, Joly. *Collationné*, *Signé* Seignet. „

6. Il y a une erreur populaire, dit l'Auteur du Traité des Loix criminelles chap. 25, p. 319, qui eft de croire que tous Juges font
Procureurs Généraux, & que le dernier Confeiller peut donner des
conclufions. Le véritable fens de cet axiome eft que tout Juge eft Procureur Général, en ce qu'il peut d'Office pourvoir à la vengeance publique,
fuivant les Ordonnances & entr'autres celle de 1539 article CXLIV,
rapportée fur l'article VIII, du titre III, n. 3, où il a été prouvé
que le Juge peut fans plainte, informer d'Office ; il eft vrai que dans
le procès verbal des conférences lors de la lecture de l'article II de ce
titre, M. le Premier Préfident obferva, que l'ufage du Châtelet étoit de
donner des conclufions de vive voix dans les affaires qui requierent célérité ; mais M. Puffort répondit que le Roi avoit févérement puni un
Confeiller d'un Préfidial pour avoir pris des conclufions au défaut du
Procureur du Roi. Cependant M. Talon remontra que fouvent il arrive
des incidents fur lefquels il eft néceffaire d'avoir promptement des conclufions, & que la préfence du Procureur du Roi eft fi peu incompatible,
que lorfqu'il eft abfent, le Siege commet le dernier des Confeillers pour
donner des conclufions. Ces obfervations n'eurent aucun effet. Il n'y a
que le Châtelet de Paris qui, par l'article fuivant, ait été confervé dans
fes anciens ufages : à caufe de la grande abondance des procès. Il y a
même lieu de croire que le Parlement de Paris, par les mêmes raifons
a auffi confervé fes anciens ufages à cet égard ; car Du Rouffeau de la
Combe partie 3, chap. 25, n. 24, dit qu'il eft d'ufage à la Tournelle
que fouvent Meffieurs font interjeter appel *à minima* par le dernier Confeiller ; mais il feroit dangereux dans un Siege de vouloir en faire autant.

L'article suivant défend à ceux qui ont été présents à la visitation des procès, d'y conclure.

7. Par Arrêt du Parlement de Paris du 18 Mars 1680, il fut défendu au Procureur du Roi, de la Prévôté de Péronne, d'appeller des sentences qui prononcent des peines plus fortes que celles de ses conclusions.

ARTICLE II.

Leur défendons d'assister à la visite ou au Jugement des procès, ou d'y donner des conclusions de vive voix, dont nous abrogeons l'usage ; n'entendons néanmoins rien innover à ce qui s'observe dans notre Châtelet de Paris.

1. La partie publique est exclue des lieux où les Juges voient les procès, elle ne peut même assister aux actes d'instruction des matieres criminelles. La déclaration du Roi, du 25 Novembre 1704, concernant les adjoints le prouve ; ils avoient été unis aux charges de Procureurs du Roi ; il fallut les supprimer. Voyez les observations sur l'article IX du titre VI, n. 4.

2. La récusation des Gens du Roi, a été fort controversée, il y a eu à ce sujet des Arrêts contraires. Fileau sur Chenu partie 2, titre VI, chap. 40, *in-fol.* p. 27, rapporte un Arrêt du 29 Mars 1561, par lequel le Parlement de Paris décida que le Procureur du Roi, en la Sénéchaussée de Saumur, ne pouvoit être récusé par les accusés, mais seulement par les parties civiles, si elles prétendoient inimitié capitale, parenté ou alliance du Procureur du Roi, avec les accusés : avec défenses au Lieutenant de Saumur de recevoir contre le Procureur du Roi, à l'avenir aucune récusation en autre cas ; à peine de nullité, suppression de son état & amende arbitraire.

Plusieurs Auteurs prétendent au contraire que dans tous les cas où les Juges sont récusables les Gens du Roi, le sont aussi. Voyez entr'autres Mornac sur la Loi 1 D. *de Officio procuratoris*, & Basnage sur la coutume de Normandie p. 10, édition de 1709. Du Rousseau de la Combe partie 2, chap. 3, n. 11, après avoir rapporté les autorités pour & contre, soutient que le Procureur du Roi est récusable comme les Juges sans distinction, du cas où il est seul partie ou non ; parce qu'il n'a pas plus de privilege que les Juges. Il prétend même qu'il seroit d'une dangereuse conséquence d'admettre que le Procureur du Roi, ne pourroit être récusé quand il n'y a point de partie civile ; parce que c'est précisément le cas où le ministere public devient plus suspect, il est alors le maître, ce qui rend sa récusation plus admissible ; son miniscere pouvant fort influer dans les procès criminels ; quoiqu'il ne foit pas Juge. Mais le fentiment de Du Roufleau & des Auteurs qu'il cite ne peut prévaloir aux autorités contraires.

M. Le Prêtre centurie 1, chap. 33 , p. 91 , & M. Louet Lettre P. Sommaire 39, citent un Arrêt du 27 Juillet 1601 qui a décidé que la partie publique ne peut être récufée quand il n'y a point de partie civile , & qu'elle ne peut l'être que pour caufe de parenté lorfqu'il y a partie civile. Brillon qui en qualité de Subftitut au grand Confeil a porté la parole pour M. le Procureur Général pendant plus de 30 ans , foutient au mot *Procureur* , n. 85, que MM. les Avocats Généraux ne peuvent aufli être récufés , lorfqu'ils font feuls parties en leurs noms & qu'ils agiflent fur des dénonciations fecrettes ; & même Brillon ajoute que c'eft un privilege particulier , aux Gens du Roi ; que les caufes de récufation contr'eux ne peuvent être propofées que les chambres aflemblées.

Par Arrêt du Parlement de Paris du 5 Septembre 1703 , fervant de règlement entre les Avocats & Procureur du Roi , au Préfidial de la Marche en Guéret, la Cour déclara les Avocats du Roi, non recevables en leur demande , à ce qu'il fût ordonné que le Procureur du Roi pourroit être récufé comme les autres Officiers du Siege dans les cas portés par les ordonnances , & faifant droit fur les conclufions de M. le Procureur Général , il fut ordonné que fon Subftitut feroit tenu , lorfqu'il y auroit des caufes de récufation de s'abftenir de la connoiflance de toutes les affaires *dans lefquelles il ne feroit pas partie néceflaire.* C'eft-a-dire ou il y auroit partie civile. Cet Arrêt eft rapporté dans le recueil d'Edits par M. Jouffe tome 2 , p. 326 ; il contient un règlement Général & fort exact de toutes les fonctions des Avocats & Procureurs du Roi. C'eft pourquoi il fera rapporté fur l'article III de ce titre.

L'article LXI, de l'Ordonnance des évocations de 1737 , porte que les procès criminels ne pourront être évoqués du chef des parents & alliés des Procureurs Généraux, lorfqu'ils ne feront parties que comme exerçant l. miniftere public : la déclaration du 31 Mars 1710, avoit décidé de même.

Le Procureur du Roi, de notre Siege ayant été récufé, fous prétexte de moyens de fufpicion & d'inimitié par des Chanoines de notre Cathédrale , dans un procès criminel qu'il pourfuivoit fans partie civile par Arrêt du Parlement de Dijon rendu contradictoirement le 13 Septembre 1749 , il fut dit que le Procureur du Roi avoit été mal récufé, & ordonné qu'il continueroit la pourfuite du procès criminel dont il étoit queftion : quand la partie publique agit feule, elle eft partie néceflaire , quoiqu'elle puifle être remplacée : les Arrêts l'ont ainfi décidé ; au lieu qu'elle n'eft plus fi néceflaire lorfqu'il y a une partie civile qui eft cenfée faire en fon nom toutes les diligences convenables pour parvenir à la preuve du crime.

N 2

3. Messieurs les Procureurs Généraux ne sont pas sujets à l'examen lors de leur réception : c'est ce qui a été jugé par Arrêt du Conseil, du 9 Mars 1692, rapporté au Journal du Palais, *in-folio*, tome 2, p. 293 : la raison est que les Ordonnances de 1498, 1566, & 1579, qui exigent l'examen des Officiers, ne parlent que de Messieurs les Présidents & Conseillers.

ARTICLE III.

Les conclusions seront données par écrit, & cachetées ; & ne contiendront les raisons sur lesquelles elles sont fondées.

1. Cet article n'entend parler, comme le titre l'annonce, que des conclusions définitives, qui doivent être secrettes & cachetées au grand Criminel, lorsqu'il y a récollement & confrontation ; parce que l'ouverture n'en doit être faite qu'après la visitation de tout le procès, avant les interrogatoires d'Office.

Par Arrêt du Grand Conseil, du 12 Août 1693, rapporté au Journal du Palais ; il fut conformément à cet article, défendu au Procureur du Roi du Présidial de Lyon, d'expliquer dans ses conclusions, les raisons sur lesquelles elles sont fondées. *Idem*, par autre Arrêt du Parlement de Paris, du 13 Mai 1709, rapporté dans le recueil de M. Jousse, tome 2, p. 433, contre le Fiscal de Roanne.

2. Les Avocats du Roi ont le titre de Conseillers, pour les chargés créés par l'Edit d'Août 1578, avec droit de séance dans les Bailliages ; d'y participer à toutes les distributions, rapports & Jugements des procès : *à la charge de s'abstenir du Jugement & rapport des procès où le Roi auroit intérêt ; & au surplus avec attribution de tous droits d'épices, émolu-ments, prérogatives & prééminences dont jouissent les autres Conseillers.* Le sieur Juillet, Avocat du Roi aux Bailliage & Siege Présidial de Châlons-sur-Saône, ayant prétendu que suivant cet Edit, il devoit jouir de deux portions d'épices, dans les procès sujets à communication, l'une des portions, comme Conseiller avec les Juges, quoiqu'abstenu, & l'autre avec le Procureur du Roi, pour les conclusions ; il fit assigner sa compagnie à la Cour, plusieurs Officiers lui déclarerent par sommations, qu'ils n'entendoient pas lui contester sa prétention, les autres le soutinrent mal fondé, ou en tout cas, qu'il devoit payer double portion dans les dettes de la compagnie : la cause portée à l'Audience publique, les Officiers firent plaider que cette prétention ne les intéressoit pas, qu'ils étoient prêts de laisser prendre à l'Avocat du Roi, une portion dans les épices, mais qu'elle seroit supportée par les plaideurs & par le public ; *ils déclarerent qu'ils s'en rapportoient à la prudence de la Cour*, qui, par Arrêt du 10 Mars 1744, mit sur la demande de l'Avocat du Roi, les

parties hors de Cour, dépens compensés; j'étois présent à l'Audience, cette prétention fut trouvée si singuliere, que Messieurs, sans se lever de leurs places, opinerent du bonnet, pour la condamner.

Cependant, la même contestation vient encore d'être élevée par l'Avocat du Roi de notre Siege; sa charge n'est pas de l'ancienne création de l'Edit de 1578; elle a été créée sans titre de Conseiller, avec les Présidiaux de Bourgogne, par Edit de Janvier 1696: ce n'a été qu'en 1741, que cet Avocat du Roi en levant son Office aux parties casuelles, y a fait unir une charge de Conseiller vacante; il se mit d'abord en possession de prendre double portion d'épices, & il a continué jusqu'en 1757, qu'en je lui ai refusé de le tenir présent dans la distribution des épices des Jugements Criminels; j'y étois le plus intéressé, parce que dans les matieres criminelles, tous les Jugements sont sujets à communication: au lieu qu'au Civil, cela arrive rarement: sur ce refus, il a obtenu Arrêt en vertu duquel il a fait assigner les Officiers du Siege, tous lui ont déclaré par sommations, qu'ils n'avoient aucune part à ce refus, & qu'ils n'entendoient lui faire à ce sujet, aucune contestation; il n'y a eu que le Lieutenant Général de la Chancellerie, qui s'est joint à moi; & cependant nous avons l'un & l'autre, comme ceux de Châlons, déclaré *que nous nous en rapportions à la prudence de la Cour*: malgré cette Déclaration, par Arrêt contradictoire du 1 Juin 1758, le Parlement de Dijon a débouté notre Avocat du Roi de sa demande.

Depuis cet Arrêt, j'ai découvert que par Edit de Février 1705, servant de Réglement pour le Présidial d'Ypres, la question avoit déjà été décidée du propre mouvement du Roi. L'article XIX de cet Edit, porte: *Nos Avocats assisteront à la visite des procès Civils auxquels ils n'auront pas conclu, y auront voix délibérative, & part aux épices, comme Conseillers*: cet Edit ne parle pas des procès Criminels, parce qu'étant tous sujets à communication au Parquet, les Avocats du Roi, quoique Conseillers, n'y peuvent assister; il se trouve en entier dans le recueil des Edits imprimés par ordre de Monseigneur le Chancelier en 1712, *in-4°.*, tome 2, p. 822; il est intitulé, *Réglement de Justice.* Voyez encore Henrys, titre des Offices, liv. 2, chap. 4, question 22, édition de 1708, p. 171. On peut même voir dans la Conférence des Ordonnances par Guénois, liv. 1, titre XXIII, tome 1, p. 351, l'Ordonnance de Louis XIII, du 13 Mars 1634, par laquelle défunion a été faite des Offices de Conseillers & d'Avocats du Roi, avec défenses dans la suite, de réunir aux Avocats du Roi, aucuns Offices de Conseillers.

L'Avocat du Roi de Châlons, se fondoit sur un Réglement du Parlement de Paris, du 14 Août 1631, rendu en faveur de ceux d'Angoulême, qui effectivement, leur a adjugé portion dans les épices, même dans les procès de communication au Parquet; mais le Parlement de de Dijon n'eut aucun égard à ce préjugé, comme contraire au droit commun.

3. Quoique le même Edit de 1578, attribue aux Avocats du Roi les mêmes prérogatives qu'aux Conseillers, il y a des occasions où ils ne peuvent en jouir : on peut à ce sujet, citer l'Arrêt du Parlement de Dijon, du 19 Décembre 1703, rendu en la Grand'Chambre, entre le sieur Baudenet, Avocat du Roi, & les Officiers du Bailliage, & Siege Présidial de Semur en Auxois : cet Arrêt maintient les Conseillers au droit de tenir les Audiences, & expédier les causes, en absence ou récusation des principaux Officiers, préférablement, & à l'exclusion du sieur Baudenet, Conseiller Avocat du Roi, quoique plus ancien en réception : la raison est qu'il n'est pas décent, qu'un Avocat du Roi qui doit rester dans sa place du Parquet, pour veiller à la Police de l'Audience, la quitte pour aller présider.

Par la même raison, l'Avocat du Roi qui est Conseiller, peut monter sur les rangs, pour opiner dans les Jugements d'Audience, qui ne sont pas de communication : mais il ne peut y rester pendant la plaidoirie ; il doit retourner à sa place du Parquet ; ainsi qu'il a été décidé par plusieurs Arrêts de Réglements, comme l'atteste Fileau sur Chenu, *in-fol.* partie 2, titre VI, chap. 5, p. 240, où il rapporte un Arrêt du Parlement de Paris, séant à Tours, du 19 Juin 1593, par lequel il fut jugé que l'Avocat du Roi au Présidial de Tours, n'auroit séance en autre lieu du Siege, que celle d'Avocat du Roi : & partie 3, titre XI, chap. 63, p. 524, le même Auteur dit que l'Edit de 1578, qui a fait les Avocats du Roi Conseillers, a donné sujet au différent élevé entre l'Avocat du Roi & les plus anciens Conseillers du Siege d'Aurillac, pour savoir qui présideroit en l'absence du Lieutenant Général, & du Lieutenant particulier. Fileau dit que sur ce différent, intervint Arrêt des grands jours de Lyon, le dernier Août 1596, sur les remontrances de M. le Procureur Général, qui dit que ce différent troubloit & scandalisoit la Justice ; qu'il étoit plus naturel que le plus ancien Conseiller autre que l'Avocat du Roi présidât, sans quoi il y auroit de la difformité, quand on plaideroit des causes où le Roi & le public auroient intérêt en voyant descendre celui qui présideroit ; & ensuite remonter, tandis qu'il doit être dans sa place d'Avocat, pour requérir pour le Roi. M. le Procureur Général ajouta que la qualité de Conseiller avoit été donnée aux Avocats du Roi, par des Edits Bursaux : la Cour ordonna que les parties auroient Audience au premier jour, & cependant par provision, & sans préjudice du droit des parties, que dans le cas d'absence des Lieutenants, le plus ancien des Conseillers autre que l'Avocat du Roi, présideroit.

Quoique Fileau ne dise pas qu'il y eût ensuite Arrêt, il est à présumer qu'il passa pour définitif, parce qu'il étoit conforme à celui de 1593, rendu contre l'Avocat du Roi de Tours : d'ailleurs, l'Arrêt du Parlement de Dijon de 1703, rendu pour Semur, & qui vient d'être rapporté, a aussi jugé la question contradictoirement, en faveur des Conseillers qui sont en droit de tenir l'Audience, & de présider à l'exclusion de l'Avocat

du Roi, quoique Conseiller plus ancien ; après avoir opiné, il doit se
retirer sur le champ au Parquet, pour être toujours prêt à requérir ce
qui est nécessaire pour le Roi, le Public & la Police de l'Audience.
Par Arrêt du Parlement de Paris, du 2 Avril 1609, il fut décidé qu'aux
assemblées publiques où le Présidial de Bourges assisteroit en Corps, les
Avocats du Roi y assisteroient avec le Procureur du Roi, le plus ancien
étant au-dessus de lui, & le dernier reçu au-dessous, sans déroger au
rang des Avocats du Roi, avec les Conseillers, selon leur Ordre de
réception dans les autres assemblées où le Siege Présidial n'assisteroit pas
en corps. Cet Arrêt qui est rapporté par Fileau, *in-folio*, partie 3, chap. 91,
p. 545, dit qu'auparavant les Avocats du Roi prenoient leur rang avec
les Conseillers, selon leur réception de Conseillers ; ce qu'ils ne peuvent
plus faire que dans les assemblées particulieres, parce qu'alors le ministere
public n'y fait aucunes fonctions, & ne représente pas le Parquet des
Gens du Roi ; ils n'y assistent que comme Conseillers.

Descorbiac, dans son recueil d'Edits & Arrêts, imprimé en 1638,
titre VII, n. 11, p. 280, dit que les Avocats du Roi qui ont annexé
à leurs Offices, celui de Conseiller, n'ont point de séance à l'Audience,
sinon en leur Parquet. Il cite l'Arrêt de 1593, pour le Présidial de Tours ;
& au chap. 21, il rapporte un autre Arrêt du 29 Avril 1613, par lequel
le Parlement de Toulouse décida que les Avocats du Roi de Montauban
ne pouvoient assister aux Jugements des procès, prendre part aux distributions, ni tenir autre rang qu'après tous les Conseillers, & qu'ils ne
pouvoient tenir l'Audience qu'en l'absence de tous les mêmes Conseillers.
Voyez encore Joly, tome 2, p. 1243 ; & Blanchard, tome 2, p. 1612.

Il est vrai que l'on trouve au Journal des Audiences, tome 6, liv. 1,
chap. 10, p. 77, un Arrêt du 29 Avril 1711, qui paroît avoir jugé
le contraire par provision seulement, en faveur de l'Avocat du Roi de
Château-Gontier ; mais ce n'est que quand l'autre Avocat du Roi se trouve
présent pour requérir dans sa place du Parquet.

» Louis, &c. Entre Mᵉ. Matthieu Douhart, notre premier Avocat &
» Doyen des Conseillers du Présidial de Château-Gontier, demandeur
» contre Mᵉ. René le Ridon, Sous-Doyen, défendeur. La Cour a reçu
» ledit Douhart, opposant à l'exécution de l'Arrêt du 29 Juillet 1710,
» ordonne que sur les contestations des parties, elles auront Audience
» au premier jour ; & cependant par provision, & sans préjudice de leurs
» droits au principal, ordonne que ledit Douhart pourra exercer & faire
» les fonctions de la charge de Conseiller, en la Sénéchaussée & Siege
» Présidial de Château-Gontier, tant à l'Audience, qu'en la Chambre
» du Conseil, même y présider, en cas d'absence du Lieutenant Général,
» & du Lieutenant particulier, & de ceux qui se trouveront plus anciens
» en réception dans la charge de Conseiller ; à la charge néanmoins que
» ledit Douhart ne pourra prendre séance à l'Audience, que quand notre
» second Avocat du Roi se trouvera en ladite Audience, & encore qu'il

„ ne pourra prendre féance , & préfider en ladite Audience dans les
„ caufes dont il aura reçu la communication , & qu'il fera tenu de
„ s'abſtenir du Jugement des conteſtations dans leſquelles notre fecond
„ Avocat portera la parole, même dans celles où nous ferons feuls partie ;
„ & pareillement , qu'il ne pourra prendre féance en la Chambre du
„ Confeil, dans les affaires où le Subſtitut de notre Procureur Général
„ aura donné des conclufions , même dans leſquelles nous nous trouve-
„ rons être partie, tous dépens réfervés : Donné en Parlement le 29 Avril
„ 1711. *Signé* LORNE.

Arrêt du Parlement de Paris , fervant de Réglement entre les Avocats & Procureurs du Roi de la Marche.

Du 5 Septembre 1703.

" Entre Me. François Roudéoux, Confeiller , Avocat du Roi en la
„ Maréchauffée & Préſidial de la Marche , à Guéret , Me. René Cou-
„ turier , Subſtitut du Procureur Général , & Me. François Tourniol ,
„ auſſi Avocat du Roi , &c. La Cour ordonne que les procès & inſtances
„ fur leſquelles il conviendra prendre des conclufions définitives , feront
„ portées au Parquet par les Greffiers , pour y être pris des conclufions
„ fur le champ, fi faire fe peut ; finon lefdits procès & inſtances diſtribuées
„ également entre les Avocas du Roi & le Subſtitut du Procureur
„ Général , premiéremen à l'ancien Avocat du Roi , enfuite au Subſtitut
„ du Procureur Général , & après au fecond Avocat du Roi ; & celui
„ fur lequel la diſtribution manquera , aura le premier procès ou inſtance
„ à la diſtribution fuivante ; & ainſi confécutivement , pour être les con-
„ clufions données fur leur avis commun à la première affemblée.
Article II. " Ne pourra le Subſtitut du Procureur Général , prendre
„ feul des conclufions fur les compétences ou incompétences , élargiſſe-
„ ments proviſoires, & définitifs des prifonniers, réception des Confeillers,
„ Greffiers, principaux Commis des Greffes , Procureurs , Huiffiers , &
„ autres Officiers du Corps de ladite Sénéchauffée , & Siege Préſidial ,
„ qui feront reçus en la Chambre du Confeil , féparations de biens entre
„ maris & femmes , & modérations ou décharges des taxes fur les con-
„ tribuables au ban & arriere-ban ; mais feront les conclufions arrêtées à
„ la pluralité des voix, dans lefdits cas où elles doivent être délibérées
„ en commun ; & néanmoins où il ne fe trouveroit qu'un des Avocats
„ du Roi avec le Subſtitut du Procureur Général , en cas qu'ils foient
„ d'avis contraire , l'opinion du Subſtitut du Procureur Général , pré-
„ vaudra dans les procès par écrit , & celle de l'Avocat du Roi dans les
„ caufes d'Audience , dans les cas ci-deffus , où les conclufions feront
„ données fur les délibérations écrites fur un régiſtre qui demeurera au
„ Parquet

„ Parquet en la poſſeſſion dudit Couturier, & le nom du Rapporteur
„ mis au bas des conclusions; enſemble la taxe des épices.
„ Article III. " Fait défenſes au Subſtitut du Procureur Général, de
„ prendre des conclusions à l'Hôtel du Juge, ſur tous les défauts,
„ matieres de renvoi, tant au Civil qu'au Criminel, & autres affaires
„ qui doivent être jugées à l'Audience, & de faire évoquer celles qui y
„ ſont introduites, pour les porter à l'Hôtel du Juge.
„ Article IV. Les Avocats du Roi porteront la parole en toutes les cauſes
„ d'Audience ; & lors des inſtallations des Officiers du Siege : les haran-
„ gues qui ſe font chaque année à l'ouverture des Audiences, ſeront
„ faites alternativement par les Avocats du Roi ; ſauf au Subſtitut du
„ Procureur Général, à faire telle requiſition qu'il jugera à propos pour
„ le dû de ſa charge.
„ Article V. " Sera tenu le Subſtitut du Procureur Général, lorſqu'il ſe
„ trouvera à l'Audience, ſe lever & demeurer debout, quand l'ancien
„ Avocat du Roi portera la parole ; & ôtera ſon bonnet, quand ledit
„ Avocat du Roi ôtera le ſien.
„ Article VI. " Les requiſitions pour les publications, enrégiſtrements
„ d'Edits & Déclarations du Roi, Arrêts & Réglements de la Cour,
„ ſeront faites par le Subſtitut du Procureur Général.
„ Article VII. " Les Avocats du Roi aſſiſteront à la convocation du ban
„ & arriere-ban, & aux taxes qui ſeront faites pour raiſon de ce : & en
„ ſigneront les rôles avec le Subſtitut du Procureur Général.
„ Article VIII. " Dans toutes les cérémonies publiques, & aſſemblées,
„ où la compagnie du Préſidial ſera en Corps, les Avocats du Roi &
„ le Subſtitut du Procureur Général, tiendront le même rang qu'ils
„ ont au Parquet ; & dans les autres cérémonies & occaſions particulieres,
„ le ſecond Avocat du Roi, comme Conſeiller, pourra précéder le
„ Subſtitut du Procureur Général.
„ Article IX. " Déclare leſdits Avocats du Roi, non recevables dans
„ leur demande, à ce qu'il ſoit ordonné que le Subſtitut de notre Pro-
„ cureur Général, pourra être récuſé comme les autres Officiers du
„ Siege, dans les cas portés par les Ordonnances ; & faiſant droit ſur
„ les concluſions du Procureur, ordonne que ſon Subſtitut ſera tenu
„ lorſqu'il y aura des cauſes de récuſation, de s'abſtenir de la con-
„ noiſſance de toutes les affaires dans leſquelles il ne ſera point partie
„ néceſſaire & requérante.
„ Article X. " Sur le ſurplus des demandes, fins & concluſions des
„ parties, les a mis hors de Cour, condamne ledit Couturier en la moitié
„ des dépens, l'autre moitié compenſée. Fait en Parlement le 5 Septembre
„ 1703. Signé DU TILLET. „
„ Ce Réglement ſe trouve en entier dans le recueil de M. Jouſſe, tome 2,
p. 326, où l'on peut voir les concluſions des parties, pour connoître les
chefs ſur leſquels elles ont été miſes hors de Cour par l'article X. Il y

DES
CONCLUSIONS.

en a un autre du 7 Septembre 1712, rendu entre l'Avocat du Roi &
le Procureur du Roi de la Sénéchauffée du Château-du-Loir, au supplément du Journal des Audiences, tome 7, liv. 4, chap. 118, p. 224,
dudit supplément : on en trouve encore plusieurs, concernant les droits
& fonctions des Gens du Roi, dans le recueil d'Edits, imprimés par
ordre de Monseigneur le Chancelier, in-12, en 1712.

4. Les charges de Procureur du Roi dans les Maréchauffées, Prévôtés,
& Châtellenies, & autres Jurisdictions royales, ont été démembrées de
celles des Procureurs du Roi, dans les Bailliages : c'est par cette raison,
que par une espèce de retour au droit commun, ils ont droit de les remplacer dans le cas d'absence, récusation, ou autre empêchement. Ils ont
même le droit d'être appellés comme gradués plus anciens aux Jugements des procès. En voici une décision récente. Le Procureur du Roi
de la Maréchauffée de Charolles, ayant voulu empêcher celui du Bailliage
royal d'assister au Jugement d'un procès prévôtal comme gradué, sous
prétexte que sa qualité de Procureur du Roi répugnoit aux fonctions de
Juge. La contestation portée à Monseigneur le Chancelier de la part du
Procureur du Roi de la Maréchauffée, sa prétention fut condamnée. Ce
que celui du Bailliage ayant appris, il en écrivit à M. de Villeneuve &
reçut la réponse suivante en date du 8 Septembre 1760.

" Pour satisfaire, Monsieur, à ce que vous desirez, je joins ici la copie
,, des lettres que j'ai écrites à M. le Procureur du Roi de la Maréchauf-
,, fée à la résidence de Charolles, sur les cas où vous pouvez assister
,, comme Juge à la visite des procès qui doivent être jugés prévôtable-
,, ment. Je suis avec considération, &c. *Signé*, DUFOURT DE VILLENEUVE,
,, *Procureur Général des Maréchauffées.*

" Monsieur le Chancelier me charge de vous mander que M. le
,, Procureur du Roi du Bailliage ne peut donner des conclusions, ni
,, exercer aucunes fonctions du ministère public dans les affaires prévô-
,, tales, mais que rien n'empêche qu'il ne soit appellé comme gradué pour
,, completter le nombre des Juges requis par les Ordonnances. Monsieur
,, le Chancelier ajoute qu'il doit même être choisi par préférence, com-
,, me étant mieux instruit des matières criminelles que ne le sont les au-
,, tres gradués.

Autre lettre du 24 Octobre 1760.

" J'ai rendu compte à Monsieur le Chancelier des observations que
,, vous me faites par votre lettre du 17 de ce mois, sur les inconvé-
,, nients qu'il pourroit y avoir d'admettre M. le Procureur du Roi du Bail-
,, liage pour Juge dans les affaires prévôtales. Monsieur le Chancelier me
,, charge de vous mander que les raisons que vous alléguez ne lui paroissent
,, pas suffisantes, pour changer sa décision. Il est vrai que dans l'origine
,, les fonctions des Procureurs du Roi de la Maréchauffée & celles du

„ Bailliage étoient réunies ; mais elles sont divisées, quoique le ministere
„ public soit indivisible. Cette maxime ne reçoit pas d'application au cas
„ dont il s'agit. *Il est vrai que M. le Procureur du Roi du Bailliage doit
„ faire fonction en cas d'absence maladie ou autre empêchement ;* mais l'obli-
„ gation où il est de vous substituer n'empêche pas qu'il ne puisse être
„ appellé comme gradué dans le procès où vous avez donné des con-
„ clusions ; il en résulte seulement que dans tous les procès où il a don-
„ né des conclusions il ne sauroit être admis au nombre des Juges ; &
„ que si après avoir été Juge, il y a lieu dans le cours de l'instruction
„ de donner des conclusions définitives par votre absence, c'est à celui qui
„ doit remplacer le Procureur du Roi du Bailliage à le faire. „

Voilà la copie des deux lettres, envoyées au Procureur du Roi du Bailliage pour l'instruire de ce qui s'étoit passé. Parce qu'elles avoient été
adressées à celui de la Maréchaussée, en reponse des siennes : il les gardoit
sans les montrer. Comme il n'y a d'Officier royal à Charolles que le Lieutenant Général, les Officiers de Maréchaussée sont obligés de juger avec
des gradués : ce qui rend plus fréquent le cas de l'assistance du Procureur
du Roi plus ancien gradué.

TITRE XXV.

Des Sentences, Jugements, & Arrêts.

ARTICLE I.

Enjoignons à tous Juges, même à nos Cours de travailler à l'expédition des affaires criminelles par préférence à toutes autres.

1. L'Article CXXXIX, de l'Ordonnance de 1539, porte: " Nous en-
„ joignons à nos Juges, qu'ils aient à diligemment vaquer à l'ex-
„ pédition des procès & matieres criminelles préférablement & avant tou-
„ tes choses, sur peine de suspension de leurs charges, de privation de
„ leurs offices, & autres amendes arbitraires où ils feroient le contraire,
„ dont nous chargeons l'honneur & la conscience de nos Cours Souve-
„ raines. Article CXL, de la même Ordonnance ; auxquels Juges sembla-
„ blement nous enjoignons de procéder aux Chambres Criminelles à l'expé-
„ dition des prisonniers & criminels, sans qu'ils puissent vaquer au Juge-
„ ment d'aucuns autres procès où il soit question d'intérêts civils ; ores
„ qu'il dépendît de la criminalité ; jusqu'à ce que tous les prisonniers
„ & criminels aient été dépêchés.
„ Article LXIII, de l'Ordonnance d'Orléans. " Enjoignons à tous nos
„ Juges & des Hauts-Justiciers d'informer en personnes promptement &
„ diligemment, sans divertir à autres actes, des crimes & *délits* qui
„ seront venus à leur connoissance ; vaquer & procéder, toutes choses dé-
„ laissées, à la confection des procès de ceux qui se trouvent chargés &
„ coupables ; sans attendre la plainte des parties.
„ Article XVI, de l'Ordonnance de 1540, concernant les assises. „ En-
„ joignons aux Baillifs & Sénéchaux, quand ils tiendront leurs assises,
„ vaquer premièrement à l'expédition des matieres & procès criminels,
„ avant que de s'occuper à l'expédition de matieres civiles. „
„ Toutes les Ordonnances sont conformes, elles ne font aucune distinction du grand & du petit criminel ; celle d'Orléans parle même des simples
délits ; elle vient d'être rapportée : cet article de l'Ordonnance de 1670,
ne distingue aussi rien. Une infinité de Réglements ont en conséquence
ordonné la même chose. Nous avons un édit de Février 1705, servant
de Réglement pour le Présidial d'Ypres, qui porte article XXII. " Les
„ Officiers rapporteront leurs procès par ordre & à tour, excepté dans

„ les affaires importantes & qui requièrent célérité : auquel cas sera don-
„ né le bureau par celui qui présidera ; sauf pour les procès criminels
„ qui seront rapportés par préférence. „

L'Article XVIII, de l'Arrêt du Conseil du 16 Mars 1705, servant de
Réglement pour notre Présidial d'Autun, porte également que les procès criminels seront rapportés par préférence aux procès civils. L'article
suivant de l'Ordonnance prouve encore l'obligation d'instruire & juger
les procès criminels préférablement à tous autres ; puisqu'il veut même
qu'il soit passé outre nonobstant toutes appellations ; sans aucune distinction. Les appellations n'arrêtent pas plus le Jugement du petit criminel
que du grand criminel, ce sont les mêmes regles pour l'un & pour l'autre. L'article III du titre XXVI, n'y est pas moins précis. Le tribunal
criminel ne vaque jamais ; il instruit en tout temps ; rien n'en peut retarder le cours : on doit tout quitter pour l'expédition des matieres criminelles.

2. Un aveugle peut-il être juge ? Cette question se présenta en 1689,
entre le Lieutenant au Siege de Brignoles & le Doyen des Conseillers
qui avoit intérêt de le remplacer. Le Lieutenant après trente ans d'exercice étant devenu aveugle, le Doyen le soutenoit incapable de faire les
fonctions de Juge, sous prétexte qu'il ne pouvoit tenir l'Audience avec
dignité, & aller d'un Conseil à l'autre pour lever les suffrages, sans
être exposé à exciter la risée du public par l'irrégularité de ses actions.
Il disoit qu'à l'égard de la signature l'aveugle ne pouvoit signer les Sentences qu'il avoit prononcées ; qu'il étoit obligé de s'en rapporter à des
yeux étrangers & infideles : qu'un Chef de compagnie sur-tout doit voir
plus clair que les autres ; qu'à la vérité la Loi 6. D. *de judiciis* dit
Cæcus fungitur officio. Mais qu'elle n'est pas applicable à la question, ne
pouvant avoir lieu parmi nous, où la Justice doit être exercée en personne ; au lieu que chez les Romains, on pouvoit admettre un aveugle
à la Magistrature, parce qu'elle n'avoit que les honneurs & non les fonctions de la Justice. Malgré ces moyens & autres détaillés plus au long
dans le Journal du Palais, *in fol.* tome 2, p. 567. Par Arrêt du Parlement d'Aix du 14 Juin 1689, le Doyen fut débouté de sa demande &
le Lieutenant maintenu dans les fonctions de sa charge.

M. Lamothe Levayer Conseiller d'Etat, tome 11, de ses œuvres, *in*
12, p. 58, lettre 65, rapporte plusieurs exemples tels que celui d'*Appius
Clælius*, qui ont eu meilleure vue dans les affaires importantes que les
plus clairvoyants de leur temps. Démocrite se priva, dit-on, des yeux du
corps pour avoir ceux de l'esprit plus propres à la contemplation. L'aveu-
glement d'Homere ne l'a pas empêché de nous faire voir des choses si belles, que depuis plus de deux mille ans, elles sont en admiration à tous
les savants. Tiresias qui perçoit si avant & si certainement dans l'avenir
qu'il a passé pour le plus grand Prophete des gentils, étoit aveugle comme Homere. Il n'est pas des aveugles comme des sourds & des muets qui ne

peuvent, suivant Aristote, être judicieux ni sages, comme les aveugles. La prudence est si voisine de la cécité que plusieurs pour s'attribuer en apparence la prudence, affectent de témoigner qu'ils ont la vue courte.

A la suite de l'Arrêt de 1689, qui vient d'être cité, on trouve à ce sujet plusieurs autres traits plus curieux qu'utiles à la question; on se contentera de rapporter un Arrêt sans date qui y est cité, par lequel il a été jugé au contraire, qu'une procédure criminelle faite par un Juge aveugle étoit nulle. Mais ces deux Arrêts peuvent se concilier en faisant la différence des matieres. L'instruction criminelle exige un Juge qui ait en même temps les yeux du corps & de l'esprit subtils, soit à l'égard des témoins, soit à l'égard des accusés. Voyez Du Rousseau de la Combe dans sa Jurisprudence civile, au mot *Juge*, n. 9, p. 390; & Brillon, au mot *Aveugle*.

ARTICLE II.

Il sera procédé à l'instruction & Jugement des procès criminels nonobstant toutes appellations, même comme de Juge incompétent & récusé; & si les accusés refusent de répondre sous prétexte d'appellation, leur procès leur sera fait comme à des muets volontaires jusqu'à Sentence définitive.

1 L'article XII du titre X, veut, comme celui-ci, qu'il soit procédé à l'exécution des décrets nonobstant toutes appellations, même comme de Juge incompétent ou récusé, *& toutes autres*. Ces derniers termes ne sont pas répétés dans le présent article II, ce qui prouve la différence entre l'instruction & le Jugement. L'instruction exige la plus grande célérité tant pour faire arrêter les accusés décrétés que pour empêcher le dépérissement des preuves. Au lieu que le Jugement quand l'instruction est finie peut plus facilement être retardé.

Cet article veut qu'il soit passé outre au Jugement malgré l'appel comme de Juge incompétent ou récusé; quoique l'incompétence soit un défaut radical d'autorité. Mais il faut faire juger la compétence dans le même Siege; ainsi qu'il a été expliqué sur l'article VIII du titre XVIII, n. 4, & si l'accusé est débouté de son incompétence, l'appellation ne peut empêcher le Juge de passer outre. Il en est de même de l'appellation qu'il interjeteroit d'un Jugement qui l'auroit débouté de ses moyens de récusation. L'appel ne pourroit empêcher le Juge de continuer; mais il seroit exposé à voir annuller tout ce qu'il auroit fait, si le Jugement, qui a décidé la récusation en sa faveur, étoit reformé.

2. Quand aux moyens de récusation, l'Ordonnance civile les a expliqués avec les formalités qui doivent être observées pour les faire juger,

elles sont les mêmes au criminel ; ainsi qu'il a été expliqué sur l'article XVI du titre II, n. 2, & suivants : mais il faut commencer par faire juger la récusation & comme il a été déjà dit, si le Juge est déclaré mal récusé, l'appel de ce Jugement n'est pas suspensif. Au lieu qu'il est arrêté par la récusation jusqu'à ce qu'elle soit jugée. C'est ce qui a été décidé par Arrêt du Parlement de Paris du 30 Juillet 1707, rapporté au Journal des Audiences. C'est pourquoi elle doit être décidée promptement.

L'appel qui a déclaré l'accusé mal fondé dans ses moyens de récusation ne laisse pas de subsister, quoique le Juge soit autorisé à passer outre ; c'est pourquoi si la récusation étoit douteuse, il seroit plus prudent de s'abstenir du Jugement & de laisser continuer l'instruction par un autre Juge.

3. Cet article de l'Ordonnance ne dit pas qu'il sera passé outre au Jugement nonobstant la prise à partie qui arrête les fonctions du Juge. Mais les Cours, dans la crainte que les accusés n'en abusent, y ont apporté un tempérament très sage pour empêcher que les prises à parties ne soient formées par des simples sommations ou assignations, ou même de l'autorité des Juges des Bailliages : elles ont rendu des Arrêts de Réglement qui défendent toute prise à partie, sans Arrêt qui s'accorde très difficilement. Il y a un Arrêt du Parlement de Paris du 25 Janvier 1681, qui fut rendu à l'Audience de la Tournelle, & par lequel défenses furent faites au Prévôt de Bongival, de passer outre à l'instruction & au Jugement des procès lorsqu'il seroit intimé en son nom. Brillon, qui rapporte cet Arrêt, au mot *prise à partie*, tome 5, p. 477, observe qu'alors les prises à partie se formoient sans permission de la Cour ; mais par un Réglement du Parlement de Paris du 4 Juin 1699, cela a été défendu.

Cet Arrêt porte ; " La Cour fait défenses à toutes personnes de quel-
„ qu'état & qualité qu'elles soient de prendre à partie aucuns Juges, ni
„ de les faire intimer en leur propre & privé nom sur l'appel des Juge-
„ ments par eux rendus, sans en avoir auparavant obtenu la permission
„ par Arrêt ; à peine de nullité des procédures, & de telle amende qu'il
„ appartiendra : enjoint à tous ceux qui croiront devoir prendre les Ju-
„ ges à partie, de se contenter d'expliquer simplement & avec la modé-
„ ration convenable les faits & les moyens qu'ils estimeront nécessaires à
„ la décision de leur cause, sans se servir de termes injurieux & con-
„ traires à l'honneur & à la dignité des Juges, à peine de punition
„ exemplaire. „

Le Parlement de Dijon par Arrêt du 26 Juillet 1702, défendit aussi à toutes sortes de personnes de prendre à partie les Juges, ni de les faire intimer en leurs noms sur l'appel des Jugements par eux rendus, sans en avoir auparavant obtenu la permission expressément par Arrêt de la Cour ; à peine de nullité des procédures, & de telle amende qu'il conviendra ; comme aussi aux Avocats, Procureurs, & Praticiens de dresser aucunes cédules de prise à partie ; aux Huissiers & autres Ministres de Justice de les signifier qu'il ne leur ait préalablement apparu de ladire permission sur les peines susdites, & d'interdiction. L'Arrêt enjoint à tous ceux qui croiront devoir prendre des Juges à partie, de se contenter d'expliquer simplement & avec la modération convenable les faits & moyens qu'ils estimeront nécessaires à la décision de leurs causes : sans se servir de termes injurieux & contraires à l'honneur, & dignité des Juges ; à peine de punition exemplaire. Cet Arrêt & les motifs des conclusions de M. le Procureur Général sont dans Raviot, question 265, tome 2, p. 358.

Par Arrêt d'Audience publique criminelle du Parlement de Dijon du 17 Novembre 1695, défenses avoient déjà été faites à tous Juges de passer outre à l'instruction des procès, nonobstant les prises à partie. Il est cependant vrai que l'article XII du titre X, veut qu'il soit passé outre à l'exécution des décrets nonobstant toutes appellations, même comme de Juge incompétent ou récusé *& toutes autres*. Mais cela ne concerne que l'exécution des décrets ; & d'ailleurs cet article XII, & celui-ci ne parlent pas des prises à partie qui n'étant admises à présent que par Arrêt, il est à présumer quand elles sont reçues que les prises à partie ne sont pas frivoles ; c'est pourquoi tout Juge pris à partie doit s'abstenir. Par un autre Arrêt du Parlement de Dijon du 11 Juin 1700, il fut décidé, sur les réquisitions de M. le Procureur Général, qu'en matiere criminelle, on pouvoit passer outre pardevant un autre Juge que celui pris à partie.

4. Les Bailliages ne peuvent permettre de prendre à partie les Juges subalternes ; c'est ce qui avoit été décidé par Arrêt du Parlement de Paris du 5 Septembre 1671, qui défendit au Lieutenant Criminel de Montmorillon de connoître des prises à partie, contre les Juges dont les appellations ressortissent pardevant lui : *idem* ; par Arrêt du 9 Mars 1714. Mais cela est encore défendu plus expressément par les Réglemens qui viennent d'être rapportés au nombre précédent, puisqu'ils défendent de prendre à partie tous Juges sans permission de la Cour ; ce qui exclut les Officiers des Bailliages d'en connoître.

5. L'opposition à un Arrêt qui commet un Juge pour instruire un procès criminel ne peut l'empêcher d'exécuter sa commission. Argument tiré du présent article de l'Ordonnance, & de l'article III du titre XXVI. Sans cela les oppositions deviendroient de style, & arrêteroient tous les Commissaires. D'ailleurs l'opposition à un Arrêt ne peut être reçue que par un autre Arrêt, ainsi la commission subsiste jusqu'à ce que la Cour qui l'a donnée, l'ait révoquée.

6. Un Juge qui a vu commettre un crime ou un délit, ne doit pas juger sur ce qui est de sa connoissance particuliere. C'est une question proposée par l'Auteur du Traité criminel, imprimé en 1732, in-4°, p. 223. Savoir, si un Juge en voyant le procès, & s'appercevant qu'il n'y a

pas

pas affez de preuve pour condamner l'accufé, peut fe retirer pour ceffer fa fonction de Juge & fe faire entendre pour témoin, fous prétexte qu'il fait par lui-même que l'accufé a commis le crime. Cet Auteur eftime que non, quelque grave que foit le crime. Il dit que dès que le Juge a fait fonction dans l'inftruction, il ne peut plus être témoin, & que d'ailleurs on n'écoute pas un témoin qui fe préfente fans affignation ni révélation à un monitoire. Loifel dans fes inftitutes liv. 6, titre III, n. XI, dit. *Bonus Judex nihil ex arbitrio fuo & præpofito domeftica voluntatis, fed juxta leges ac jura pronuntiat. Statuis juris obtemperat, & non indulget propriæ voluntati. Nihil præparatum & meditatum de domo defert. Sicut audit ita judicat. Et ficut fe habet negotii natura decernit. Obfequitur legibus, non adverfatur. Examinat caufæ merita non mutat ;* Cependant la Loi *fi irruptione ; parag. fin. D. fin. regund.* Porte que fi le Juge a vu commettre le crime, il peut fe réferver pour témoin, & non autrement.

Le Juge doit prononcer fuivant les preuves ; fans avoir égard à ce qui eft de fa connoiffance au fujet du procés, *fecundum allegata & probata.* Si l'on objecte que c'eft un péché de juger contre ce que l'on fait, on répondra avec Saint Thomas, *quod homo in his quæ ad propriam perfonam pertinent, debet informare confcientiam fuam fecundum ea quæ in publico judicio fieri poffunt.* Loifel *ibidem.* Il faut donc que le Juge décide fuivant les preuves qui exiftent au procés. S'il s'abftenoit, il feroit obligé de dire au Préfident fon moyen de récufation ; s'il étoit lui-même Préfident, il faudroit le dire à celui qui le remplaceroit : en fe retirant il pourroit donner lieu d'en foupçonner la caufe, & il contreviendroit à la regle qui veut que la faveur l'emporte. Ainfi il paroit que le Juge dans le cas propofé doit refter Juge, fans donner à connoître ce qu'il fait, & fans y avoir aucun égard pour condamner l'accufé.

L'embarras feroit plus grand fi le Juge avoit une connoiffance particuliere de l'innocence de l'accufé, qui cependant auroit contre lui des preuves fuffifantes pour le convaincre : il femble fuivant les autorités de Saint Thomas & de Loifel qui viennent d'être citées que le Juge devroit refter Juge. Mais il y a lieu de croire qu'ils n'ont pas entendu parler de ce dernier cas. L'innocence eft fi favorable que rien ne doit être oublié pour la faire paroître. Le Juge en s'abftenant, ne peut faire qu'un grand bien ; tant mieux fi l'on s'apperçoit de fon moyen, & fi en conféquence on le fait affigner pour témoin : il paroit même qu'il feroit obligé de dire fans fcrupule qu'il fait des faits à décharge : afin que la partie civile ou publique le faffe entendre. On doit tour employer pour manifefter la vérité & prévenir l'injuftice ou l'oppreffion : le cas de l'abfolution eft bien différent de celui de la condamnation.

ARTICLE III.

Les procédures faites avec les accusés volontairement & sans protestations, depuis leurs appellations, ne pourront leur être opposées comme fin de non recevoir.

1. Ces mots *depuis leurs appellations*. Supposent que les accusés seroient non recevables à revenir contre les procédures faites avec eux, avant leurs appellations, volontairement & sans protestations, au lieu que celles faites depuis leur appel, ne peuvent leur être facilement opposées ; parce qu'ils ont été forcés de répondre & subir tous les actes de la procédure qui n'a pu être arrêtée par leurs appellations. Ce n'est pas la seule fin de non recevoir qui ait lieu en matiere criminelle. Il en résulte plusieurs autres de différents articles de cette ordonnance ; elles sont expliquées sur l'article III du titre I, n. 1.

2. Ce qui se fait avec un accusé depuis son appellation, ne pouvant lui être objecté comme fin de non recevoir, il doit en avertir le Juge dans ses réponses ou autres actes, en disant qu'il persiste à son appel ; le Juge pourroit l'ignorer, sur-tout si c'étoit pour raison d'incompétence ; parce que le Juge la feroit juger par son Siege, ainsi qu'il a été expliqué sur l'article VIII, titre XVIII, n. 4 : ce qu'il ne peut faire s'il n'a pas connoissance de l'appellation signifiée à la partie.

3. Lorsqu'il y a plainte & information respective, le Juge est obligé de déclarer avant de décréter ou en décrétant, laquelle des parties demeurera instigante, & laquelle tiendra lieu d'accusée ; s'il y avoit appel du Jugement contenant cette déclaration, il faudroit surseoir l'instruction suivant l'Auteur du Traité Criminel, p. 236, Bruneau p. 288, & Du Rousseau partie 3, chap. 25, n. 6 ; parce que s'agissant de régler les qualités des parties, il est essentiel que ces qualités soient certaines : ces Auteurs prétendent que la procédure qui seroit continuée, au préjudice d'une pareille appellation seroit nulle, suivant la Jurisprudence des Arrêts du Parlement de Paris. Nous ne sommes pas dans cet usage en Bourgogne, aucun article de l'Ordonnance ne le prescrit ; l'article I de ce titre, & l'article XII du titre X, veulent au contraire qu'aucune appellation ne puisse retarder l'instruction ni le Jugement des procès criminels : toutes les procédures criminelles où il y a plaintes respectives peuvent être arrêtées dès le principe par de pareilles appellations : les plus coupables font ordinairement informer les premiers, parce que les blessés, occupés de leurs blessures, ne peuvent aussi promptement donner leurs plaintes ; ces sortes d'appellations deviendroient de style : depuis trente-huit ans que j'exerce mon Office de Lieutenant Criminel, je me suis trouvé une infinité de fois dans le cas des appellations

de mes décrets qui déclaroient l'une des parties instigante & l'autre
accusée : j'ai toujours passé outre à l'instruction & même aux Jugemens, sans avoir été blamé par le Parlement de Dijon. Voyez les
observations sur l'article I du titre X , n. 1 , & sur l'article I du
titre 26 , n. 8.

ARTICLE IV.

*Ceux contre lesquels la Contumace aura été instruite & jugée,
ne seront reçus à présenter requéte, soit en premiere instance,
soit en cause d'appel , qu'ils ne se soient mis en état. Ils
pourront néanmoins proposer leurs exoines.*

1. Cet article ne parle que d'une contumace instruite & jugée ; c'est-
à-dire d'une contumace après l'instruction de laquelle on a ordonné suivant l'article XIII du titre XVII, qu'elle étoit valablement instruite ,
& que le récollement vaudroit confrontation ; par conséquent jusqu'à l'expiration des délais de la contumace, l'accusé doit être reçu à présenter
toutes requétes qu'il juge à propos. On présume qu'il se mettra en état
avant que la contumace soit jugée. Le projet de cet article commençoit
par ces mots *les défaillans*. Mais Messieurs les Commissaires remontre-
rent que ces termes étoient équivoques , parce qu'ils pouvoient s'entendre
de celui dont la contumace n'étoit que commencée à instruire ; ce qui
fit que l'on y changea les termes de défaillans pour y substituer ceux
qui s'y trouvent ; & qui parlent d'une contumace entiérement instruite
& même jugée : d'où l'on doit conclure que jusqu'à ce Jugement , un
accusé , sans se mettre en état , peut présenter toutes sortes de requétes ,
& faire signifier toutes sortes d'actes valablement , sous les offres de se
représenter pour obéir à Justice.

2. Il faut convenir que cet article paroît difficile à concilier avec
l'article XVIII du titre XVII , des contumaces, qui porte , que si le
condamné est arrêté ou se représente après le Jugement *dans les prisons
du Juge qui l'aura condamné* , les défauts seront mis à néant ; ce qui
décide clairement que c'est dans les prisons du premier Juge que le
condamné doit se constituer prisonnier , s'il veut anéantir la contumace ;
cependant cet article IV semble au contraire donner à l'accusé le
choix de se mettre en état , soit dans les prisons du premier Juge ,
soit dans celles du Juge d'appel , puisqu'il lui permet de présenter
requéte même au Juge d'appel en se représentant dans ses prisons ; c'est
une observation de Boutaric sur cet article , où il dit qu'il a souvent
vu , à ce sujet , agiter la question de savoir si l'accusé avoit le choix
de se mettre en état dans les prisons du Juge qui l'avoit condamné , ou

dans celles de la Cour, pour y faire juger l'appel de la sentence de sa condamnation. Il dit que dans le ressort du Parlement de Toulouse on s'en tient au réglement fait par la Grand'Chambre & la Tournelle assemblées en 1709, par lequel il fut convenu de ne pas écouter un accusé qu'il n'ait auparavant purgé la contumace devant les premiers Juges : & c'est aussi l'usage du Parlement de Dijon.

Ce réglement ne parle que de ceux contre lesquels il y a sentence définitive de contumace. Si l'accusé n'étoit pas condamné dans la premiere Justice, mais seulement appellant du décret, ou de quelqu'autre Jugement d'instruction, il pourroit se mettre en état dans les prisons de la Cour pour y faire juger son appellation : & même suivant M. Jousse l'accusé décrété de prise de corps, qui est appellant comme de Juge incompétent n'est pas tenu de le mettre en état, si la Cour ne l'ordonne : parce que l'incompétence est un défaut d'autorité qui tend à anéantir la procédure, & par conséquent à suspendre le décret jusqu'à la décision de l'appellation : par cette raison la Cour pourroit la juger, sans entendre l'accusé, si l'incompétence étoit notoire.

La regle Générale est que tout décrété de prise de corps ne peut être écouté ni présenter des requêtes, qu'il ne se soit mis en état. Les articles VIII du titre II, XII du titre XV, & XVII du titre XVI, le décident formellement : une infinité d'Arrêts ont été rendus conformément à cette maxime. Cependant le présent article y apporte une exception, en faveur de ceux dont la contumace n'a pas été jugée : ainsi qu'il vient d'être observé au nombre 1. Une autre exception est que M. le Procureur Général peut appeller d'une sentence, sans que le condamné soit en état. Si ce Magistrat s'apperçoit d'une incompétence notoire, s'il apprend que dans la procédure il y a des nullités, une récusation bien fondée & de droit, ou autre moyen de cette espece ; il peut d'Office venir au secours d'un accusé opprimé & fugitif qui n'a disparu que parce qu'il s'est vu livré à des Officiers passionnés. Messieurs les Gens du Roi ne sont pas préposés pour la poursuite des crimes seulement, ils doivent leur protection à ceux qui sont dans l'oppression ; s'ils ne mettent pas sur le champ en usage la voie de l'appellation, ils peuvent du moins demander l'apport des procédures pour s'instruire de la vérité des faits qui leur sont suggérés par des mémoires ou autres instructions qui contiennent des commencements de preuve de vexation, & encore pour connoître si les Juges n'ont pas prévariqué dans leur ministere. C'est ce qui fait dire à Du Rousseau de la Combe partie 3, chap. 16, n. 6, qu'en cas de nullité de la procédure par contumace, ou d'incompétence notoire, rien n'empêche que le ministere public ne puisse d'Office appeller d'une sentence rendue par contumace, & que cela n'est pas contraire à la disposition du présent article de l'Ordonnance. Les parents mêmes pourroient sans la représentation de l'accusé contumax, & malgré lui, relever les nullités de la procédure ; l'Ordonnance n'est prohibitive qu'à l'égard des accusés personnellement. Voyez à ce sujet les observations sur l'article VIII du titre XIV, n. 3 ; & sur l'article XIII du titre XVII, n. 3.

ARTICLE V.

Les procès criminels pourront être instruits & jugés, encore qu'il n'y ait point d'information ; si d'ailleurs il y a preuve suffisante par les interrogatoires, & par pieces authentiques ou reconnues par l'accusé & par les autres présomptions & circonstances du procès.

1. Il est difficile que toutes les conditions requises par cet article de l'Ordonnance se trouvent réunies, pour pouvoir juger sans information un procès de quelqu'importance. Il faut cependant qu'elles se rencontrent jointes, à des présomptions & circonstances considérables pour pouvoir être dispensés d'informer des faits qui peuvent avoir quelque relation au chef d'accusation.

2. La confession où l'aveu de l'accusé, est une des conditions requises par cet article pour pouvoir juger un procès sans information. Il s'agit de savoir de quelle espece d'aveu l'Ordonnance a entendu parler. Il faut que ce soit un aveu bien circonstancié & fait librement en Justice. Jul. Clar. prétend qu'un pareil aveu suffiroit seul pour condamner, *Sententiarum, liv. 5 , parag. fin. Question 65. Ubi reus delictum ipsum confessus fuerit , tunc dici potest nullas esse judicis partes , nisi in condemnando. Nam talis confessio contra eum plane probat , potestque ex illa condemnari , & hæc est communis opinio. Si quidem confessio est facta sponte , unica confessio judicialis sufficit ad condemnandum. In tali confessione factâ sponte & sine tormentis , non requiritur ratificatio , seu perseverentia confitentis ; sed statim quod est confessus crimen , debet condemnari.*

Cette doctrine n'est pas conforme à la disposition de cet article de l'Ordonnance qui outre l'aveu de l'accusé demande encore des pieces authentiques, au défaut d'information , ou des autres présomptions & circonstances. Il est cependant vrai qu'il y a eu des Arrêts qui sur la confession seule des accusés les ont condamnés ; mais à des peines moindres que celles que méritoient les crimes, Coquille, chap. 2. *Des confiscations* sur la coutume de Nivernois article I, dit qu'il a vu au Parlement de Paris un coupeur de bourse surpris à l'Audience, auquel on fit sur le champ le procès, & parce qu'il n'y avoit preuve que par sa confession, il ne fut condamné qu'à un bannissement perpétuel : quoique demie heure auparavant un autre coupeur de bourse convaincu par témoins eût été condamné à être pendu. Cet Auteur ajoute que M. le Président Lizet

après l'Arrêt prononcé, dit la raison de la différence fondée sur ce
le dernier accusé n'avoit contre lui que sa confession, selon la décis
de la Loi 1, parag. *Divus, D. de quæstionibus.* Voyez à ce sujet les ob
vations sur l'article I du titre XIX, n. 12 : il faut dans ce cas, que
corps du délit sur-tout, soit bien constant. L'aveu de l'accusé, fait li
ment, est la plus complette de toutes les preuves, sans que l'on pu
opposer la maxime générale, *non auditur perire volens,* parce qu'elle
reçoit son application, que dans le cas où celui qui étoit condamné
mort, ne vouloit pas appeller, quoiqu'il en eût anciennement la facul
quelque respectables que soient les autorités rapportées par M. Jou
à ce sujet, il est difficile de se rendre à son sentiment, si l'on consi
la disposition de cet article qui ne paroît pas se contenter de la confes
de l'accusé, quelqu'authentique qu'elle soit, pour le condamner sans au
preuve ni présomption.

Il faut cependant convenir que malgré les observations que j'ai fai
à ce sujet à M. Jousse ; il a constamment persisté à son opinion : vo
sa réponse. " Je regarde toujours comme maxime certaine, & dont
„ ne doit point se départir, que la confession de l'accusé est suffisa
„ pour le faire condamner ; quand le corps du délit est constant ; je
„ crois pas devoir rien ajouter à ce que j'ai dit à ce sujet, sur l'arti
„ V du titre XXV, de l'Ordonnance criminelle, quoique je pusse y ajou
„ encore une foule d'autorités, nous le pratiquons constamment ; &
„ une difficulté qui nous fut faite à ce sujet, il y a quelques années, po
„ savoir la raison de cet usage, nous envoyâmes des mémoires auxqu
„ il n'a été fait aucune réponse. „

3. L'aveu fait par l'accusé extrajudiciellement en présence de témoin
ou même par écrit pardevant Notaire, ou pardevant un Juge incom
tent, ne pourroit seul, s'il étoit révoqué, suffire pour condamner à
question ; il peut avoir été fait en présence de témoins, par étourder
bravade ou raillerie, sur-tout s'il a été fait avant l'accusation ; il p
être l'effet de la crainte ou de la surprise : il en est de même d'u
transaction faite par le coupable avec la partie civile. Ces sortes de co
fessions ne sont pas seules suffisantes pour la conviction, ni même, com
il vient d'être observé pour la question ; elles ne sont pas assermenté
pardevant Juge compétent : il faut toujours en revenir à cet article
l'Ordonnance, qui exige une confession dans des interrogatoires juridique
& outre cela, d'autres preuves, avec un délit constant.

ARTICLE VI.

Les Sentences des premiers Juges qui ne contiendront que des condamnations pécuniaires, feront exécutées par maniere de provifion ; & nonobftant l'appel, en donnant caution, fi outre les dépens dans les Juftices des Seigneurs, elles n'excedent la fomme de quarante livres envers la partie, & de vingt livres envers le Seigneur : dans les Juftices royales qui ne reffortiffent nuement au Parlement, fi elles n'excedent cinquante livres envers la partie, & vingt-cinq livres envers nous ; & dans les Baillliages & Sénéchauffées où il y a Préfidial, Sieges des Duchés & Pairies, & autres reffortiffants, nuement en nos Cours de Parlement, cent livres envers la partie, & cinquante livres envers nous ; & fe chargeront les Receveurs de nos amendes, des fommes qui nous feront adjugées par forme de confignation, fans frais ni droits ; & feront tenus de les employer en recette, après les deux années de la condamnation, s'ils ne juftifient les avoir reftituées en vertu d'Arrêts de nos Cours.

1. Lors de la lecture de cet article, M. Puffort obferva que l'Ordonnance de 1556, comprenoit dans la limitation des premiers Juges, les dépens avec le principal ; & que cet article pourroit faire de l'équivoque, & donner lieu de douter fi les dépens y feroient compris ; ce qui lui faifoit eftimer qu'il en falloit faire mention nommément : ce Magiftrat connu pour le rédacteur de l'Ordonnance, voulant lever à ce fujet toute équivoque, ajouta au projet de l'Ordonnance, ces mots, *fi outre les dépens*, qui n'y étoient pas ; enforte qu'il n'y a pas lieu de douter que l'intention de l'Ordonnance, a été que les Sentences des premiers Juges, feroient exécutées par provifion, même pour les dépens, lorfqu'elles n'excéderoient pas les fommes fixées en principal pour chaque Jurifdiction ; mais quand les termes de cette nouvelle Ordonnance, ne feroient pas auffi clairs à ce fujet, qu'ils le font : toute équivoque feroit levée par ceux de l'Edit de Novembre 1556, que M. Puffort cita, pour en faire renouveller l'exécution ; il eft important d'en rapporter les termes.

" CHARLES, par la Grace de Dieu, Roi de France & de Navarre, „ à tous préfens & à venir : Salut, comme par Ordonnance faite à „ Lyon, au mois de Juin 1510, ait été ordonné que toutes Sentences

„ & condamnations d'amende des Baillifs, Sénéchaux & autres, nos
„ Juges, reſſortiſſans nuement en nos Cours de Parlement, non excé-
„ dant la ſomme de vingt-cinq livres, ſoit envers Juſtice ou partie,
„ feront exécutées nonobſtant oppoſitions ou appellations quelconques,
„ & ſans préjudice d'icelles; toutefois n'a été ladite Ordonnance, exé-
„ cutée par la connivence des Juges qui ont déféré aux appellations des
„ Sentences données ès cas ſuſdits, à la grande retardation de l'expédi-
„ tion de la Juſtice, perte, & dommage de ceux de nos pauvres ſujets
„ qui ont été offenſés, & contraints de laiſſer la pourſuite deſdites appel-
„ lations, qui leur eût été de plus grands frais & dépens, que les ſommes
„ à eux adjugées; & par ce moyen, ſont les délits impunis, & les
„ parties offenſées ſans récompenſe; pour à quoi obvier & ſoulager nos
„ pauvres ſujets, de l'avis de notre Conſeil, en renouvellant ladite Ordon-
„ nance, & pour la conſidération du temps, ajoutant à icelle, avons
„ ſtatué & ordonné, ſtatuons & ordonnons par Edit irrévocable, que
„ toute Sentence rendue en matiere criminelle par nos Juges reſſortiſſans
„ immédiatement en notre Cour de Parlement, eſquelle n'y aura con-
„ damnation que pécuniaire ſeulement, ſoit envers nous ou la partie
„ civile, non excedant la ſomme de quarante livres tournois, pour une
„ fois payer, ſera exécutée en principal *& dépens*, nonobſtant toutes
„ oppoſitions, ou appellations quelconques, ſans préjudice d'icelles, *&
„ ſans bailler aucune caution que juratoire*, ni que les Sentences deſquelles
„ il y aura appel, puiſſent porter aucune note d'infamie, pendant ledit
„ appel : régiſtré en Parlement, le 23 Décembre 1556. „

M. le premier Préſident, lors de la lecture du préſent article, loin de
faire des remontrances contre l'exécution de cet Edit que M. Puſſort
donnoit pour motif de l'intention du Roi, ſe contenta d'obſerver que les
anciennes Ordonnances n'avoient pas donné un pouvoir auſſi ample aux
Juges; mais que comme les eſpeces avoient augmenté, la proportion
paroiſſoit gardée : ce qui prouve que ce grand Magiſtrat entendoit que
l'Ordonnance vouloit que les dépens fuſſent comme le principal exécutoire
par proviſion, conformément à l'Edit de 1556.

Quoique l'Edit de 1556, ne fît mention que du Parlement de Paris,
il paroît clairement que l'intention de cette Ordonnance de 1670, étoit
qu'il fût exécuté dans tout le Royaume; & que M. Puſſort le propoſoit
ſeulement, pour prouver que ce n'étoit pas un nouveau pouvoir que l'on
attribuoit aux Juges; & même ce principal Commiſſaire du Roi, rédacteur de la Loi, pour lever toutes équivoques, ajouta à l'article de l'Ordonnance, ces mots, *ſi œuvre les dépens*; au moyen de quoi, il lui parut
que toute équivoque ſeroit levée, & que l'on ne pourroit douter que les
dépens auroient le même avantage que les adjudications principales;
aucun de Meſſieurs les Commiſſaires, ne s'y oppoſa, & ne parut en
douter : avec d'autant plus de raiſon, que par pluſieurs autres anciens
Edits, nos Rois avoient encore expliqué leur intention à ce ſujet : en effet,

un

un Edit du 14 Août 1553, concernant la Jurisdiction des Lieutenants Criminels, porte " que la plus grande partie des Sentences criminelles „ qui ne prononçoient que des peines pécuniaires, demeuroient sans „ exécution, que les crimes restoient impunis, & les amendes non payées, „ parce que les parties ne vouloient pas poursuivre aux Parlements des „ adjudications médiocres, à cause des frais qui excédoient souvent au „ quadruple, le profit qu'elles espéroient en tirer; que d'ailleurs, le „ Roi étant averti qu'une autre Ordonnance de 1510, par laquelle il „ avoit été ordonné que les Sentences des Baillifs & Sénéchaux seroient „ exécutées par provision, n'avoit pas été observée; Sa Majesté ordon- „ noit que toutes appellations interlocutoires & définitives, procédantes „ des matieres criminelles, *des Juges des lieux*, & Sieges étant au dedans „ des Présidiaux, se releveroient, & seroient jugées par les Lieutenants „ Criminels, & par appel aux Parlemens, lesquelles Sentences portant „ condamnation d'amende, nullités & réparations pécuniaires, jusqu'à „ vingt-cinq livres seulement, soit au profit du Roi, ou des parties, „ seroient, ainsi qu'il est porté par l'Edit de création des Lieutenans „ Criminels, exécutées par provision, nonobstant l'appel, tant en prin- „ cipal, *que condamnation entiere des dépens*, dommages & intérêts; à „ moins que les amendes ne fussent adjugées avec des peines corpo- „ relles. „

Cet Edit de 1553, fut confirmé par l'article II, de celui de Décembre 1554; & par ceux de Septembre 1555, & Novembre 1556, qui con- cernent tous les Tribunaux du Royaume; ensorte que nos Rois par une infinité d'Ordonnances, ont voulu remédier à un abus infiniment pré- judiciable à leurs sujets; ils en ont détaillé & expliqué en vain les motifs; & les inconvéniens qui naissent de leur inexécution. Le Prince a encore voulu par le présent article de l'Ordonnance, y remédier; & y a fait ajouter, comme il vient d'être dit, des termes qui manifestent clairement son intention, de comprendre les dépens avec le principal, pour les rendre aussi exécutoires par provision : malgré cela, aucunes de ces Ordonnances ne sont exécutées : un honnête homme est insulté par un mauvais sujet peu solvable; il voudra bien risquer quelques frais, pour obtenir Justice, & punir l'insolent, en le faisant constituer prisonnier pour le paiement de ses dépens, qui sont les premiers dommages & intérêts; mais une appellation l'arrête, alors il aime mieux tout aban- donner, que de le poursuivre dans un Bailliage, & ensuite au Parlement; il lui en coûteroit cinq ou six cents livres dans trois Tribunaux, & cela en pure perte, le plus souvent; il faut donc que les gens de bien soient exposés à l'insolence des mauvais sujets qui en tirent avantage; l'impunité les rend plus hardis, la police & la tranquillité publique en souffrent, la société, à chaque instant, est troublée par ces sortes de gens qui sont persuadés que l'on ne voudra pas risquer de grands frais pour les faire punir : ce n'est pas que les Rois n'aient pris toutes sortes de précautions,

Tome III. Q

pour remédier à ces inconvéniens ; ils s'en sont souvent expliqués assez clairement.

2. La contrainte par corps, a lieu en matiere criminelle, contre toutes sortes de personnes, même contre les femmes, suivant la Jurisprudence des Arrêts ; il y en a peu de contraires, & ils ont toujours été rendus sur des motifs particuliers contre des personnes solvables, & de facile discussion. On dit, il est vrai, lorsqu'il s'agit d'une femme dont le mari est vivant, que la contrainte par corps fait injure à la pudeur du sexe, & que la réputation d'une femme en est flétrie : on cite les Loix Romaines, pour prouver le privilege des femmes, à cet égard ; on n'oublie pas de dire que le mari étant le maitre de sa femme par l'union étroite du Sacrement de mariage, qui ne fait d'eux qu'un même corps, on ne peut, sans blesser les Loix, les séparer ; & que par ces raisons, on a douté long-temps si l'article XLVIII de Moulins, qui a introduit la contrainte par corps, avoit lieu contre les femmes, qu'elles en avoient même été exceptées par plusieurs Arrêts, lorsqu'elles étoient sous puissance maritale ; que c'est la doctrine de Mornac & de Dumoulin, & que suivant l'Ordonnance de 1667, les femmes ne peuvent être emprisonnées, si elles ne sont Marchandes publiques, ou pour stellionat ; mais on répond que les Loix Romaines ne sont pas applicables à l'espece ; que l'Ordonnance de 1667, ne concerne à cet égard que le Civil ; & que par un usage uniforme, confirmé par les Arrêts, les femmes, quoiqu'en puissance de leurs maris, sont sujettes à la contrainte par corps, pour les amendes & réparations civiles, même pour les dépens, *quia cùm impensa debeantur propter litem, debentur propter crimen* : ces contraintes sont nécessaires, sur-tout contre les femmes mariées, qui ne possédant rien pendant la communauté, pourroient insulter impunément toutes sortes de personnes, si elles ne pouvoient être contraintes par corps.

M. Favre, dans son Code, liv. 5, titre VII, définition 4, fait une distinction à cet égard, des femmes de vile condition, & de celles qui sont plus distinguées. *Mulier quæ sit vilis persona potest detrudi in carceres, non solùm pro civili debito, sed pro sumptibus ex causâ delicti descendentibus ; nec prohibendi jus habet maritus, cui ipsa in dotem omnia bona sua dederit ; cum in ejus potestate sit uxorem habere, adeoque ex ipsâ dote solvere, quam hoc casu, ut & aliis plerisque, etiam constante matrimonio minui posse constat.*

Si le mari veut avoir sa femme, & empêcher son emprisonnement, qu'il paie pour elle ; les biens de la communauté sont entre ses mains ; il pourra retenir sur les biens de sa femme, ce qu'il en aura coûté pour son délit : en un mot, il est constant, & on n'a jamais douté au Palais, que les femmes, même du vivant de leurs maris, ne soient sujettes à la contrainte par corps, en matiere criminelle, tant pour les amendes, aumônes, & réparations civiles, que pour les dépens. Le Parlement de Dijon, sur-tout, est dans l'usage de la prononcer ainsi ;

à moins qu'il ne s'écarte de la regle par des raisons particulieres, provenant de la qualité de la femme condamnée ; ce qui arrive très rarement ; sans cette contrainte, les femmes du vivant de leurs maris, pourroient par leurs délits, troubler à chaque instant la société, & la tranquillité publique, impunément.

Si cependant il étoit rendu quelques Arrêts ou Jugements, qui ne prononçassent pas cette contrainte par corps contre une femme, celui qui auroit obtenu les adjudications, pourroit en attendant la mort du mari, faire vendre les immeubles de cette femme, en Justice, avec ses droits résultants de son contrat de mariage, après avoir fait taxer les dépens adjugés ; le tout sauf l'usufruit du mari pendant sa vie ; quelquefois pour éviter cette vente, on se contente de se pourvoir pour faire porter intérêts aux adjudications, tant principales, que celles des dépens, sans pouvoir y comprendre les amendes & les aumônes, qui ne peuvent porter intérêts. Nous avons un Arrêt du Parlement de Dijon, rendu en la Grand'Chambre, le 23 Août 1706, qui adjugea en pareil cas, les intérêts d'une somme de deux mille livres de réparations civiles, parce que les réparations ne sont pas regardées comme une peine ; c'est une dette contractée par le délit, suivant le titre des Institutes, *de obligationibus quæ ex delicto nascuntur* : les dépens, il est vrai, sont appellés la peine des téméraires plaideurs : cependant il n'y a pas de doute qu'ils ne puissent aussi porter intérêts du jour de la demande ; cette maxime est conforme à la Jurisprudence des Arrêts. M. le Président Bouhier, chap. 56, n. 133, tome 2, p. 223, après avoir rapporté l'Arrêt de 1706, en cite deux du Parlement de Paris, l'un du 14 Août 1674, & l'autre du 11 Juin 1682, qui se trouvent au Journal du Palais, où cette question est traitée fort au long, tome 2, p. 344 : enfin Lapeyrere, lettre I, n. 44, en rapporte un semblable du Parlement de Bordeaux ; ainsi nul doute que le Juge qui a prononcé les adjudications, ne puisse sur la requête de la partie civile, ou de ses héritiers, ordonner que le principal & dépens taxés, porteront intérêts.

Bretonier, sur Henrys, tome 2, p. 798, édition de 1708, dit qu'il a vû juger plusieurs fois, que l'on ne peut faire emprisonner le mari & la femme, en même temps ; l'humanité veut que l'un reste libre, afin de pouvoir soulager l'autre, & leurs enfants ; mais cela s'entend pour adjudications prononcées contre eux, s'ils étoient l'un & l'autre décrétés de prise de corps, on les emprisonneroit tous les deux ; & s'il n'y avoit point de peine afflictive, prononcée par le Jugement, on ne pourroit en retenir qu'un en prison, pour le paiement des réparations civiles, & dépens.

3. Les Edits qui ont été cités au nombre 1 de cet article, n'exigeoient qu'une caution juratoire, pour l'exécution provisoire des Sentences ; il y en a même qui ne parloient pas de caution ; mais l'Ordonnance de 1670, en exige une dans toutes les regles, c'est-à-dire, une caution bonne

Q 2

& folvable. C'eft une nouvelle raifon pour prouver comme il a été avancé dans le même nombre premier du préfent article, que l'intention de l'Ordonnance a été que les dépens auroient le même privilege que les adjudications principales, qui le plus fouvent font moins confidérables que les dépens. Cette derniere Loi veut que la caution foit donnée comme au civil. Par un Réglement du Parlement de Dijon du 20 Novembre 1733, il a été défendu aux parties de préfenter, & aux Juges de recevoir des Procureurs pour cautions. Brillon, au mot *Caution*, rapporte plufieurs autres Arrêts qui ont fait les mêmes défenfes aux Avocats & aux Procureurs.

4. Les Sentences ne pourroient, fuivant cet article de l'Ordonnance, être exécutées par provifion, fi outre les condamnations pécuniaires, elles prononçoient d'autres peines comme une réparation d'honneur ou autre non pécuniaire : l'appel en fufpendroit l'exécution.

5. Quoique les Juges des Seigneurs foient limités par cet article à une fomme de quarante livres, il n'eft pas douteux que fi l'appel en eft porté au Bailliage, la fomme ne puiffe être augmentée jufqu'à celle de cent livres fixée dans ces Sieges, pour pouvoir en ordonner le paiement provifoire : l'Ordonnance en donne le pouvoir fans aucune diftinction aux Officiers des Bailliages. Ainfi foit en caufe principale, ou d'appel, c'eft la même chofe.

ARTICLE VII.

L'amende payée par provifion en la maniere ci-deffus ne portera aucune note d'infamie, fi elle n'eft confirmée par Arrêt.

1. Cet article prouve que l'amende même envers le Roi eft du nombre des condamnations pécuniaires, qui fuivant l'article précédent peuvent être prononcées par provifion nonobftant l'appel. A plus forte raifon une aumône eft dans le même cas. Le préfent article prouve encore que l'intention de l'Ordonnance a été que les dépens fuffent, comme le principal, exécutoires par provifion. Ils ne rendent pas comme les amendes envers le Roi à l'infamie.

L'amende confirmée par Arrêt eft cenfée encourue depuis le jour de la Sentence ; il en eft de même de toutes les autres condamnations, l'hypotheque eft acquife du jour du Jugement. L'appel ne fait que fufpendre la condamnation fuivant la Loi 6, parag. 1 ; *de his qui notantur infamiâ.* Voyez les obfervations fur les articles XVI, n. 16 ; & XXI du titre XVII, n. 5 ; & fur l'article XI du titre XXVI, n. 5.

2. Quoique l'Ordonnance exige qu'une amende foit confirmée par Arrêt, pour qu'elle puiffe porter note d'infamie. Il paroît qu'il en eft de même

d'une Sentence préſidiale, ou autre en dernier reſſort. Puiſque le Jugement des Tribunaux en dernier reſſort n'eſt pas ſujet à l'appel, d'où il réſulte par une conſéquence néceſſaire qu'elle eſt regardée comme prononcée par Arrêt.

Pluſieurs Auteurs prétendent même que lorſque celui qui eſt condamné à une amende envers le Roi, acquieſce à la Sentence par une tranſaction ou autrement, & la paie ſans réſerve, elle porte note d'infamie; parce qu'un pareil acquieſcement équivaut à un Arrêt. Mais comme les diſpoſitions rigoureuſes des Ordonnances ne doivent pas être étendues, il y a lieu de penſer que dans ce cas notre Ordonnance doit être priſe dans ſon ſens étroit; & par conſéquent que l'acquieſcement ne peut être regardé comme un Arrêt qui auroit pu être favorable. Il auroit même pu arriver que le condamné ſeroit décédé pendant l'appel, ſon décès auroit anéanti l'infamie & le Jugement.

3. Ce n'eſt pas l'amende par elle-même qui infame. C'eſt le crime au ſujet duquel elle eſt prononcée. *Non mulcta ſed cauſa*, dit la Loi: *ictus fuſtium*. D. *de pœnis*; & la Loi 22, *de his qui notantur infamiâ. Ictus fuſtium infamiam non irrogant, ſed cauſa propterquam id pati meruit, ſi ea ſuit quæ infamiam damnato irrogat.* Il y a donc des amendes qui ne notent pas d'infamie, dit Loiſeau, *des Offices*, livre 1, chap. 13, n. 61, que pour une injure verbale proférée par promptitude, un homme fut infame toute ſa vie, ſous prétexte qu'il a été condamné en vingt ou trente ſols d'amende envers le Fiſc; & en conſéquence que s'il a un Office de dix mille livres, il le perde abſolument: cela ſeroit injuſte, dit le même Auteur. Il eſt vrai que cet article de l'Ordonnance ne faiſant aucune diſtinction à l'égard des crimes pour leſquels elles ſont prononcées; il paroît en réſulter que toutes amendes indiſtinctement adjugées par les premiers Juges, & confirmées par Arrêt portent infamie. Mais on ne peut douter qu'il n'y ait pluſieurs exceptions à cette regle outre celles dont parle Loiſeau. Les amendes prononcées au profit du Roi pour ſimples délits dans les bois, pour chaſſe, ou pour pêche, celles qui le ſont par les Juges des Fermes du Roi, celles prononcées contre les Juges & autres Miniſtres de Juſtice pour contravention aux Ordonnances dans les formalités des procédures, & autres de cette eſpece ne ſont certainement pas infamantes.

M. le Préſident Bouhier, tome 2, chap. 56, n. 51, s'en explique ainſi. Pluſieurs ont cru que toutes amendes pour délits emportoient notes d'infamie; mais c'eſt une erreur condamnée par les Loix; car la Loi 7, D. *de publicis judiciis*, décide que la ſeule condamnation qui rend infame eſt celle qui eſt prononcée pour crime public. Et comme la diſtinction des crimes publics & des crimes privés eſt abſolument abolie parmi nous, on ſuit par rapport à l'infamie, la Loi 22, *de his qui notantur infamiâ.* Suivant laquelle l'infamie dérive non de l'accuſation, mais de la cauſe qui l'a procurée: d'où il faut conclure que pour juger ſi une amende est infamante, il faut savoir si elle est infligée pour quelque crime dont la conviction imprime cette tache suivant les Loix. Ce savant Magistrat, M. Bouhier, rapporte ensuite deux Arrêts, l'un du 4 Août 1639, par lequel le Parlement de Dijon débouta le Syndic du Bugey de l'opposition qu'il avoit formée à la réception de Me. Menelet dans l'Office d'Avocat du Roi au Bailliage de Belley, sous prétexte qu'il avoit été condamné en une amende pour avoir rendu une fille enceinte. Le second Arrêt fut rendu dans l'espece suivante. Jean Fontin âgé de seize ans, ayant été battu par Vétu, il porta à ce dernier un coup de canif, dont Vétu mourut sur le champ. Il obtint des lettres de grace qui furent entérinées en notre Bailliage d'Autun. Les héritiers Vétu en ayant interjeté appel, le Parlement de Dijon en confirmant la Sentence d'entérinement condamna Fontin en cinquante livres d'amende. Environ vingt ans après Fontin ayant été élu Echevin, il y eut appel de sa nomination, sous prétexte que la condamnation à l'amende l'avoit rendu infame. Mais l'appellation fut mise à néant sur les conclusions de M. l'Avocat Général Quaré, qui observa qu'il y avoit une si grande disproportion entre la peine ordinaire des homicides, & celle qui avoit été prononcée contre Fontin, qu'il falloit que son crime eût été commis par accident ou par la nécessité d'une légitime défense. M. Jousse m'a observé que l'amende est infamante, quand elle est prononcée après une instruction par récollement & confrontation. Il se fonde apparemment sur ce que l'article IX du titre XV, ordonne le récollement & confrontation. Dans les cas où il échet peine infamante; d'où il resulte que le Juge a par son Réglement à l'extraordinaire décidé que le crime est du nombre des cas graves; mais je ne voudrois pas prendre cette maxime pour une regle toujours certaine.

Quoiqu'il soit certain qu'une amende pour fait de chasse ne porte pas note d'infamie, on trouve cependant au Journal des Audiences, tome 7, p. 6, un Arrêt du 6 Janvier 1718, qui prononce une amende de dix livres avec la clause, *sans note d'infamie*. Mais il y a apparence qu'elle n'a été mise dans l'Arrêt que pour une plus grande précaution; la clause étoit inutile, ou indifférente.

M. Jousse, sur cet article prétend que l'amende envers le Roi ne peut être infligée seule, sans être jointe à quelque autre peine infamante; mais l'expérience prouve le contraire. Plusieurs Arrêts ont condamné à des amendes envers le Roi sans prononcer aucunes autres peines que des adjudications pécuniaires. Il dit aussi que cet article n'entend parler que des amendes prononcées sur une information faite en matiere criminelle, *ex delicto infamante*. Mais on peut soutenir au contraire que l'amende envers le Roi peut être prononcée sans information & procédure extraordinaire pourvu qu'il y ait conviction, prouvée par les conditions énoncées dans l'article V de ce titre, qui porte que les procès criminels pourront être instruits & jugés, quoiqu'il n'y ait point d'information, si d'ailleurs il y a preuve suffisante par les interrogatoires, par pieces authentiques, & autres présomptions. Cet article V, ne fait aucune différence du petit & du grand criminel, d'où il suit que l'on peut condamner non-seulement à une amende, mais encore à une peine corporelle sans procédure extraordinaire; même sans informations. Les autorités citées par M. Jousse, sont antérieures à notre Ordonnance. Voyez cependant ci-devant les observations sur l'article I du titre XV, n. 1; & ci-après le n. 4, à la fin, où est rapporté un Arrêt du 17 Décembre 1727, qui défend de condamner à une amende envers le Roi sans récollement & confrontation.

L'Ordonnance ne fixe aucune somme pour que l'amende envers le Roi confirmée par Arrêt porte infamie; ainsi le plus ou le moins n'y fait rien. Il n'y a aucune regle quant à la somme, il faut toujours en revenir, comme il vient d'être expliqué, à la cause; c'est-à-dire, au crime ou délit, pour lequel l'amende a été prononcée. Si c'est pour crime que les Ordonnances veulent être puni d'une peine afflictive ou infamante, quelque légere que soit l'amende, elle porte infamie; mais si elle est prononcée pour crime, qui de sa nature ne doit pas être puni d'une peine infamante, l'amende ne l'est pas.

Quelquefois le condamné à une amende, ne pouvant la payer, les Cours commuent sa peine en celle du fouet ou autres. Voyez les observations sur l'article XIII de ce titre, n. 22.

Celui qui n'est condamné à une amende que pour les charges résultantes du procès, sans être déclaré convaincu d'aucun crime, n'encourt pas note d'infamie, suivant Bourjon, *Droit commun de la France*, titre II, section 3, n. 12, tome 1. Il cite Bastier, tome 1, livre 6, titre VII, chap. 3; & Loiseau, *des Offices*, livre 1, chap. 13, n. 61: il fait erreur, c'est nombre 53.

Il faut observer que cet article de l'Ordonnance ne parle que des amendes envers le Roi, qui seules peuvent être infamantes. Celles prononcées au profit des Seigneurs ou autres, ne portent pas note d'infamie; & même encore moins les aumônes.

4. Les Cours seules peuvent ajouter dans leurs Arrêts, que l'amende qu'elles prononcent ne portera pas infamie. Il n'appartient qu'au Roi de remettre l'infamie, & à ses Cours supérieures de dispenser de celles qui est méritée, sans être obligées d'en exprimer la cause. Mais il faut que cette dispense soit accordée par le même Arrêt qui prononce l'amende. Voyez Du Rousseau dans sa Jurisprudence, au mot *infamie*. Loiseau, *des Offices*, livre 1, chap. 13, n. 62, dit, que les Cours jalouses de leur autorité trouvent mauvais que les Juges inférieurs ajoutent aux condamnations d'amende, *sans note d'infamie*. Parce que si la condamnation ne procede pas de conviction infamante, la clause est superflue & elle nuit plus qu'elle ne sert; si au contraire elle procede d'une conviction de crime infamant, ce n'est pas aux Juges inférieurs à remettre l'infamie

déjà encourue, suivant la Loi 63. D. *de furtis* : mais il paroît que les Juges en dernier ressort le peuvent comme les Cours.

Par Arrêt du Parlement de Paris du 17 Décembre 1727, il a été défendu de condamner en une amende envers le Roi, lorsqu'il n'y a pas eu récollement & confrontation. Voyez Denifard, au mot *amende*, p. 53.

5. L'amende, qui suivant la distinction expliquée au n. 3, de cet article, emporte note d'infamie, prive le condamné de son office, & il n'en peut même posséder dans la suite un autre, sans lettres de réhabilitation du Prince ; d'où il résulte que l'infamie est encourue par celui qui est condamné par Arrêt à se défaire de sa charge. C'est encore le sentiment de Loiseau, au même chapitre, n. 63. Ces sortes de condamnations ne sont ordinairement prononcées que pour crimes graves, emportant de droit infamie. Cette privation tient lieu d'une autre peine qui emporteroit la même note.

6. Les Juges d'Eglise n'ont pas droit de condamner les ecclésiastiques ni les séculiers à l'amende. Fevret, dans son Traité de l'abus, livre 8, chap. 4, n. 5, rapporte plusieurs Arrêts qui l'ont défendu, & entr'autres celui du Parlement de Paris vérificatif de l'Edit de 1549, qui défend à tous Juges d'Eglise de condamner à aucune amende pécuniaire les clercs ou les laïcs, à l'occasion des cas, qui sont de leur compétence. Le même Auteur ajoute que c'est aujourd'hui une Jurisprudence constante à l'égard des laïcs, suivant un autre Arrêt de 1542. Du Rousseau, partie 2, chap. 6, section 5, cite un autre Arrêt de la même Cour du 20 Septembre 1607, qui ordonne aux Officiaux & à tous autres Juges ecclésiastiques d'appliquer les peines pécuniaires qu'ils prononceront, à des œuvres pies exprimées dans leurs Sentences. Il en rapporte un autre du Parlement de Metz du 28 Juin 1691, qui a jugé qu'il y avoit abus dans une Sentence d'un Juge ecclésiastique, qui avoit prononcé contre un Curé une condamnation de dix livres d'amende envers le Roi. Bruneau, titre I, max. 39, dit aussi que l'Eglise n'ayant point de Fisc, les Juges ecclésiastiques ne peuvent condamner qu'en des aumônes ; ainsi qu'il a été jugé par plusieurs Arrêts rapportés par Tourner, & Chenu. Voyez Brillon, au mot *Official*, n. 16 & 39, tome 4, p. 808.

7. La cession de biens ne libere pas de l'amende, ni même des dommages & intérêts adjugés en matiere criminelle. C'est selon Fevret, livre 8, chap. 4, n. 15 ; un secours pour ceux qui sont ruinés par accident imprévus ; ainsi elle n'est pas reçue pour amendes & autres adjudications prononcées pour délits. La Rochefflavin, livre 1, titre XXIV, au mot *Cession*, rapporte deux Arrêts du 1 Décembre 1575, & 12 Janvier 1542, qui l'ont ainsi décidé à l'égard des dépens. Graverol, sur ces Arrêts prétend que la cession de biens a lieu pour les dépens ; parce qu'ils ne sont adjugés que pour rembourser la partie civile des frais faits pour la poursuite des crimes : ensorte qu'ils sont censés civils : d'où cet Auteur conclut que contre l'usage de quelques Cours Souveraines, la

cession

ceſſion a lieu au Parlement de Touloufe, tant pour les dépens de la contumace que pour les autres dépens. Ce qu'il dit être conforme à l'uſage du Parlement de Paris ; & effectivement M. Leprêtre, centurie 1, chap. 99, rapporte un Arrêt du Parlement de Paris du 26 Février 1605, qui jugea qu'un criminel ayant payé les amendes, étoit recevable à faire ceſſion de biens pour les dépens, excepté pour les aliments qui lui avoient été fournis. M. Leprêtre, après avoir cité un autre Arrêt du 11 Décembre 1606, qui jugea la même choſe, ajoute dans ſes arrêtés de la cinquieme Chambre que celui de 1606, fut rendu après que Meſſieurs eurent conſulté la Tournelle.

Bardet, tome 1, livre 1, chap. 25, rapporte auſſi un Arrêt du Parlement de Paris du 12 Août 1618, qui a pareillement jugé qu'un accuſé étoit recevable à faire ceſſion de biens pour dépens en matiere criminelle. M. Talon, qui lors de cet Arrêt étoit l'Avocat de l'accuſé dit qu'il convenoit que ſa partie ne pouvoit être reçue à faire ceſſion pour les réparations civiles, qu'elle les avoit même payées : mais qu'à l'égard des dépens la ceſſion devoit être admiſe, & il l'obtint.

Du Rouſſeau de la Combe, dans ſa Juriſprudence civile, au mot *Ceſſion*, n. 2, p. 91, dit auſſi que la ceſſion de biens n'a pas lieu pour dommages & intérêts ; mais qu'il en eſt autrement pour les dépens adjugés ſéparément des dommages & intérêts, ſuivant l'Arrêt du Parlement de Paris du 14 Janvier 1661, rapporté au Journal des Audiences. Il eſt vrai qu'il dit que cet Arrêt de 1661, eſt contraire à un autre Arrêt du Parlement de Rouen, du 2 Mai 1609, rapporté par Baſnage, ſur la Coutume de Normandie, article XX. Voyez M. Louet, lettre C, ſom. 56, n. 21.

Catellan nous apprend que le Parlement de Touloufe ſuit, à cet égard, la Juriſprudence du Parlement Paris ; car il dit que par Arrêt de cette Cour du 30 Mars 1699, il a été jugé que la ceſſion de biens n'avoit lieu que pour les amendes pécuniaires. Il réſulte de ces autorités que les Parlements de Paris & de Touloufe n'admettent pas la ceſſion de biens pour les amendes & autres réparations civiles ; mais qu'elle eſt reçue pour les dépens : à moins qu'ils ne ſoient prononcés pour tenir lieu de dommages & intérêts ; on en excepte auſſi dans ces Cours les avances faites pour les aliments & nourriture des priſonniers, ſoit en cauſe principale ou d'appel. Voyez le n. 13, ci-après, au ſujet des aliments.

L'uſage du Parlement de Dijon eſt contraire à celui des Parlements de Paris & de Touloufe. Raviot, queſtion 3, tome 1, p. 319, rapporte pluſieurs Coutumes qui paroiſſent conformes à l'uſage du Parlement de Paris, mais elles ne ſont Loi que pour leurs pays. La Juriſprudence de Bourgogne eſt fixée par un Arrêt général du 4 Janvier 1580, rendu les Chambres Aſſemblées ; cet Arrêt en forme de Réglement décida que la ceſſion de biens auroit lieu, même pour les intérêts civils, & il a été depuis exécuté dans cette Province ; en effet par autre Arrêt du 22 Décembre

1605 rendu à l'Audience de miséricorde, la cession de biens fut reçue dans le cas d'une adjudication d'intérêts civils en instance criminelle. Pareil Arrêt à la Tournelle le 17 Novembre 1609 : *idem* par autres Arrêts des 16 Juillet 1629 ; 10 Juillet 1635 ; 30 Juillet 1647 ; 17 Juillet 1666.

On ne peut dire, continue Raviot, que les intérêts civils soient un accessoire de la peine publique, ces deux condamnations ont deux objets séparés ; l'une intéresse le public & la réparation du crime, l'autre le dédommagement de la partie civile ; ce sont deux demandes principales indépendantes l'une de l'autre ; il y a de la contradiction à soutenir d'un coté que les intérêts civils comme accessoires de la peine ne sont pas dans le cas de la cession, & de l'autre que la cession doit être admise pour les dépens qui, sans contredit, sont plus accessoires dans une instance criminelle que les intérêts civils : par conséquent si l'on accorde la cession pour les dépens, on doit bien moins la refuser pour les intérêts civils. C'est par cette raison, dit encore Raviot, que le Parlement de Grenoble, qui a voulu de la liaison & de la conséquence dans les principes, a rejeté la cession également pour les dépens comme pour les intérêts civils. La partie publique conclut à la peine publique, & la partie civile à ses dommages & intérêts qui deviennent une dette particuliere, tant pour le principal que pour les dépens qui dérivent également du délit ; ils sont les premiers dommages & intérêts ; par conséquent si la cession est reçue pour l'un, elle doit l'être pour l'autre. C'est ce qui fait qu'elle est reçue en Bourgogne pour les deux, aussi bien qu'en Dauphiné & en Normandie. Plusieurs coutumes citées au nombre suivant l'admettent comme nous, dans l'un & l'autre des cas.

Si par l'Arrêt qui condamne en des dommages & intérêts, il étoit dit que le condamné tiendra prison, il semble que la cession ne devroit pas être admise ; parce que la prison dans ce cas fait partie de la peine & de la satisfaction. Cependant par Arrêt d'Audience de miséricorde du 31 Mars 1708, Jean Lepage condamné par Arrêt du Parlement de Dijon du mois de Juillet précédent en cinq cents livres de dommages & intérêts, au profit de François Raudet en matiere criminelle, au paiement de laquelle somme, il étoit dit qu'il tiendroit prison, fut admis à la cession de biens, après avoir représenté la quittance de l'amende à laquelle il avoit été condamné. Mais depuis par Arrêt de la même Cour du mois d'Août 1718, le contraire fut jugé entre le Prieur de Saint Sauveur & Olivier le Jeune son justiciable qui lui avoit fait une injure atroce. Le Jeune fut constitué prisonnier pour dettes civiles. Le Prieur qui prévit que cet homme feroit cession de biens, demanda par l'un des chefs de sa requête qu'il fût ordonné que l'accusé tiendroit prison tant pour dommages & intérêts, que dépens, sans pouvoir être admis au bénéfice de cession ; Ce qui lui fut accordé par l'Arrêt de 1718, quelque temps après, le Jeune appella ses créanciers pour consentir à sa cession de biens; le Prieur s'y opposa, & par Arrêt du 22 Mars 1719, elle fut admise contre les créanciers, autres que le Prieur de Saint Sauveur. Voyez Raviot *ibidem*.

On ne doit pas élargir un cessionnaire le jour du Jugement rendu en sa faveur, il faut attendre au moins vingt-quatre heures pour donner le temps aux créanciers d'interjeter appel s'ils le jugent à propos. Par Arrêt du Parlement de Dijon du 27 Février 1711, un Officier du Bailliage de Semur en Auxois fut déclaré bien pris à partie, & interdit pour deux mois pour avoir élargi le nommé Monnot qu'il venoit d'admettre à la cession de biens; il y avoit eu appel entre la prononciation du Jugement & la prestation de serment de Monnot que l'on envoya sur le champ tirer des prisons pour affirmer que sa cession n'étoit pas frauduleuse. Ainsi c'est un grand abus de les élargir sur le champ; comme je l'ai vu pratiquer plusieurs fois dans notre Siege; aussi-tôt après le Jugement d'Audience par lequel la cession est admise; au lieu de les renvoyer en prison, on les renvoie en leur donnant la liberté; ensorte que les créanciers n'ont pas le temps d'interjeter appel; ce qui les met en droit de prendre à partie le Juge, qui a dans cette occasion fait exécuter son Jugement par provision: on suit à cet égard les mêmes regles que dans les cas des sentences dont les Procureurs du Roi, peuvent appeller pendant vingt-quatre heures, sans que pendant ce temps on puisse élargir les accusés; ainsi qu'il a été expliqué sur l'article XXIX du titre XIII, n. 2, à la fin. Voyez le nombre suivant *hic*.

8. Les lettres de répit sont plus favorables que la cession de biens, malgré cela plusieurs coutumes portent qu'elles ne doivent pas avoir lieu pour adjudications civiles prononcées en matiere criminelle. On peut voir à ce sujet celles de Melun article CCCXXI, de Reims article CCCXCII, Auxerre article CL, Ponthieu titre XI, des répits, article CLII; l'Ille chap. 20, article CCXXI. Auvergne chap. 19, article I, Lamarche titre II article LXVI, & la Salle chap. 37, article I.

On peut joindre à ces autorités la disposition de l'article X de la déclaration du Roi, du 23 Décembre 1699, qui met les réparations civiles, prononcées en matiere criminelle, au nombre des cas pour lesquels on ne peut accorder des lettres de répit; cette Loi semble blâmer l'usage des Cours qui admettent pour les réparations civiles la cession de biens qui est encore moins favorable, puisqu'elle ne laisse aux créanciers aucune espérance; au lieu que les répits ne font que retarder le paiement des dettes. Celui qui les a obtenues ne fait pas banqueroute totale comme le cessionnaire.

9. La cession de biens emporte de plein droit la séparation de biens, mais la puissance maritale subsiste. Ce qui empêche la femme de vendre, obliger ou hipothéquer ses immeubles; son mari a intérêt qu'elle ne les aliene pas, à cause des aliments qu'elle lui doit. Voyez Du Rousseau

R 2

dans sa Jurisprudence civile au mot *séparation* , p. 203 ; quand on dit que la femme doit au mari des aliments , c'est quand il est devenu pauvre par des accidents *fortunæ* , *vitio non suo* , dit De Renusson , Traité de la Communauté partie 1 , chap. 9 , n. 66 ; il est cependant vrai que la Justice adjugeroit des aliments à un mari qui se seroit ruiné par sa faute ; mais il n'obtiendroit que le grand nécessaire.

Les femmes sont reçues à la cession de biens. Il y en a plusieurs Arrêts rapportés dans celui du 6 Mars 1659 , qui a reçu une femme , caution de son mari à la cession de biens. *Journal des Audiences* , tome 2 , p. 133 : *idem* , Brillon , au mot *cession* , n. 78 , tome 2 , p. 58 , où il rapporte aussi des Arrêts qui ont admis à la cession de biens des femmes , même du vivant de leurs maris.

10. L'amende au profit du Roi , ne doit être prise sur les biens du condamné qu'après les dommages & intérêts ; ainsi qu'il a été jugé par Arrêt du Parlement de Paris rendu à la Grand'Chambre le 28 Février 1681 ; à l'égard des autres dettes du condamné , suivant une Déclaration du Roi du 21 Mars 1671 , les amendes devoient être payées par préférence à tous créanciers ; ce qui avoit encore été décidé par Arrêt du 11 Août 1684 , & par un Edit de Février 1691 ; mais par la Déclaration du Roi du 13 Juillet 1700 , sa Majesté a déclaré qu'elle n'entendoit avoir hypotheque pour amende prononcée pour crime , que du jour de la condamnation , & après les dettes payées. Voyez les observations sur l'article XXIX du titre XVII , n. 6.

11. Les amendes dont parle cet article VII , de l'Ordonnance sont , comme il a déjà été observé , celles prononcées au profit du Roi , les termes dans lesquels il est conçu le prouvent clairement ; ce sont les seules qui peuvent noter d'infamie ; car les amendes prononcées au profit des Seigneurs ne peuvent être infamantes , elles ne leur sont ordinairement adjugées que pour les dédommager des dépens des procédures qui ne peuvent être prononcés au profit des Procureurs-Fiscaux comme parties publiques , suivant plusieurs Arrêts de réglement. Le Parlement de Dijon en rendit un le 21 Août 1733 , dans le procès de Frillet qui se trouve au Journal des Audiences tome 6 , p. 130 & 134 ; cet Arrêt défendit au Juge du Pont-Dain de condamner les accusés aux dépens dans les cas où il n'y a point de partie que le Procureur d'Office ; à peine d'interdiction , *idem* , par autre Arrêt du Parlement de Paris du 12 Juillet 1702 , rapporté par Bruneau partie 2 , titre XXX , max. 7 , p. 462 , il n'y a , dit Coquille , titre des Justices article XXIII , que les défauts & contumaces qui sont dus par l'accusé ; parce qu'ils ne sont pas faits directement pour la preuve du crime ; ils viennent de la pure malice du contumax. Ce qui est conforme à l'article XIX du titre XVII qui porte , sans aucune distinction , que les frais de contumace seront payés par l'accusé. Coquille y apporte cependant une distinction qui est très juste ; si le Procureur du Seigneur étoit en cause pour l'intérêt domanial , comme

s'il s'agissoit de vol de bois dans la forêt du Seigneur, les dépens seroient adjugés à son Procureur s'il gagnoit ; & au défendeur contre le Procureur s'il succomboit ; parce que dans ce cas le Seigneur est la vraie partie ; il n'est pas question de l'intérêt public, mais seulement de celui du Seigneur qui plaide sous le nom de son Procureur d'Office ; dans les autres cas les frais sont à la charge du Seigneur, *quia fiscus gratis laborat.*

12. En matiere criminelle on prononce ordinairement par corps non-seulement les intérêts civils, mais encore les amendes, les aumônes & les dépens ; c'est l'usage du Parlement de Dijon. Il faut néanmoins que la contrainte par corps soit prononcée, car elle n'est pas sous entendue. M. le Président Bouhier chap. 56, n. 22, rapporte un Arrêt du Parlement de Dijon du 24 Avril 1614 qui en condamnant un particulier au bannissement de neuf ans, ordonna qu'il tiendroit prison pour l'amende de vingt livres.

Il est cependant vrai que Bruneau partie 1, titre XIV, n. XVII, dit que par Arrêt rendu à l'Audience de la Tournelle à Paris le 26 Août 1705, il a été jugé que les femmes & les filles ne sont pas sujettes à la contrainte par corps après les quatre mois pour dépens en matiere criminelle ; quoiqu'ils soient prononcés pour dommages & intérêts. M. Pécouleau plaidoit pour des filles majeures opposantes à l'Arrêt *d'iterato*, contr'elles obtenu, & M^e. Thevart pour un compagnon ménuisier, défendeur à l'opposition. La Cour faisant droit sur l'opposition, déchargea les filles de la contrainte par corps, dépens compensés. Cet Arrêt n'est pas contraire à la maxime qui vient d'être établie ; les dépens n'avoient pas été prononcés par corps par la sentence qui les avoit adjugés contre ces filles quoiqu'en matiere criminelle ; puisque celui qui les avoit obtenus avoit été obligé de recourir à l'Edit des quatre mois : on trouve au Journal des Audiences tome 5, livre 7, chap. 47, p. 557 un Arrêt du 5 Octobre 1691, qui a jugé de même en faveur des femmes à l'occasion de l'Arrêt *d'iterato*. Voyez Brillon au mot *contrainte par corps*, n. 5, où il cite un autre Arrêt pareil du 17 Mai 1691.

Bacquet dans son traité des droits de Justice chap. 17, n. 24, & 25, & Brodeau sur M. Louet, lettre C. chap. 35, sur la fin, disent que les amendes civiles ne sont pas solidaires & que chacun en paie sa portion ; mais ils ajoutent avec raison que les amendes pour crimes & délits le sont contre chacun des condamnés qui peut être poursuivi pour le tout : suivant la Loi *si duobus*, 3. D. *si mensor falsum modum dixerit* ; & la Loi, *in magistratus* 7. D. *des magistratibus conveniendis.* M. le Président Bouhier, chap. 56, n. 23, tome 2, p. 208, rapporte deux Arrêts du Parlement de Dijon du 13 Mai 1611, & 13 Février 1634, qui ont défendu de condamner les accusés solidairement aux amendes, soit au profit du Roi, soit au profit des Seigneurs : à peine d'amender arbitrairement les Juges ; & effectivement les peines ne sont pas folidaires , comme les réparations civiles , prononcées au profit des parties. Il n'y a d'excepté que les communautés qui délinquent en corps & qui peuvent être condamnées folidairement pour le paiement des amendes , ou aumônes : le même Auteur *ibidem* rapporte d'autres Arrêts qui ont défendu aux Juges d'appliquer les amendes aux réparations des auditoires.

13. Les ceffions de biens dont il vient d'être parlé au n. 7, n'emportent pas note d'infamie de droit : mais on ne peut dénier qu'il n'y ait une infamie de fait. Ceux qui y font reçus ne peuvent efter en Jugement fans donner caution , fuivant qu'il a été jugé par Arrêts du Parlement de Paris des 14 Avril & 26 Août 1698 , rapportés dans la Bibliotheque de Bouchel , au mot *ceffion* , & par deux autres plus anciens Arrêts des 20 Septembre 1606 & 26 Juillet 1607 , rapportés dans les Arrêts de Papon liv. 8 , titre I, aux additions n. 1 : il eft vrai que ceux qui ont fait ceffion de biens , peuvent fe faire réhabiliter en prouvant qu'ils ont payé leurs créanciers , & en faifant entériner & afficher leurs lettres. Voyez Boniface tome 1 , livre 1 , titre I, n. 24.

L'article V du titre IX, de l'Ordonnance de 1673 , veut que ceux qui auront obtenu des lettres de répit ne puiffent être Maires , Echevins , Juges, Confuls, adminiftrateurs &c. Il faut à plus forte raifon en dire autant de ceux qui ont fait ceffion de biens , puifqu'ils font par leur ceffion banqueroute générale , au lieu que les impétrants de lettres de répit ne demandent qu'un délai pour payer. On ne peut cependant dire que ni les uns ni les autres foient infames de droit.

Brodeau fur M. Louet lettre C, fom. 56 , n. 23 , rapporte un Arrêt du Parlement de Rouen du 30 Janvier 1609 , par lequel deux particuliers ont été admis à la ceffion de biens contre un Géolier pour leurs gîtes & géolages ; & Bruneau titre XV , p. 120 , cite l'Ordonnance de 1549 , article V , laquelle auffi bien que deux Arrêts rapportés par Papon livre 10 , titre X , ont jugé que la ceffion de biens étoit reçue contre les Géoliers. Bruneau en rapporte cependant qui ont jugé le contraire ; mais ils peuvent fe concilier. La nourriture néceffaire eft favorable ; au lieu que la dépenfe fuperflue ne l'eft pas, la ceffion peut être reçue pour l'un des cas & rejetée pour l'autre ; la nourriture néceffaire eft une dépenfe indifpenfable ; toute autre dépenfe, même les droits de gîtes & géolages ne meritent pas la même faveur.

14. L'amende envers le Roi, dont parle cet article de l'Ordonnance , doit être confignée fuivant l'article XXIX, du titre des peines. Et moyennant ce confeing , on pourroit élargir le condamné , s'il n'y avoit contre lui que des autres peines pécuniaires prononcées par une fentence ; quand même il y en auroit appel de la part de la partie civile ; il n'y a que l'appel de la partie publique qui pourroit empêcher l'élargiffement malgré la confignation de l'amende & autres réparations civiles ; parce qu'il fuppofe qu'il y échet peine afflictive.

15. Il n'est pas régulier de condamner à une peine afflictive ou infamante un accusé qui n'a pas été décrété de prise de corps ; il est même défendu de prononcer de pareilles peines sans avoir instruit une procédure extraordinaire. Brillon au mot *procédure* , n. 172 , rapporte un Arrêt du Parlement de Paris du 6 Août 1722 , qui enjoignit aux Officiers de la Rochelle de se conformer aux Ordonnances & aux Arrêts. Et en conséquence leur défendit de prononcer aucune peine afflictive ou infamante lorsqu'il n'y aura eu ni récollement & confrontation. Il est cependant vrai que l'on peut juger un procès sans cette procédure, même sans information dans les cas portés par l'article V , de ce titre.

ARTICLE VIII.

Défendons à nos Cours de donner aucunes défenses ou surséances d'exécuter les sentences qui n'excéderont les sommes ci-dessus. Déclarons nulles celles qui pourroient être données. Voulons , sans qu'il soit besoin d'en demander mainlevée , que les sentences soient exécutées par provision , & que les parties qui auront demandé les défenses ou surséances , & les Procureurs qui auront signé la requête ou fait quelques autres poursuites , soient condamnés en cent livres d'amende qui ne pourra être remise ni modérée.

Les mêmes défenses sont faites aux Cours par l'article VII du titre XII , pour les provisions alimentaires , & par l'article IV du titre XXVI , qui défend d'empêcher ou d'arrêter l'instruction de la procédure ; mais il faut convenir que l'Ordonnance à cet égard est mal exécutée.

ARTICLE IX.

Aucun procès ne pourra être jugé de relevée, si nos Procureurs, ou ceux des Seigneurs, y ont pris des conclusions à mort, ou s'il y échet une peine de mort naturelle ou civile, de galeres ou de bannissement à temps ; n'entendons néanmoins rien innover à l'usage observé par nos Cours.

1. Il y a d'autres cas que ceux énoncés dans cet article, qui ne peuvent être jugés de relevée, parce qu'ils sont plus rigoureux ; par exemple, le bannissement perpétuel, la question avec réserve, le fouet, & l'amende honorable, qui, par l'article XIII de ce titre, sont mis dans l'Ordre des peines, avant le bannissement à temps ; lequel cependant, suivant le présent article, est un des cas où les procès doivent être jugés du matin.

L'Ordonnance défend de juger après midi les procès du grand Criminel ; parce que le matin, les Juges ont l'esprit plus libre : c'est le temps le plus propre pour rendre la Justice ; chez les Juifs, elle n'étoit administrée que le matin, suivant le Prophete Jérémie, chap. 21, v. 12, *judicate mane judicium* ; cet usage est si ancien, que suivant l'Empereur Charlemagne dans ses Capitulaires, liv. 1, chap. 60, on devoit juger à jeûn : *Rectum est & honestum videtur ut judices jejuni causas audiant & discernant* ; ce qui cependant n'étoit qu'un conseil, *non necessitate, sed ad honestatem.* C'est sur le même principe, que le premier chapitre, *de testibus*, dans les décrétales de Grégoire IX, veut : *ut nullus testimonium dicat nisi jejunus.* Nos Ordonnances ne conseillent ni n'exigent que les Juges soient à jeûn ; elles défendent seulement de juger les procès Criminels de relevée ; cependant, quand les opinions sont ouvertes du matin, on continue & on juge ; parce qu'il faudroit le lendemain matin, opiner de nouveau ; le Jugement doit être rédigé & signé aussi-tôt après les opinions, sans désemparer.

2. Les Lieutenants Criminels ont droit de rapporter tous les procès de leur Jurisdiction ; ce droit est fondé sur l'Edit de Mai 1553, qui porte : " Les Lieutenants Criminels, après que les procès seront faits &
,, parfaits par eux, seront tenus d'appeller les Lieutenants particuliers,
,, & Conseillers, aux Jugemens & décisions desdits procès ; sans toute-
,, fois qu'ils soient tenus de faire la distribution desdits procès ; si ce
,, n'étoit qu'ils vissent que pour le bien & plus grande expédition, faire
,, ce dût. ,, L'Edit du 14 Février 1557, porte aussi : " Ne seront les
,, Lieutenants Criminels tenus, si bon ne leur semble, faire distribution
,, d'aucun procès de l'ordinaire du Siege, ou y étant par ressort, ou
,, autrement en quelque sorte que ce soit. ,,

Il seroit ennuyeux de rapporter tous les anciens Arrêts, rendus conformément

mément à ces Ordonnances : ils se trouvent dans Fileau sur Chenu, *in-folio*, tome 1, partie 2, titre I, chap. 3. Descorbiac, dans son recueil d'Édits, titre III, chap. 33, p. 216, rapporte à la vérité, un Arrêt du Parlement de Toulouse, du 13 Janvier 1624, qui a décidé que le Lieutenant Criminel de Gourdon distribueroit les procès Criminels ; mais cette décision a paru si extraordinaire, que l'Auteur à la suite de l'Arrêt, observe qu'il fut donné en conséquence d'une convention particuliere, faite entre les Officiers du Siege ; & après quoi il en rapporte plusieurs autres de la même Cour, conformes aux Edits qui viennent d'être cités. Voyez à la fin de ce Code, l'article V des prérogatives des Lieutenants Criminels, par le même Descorbiac.

L'Arrêt du Parlement de Paris, servant de Réglement pour la Sénéchaussée de Lyon, du 22 Décembre 1617, porte : " Pourra le Lieute-
" nant Criminel de Lyon, rapporter tous les procès Criminels, soit de
" l'ordinaire ou dévolus par appel, & aura la moitié des épices, l'autre
" moitié sera partagée entre ceux qui auront assisté aux Jugements. *Idem*,
" par Arrêt de Réglement du 23 Novembre 1613, pour le Présidial
" de Bourges. "

Autre Arrêt de Réglement, pour le Présidial d'Auxerre, du 28 Août
1627. " Le Lieutenant Criminel ne sera tenu, si bon lui semble, faire
" distribution d'aucun procès, soit de l'ordinaire, par ressort, ou
" autrement ; tous lesquels procès seront rapportés par le Lieutenant
" Criminel. "

Autre Réglement pour Soissons, du 25 Septembre 1651. " Ne sera
" tenu le Lieutenant Criminel, faire aucune distribution aux Lieutenants
" particuliers, & Conseillers des procès Criminels, soit de l'ordinaire,
" soit dévolus par ressort ; si ce n'est que pour plus grande expédition,
" il juge le devoir faire ; lequel Lieutenant Criminel aura la moitié des
" épices des procès qu'il rapportera. "

Arrêt du Grand Conseil, du 16 Mars 1656, pour Orléans. " Le
" Lieutenant Criminel fera seul le rapport de tous les procès Crimi-
" nels, aura la moitié des épices, & l'autre moitié sera partagée entre
" les Juges qui auront assisté aux Jugements. " *Idem*, par Arrêt du 23
Août 1663, pour le Siege d'Angoulême. Voyez Henrys, édition de
1708, p. 131, & 134.

Réglement du 8 Février 1668, pour le Bailliage de Chinon. " Pré-
" sidera le Lieutenant Criminel, & fera le rapport de tous procès Cri-
" minels, en la Chambre du Conseil, sans que lesdits procès puissent être
" distribués, si ce n'est pour le bien & expédition de la Justice ; ainsi
" que le jugera à propos ledit Lieutenant Criminel, qui aura la moitié
" des épices ; à moins qu'il ne les voulût distribuer. "

Arrêt du Conseil, du 6 Septembre 1678, servant de Réglement entre
les Officiers de la Sénéchaussée du Puy-en-Velay. Article VIII : " Le
" Lieutenant Criminel rapportera seul tous les procès, si ce n'est que

,, pour le bien de la Justice, il ne juge à propos de les distribuer aux
,, Officiers du Siege : les deux tiers des épices lui appartiendront , &
,, l'autre tiers aux autres Officiers, soit qu'il soit Rapporteur, ou non. ,,
Un autre Arrêt du Conseil , rendu pour le même Siege, du 6 Mars
1681 , décide la même chose.

Arrêt de Réglement rendu au Conseil, le 25 Novembre 1681 , pour
le Bailliage de Semur en Auxois. Article XXXII : " Le Lieutenant Cri-
,, minel fera seul le rapport de tous les procès Criminels , si ce n'est
,, que pour le bien de la Justice, & pour la grande quantité , il ne
,, pût les expédier ; auquel cas , il fera la distribution , suivant l'Ordre
,, du Tableau. ,,

Edit servant de Réglement pour le Présidial d'Ypres, de Février 1705.
Article XXXVII. " Toutes les requêtes en plaintes seront adressées au
,, Lieutenant Criminel qui pourra rapporter tous les procès Criminels ,
,, ou les distribuer à l'Assesseur Criminel. ,,

Arrêt du Conseil, du 30 Mars 1719, servant de Réglement pour le
Présidial de Brives. " Maintient Sa Majesté , le Lieutenant Criminel ,
,, dans l'usage & possession où il est audit Siege, de rapporter seul les
,, procès Criminels qui seront jugés en dernier ressort, quand il en aura
,, fait l'instruction : ordonne pareillement qu'il fera seul le rapport des
,, procès Criminels , à l'ordinaire, dont il aura fait l'instruction ; sans
,, qu'il soit tenu d'en faire la distribution , s'il ne le juge à propos ,
,, pour le bien de la Justice. ,,

Il seroit superflu de rapporter à ce sujet , un plus grand nombre de
Réglements , pour prouver que les Edits de 1553 & 1557 , sont exactement observés : voici cependant encore un Réglement rendu au Conseil,
pour le Présidial d'Orléans, le 31 Août 1689. Article XXIII ; " Sans
,, s'arrêter à la demande des Lieutenants Particuliers, Assesseur Criminel ,
,, & Conseillers , à ce que tous les procès Criminels fussent mis en distri-
,, bution ; Sa Majesté a ordonné que l'Arrêt du Parlement de Paris du 5
,, Mai 1646 , & la transaction du 1 Mars 1657, passée en conséquence ,
,, seront exécutés : ce faisant que le Lieutenant Criminel rapportera seul
,, les procès de l'ordinaire , tant en première instance , que par appel. ,,
Voyez encore les Réglements copiés à la fin de ce Code.

Une observation à faire sur ces Réglements , est que les uns donnent
aux Lieutenants Criminels la moitié , les autres les deux tiers des
épices ; parce qu'il n'y avoit dans l'origine que deux ou trois Officiers
dans chaque Siege : dans le nôtre d'Autun , le Lieutenant Criminel rapporte bien tous les procès Criminels , mais il n'a que trois portions dans
les épices ; ces trois portions anciennement , faisoient plus de la moitié ;
elles n'ont fait dans la suite que le tiers ou le quart, suivant le nombre
des charges qui ont été créées , & qui sont remplies ; ceux qui dans ce
principe se sont mis en possession de prendre la moitié , ou les deux
tiers, n'ont pas souffert de l'augmentation du nombre des Offices.

Les épices n'ont été permises dans le principe, que pour récompenser le travail des Rapporteurs; si dans la suite, les autres Juges y ont participé, ce n'a été que par des sociétés volontaires, que les Juges ont contractées ensemble, pour entretenir l'union dans les compagnies. Par l'Ordonnance de Roussillon, article XXXI, & par celle de Moulins, article XIV, il étoit défendu aux Juges de prendre aucun salaire, pour avoir assisté aux Jugements des procès Civils ou Criminels; celui qui présidoit, n'en devoit taxer que pour le Rapporteur. Voyez l'Edit de Janvier 1597, article XXIV, rapporté par Fontanon, liv. 1, tome 1, p. 6; il concerne la Grand'Chambre du Parlement de Paris; le même Edit porte qu'aux Chambres des Enquêtes, la moitié des épices du moins, appartiendra au Rapporteur. Il ne faut donc pas être surpris si les Lieutenants Criminels qui sont Rapporteurs de tous les procès de leur Jurisdiction, ont la moitié ou les deux tiers des épices qu'ils avoient dans l'origine en entier : d'ailleurs, ce sont leurs Jugements, les autres Officiers n'y sont appellés que comme Conseils & assistants.

3. Pour revenir au droit de rapport de tous les procès Criminels, il faut convenir que quelques Arrêts de Réglemens, comme celui de 1689 pour Orléans, y ont apporté une exception pour les procès Criminels du dernier ressort, portés au Présidial : voici ce qui y a donné lieu : l'article CXXX, de l'Ordonnance de Blois, est conçu dans les termes suivants. " Les procès Criminels, faits & instruits aux Parlements, en " première instance, ne pourront être rapportés par celui qui aura fait " les récollements, confrontations, & instruit lesdits procès. " Quoique cette Ordonnance ne concerne que les Parlements, on a cru qu'il y avoit parité de raison, pour la faire exécuter dans les Présidiaux ; c'est ce qui fait que quelques Réglemens ont privé les Lieutenants Criminels du droit de rapporter tous les procès Criminels en dernier ressort ; qui cependant étant distribués par les Présidents, comme les procès Civils du Présidial, les Lieutenants Criminels ont dans les Sieges où il y a de pareils Réglemens, part à la distribution, & un procès par préciput, comme les Lieutenants Généraux l'ont dans la distribution des procès Présidiaux, en matiere civile.

Le Réglement fait au Conseil pour notre Présidial d'Autun, le 16 Mars 1705, article XLI, porte : " que les Présidents distribueront les " procès Criminels en dernier ressort, après qu'ils auront été pleinement " instruits par le Lieutenant Criminel ; lequel aura part aux épices, comme " les Conseillers ; & un procès par préciput, a son choix, à chaque distri-" bution. "

Ce Réglement, en ordonnant la distribution des procès Criminels du Présidial seulement, confirme le droit & la possession du Lieutenant Criminel, de rapporter seul tous les autres procès Criminels de l'ordinaire : pendant la vacance de l'Office de Lieutenant Criminel, ou pendant son absence, l'Assesseur a les mêmes droits utiles & honoraires : j'ai aux

S 2

procès criminels portés au Préfidial, lorfque j'en fais le rapport, trois portions dans les épices, comme dans les procès criminels de l'ordinaire. L'une comme Préfident ; car par les lettres-patentes du 13 Septembre 1572, les Préfidents n'ont que les droits honorifiques & non les droits utiles. La feconde portion m'eft due comme Confeiller, & la troifieme comme Rapporteur dans les cas où je me trouve chargé du rapport : en un mot par les Edits de création des Lieutenants Criminels, ils doivent jouir dans leur Jurifdiction des mêmes droits & prérogatives, dont jouiffent les Lieutenants Civils dans la leur ; ceux-ci n'ont aucun droit que les autres n'aient : chacun eft chef de fa Jurifdiction & y jouit des mêmes droits utiles & honorifiques dont l'autre jouit dans la fienne.

Les lettres-patentes de 1572, portent : " Nous avons déclaré & dé-
„ clarons que par l'établiffement des Offices de Préfidents des Préfidiaux,
„ nous avons entendu & entendons n'avoir préjudicié aux prérogatives,
„ droits, diftributions, & précipus des procès, taxes de dépens, & au-
„ tres émoluments appartenant aux Lieutenants Généraux Civils & Cri-
„ minels, par les anciens Edits & Réglements : mais voulons & nous
„ plaît qu'ils en jouiffent, fuivant iceux, comme ils faifoient auparavant
„ l'établiffement defdits Préfidents. „

Suivant ces lettres-patentes, les Lieutenants Civils & Criminels ont con-
fervé leur droit utile de préfidence dans les Préfidiaux ; quoiqu'ils n'y préfident plus depuis la création des Préfidents. En conféquence, dans notre Siege le Lieutenant Général & le Lieutenant Criminel ont toujours joui de leurs trois portions dans les épices, lorfqu'ils ont été Rapporteurs au Préfidial, comme ils en jouiffent à l'ordinaire du Bailliage ; il n'y a jamais eu aucun trouble ni empêchement à ce fujet.

Sa Majefté a bien voulu de fon propre mouvement rendre au mois de Septembre 1697, un Edit pour fervir de Réglement pour tous les Préfidiaux de Franche-Comté, créés en 1696, auffi-bien que ceux de Bour-
gogne. Cet Edit porte article XLIX ; " Aura le Lieutenant Criminel deux
„ parts aux épices dans les procès, le Rapporteur deux, & le furplus
„ fera partagé entre les Officiers du Siege ; & lorfque le Lieutenant Cri-
„ minel fera Rapporteur, il aura trois portions dans les épices qui feront
„ taxées par le Préfident feul qui préfidera. „

Un autre Edit de Février 1705, fervant de Réglement pour le Préfidial d'Ypres, article XVI, porte : " Le Lieutenant Criminel aura dou-
„ ble part dans les procès criminels, & triple part lorfqu'il fera Rap-
„ porteur. „

Le droit de Préfidence eft fi conftamment confervé aux Lieutenants du Bailliage & de la Chancellerie, de même qu'au Lieutenant Criminel, que quoique récufés, ou abftenus ils en jouiffent & participent aux épices pour deux portions, l'une de la préfidence & l'autre de la qualité de Confeiller ; c'eft ce que j'ai vu inviolablement pratiquer dans notre Siege, foit au Préfidial, foit à l'ordinaire depuis trente-huit ans ; fuivant l'ufage

attesté par nos plus anciens Officiers. Usage d'ailleurs fondé sur les Edits & Réglements, qui veulent que les Officiers récusés ou abstenus jouissent des mêmes droits que s'ils étoient présents.

Une observation très utile aux Lieutenants Civils & Criminels, est que lorsqu'ils ont quelque contestation avec les Présidents, c'est à ceux-ci à prouver que le droit qu'ils prétendent leur a été expressément attribué par des Edits; parce que de droit commun toutes les prérogatives appartiennent aux Lieutenants des Offices, desquels ceux de Présidents ayant été démembrés, ils sont censés avoir tous les droits honorifiques & utiles; à moins que les Présidents ne prouvent le contraire par des attributions particulieres.

Les Officiers malades sont tenus présents & participent aux épices dans une grande partie des Sieges qui ont à cet égard des Réglements particuliers, ou des délibérations & conventions entr'eux. Il y en a une décision formelle dans l'Edit de Décembre 1701, servant de Réglement pour le Parlement de Tournai, dont l'article XVI, porte: " Il n'y aura que
„ ceux qui auront assisté au Jugement des procès & qui y auront opiné,
„ qui puissent participer aux épices: si ce n'est en cas de maladie, au-
„ quel cas les malades seront tenus pour présents, dont nous chargeons
„ leur honneur & conscience. „ Il y a cependant des Réglements contraires. Et entr'autres l'Edit de Février 1705, servant de Réglement pour le Présidial d'Ypres, qui porte, sans aucune distinction, qu'il n'y aura que ceux qui auront assisté & opiné, qui auront part aux épices. Cela dépend des usages; quant aux absents, il seroit très injuste de les tenir présents; à moins qu'ils ne le soient pour les fonctions de leurs charges, comme le décide l'article III de notre Réglement pour Autun, fait au Conseil le 16 Mars 1705: l'article XII, du Réglement du Présidial de Bourg en Bresse du 23 Novembre 1630, décide aussi que les malades seront tenus présents, comme les récusés.

4. Il sera utile à mes confreres d'observer que suivant l'Edit de 1522, portant création des Offices des Lieutenants Criminels, ils doivent jouir des mêmes prérogatives & prééminences que les Lieutenants Civils, & que l'Edit de Mai 1553, porte: " Auront les Lieutenants Criminels le
„ lieu éminent après les Lieutenants Civils, & ès villes où la Police
„ appartient aux Baillifs & Sénéchaux, lesdits Juges Criminels assisteront
„ à ladite Police, & en l'absence desdits Baillifs ou leurs Lieutenants Civils,
„ présideront lesdits Juges Criminels au fait de ladite Police. „

L'Edit du 14 Février 1557, porte: " Quant au fait de la Police l'au-
„ torité & prééminence en demeurera aux Juges Criminels en l'absence
„ des Lieutenants Civils. Toutes fois y assisteront les Lieutenants Parti-
„ culiers avec les Juges Criminels; sans pouvoir, pour raison de ce, pren-
„ dre aucune connoissance de la contravention à ladite Police. „

Ce n'est qu'en qualité d'Officiers de Bailliage que les Lieutenants Civils & Criminels ont des droits dans les Hôtels-de-Ville, Hôpitaux, Bureaux des pauvres & autres Assemblées ; ainsi les Présidents, les Lieutenans de Chancellerie de Bourgogne & autres Officiers ne peuvent y prétendre des fonctions & prééminence au préjudice des Lieutenans Civils & Criminels : il a été rendu, en conséquence des Edits qui viennent d'être rapportés, une infinité de Réglemens conformes. Fileau sur Chenu, dans son Recueil d'Edits, *in-folio*, en rapporte un grand nombre. Voici les principaux, l'un en faveur du Lieutenant Criminel du Mans du 4 Janvier 1581, partie 2, titre I, chap. 13 ; un autre du 5 Mai 1629, pour Provins, chap. 34. Le même Fileau, partie 3, titre XI, chap. 122, en rapporte un autre du 10 Décembre 1611, pour le Lieutenant Criminel d'Angers, portant que le Lieutenant Criminel aura séance aux Assemblées de l'Hôtel-de-Ville immédiatement après le Lieutenant Général.

L'Arrêt du Conseil du 28 Août 1627, pour le Présidial d'Auxerre, porte qu'en toutes Assemblées pour fait de police & institution des Maires & Echevins, le Lieutenant Criminel siégera après le Lieutenant Général & en son absence présidera. *Idem*, par Arrêt du 25 Septembre 1651, pour le Présidial de Soissons : par Arrêt du Conseil du 3 Octobre 1667, pour le Lieutenant Criminel de Laon, & encore par les Arrêts du Conseil des 6 Septembre 1678, & 31 Août 1689, pour les Lieutenants Criminels du Puy-en-Velay & d'Orléans. Autre du 9 Janvier 1740, pour le Lieutenant Criminel de Laflèche. A la fin de la Coutume d'Amiens se trouvent les lettres-patentes de 1557, avec l'Arrêt d'enrégistrement au Parlement de Paris, qui porte qu'en l'absence du Lieutenant Général, le Lieutenant Criminel présidera aux élections des Maires. Il y a encore un Arrêt de Réglement rendu au Grand Conseil le 30 Septembre 1678, pour le Bailliage d'Avalon. Il porte qu'en l'absence du Lieutenant Civil, le Lieutenant Criminel présidera aux Assemblées de ville & affaires de la Communauté. *Idem*, par Arrêt du Parlement de Paris du 21 Août 1579, pour le Lieutenant Criminel de la Sénéchaussée du Maine. Cet Arrêt qui se trouve dans le livre intitulé, *Les Loix Criminelles*, porte, que le Lieutenant Général présidera au fait de la Police & aux Assemblées Générales de ladite ville, & qu'en son absence le Lieutenant Criminel y présidera, & même y pourra assister quand le Lieutenant Général y présidera. On trouve dans le même tome 2, des Loix criminelles, l'Arrêt du 28 Mars 1609, page 112, rendu pour les Officiers du Présidial de Laon. Il porte aussi que les Réglemens de la Police seront faits par le Lieutenant Général, & que le Lieutenant Criminel pourra y assister & présider en l'absence du Lieutenant Général. *Idem*, par autre Arrêt du 24 Avril 1632, pour le Lieutenant Criminel d'Abbeville ; il est dans Néron, édition de 1666, p. 243. Enfin par Arrêt du Conseil du 20 Octobre 1643, rendu pour le Présidial de Vannes, article VII, il a été défendu aux Présidents du Présidial de présider aux Assemblées de ville. Ce qui est conforme à la plus grande partie des Arrêts qui viennent d'être rapportés, lors desquels les Présidents étoient en cause ; sans qu'il ait rien été ordonné à leur égard en leur faveur, pour la préfidence aux Hôtels-de-Ville, parce qu'ils ne l'ont jamais conteftée aux Lieutenants Généraux civils & criminels. Les Edits y font trop formels. On deviendroit ennuyeux fi l'on rapportoit tous les Réglements à ce fujet. Fileau, Néron, & autres Arrêtiftes en rapportent encore un grand nombre ; & fur-tout Defcorbiac, dans fon Recueil de Réglements du Parlement de Touloufe, titre III, p. 175 & fuivantes, n. 3. Il y a encore un Arrêt du Parlement de Paris du 25 Juin 1659, entre les Lieutenants Civil & Criminel de Chaumont en Baffigni, qui ordonne que celui-ci préfidera en l'abfence du Lieutenant Général aux Affemblées des trois Etats du Bailliage, & de l'Hôtel de Ville : *Idem*, pour Sens par la Réglement du 17 Avril 1612.

Notre ufage à Autun eft conforme aux Edits & Réglements : mes prédéceffeurs ont toujours affifté & opiné après le Lieutenant Général & préfidé en fon abfence à l'élection & inftallation des Maires, Echevins & autres Officiers de ville, dans le temps qu'ils étoient électifs ; c'eft à-dire, jufqu'à l'Edit du mois d'Août 1692, portant création des Maires perpétuels dont les Offices ayant été unis aux Etats de la Province, ils y commettent encore actuellement ; ce qui nous empêche d'y exercer nos fonctions. Les Régiftres de notre Hôtel de ville font foi du droit & de la poffeffion du Lieutenant Général Civil & du Lieutenant Général Criminel à ce fujet. J'ai même un extrait en parchemin d'un Arrêt du Parlement de Dijon du 8 Juillet 1651, dans le vu de pieces duquel il eft prouvé, que fur les conteftations qui s'éleverent pour régler la maniere dont les fuffrages des habitants d'Autun feroient pris & comptés, il y avoit eu un premier Arrêt du 19 Juin précédent, par lequel la Cour avoit commis M. Jacquet Confeiller au Parlement pour recevoir la délibération des habitants, après laquelle les habitants préfenterent requête & conclurent à ce qu'il fût dit qu'il feroit inceffamment procédé à l'élection des nouveaux Magiftrats par bulletins pardevant le Lieutenant Criminel, attendu la parenté du Lieutenant Général avec les Magiftrats qui étoient alors en place. Cette récufation ne fut pas jugée valable, parce que ces fortes d'affemblées étant de la Jurifdiction gracieufe, les Officiers ne font que donner acte de la nomination des habitants & du ferment de ceux qui font élus. Mais les conclufions des habitants dans leur requête n'en prouvent pas moins, que l'ufage étoit, qu'en cas de récufation du Lieutenant Général, c'étoit au Lieutenant Criminel à préfider.

Ce n'eft pas à caufe du Lieutenant Particulier que ces obfervations font faites : les Edits & Arrêts ci-deffus font trop précis pour l'exclure du droit de prétendre remplacer le Lieutenant Général à l'Hôtel-de-Ville, au Bureau de l'Hôpital & autres affemblées ; aucun Lieutenant Particulier ne s'eft encore avifé d'élever une conteftation à ce fujet ; mais nous avons en Bourgogne des Lieutenants Généraux d'une Jurifdiction, appellée la Chancellerie qui connoît de l'exécution des actes paffés pardevant les Notaires royaux, ainsi qu'il est expliqué sur l'article XI du titre I, n. 14. Ces Lieutenants de Chancellerie ont, comme Juges Civils de création plus ancienne que les Lieutenants Criminels, la préséance sur eux aux processions; mais ils ne peuvent aussi-bien que les Présidents prétendre présider à l'exclusion des Lieutenants Criminels aux Assemblées des Hôtels-de-Ville, des Bureaux des Hôpitaux & autres où les Officiers se trouvent comme Lieutenants des Baillifs & Sénéchaux, les Lieutenants de la Chancellerie ne s'y peuvent trouver que comme Conseillers. Il suffit de prouver l'exclusion des Présidents pour en conclure qu'à plus forte raison, les Lieutenants de la Chancellerie n'y peuvent aspirer; puisqu'ils ne sont que Conseillers dans les Bailliages de Bourgogne; ainsi qu'il a été prouvé sur l'article XI du titre I, n. 14, qui vient d'être cité.

Les Edits & Réglements qui viennent d'être rapportés suffiroient pour prouver la question. Puisque la plus grande partie des Réglements cités ont été rendus contradictoirement avec des Présidents qui étoient en cause pour faire régler leurs autres fonctions; sans qu'ils aient osé prétendre la prééminence dont il s'agit; mais il ne suffit pas de rapporter à ce sujet des exclusions tacites. L'Arrêt du Conseil servant de Réglement pour notre Présidial d'Autun du 16 Mars 1705, article XL, porte que les Présidents présideront en toutes Assemblées, même de particulier à particulier, excepté au Bureau des pauvres où le Lieutenant Général aura rang & séance avant les Présidents, ainsi que dans les Assemblées de l'Hôtel-de-Ville tant générales que particulieres. Cet article ne parla pas à ce sujet du Lieutenant Criminel qui étoit en cause, parce que la contestation n'étoit qu'entre les Présidents & le Lieutenant Général. Si elle avoit été formée contre le Lieutenant Criminel, il lui auroit été facile de faire voir par les Edits & Arrêts qui viennent d'être cités, & même par l'Edit de 1522, contenant création des Offices de Lieutenants Criminels, qu'il doit avoir les mêmes prérogatives que le Lieutenant Général dans toutes les occasions où les Officiers se trouvent pour exercer les fonctions des Baillifs & Sénéchaux. Les Présidents ayant succombé vis-à-vis le Lieutenant Général, il suit par une conséquence nécessaire qu'ils auroient le même sort vis-à-vis le Lieutenant Criminel qui remplace dans ces sortes d'occasions toujours le Lieutenant Général, suivant les Edits de 1553 & 1557, dont l'exécution a été ordonnée par une infinité de Réglements anciens & nouveaux.

Les Présidents des Présidiaux ne sont pas de vrais Magistrats; c'est une observation de Loiseau, au titre *des Offices*, livre 1, chap. 7, n. 57, où il dit, que le titre de Conseiller du Roi étoit honorable, lorsque les moindres qui le portoient étoient les Baillifs & Sénéchaux. Ce titre valoit autant que celui de Conseiller d'Etat. En 1551, lors de l'érection des Conseillers des Présidiaux, on ne voulut point leur communiquer le titre de Conseillers du Roi; on aima mieux en forger un, & leur donner la qualité de Magistrats, bien qu'en effet ils ne soient pas vrais Magistrats,

comme

comme il a été prouvé au chapitre précédent, où Loiseau fait effectivement voir qu'il faut faire grande différence entre les Officiers des Bailliages & ceux des autres Sièges, sur lesquels ils ont toute préséance de droit commun. Le même Auteur, livre 1, chap. 6, n. 54 & 55, ne compte au nombre des vrais Magistrats que les Cours & les Baillifs & Sénéchaux, ou leurs Lieutenants Civils & Criminels : & il soutient que sur-tout les Officiers des Présidiaux ne sont pas des Magistrats.

Pour en revenir aux décisions particulieres contre les Présidents, on se contentera de citer une partie de celles qui sont intervenues à ce sujet. L'Arrêt du Parlement de Paris du 5 Mai 1629, rendu entre le Lieutenant Criminel & le Président au Présidial de Provins, porte : "La Cour ,, ordonne qu'en toutes Assemblées publiques & générales, pour fait de ,, police, institution des Maires & Echevins, le Lieutenant Criminel y ,, sera appellé, y aura rang & séance après le Lieutenant Général, & ,, en son absence y présidera. ,, En voici un plus nouveau ; c'est celui du 9 Janvier 1740, rendu entre les Présidents & autres Officiers du Présidial de la Fleche. Il porte : " le Lieutenant Criminel aura rang & séance ,, & voix délibérative aux Assemblées generales & publiques de ville pour ,, fait de police, institution des Maires & Echevins, recevra le serment, ,, même présidera auxdites Assemblées, en l'absence du Lieutenant Général. ,,

L'article V, de l'Edit de 1717, qui supprime les charges de Maires perpétuels en titre d'Office, porte qu'il en sera usé au sujet des élections de ville & municipaux, ainsi qu'il se pratiquoit avant 1692, au moyen de quoi les Baillifs & Sénéchaux demeureront rétablis dans tous les droits & prérogatives dont ils jouissoient par le privilège de leurs charges, avant l'établissement de ces Offices supprimés. Cet Edit ne fait aucune mention des Officiers des Présidiaux ni des Lieutenants des Chancelleries de Bourgogne, qui n'ont jamais eu aucun droit aux Hôtels-de-Ville qu'en qualité de Conseillers des Bailliages, & suivant l'ordre de leurs réceptions de Conseillers. Il n'y a que les Lieutenants Civils ou Criminels, & à leur défaut les Lieutenants Particuliers, Assesseurs, & Conseillers des Bailliages, suivant l'ordre de leur réception qui puissent faire les mêmes fonctions, sauf aux Présidents s'ils sont Conseillers au Bailliage, de même qu'aux Lieutenants des Chancelleries de Bourgogne, de les faire suivant leur droit d'ancienneté de Conseillers aux Bailliages.

Lors de notre Règlement rendu au Conseil le 16 Mars 1705, notre Lieutenant Général pour se faire adjuger la présidence à l'Hôpital & à l'Hôtel-de-Ville, donna copie de plusieurs Règlemens rendus en faveur de ses confreres, & entr'autres de celui rendu, pour le Présidial de Vannes, au Conseil, le 20 Octobre 1643 : il porte que le Sénéchal, *c'est-à-dire, le Lieutenant Général* présidera aux Assemblées de la Maison de Ville pour l'élection des Officiers, examen des comptes, imposition des deniers communs, & d'octrois, réglement de la police, & toutes autres, *sans que les Présidents y puissent présider.*

Tome III.   T

L'ufage d'Amiens à cet égard eft fondé fur des lettres-patentes d'Henri IV, lorfqu'en 1597, il réduifit cette ville à fon obéiffance. Ces lettres portent qu'aux élections des Maires & Echevins d'Amiens le Gouverneur d'Amiens préfidera ; Mais le Parlement de Paris en enrégiftrant ces lettres, ordonna que ce feroit le Lieutenant Général qui y préfideroit, & en fon abfence le Lieutenant Criminel, & en l'abfence de celui-ci le Lieutenant particulier ; ces lettres font, comme il a déja été obfervé, imprimées à la fuite de la coutume d'Amiens, elles ne font aucune mention des Préfidents quoiqu'il y eût alors un Préfidial à Amiens, fuivant qu'il paroît par l'Edit d'ampliation des Préfidiaux, du mois de Mars 1551. on pourroit encore rapporter les Arrêts fuivants ; un du 25 Septembre 1528, pour le Préfidial de Poitiers, qui eft dans Fileau, partie 2, titre I, chap. 8 ; un autre du 24 Novembre 1556, pour les Préfidiaux d'Auvergne *ibidem*, chap. 10 ; autre pour Blois du 7 Septembre 1559 ; un autre pour Lyon du 24 Juillet 1561, titre III, chap. 3, partie 1, & un autre pour Chaumont du 15 Juillet 1577, titre V, chap. 14, du même Fileau : cet ufage eft univerfel dans tous les Sieges ; parce que les Préfidents n'ont aucunes fonctions qu'à l'Audience ou à la Chambre du Confeil de leur Siege, & dans les cas de l'Edit feulement. A Langres fuivant un Arrêt du Confeil de 1556, les Officiers du Bailliage viennent en robe & bonnet, prendre en corps celui qui doit préfider, c'eft-à-dire le Lieutenant Général ou le Lieutenant Criminel, ou le Lieutenant particulier : les Préfidents s'y trouvent comme principaux habitants, & font appellés les premiers pour donner leurs fuffrages.

Les Lieutenants Criminels donnant l'exclufion aux Préfidents tant aux Hôtels-de-Ville, que dans les Hôpitaux, il fuit qu'à plus forte raifon, ils excluent les Lieutenants de Chancellerie qui font obligés de le céder dans les autres affemblées aux Préfidents. *Vinco vincentem te, ergo te vinco.* Ces Officiers de Chancellerie ne font auffi que Confeillers dans les Bailliages de cette Province ; ils font renfermés dans la connoiffance particuliere des actions qui réfultent des contrats ; ils n'ont aucune infpection fur les affaires publiques ni fur la police. Jean Guijon l'un de ces quatre freres Bourguignons, fi connus dans la république des lettres par les favans ouvrages qu'ils ont donnés au public, a traité de la Jurifdiction des Chancelleries de Bourgogne. Il ne faut que confulter fa differtation, *de Magiftratibus Auguftodunenfis Fori*, donnée au public par l'illuftre M. Delamarre, Confeiller au Parlement de Dijon. C'eft au chapitre 4 & fuivant, que notre célebre compatriote Jean Guijon s'en explique ainfi. *Burgundicus ifte Cancellarius qui fynallatica & contractuariâ cognitione tam occupatus eft. Diftrictus videtur mihi à veteribus illis in Provincia officiis & cellis, ubi publicas carthas agere dicebantur, ad nos crepfiffe. Hi judices carthularii nullam aut minimam habent Jurifdictionem, cujus totum fundamentum fitum eft in claufula (fe fuaque bona fubmittis*

Jurifdictioni Cancellaria.) Cet Auteur veut prouver que les Officiers de nos Chancelleries n'ont de Jurifdiction que celle que les parties leur donnent par les foumiffions dans les actes qu'elles paffent pardevant les Notaires Royaux. Il foutient dans le chapitre 8, qu'ils n'ont pas même le titre de Magiftrats. *Ne Magiftratus quidem videntur, Jurifdictionem nifi inter confentientes habent.* Il ajoute que Barthole fur la Loi *fi* 1, *D. de judiciis*, remarque que les Juges Carthulaires ne font pas des Juges effectifs ; puifque la Jurifdiction folide & parfaite doit fubfifter par elle-même, & ne pas dépendre d'un confentement étranger. Le même Guijon fait encore plufieurs autres obfervations méprifantes au fujet de cette Jurifdiction de la Chancellerie de Bourgogne ; il auroit pu dire, avec plus de raifon, que c'eft une Jurifdiction anomale de premiere inftance, qui n'a pas droit de reffort fur aucun Juge, & qui par conféquent n'a point d'inférieur. Ce qui fait que le Lieutenant de la Chancellerie ne peut connoître des matieres de Chancellerie portées au Préfidial, lorfqu'elles viennent par appel des Chancelleries unies aux Bailliages étrangers ; ainfi qu'il vient d'être jugé, par Arrêt du Confeil du 14 Janvier 1754, fervant de réglement pour les Officiers de Semur en Auxois, rapporté ci-après, à la fuite du réglement de notre Préfidial d'Autun.

Les Arrêts & autres autorités qui viennent d'être cités, ne l'ont été que pour prouver que les Lieutenants de nos Chancelleries font renfermés dans leur Jurifdiction, fur les matieres concernant l'exécution des contrats, & qu'ils n'ont aucun droit de fe mêler des affaires qui intéreffent le public, comme l'élection des Màires, l'exercice de la police, le Gouvernement des Hôpitaux &c. La Chancellerie & le Préfidial font unis au Bailliage qui eft la principale, la premiere, & la plus ancienne Jurifdiction & qui connoît des matieres les plus importantes ; c'eft d'elle que toutes les autres font démembrées ; par conféquent elles lui doivent céder dans toutes les occafions où leurs Officiers ne juftifient pas d'une attribution expreffe des droits qu'ils prétendent de droit commun. La connoiffance de toutes les matieres appartient aux Bailliages en premiere inftance ou par appel : ils n'en peuvent être privés que lorfque les Officiers qui conteftent leur compétence, juftifient que la connoiffance des affaires leur a été expreffément attribuée par quelques Ordonnances ou Edits. Voyez, au fujet des Chancelleries, les obfervations fur l'article XI du titre I, n. 14.

Ce n'eft pas pour avilir la Jurifdiction de la Chancellerie que l'on a fait les obfervations ci-deffus ; c'eft feulement pour prouver que fes Officiers ne peuvent à l'exclufion des Lieutenants Civils & Criminels prétendre aucune fonction, en ce qui concerne les affaires publiques ; car malgré ce qu'en a pu dire M. Guijon, l'attribution générale faite à la Jurifdiction de la Chancellerie de Bourgogne de l'exécution des actes paffés fous le fel Royal, lui procure la connoiffance de fa plus grande partie des matieres les plus belles, & les plus importantes ; l'autorité en fut dans le principe donnée par nos Ducs de Bourgogne à leurs

Chanceliers ; & même on ne pouvoit appeller de leurs décisions ; la preuve s'en tire de l'article 349, du titre XXXIII, d'un recueil de nos anciennes coutumes qui nous ont été transmises par M. le Président Bouhier. *Se aucun appelle du Chancelier de Monseigneur le Duc, il ne le puet, mais qu'à Monseigneur.* Dans la suite les Chanceliers de nos Ducs ne pouvant pas eux-mêmes, à cause de leurs autres occupations, exercer cette Jurisdiction, nos Ducs établirent un chef sous le titre de Gouverneur de la Chancellerie de Bourgogne. Son Office fut dès lors un des plus éminents du Duché ; il lui fut donné des Lieutenants qui exercent encore, sous le titre de Lieutenants de la Chancellerie, leur Jurisdiction au nom du Gouverneur, & décident à la charge de l'appel au Parlement les contestations qui s'élevent à l'occasion de tous les actes de Notaires, dont ils ordonnent l'exécution par provision à quelques sommes que puissent monter les actions qui en résultent. Voyez le nombre suivant avec l'article XXVII, de l'Edit de Crémieu ; l'article VI, de l'Edit de Juin 1559, & Guénois sur ces Ordonnances.

5. Les mêmes autorités qui décident en faveur des Lieutenants Civils & Criminels la présidence aux Hôtels-de-Ville contre les Présidents & les Lieutenants de la Chancellerie doivent servir de décision pour le même droit aux Bureaux des pauvres dans les Hôpitaux ; ce sont les mêmes principes : la plus grande partie des réglements décident les deux cas en même temps. On y ajoutera cependant que la Déclaration du Roi du 12 Décembre 1698, article I, porte que dans chaque Hôpital il y aura un Bureau de direction composé du premier Officier de Justice, & en son absence de celui qui le représente. Ce qui ne peut & ne doit s'entendre que du Lieutenant Civil & du Lieutenant Criminel : le Bailliage est sans contredit le premier Siege, puisque la Chancellerie & le Présidial lui sont unis. C'est pour cela que dans les qualités en toutes occasions on le place le premier. *Un tel Officier aux Bailliage, Chancellerie & Siege Présidial d'Autun.* Les nouveaux établissements sont unis aux anciens, c'est la regle, il ne faut donc pas douter que le Bailliage ne soit le premier Siege ; par conséquent le chef du Bailliage est le premier Officier de Justice ; ainsi nul doute que, sous le titre de premier Officier de Justice, la déclaration de 1698 n'ait entendu parler du Lieutenant Général ; & lorsqu'elle a dit qu'en son absence celui qui le représente présidera au Bureau des Hôpitaux, il est également certain qu'elle a entendu parler du Lieutenant Criminel. Cette proposition est trop solidement établie par les Edits & Arrêts rapportés au nombre précédent pour que les Présidents, les Lieutenants de la Chancellerie, Lieutenants particuliers ou autres Officiers puissent la contester. Le Roi par ses Edits de 1522, 1552, 1553 & autres, a ordonné que les Lieutenants Criminels auront en tous lieux la place la plus éminente, après les Lieutenants Civils.

Cette interprétation de la Déclaration de 1698, n'est pas forcée.

En voici la preuve. Par Arrêt du Conseil du premier Mars 1701, sa
Majesté en interprétant les articles XXIX & XLVI, de l'Edit d'Avril
1695, a expressément ordonné qu'en l'absence de l'Evêque de Coutances,
le Lieutenant Général présidera aux assemblées du Bureau de l'Hôpital.
Les anciens Arrêts ont décidé de même. Il y en a un du Parlement de
Paris du 9 Mars 1678, rendu au sujet de l'enrégistrement des lettres-
patentes obtenues pour l'établissement d'un Hôpital à Auxerre : on avoit
eu soin de faire insérer dans ces lettres qu'en l'absence de l'Evêque les
Grands-Vicaires présideroient au Bureau de l'Hôpital; mais le Parlement
de Paris ne les enrégistra qu'à la charge que le Lieutenant Général
d'Auxerre y présideroit en l'absence de l'Evêque ; par autre Arrêt
du Parlement de Paris du 27 Février 1729, la Cour en enrégistrant les
lettres-patentes d'établissement d'un Hôpital à Abbeville qui portoient
qu'en l'absence de l'Evêque, le Doyen de la Collégiale présideroit,
ordonna que ce seroit le Lieutenant Général qui auroit la présidence
en l'absence de l'Evêque. Il y a dans les villes de Coutances, Auxerre,
& Abbeville des Présidiaux. Cependant ces Arrêts ne font aucune mention
des Présidens, parce que suivant les anciennes Ordonnances & entr'autres
les Edits de 1544, & 1566, article LXXIII, & l'Ordonnance de Blois
article LXV & LXVI, le Gouvernement des Hôpitaux est confié aux
Baillifs & Sénéchaux, ainsi c'est comme premiers Officiers des Baillifs
& Sénéchaux que les Lieutenants Généraux Civils & Criminels, ont dans
les Hôpitaux, comme dans les Hôtels-de-Ville, la présidence & autres
fonctions d'Officiers de Justice; c'est en conséquence de ces Ordonnances
que l'Arrêt de réglement rendu au Conseil le 16 Mars 1705, article
XL, en décidant la présidence à l'Hôtel-de-Ville en faveur de notre
Lieutenant Général, décide la même chose à l'egard du Bureau de l'Hôpital à l'exclusion des Présidens.

Puisque j'ai commencé à traiter des droits des Lieutenants Criminels,
je rapporterai ici pour l'utilité de mes confreres un Arrêt du Conseil
du 21 Avril 1637, rendu entre M^e. Simon de Montagu, Lieutenant Général
en la Chancellerie d'Autun. M^e. Philibert Calard, Lieutenant Général
Criminel l'un de mes prédécesseurs, & M^e. Etienne Cortelot, Auditeur en
la Chambre des Comptes de Dijon, demeurant à Autun. M^e. Simon de
Montagu Lieutenant de la Chancellerie, par sa requête du premier Août
1636, avoit conclu à ce que conformément à un autre Arrêt du Conseil
du 12 Avril précédent, il fût maintenu en la possession de précéder en
toutes assemblées publiques & particulieres ledit M^e. Cortelot, Auditeur,
sinon qu'il fût ordonné qu'il seroit assigné. Il le fut, le Lieutenant Criminel forma la même demande. Tous les Auditeurs de la Chambre des
Comptes de Bourgogne étant intervenus.

„ Le Roi en son Conseil faisant droit sur l'instance, sans s'arrêter à
„ l'intervention des Auditeurs, a maintenu & maintient ledit de Montagu
„ Lieutenant Général de la Chancellerie, & ledit Calard Lieutenant

„ Général Criminel en la poffeffion de précéder ledit Cortelot, &
„ autres Auditeurs en la Chambre des Comptes de Dijon, en toutes affem-
„ blées tant publiques que particulieres en la ville d'Autun ; fi ce n'eft
„ lorfque ladite chambre fe trouve en corps ; & a condamné ledit Cortelot
„ aux dépens. Fait au Confeil privé du Roi, tenu à Paris le 21 Avril
„ 1637, *Signé* FAYET.

Cet Arrêt fe trouve avec tout le vu de pieces dans le recueil d'Edits
& Arrêts par Efcorbiac, imprimé en 1638, *in-fol.* tome 2, p. 225 ; le
Lieutenant Général de Dijon en avoit obtenu un pareil au Confeil le
12 Avril 1636, quoique fon Siege fût établi dans la même ville que la
Chambre des Comptes : à plus forte raifon les Officiers du Bailliage
auroient le même avantage fur un Auditeur d'une Chambre des Comptes
étrangers, puifqu'il ne feroit pas dans fon reffort.

Après cet Arrêt du Confeil, les Confeillers au Bailliage d'Autun pré-
tendirent auffi la préféance, de particulier à particulier, fur le même
Etienne Cortelot Auditeur en la Chambre des Comptes de Dijon. Il y
eut pareillement à ce fujet procès entr'eux au Confeil. Mais ils tranfi-
gerent en 1639, pardevant Lazare Lavernet, Notaire à Autun ; les
Confeillers étoient Jean Tixier, Philibert le Sage, Nicolas d'Arlay,
François Gandry Claude Jodrillat & Antoine Thiroux ; & il fut convenu
que le Sieur Cortelot Auditeur précéderoit les Confeillers en toutes
affemblées & compagnies particulieres, Office de Paroiffe, Convois,
obfeques, nôces, & par-tout où les Officiers du Bailliage ne marche-
roient pas en corps. Cas auquel ledit Sieur Cortelot Auditeur ne pourroit marcher, ni fe mêler avec le corps.

6. Les monocules font des procès civils d'une feule production. C'eft-
à-dire des procès par écrit où il n'y a qu'une partie qui a produit fes
pieces au Greffe ; les Lieutenants Civils ne font pas obligés de faire la
diftribution de ces monocules aux autres Officiers. L'Arrêt de réglement
rendu au Parlement de Dijon le dernier Mars 1586, pour le Bailliage
de Beaune porte ; " les procès efquels il n'y aura production que de
„ l'une des parties, défauts, déclarations d'iceux, & confentemens qui
„ n'emporteront décifion de caufe, foit en premiere inftance ou par
„ appel, feront diftraits & délaiffés au Lieutenant Civil pour les juger
„ feul, fi bon lui femble ; efquels incidents & procès produits par l'une
„ ou l'autre des parties, ne feront comprifes les inftances de récréance
„ & de provifion en caufe poffeffoire, bénéficiale ou profane ; ni les
„ autres caufes produites à fins de provifion ou fins contraires, en valeur
„ de cinquante livres pour une fois & au-deffus, lefquelles feront fujettes
„ à diftribution. „

Par Arrêt fur requête du dernier Juillet de la même année 1586,
cet Arrêt pour Beaune fut déclaré commun pour le Bailliage d'Autun ;
il contient le détail de plufieurs autres Arrêts femblables pour différents
Bailliages de la province. Mais il faut obferver qu'il n'y a point de

pareils procès de monocules dans les Préfidiaux ; notre Arrêt de Réglement pour le Préfidial d'Autun, en eſt une preuve : l'article IX de ce
Réglement rendu au Conſeil, le 16 Mars 1705, porte : *La diſtribution
de tous les procès Préſidiaux ſe fera chaque mois, & entreront en diſtribution les procès appellés monocules.*

Un autre Arrêt de Réglement pour le Bailliage d'Avalon, du 30
Septembre 1658, porte : " Tous procès où il n'y aura production que
„ de l'une des parties, congés & défauts, non emportant gain de cauſe,
„ *ou qui n'excéderont la ſomme de cinquante livres*, tous incidents prépa
„ ratoires avant la diſtribution des procès, concernant l'inſtruction d'iceux,
„ & n'allant à la déciſion de cauſe, appartiendront au Lieutenant Civil,
„ pour être jugés par lui ſeul ; & à cette fin, les pourra prendre au
„ Greffe, ſans attendre la diſtribution ; eſquels incidents & procès produits
„ par l'une ou l'autre des parties ſeulement , ne ſeront compriſes les
„ inſtances de recréance & proviſions en cauſe poſſeſſoire , bénéficiale ou
„ profane, ni les autres cauſes produites à fins de proviſion , ou fins
„ contraires de ſomme & valeur, *excédant cinquante livres.* „

Par autre Arrêt du Parlement de Dijon, rendu entre les Officiers du
Bailliage de Semur en Auxois , il avoit été ordonné que ſuivant l'Arrêt
du 3 Décembre 1621 , le Lieutenant particulier ſeroit appellé par le
Lieutenant Général, au Jugement de toutes les monocules , & en ſon
abſence le plus ancien Conſeiller ; & où pour l'empêchement du procès,
il conviendroit prendre conſeil ; & qu'il écherroit prendre plus de trente
ſols, que tous les autres Officiers ſeroient appellés à peine de nullité
des Jugements, & de tous dommages & intérêts, contre le Lieutenant
Général, & de l'amende arbitraire : mais il y a eu un nouveau Réglement, rendu entre les mêmes Officiers de Semur au Conſeil, le 27
Novembre 1681. L'article XXIV, porte : " les procès d'une ſeule pro
„ duction, vulgairement appellés monocules , n'entreront point en diſtri
„ bution, mais appartiendront par préciput aux Lieutenants Généraux
„ ſeuls ; à condition néanmoins de les prendre , & de s'en charger lors
„ de la diſtribution, ſans pouvoir les prendre au Greffe, & de les
„ rapporter dans la Chambre du Conſeil, aux jours ordinaires, pour
„ être jugés à la pluralité des voix ; ſans que pour cela, les Conſeillers
„ puiſſent prétendre avoir part aux épices qui appartiendront aux Lieu
„ tenants Généraux ſeuls, lorſqu'elles n'excéderont pas trente ſols , &
„ feront partagées entr'eux & le Lieutenant particulier, lorſqu'elles ſeront
„ au-deſſus de ladite ſomme ; ſavoir, les deux tiers aux Lieutenants
„ Généraux, & l'autre tiers au Lieutenant Particulier.

Les Officiers du Bailliage de Dijon, firent rendre commun pour leur
Siege, ce Réglement, par autre Arrêt du Conſeil, du 29 Septembre 1684,
parce qu'il contient cinquante-trois articles , qui reglent différentes fonctions, & pluſieurs droits des Officiers des Bailliages ; mais ils n'ont pas
eu pour objet, l'article XXIV, qui vient d'être rapporté, concernant les

monocules : parce qu'à cet égard, il a été rendu sur des anciennes conventions qui avoient été faites entre les Officiers de Semur ; ce qui est cause qu'il n'a pas décidé conformément aux précédens Réglemens des monocules rendus pour les autres Sieges ; ensorte qu'à ce sujet, il ne peut avoir lieu que pour le Bailliage de Semur, pour lequel il sert de regle particuliere : c'est ce qui est prouvé par les pieces visées dans cet Arrêt qui se trouve ci-après, à la fin de ce Code.

Nous avons des Réglemens pour notre Bailliage d'Autun, & entr'autres, un du Parlement de Dijon, du dernier Février 1603, rendu contradictoirement entre M^e. Odet de Montagu, Lieutenant Général de la Chancellerie, Jacques Arthaut, Lieutenant Particulier, & les Conseillers aux Bailliage & Chancellerie d'Autun : on voit dans le vu de pieces de cet Arrêt plusieurs autres Réglemens qui y sont énoncés, & sur lesquels il a été formé ; ensorte que c'est pour notre Siege, une regle de laquelle il n'est pas permis de s'écarter ; en voici le dispositif.

Article I. " La Cour a ordonné & ordonne auxdits de Montagu, &
„ Arthaut, d'observer les Réglemens, conformément auxquels se fera la
„ distribution des procès entr'eux, & les Conseillers, les premiers Mardi
„ & Jeudi de chaque mois, en la Chambre du Conseil : enjoint, à cet
„ effet, aux Greffiers, de porter en la Chambre tous procès & incidents
„ produits, ensemble les régistres des productions d'iceux, sans en retenir
„ ni receler aucun, à peine de faux : desquels procès & incidents, ceux
„ esquels n'y aura production que de l'une des parties, défauts, déclara-
„ tion d'iceux, consentemens qui n'emporteront decision de cause, la
„ distribution sera faite & laissée audit de Montagu, pour les juger seul,
„ *si bon lui semble* ; esquels incidents & procès produits par l'une ou l'autre
„ des parties, ne seront comprises les causes produites à fins de provi-
„ sion, ou fins contraires de somme & valeur *de cinquante livres*, &
„ *au-dessus* : lesquels procès seront sujets à distribution, comme aussi
„ toutes instances d'exécution de décret, quand même les Jugemens
„ auroient été donnés par ledit Lieutenant à la tenue des jours, ou
„ autrement.

Article II. " Précédant à laquelle distribution, ledit de Montagu prendra
„ & choisira deux procès tels que bon lui semblera, ledit Arthaut, un
„ autre, & lesdits Conseillers, selon leur réception, chacun un ; & où
„ à aucune desdites distributions, n'y auroit nombre de procès suffisant
„ pour tous lesdits Lieutenans & Conseillers, à la forme ci-dessus : à la
„ suivante distribution, celui ou ceux qui n'en auront eu en la précédente,
„ en choisiront pour être égalés aux autres ; ainsi se continuera ladite
„ distribution ; sinon que pour le bien de la Justice, lesdits Lieutenans
„ & Conseillers trouvassent bon d'anticiper ladite distribution, ou qu'il
„ y eût procès qui requit prompte expédition, auxquels cas, ils pourront
„ les distribuer ; à la charge que lesdits procès tiendront lieu à la pro-
„ chaine & ordinaire distribution à ceux qui les auront eus, & sera pro-
„ cédé

„ cédé au Jugement desdits procès en la Chambre du Conseil, ès jours
„ & heures ordonnées, par ceux qui seront présents, nonobstant l'absence
„ des autres.

Article III. « Et pour le regard de la distribution desdits procès, au
„ cas que ledit de Montagu soit malade, ou en commission dans le
„ ressort de la Cour, pour l'exercice de sa charge, aux jours assignés
„ pour ladite distribution, elle sera différée & remise pour une fois seule-
„ ment à la huitaine, lequel temps passé, y sera procédé, sans plus de
„ remise, par ceux qui seront présents en ladite Chambre du Conseil;
„ & seront distraits les procès attribués au Jugement seul dudit Lieu-
„ tenant, & aussi lui seront laissés deux procès de la distribution, tels
„ que vraisemblablement il choisiroit, s'il étoit présent.

Article IV. « Comme aussi audit Arthaut, & aux Conseillers, en cas
„ qu'ils ne fussent absents hors le ressort, sera délaissé un procès en leur
„ ordre; & où lesdits Lieutenant Particulier, & Conseillers, seroient
„ absents hors le ressort, aux jours destinés auxdites distributions, ne sera
„ aucunement différé, mais procédé à icelles, sans leur laisser aucun
„ procès.

Article V. « Fait inhibitions & défenses auxdits de Montagu &
„ Arthaut, & auxdits Conseillers, de recevoir les procès par les mains
„ des parties, ou par les Greffiers, autrement qu'à la forme susdite; &
„ auxdits Greffiers, de les donner à aucuns desdits Officiers, par autre
„ façon; à peine de restitution des émoluments qu'ils en auront tirés, qui
„ demeureront au profit des autres, au préjudice desquels ils se seront
„ saisis desdits procès, & de tous autres dommages & intérêts.

Article VI. « Et pour le regard des autres prétentions & Réglements
„ demandés par ledit Arthaut, avec ledit de Montagu, & le Lieutenant
„ Général au Bailliage, les parties seront ouies, pour après y être pourvu,
„ comme il appartiendra; tous dépens entre les parties compensés & pour
„ cause. Fait en la Tournelle à Dijon, le dernier Février 1603. *Signé*
„ MOCHOT, & à côté, POUSSET. „

Autre Arrêt de Réglement, pour le Bailliage d'Autun.

Du 16 Décembre 1633.

« Entre les Conseillers des Bailliage & Chancellerie d'Autun, deman-
„ deurs par requête du 19 Février 1631, d'une part. Mᵉ. Simon de
„ Montagu, Lieutenant Général en ladite Chancellerie, Mᵉ. Jean Chifflot,
„ Lieutenant Particulier, & Mᵉ. Jean Dardant, Greffier audit Siege,
„ d'autre.

« Vu ladite requête, contenant que par plusieurs Arrêts donnés sur
„ le Réglement des charges desdits Lieutenants & Conseillers, il avoit
„ été ordonné, &c. (C'est en partie le prononcé de l'Arrêt de 1603,

qui vient d'être rapporté), ,, qu'au préjudice dudit Réglement, lesdits
,, de Montagu & Chifflot, avoient jugé ensemble depuis quatre ou cinq
,, ans, tous les procès monocules auxquels il s'agissoit de cinquante livres,
,, & plus ; qu'ils avoient aussi jugé les incidents qui emportoient décision
,, de cause, lesquels ils auroient pris par les mains des parties & du
,, Greffier, & perçu tous les émoluments qui en étoient provenus, sans
,, en avoir tenu compte auxdits Conseillers, & auroient procédé & fait
,, procéder, quand bon leur auroit semblé hors les jours indiqués par les-
,, dits Arrêts, à la distribution desdits procès ; & comme il y avoit un
,, mois que ledit de Montagu étoit absent de la province, & que ledit
,, Chifflot n'avoit voulu faire aucune distribution, quoiqu'il y eût des
,, procès en nombre suffisant, ayant pris hors les distributions, plusieurs
,, procès par les mains du Greffier, sans qu'ils eussent tenu lieu aux
,, distributions suivantes ; lesdits Conseillers requéroient qu'il plût à la
,, Cour, ordonner que lesdits Lieutenants seroient assignés pardevant
,, Commissaire d'icelle, pour voir dire que suivant lesdits Arrêts, toutes
,, monocules excédant cinquante livres ès procès où les parties auroient
,, produit, seroient distribués les premiers Mardi ou Jeudi de chacun
,, mois ; que quand ledit de Montagu auroit pris en distribution deux
,, procès ou instances de criées, & ledit Chifflot un, lesdits Conseillers
,, en prendroient aussi chacun un, selon leur réception ; & à cet effet,
,, que tous lesdits procès produits, seroient représentés par le Greffier ;
,, & que pour reconnoître la contravention auxdits Arrêts, le Greffier
,, représenteroit pardevant ledit Commissaire, ses régistres de production
,, & de distribution, avec les minutes des Sentences données depuis le
,, dernier desdits Arrêts, pour après prendre telles conclusions qu'il appar-
,, tiendroit. Arrêt donné sur ladite requête, ledit jour 19 Février 1631,
,, par lequel auroit été ordonné que les parties seroient ouies pardevant
,, le Commissaire à ce député : appointement de contestation, du 25
,, Mars 1632. L'Arrêt du dernier Février 1603, contenant Réglement
,, entre lesdits Lieutenants & Conseillers : autre Arrêt du 28 Novembre
,, 1625, par lequel auroit été ordonné que tous procès & incidents
,, esquels il n'y auroit production que de l'une des parties, défauts,
,, déclaration d'iceux qui n'emporteroient décision de cause, étant au
,, dessous de cinquante livres, seroient jugés par le Lieutenant de la
,, Chancellerie seule, & à lui délaissés ; & que les exécutions des Sen-
,, tences décrétales, données par ledit Lieutenant, à l'Audience, lui
,, appartiendroient pareillement, & ne seroient mises en distribution, en
,, cas qu'il n'y eût aucune nullité proposée, distraction requise, ou
,, collocation débattue : autre Arrêt du 1 Avril 1626, donné entre ledit
,, de Montagu, & lesdits Conseillers, contenant que les instances de
,, criées, sujettes à distribution, qui seroient pendantes en ladite Chan-
,, cellerie, se distribueroient conjointement avec les autres procès qui
,, se trouveroient en état d'être jugés ès jours désignés par lesdits Arrêts ;

„ defquels procès, ledit de Montagu en prendroit deux de criées , ou
„ autres , tels que bon lui fembleroit : le Lieutenant Particulier , & les
„ Confeillers, chacun un , felon leur ordre de réception : copie de l'Edit
„ de création des Offices de Confeillers , du mois d'Octobre 1572 :
„ Arrêt donné entre les ci-devant Officiers dudit Siege , le 3 Juillet
„ 1573 : procès verbal de l'exécution d'icelui , du 14 Août fuivant :
„ tranfaction du 7 Octobre , audit an : procès verbal du 7 Novembre
„ 1587 , contenant l'exécution de l'Arrêt donné entre lefdits Officiers , le
„ 30 Juillet précédent : Arrêt donné entre les Officiers du Bailliage de
„ Dijon , le 11 Juillet 1575 : autre Arrêt donné le 8 Février 1576 ,
„ fur la requête des Officiers du Bailliage d'Auxois : Arrêt donné entre
„ les Officiers du Bailliage d'Arnay-le-Duc , le 14 Août 1576 : autre
„ Arrêt du 6 Février 1581 , concernant ceux du Bailliage de la Mon-
„ tagne : Arrêt du 17 Mars 1582 , touchant les Officiers du Bailliage
„ de Beaune : production , tant defdits Confeillers , que dudit de Mon-
„ tagu : Arrêts de forclutions obtenus contre lefdits Chifflot , & Dar-
„ daut , des 8 , 12 , 18 , & 30 Juillet dernier : requête dudit Chifflot ,
„ Lieutenant Particulier efdits Bailliage & Chancellerie d'Autun , du 16
„ Novembre fuivant , à ce qu'attendu que les Réglements defquels on
„ demandoit l'interprétation & entretenement , ne le concernoient , mais
„ ledit de Montagu , avec lequel , en fadite qualité de Lieutenant
„ Général de la Chancellerie , ils auroient été donnés ; qu'il avoit fuivi
„ le Réglement d'entre les Officiers du Bailliage de Semur , par lequel
„ les monocules de toutes qualités , étoient jugées *par le Lieutenant feul* ,
„ *ou le Lieutenant Particulier avec lui* ; qu'il étoit prêt d'obferver ledit
„ Réglement , ou celui qu'il plairoit à la Cour , faire cette part ; fauf
„ où il arriveroit difficulté entre lefdits de Montagu , & Chifflot , au fait
„ particulier de leurs charges , de fe pourvoir comme ils verroient être
„ à faire ; il plût à la Cour , procédant au Jugement du procès , le
„ renvoyer des fins des demandeurs , avec dépens : fignification de ladite
„ requête , à Mᵉ. Etienne Douet , Procureur des demandeurs , réponfe
„ d'icelui : requête dudit de Montagu , du 7 de ce mois , à ce que les
„ pieces jointes à icelle fuffent reçues : autre requête defdits Confeillers ,
„ du 14 dudit mois , à ce que *la tranfaction faite entre les Officiers defdits*
„ *Bailliage & Chancellerie d'Auxois* , le 11 *Mars* 1595 , & autres pieces
„ jointes à icelle , fuffent auffi reçues : lefdites requête , tranfaction , &
„ pieces montrées à parties , & mifes au fac : requête dudit de Montagu ,
„ du 14 du préfent mois de Novembre , à ce que l'Arrêt du 25 Juin
„ 1580 , concernant le Réglement fait entre les Officiers du Bailliage
„ de Dijon , & celui du 3 Décembre 1581 , concernant les Officiers
„ du Bailliage de Semur en Auxois , fuffent reçus ; lefdites requête &
„ Arrêts , montrés à partie , & mis au fac : ouï le rapport du Com-
„ miffaire , le tout confidéré.
„ " La Cour faifant droit en ladite inftance , a ordonné & ordonne que

„ lefdits Arrêts des 16 Février 1603, 18 Novembre 1625, & 1 Avril
„ 1626, feront gardés & obfervés par lefdits Lieutenant Général & Par-
„ ticulier de ladite Chancellerie d'Autun & Confeillers en icelle, & fui-
„ vant iceux :

Article I. " Qu'il fera procédé par lefdits Officiers de deux mois en
„ deux mois en la Chambre du Confeil de la Chancellerie, les premier
„ Mardi & Jeudi defdits mois à la diftribution de tous les procès pro-
„ duits au Greffe dudit Siege, lefquels pour cet effet feront portés en
„ ladite Chambre par le Greffier avec le régiftre des productions, fans
„ en retenir aucun, à peine de faux. Defquels procès deux, où il n'y
„ aura production que de l'une des parties, défauts & déclarations d'iceux
„ *qui n'emporteront décifion de caufe*, *où étant au-deffous de cinquante livres*,
„ feront diftraits & délaiffés audit Lieutenant Général pour être jugés
„ par lui feul, & comme bon lui femblera. Et que des autres procès
„ qui feront diftribués confufément, ledit Lieutenant Général en pren-
„ dra deux, ledit Chifflot un autre, & lefdits Confeillers chacun un
„ felon l'ordre de leur réception; & où il n'y auroit nombre de procès
„ pour lefdits Lieutenants & Confeillers à la forme fufdite, ladite Cour
„ ordonne qu'à la diftribution fuivante, le Confeiller qui n'en aura eu, en
„ choifira un, pour être égal aux autres Confeillers, après que ledit Lieu-
„ tenant Général aura pris fes deux préciputs, & ledit Chifflot, Lieute-
„ nant Particulier, le fien.

Article II. " Et néanmoins où il arriveroit que quelque procès requît
„ célérité, lefdits Officiers, fans attendre le temps ordinaire de ladite
„ diftribution pourront le diftribuer; à la charge qu'il tiendra lieu à la
„ diftribution, fuivante à celui auquel il aura été donné.

Article III. " Et au regard de la reftitution requife par lefdits Con-
„ feillers des deniers & émolumens des procès monocules, incidents, ou
„ autre pretendus jugés par lefdits Lieutenants, excédant la fomme de
„ cinquante livres, ou emportant décifion de caufe, a mis & met les
„ parties hors de Cour & de procès, tous dépens entr'eux compenfés. Fait
„ en Parlement à Dijon le 16 Décembre 1633. *Signé*, SAUMAIZE. „

Voilà les Réglements particuliers qui doivent être fuivis aux Bailliage
& Chancellerie d'Autun; car ce qui eft ordonné pour l'un de ces Sieges
doit être fuivi dans l'autre, l'un des Chefs n'a dans fa Jurifdiction que
les mêmes droits que l'autre a dans la fienne. Il faut encore obferver
que ce dernier Arrêt de 1633, n'ordonne l'exécution que des Réglements
particuliers, rendus pour Autun. Ce qui décide bien clairement qu'il ne
faut pas fuivre les Réglements rendus pour les autres Sieges, & fur-tout
ceux du Bailliage de Semur en Auxois, qui ont été rendus fur des tranf-
factions & conventions paffées entre les Officiers du même Siege, & vifées
dans ce Réglement de 1633; ce qui fait qu'ils contiennent des difpofitions
particulieres qui ne peuvent avoir lieu qu'entre les Officiers de Semur.
Le Lieutenant Particulier d'Autun demandoit l'exécution de ces Régle-

ments du Bailliage d'Auxois, mais il fut à cet égard mis hors de Cour & de Procès. La Cour n'ordonna l'exécution que des Réglements rendus pour Autun. Ainsi les monocules telles qu'elles sont limitées par ces Arrêts, c'est-à-dire, les procès où il n'y a production que de la part d'une partie, qui n'emportent pas décision de cause, & qui n'excedent pas cinquante livres, peuvent être jugés par le Lieutenant Général du Bailliage ou de la Chancellerie seuls, sans appeller le Lieutenant Particulier ; tous les autres incidents, ou procès, doivent être distribués.

Un Officier ne peut objecter de possession contraire à un réglement fait pour son siege. 1°. C'est un titre commun contre lequel on ne peut prescrire ; la mauvaise foi n'a jamais pu autoriser une possession ; ainsi quand il se trouveroit que le Lieutenant Général ou le Lieutenant Particulier auroient jugé clandestinement des procès seuls, leur possession, quelque longue qu'elle fût seroit vicieuse, tous les titres qu'ils produiroient seroient autant de preuves de leur contravention aux Réglements de la Cour, & par conséquent des titres qui rendroient répréhensibles ceux qui les mettroient au jour. 2°. S'il étoit possible de dire que les droits des charges peuvent se prescrire, & que l'un des Officiers d'un Siege peut acquérir une possession contre l'autre, ce ne seroit pas ici le cas. Il est très intéressant pour le public que les parties ne soient pas jugées par un seul Juge dans les cas où les Ordonnances & Réglements veulent que ce Juge appelle tous les Officiers de son Siege. Si ce Juge n'a droit de décider seul que les incidents qui n'emportent pas décision de cause, & qui sont au-dessous de cinquante livres, il est certain que la partie condamnée par un Juge qui s'est attribué un pouvoir qu'il n'a pas, est en droit de le prendre à partie pour l'avoir condamné dans une occasion où il devoit savoir que les Réglements rendus pour son Siege, lui défendoient de juger seul. C'est donc le public principalement plus que les Officiers du Siege qui y est intéressé : or il est de principe que l'on ne peut prescrire contre le public, & sur-tout contre l'ordre établi pour la distribution de la Justice. Cette maxime est constante : la Loi 13, Cod. *de testamentis*, dit, *nec permissum est cuiquam jurisdictionis mutare formam, vel juri publico derogare* ; & la Loi 6, Cod. *de oper. pub.* porte, *præscriptio temporis juri publico non debet obsistere* : que dans le silence des Ordonnances, on consulte la possession pour savoir à quel Officier certaines fonctions appartiennent, cela peut être admis. Mais quand la Loi a parlé, quand les Réglements ont prescrit un ordre pour l'exercice de la Justice, & sur-tout pour juger & décider les procès, il seroit absurde & indécent d'objecter une possession, quand même elle ne seroit pas clandestine, & que la foiblesse des Officiers du Siege les auroit empêchés de s'y opposer. Les parties, le public, M. le Procureur Général, tout a droit de s'élever contr'un Juge qui se licencie au point de juger seul dans un cas où toute une compagnie doit être appellée au Jugement avec lui. Il ne peut exciper d'un usage contraire. Des Officiers ne peuvent preſcrite contre les Réglements faits contradictoirement avec eux pour leurs Sieges ; ainſi qu'il ſera expliqué ſur l'article III, de notre Réglement du Préſidial d'Autun, commenté à la fin de ce Code.

Ce n'eſt pas en Bourgogne ſeulement que l'uſage eſt de diſtinguer les monocules des procès où il y a production des parties, pour & contre. Il y en a au Châtelet de Paris, même en matiere criminelle, à cauſe de l'affluence des procès ; ſuivant un Arrêt de Réglement du 26 Juillet 1561, rapporté par Fileau ſur Chenu, *in-folio*, partie 2, titre I, chap. 11, & titre II, partie 2, chap. 6, & *ibidem* chap. 21. Autre Réglement du 29 Avril 1626, qui attribue au Lieutenant Criminel de Poitiers le droit de juger ſeul, ſans Aſſeſſeur, les monocules. Ces Réglements décident comme ceux du Parlement de Dijon, que les monocules ſont les défauts, congés, & autres incidents non emportant la déciſion du fond. Il s'en trouve encore un dans Fileau, *ibidem*, du 8 Juillet 1622, pour le Lieutenant Criminel du Château du Loir. Voyez encore les Réglements tranſcrits à la fin de ce Code, pluſieurs attribuent aux Lieutenants Criminels, les congés, défauts, &c.

Outre les Réglements ci-deſſus qui prouvent que ceux qui jugent ſeuls des monocules ne peuvent prendre que trente ſols, nous avons un Edit du 25 Janvier 1694, qui ordonne que conformément à l'Arrêt du Conſeil du 25 Novembre 1681, ſervant de Réglement pour le Bailliage de Semur en Auxois, les Lieutenants des Bailliages de Franche-Comté ne pourront prendre que trente ſols d'épices pour les monocules. Enfin il faut obſerver que tous ces Réglements n'obligent pas les Lieutenants Civils de juger ſeuls les monocules, ils leur laiſſent la liberté de les juger avec les autres Officiers des compagnies, s'ils le jugent à propos. A l'égard des Lieutenants Criminels, ils ſont Rapporteurs de tous les procès, comme il vient d'être prouvé aux nombres 2 & 3, de cet article, & ils ont encore le droit de juger auſſi des monocules criminelles ſeuls ; outre les Arrêts déjà cités à ce ſujet, il y en a encore un du 23 Août 1663, pour le Lieutenant Criminel d'Angoulême, dans Henrys, édition de 1708, tome 2, p. 130.

7. Un Préſident, ou un Lieutenant Chef de Juriſdiction qui recueille les ſuffrages des autres Officiers, a la choix d'opiner le premier ou le dernier lorſqu'il n'eſt pas Rapporteur ; mais lorſque c'eſt lui qui fait rapport du procès, il eſt forcé d'opiner le premier ; c'eſt l'uſage inviolable de tous les tribunaux : parce que le Rapporteur eſt préſumé mieux inſtruit des faits du procès que les autres Officiers. C'eſt ce qui ſe trouve décidé par pluſieurs Réglements, & entr'autres par un Arrêt du Conſeil du 30 Septembre 1658, ſervant de Réglement pour le Bailliage d'Avalon, qui porte, que lorſque le Lieutenant Civil rapportera, il opinera le premier, & demandera enſuite l'avis des autres Officiers. L'Arrêt du Conſeil du 6 Septembre 1678, ſervant de Réglement pour la Sénéchauſſée du Puy-en-Velai, articles VIII & IX, porte auſſi que le Lieutenant Criminel rap-

portera tous les procès, qu'il présidera, & qu'après avoir opiné, il sera
opiner les autres. *Idem*: par Arrêt du 19 Décembre 1595, pour le Présidial de Tours, article VIII; & par autre du 14 Août 1617, pour le
Présidial des Bourges, article LX. Et enfin par celui de Bresse, par Arrêt
du 6 Août 1606. Il semble que cette question n'auroit pas dû être proposée comme douteuse. Cependant je ne l'ai traitée que parce que la
difficulté m'a été faite dans notre Siege au civil, le 21 Février 1742;
lors d'un procès dont notre Lieutenant Général étoit Rapporteur; il
présidoit, parce qu'il s'agissoit d'un procès civil pendant dans sa Jurifdiction ordinaire, entre M. le Comte de Roussillon & M. le Marquis du
même nom, son cousin germain. Notre Lieutenant Général quoique Rapporteur ne voulut pas opiner le premier, six autres Juges voulurent bien
lui passer cette prétention. Je me retirai sans opiner pour éviter difficulté.

8. Les Lieutenants Criminels en Bourgogne, sont Conseillers nés dans
les Bailliages au civil, aussi-bien que dans les Sieges de la Chancellerie,
ainsi qu'il a été prouvé sur l'article XI du titre I, n. 14. Ils ont au
civil les mêmes droits, prérogatives, profits & émoluments que les autres
Conseillers aux Audiences, en la Chambre du Conseil, & partout ailleurs;
suivant l'Edit de la création de leurs Offices dans cette Province, qui
réciproquement attribue les mêmes avantages dans les matieres criminelles
aux Lieutenants des Bailliages & Chancelleries.

Cet Edit de création des Lieutenants Criminels en Bourgogne est de
1581; Me. Jacques Guijon fut le premier Lieutenant Criminel d'Autun,
reçu le 22 Avril 1586. C'étoit l'un de ces quatre freres, si connus par
les savants ouvrages qu'ils ont donnés au public. Il avoit épousé Anne
Saumaise, veuve de Jean Deganai Avocat du Roi de notre Siege. Il étoit
dans le parti du Roi contre les Ligueurs; le Bailliage d'Autun fut tranf-
féré à Lucenai-l'Evêque, & ensuite à Moulin-en-Gilbert. Pendant ce
temps la maison de Jacques Guijon fut pillée & sa riche Bibliotheque
enlevée. Après la paix il fut fait Vierg ou Maire d'Autun. Le Roi pour
récompense de son zele & de son grand mérite lui offrit, à la sollicita-
tion de M. le Président Jeannin aussi célébre Autunois, un Brévet de Conseiller d'Etat; mais les Historiens disent qu'il le refusa par modestie. On
trouve dans la Bibliotheque des Auteurs de Bourgogne, imprimée à Dijon
en 1745, page 294, le catalogue de plusieurs ouvrages très estimés de ce
Lieutenant Criminel. Il fut dans une rélation étroite avec les plus habiles
Auteurs de son siecle, tels que les Popon, Vintimille, Millerot, Cujas,
Scaliger & Casaubon, qui lui adresserent plusieurs lettres, suivant que
l'atteste, page 23, M. de Lamarre, dans sa Vie des Guijons, imprimée
à Dijon en 1658: *Guijonorum Opera.* Le Lieutenant Criminel mourut en
1625, âgé de quatre-vingt-trois ans. Il ne conserva son Office qu'environ
neuf ans. Jacques Duband, en fut pourvu en 1604; & ensuite Philibert
Calard fut pourvu le 16 Décembre 1617: il étoit Lieutenant Criminel
tant à Autun qu'à Montcenis, qui est une Chambre détachée du Bailliage

d'Autun, & où nos Officiers depuis long-temps alloient rendre la Justice. Nous avons plusieurs anciennes provisions pareilles des Officiers de notre Siege qui l'étoient en même temps à Autun & à Montcenis. M. le Président Bouhier à la tête de son Commentaire de notre Coutume de Bourgogne, imprimé en 1717, nous donne l'Histoire des anciens Commentateurs, & entr'autres celle de Chasseneux, autre savant compatriote. On y trouve page 24, que Chasseneux étoit Avocat du Roi en même temps à Autun & à Montcenis, & dans la page précédente 23, qu'il avoit épousé Pétronille Languet, veuve de Pierre Scure Avocat du Roi à Autun & à Montcenis. Les Officiers du Grenier à sel d'Autun y ont encore conservé leur Jurisdiction, qu'ils y vont exercer plusieurs fois chaque année. Notre Receveur des Tailles y fait sa recette par un commis; il suffit encore de voir les ouvrages de Chasseneux, ses conseils, il s'y qualifie *Advocatus Regius Æduensis & Monticinerii* 1531.

Montcenis est plutôt un bourg qu'une ville. Son Siege est, comme il vient d'être observé, une Chambre détachée du Bailliage d'Autun, il n'a fait un Bailliage séparé que depuis que nos Officiers pour éviter la peine d'y aller rendre la Justice, ont divisé & fait désunir leurs Offices. Il est encore aujourd'hui dans le même état de misere & de dépopulation où il étoit, lorsque par les lettres-patentes du 18 Septembre 1477, Louis XI supprima son Siege. Ces Patentes que nous avons en original sont conçues dans les termes suivants.

Lettres patentes de suppression du Bailliage de Montcenis.

" LOYS, par la grace de Dieu Roi de France; A tous ceux qui
" ces présentes lettres verront, salut. Comme à l'occasion des très graves
" rebellions & désobéissances n'a guere faites & commises par les Officiers
" & habitants *du lieu* de Montcenis, contre nous, notre autorité, &
" Majesté royale; *ledit lieu* de Montcenis & plusieurs autres lieux d'en-
" viron soient à présent comme du tout inhabitables & en lieux cham-
" pêtres, tellement que nos rentes & droits, & ceux de nos sujets qui
" y ont accoutumé ressortir par appel & autrement comme Siege & Ressort
" de Bailliage ne seront & ne pourront être comme entendus, & doré-
" navant si sûrement conduits, traités, ni dominés comme ils ont été
" le temps passé. En tout seroit plus convenable, ains & plus profitable
" pour nous & nos sujets que le Siege & Ressort de Montcenis fût joint
" & annexé, & inséparablement uni au Siege & Ressort de notre ville
" & Bailliage d'Ostun, qui est belle ville & bien garnie & fournie de
" grand monde, & notables Clercs & Praticiens & autres Gens de con-
" seil; duquel conseil nous & nosdits sujets pourroient aisément & promp-
" tement recouvrer toutes fois que besoin fera, & par ce y avoir meil-
" leure & plus brieve expédition de Justice, tous partis & faveurs ces-
" sans, que *audit lieu* de Montcenis; ainsi que de toutes ces choses

" avons

„ avons été & fommes informés. Pour laquelle caufe, nous voulant don-
„ ner provifion au bien & foulagement de nos fujets, & à la conferva-
„ tion de nos droits, & de tous ceux de nos fujets. Avons par l'avis
„ & délibération des Gens de notre Confeil, lefdits Siege & Reffort de
„ Bailliage qui ci-devant a accoutumé être *audit lieu* de Montcenis, joint,
„ uni, & annexé; joignons, unions, & annexons inféparablement de
„ grace fpéciale & autorité royale auxdits Siege & Reffort defdites ville,
„ cité & Bailliage d'Oftun. Voulons & ordonnons que tous nofdits fujets
„ qui ont accoutumé reffortir audit Siege de Montcenis tant par appel
„ qu'autrement, reffortiffent & foient fujets en tout droit audit Siege
„ d'Oftun, tout ainfi qu'ils ont fait audit lieu de Montcenis ledit temps
„ paffé; fans qu'il en foit ne puiffe être déformais féparé & diftrait,
„ pour quelque caufe que ce foit, ne que les parties convenues ne autres
„ puiffent demander leur renvoi audit Montcenis; lequel Siege de Mont-
„ cenis de notredite grace & autorité aboli & abbatu; aboliffons & ab-
„ batons par ces préfentes. Si donnons en mandement par cefdites pré-
„ fentes à nos amés & féaux les Confeillers les Gens de notre Parlement
„ de Bourgogne, au Bailli d'Oftun & à tous nos Jufticiers ou alloués,
„ & Lieutenants, que nos préfentes union, abolition, abbatement, &
„ toutes ces préfentes ils entretiennent & gardent, & faffent entretenir
„ & garder, fans y enfreindre: pourvu toutes fois que notredit Bailli
„ d'Oftun ou fon Lieutenant pourra tenir fes affifes dudit Montcenis
„ quand métier fera, comme es autres refforts d'icelui Bailliage. En fai-
„ fant contraindre à ce faire & fouffrir tous ceux qui pour ce feront à
„ contraindre léaument & de fait, & ainfi qu'il eft accoutumé de faire
„ en pareil cas; nonobftant oppofitions, ou appellations quelconques.
„ Car tel eft notre plaifir: en témoin de ce nous avons fait mettre notre
„ fcel à nofdites Patentes. Donné à Arras le dix-huitieme jour de Sep-
„ tembre l'an de grace mil quatre cent foixante & dix-fept, & de notre
„ Regne le dix-feptieme. Au dos de ces Patentes en parchemin eft écrit.
„ Par le ROI, Me, GUILLE PICARD Général, & autres préfents, *Signé*,
„ LINDE, avec paraphe. A cet original eft jointe la Requête fuivante.
„ A la Cour Souveraine. Supplient les Officiers du Roi au Bailliage
„ d'Oftun que le bon plaifir d'icelle Cour foit de recevoir les lettres pa-
„ tentes contenant abolition du Siege & Reffort de Montcenis, & union
„ d'iceux avec le Siege principal de la ville & cité d'Oftun, concédée
„ par feu de bonne mémoire Loys XI, en l'an 1477; lefquelles ont été
„ de nouvel & depuis quatre jours en çà trouvées par lefdits Officiers avec
„ certaines autres pieces ci-jointes fors pour le fait de Bourbon Lancy.
„ Et ordonner icelles être enrégiftrées, & par le Procureur Général à
„ foi rapportée, à ladite Cour fera Juftice. *Signé*, J. XAINTONGE.
„ La Cour ordonne que la préfente Requête & pieces jointes feront four-
„ nies avec les autres pieces & communiquées aux Gens du Roi; *ainfi que*
„ *ja a été ordonné.* Fut fait ainfi le feptieme jour de Decembre 1504.

Tome III. X

En dos des Lettres patentes eft encore écrit : Les préfentes ont été publiées à Oftun le huitieme jour de Novembre 1477 , *Signé* J. GARNIER.

Ces lettres patentes ayant fouffert quelques oppofitions de la part de différents Seigneurs des environs de Montcenis , par compofition on convint que les Officiers d'Autun iroient de quinze jours en quinze jours à Montcenis pour y rendre la Juftice. Mais ils fe rebuterent des voyages , & confentirent que leurs charges fuffent défunies ce qui rétablit fans le confentement du Roi , le Bailliage de Montcenis , au grand préjudice du public , il eft notoire que la Juftice y eft adminiftrée ordinairement par un feul Officier , & que le barreau y eft mal compofé. Les parties font le plus fouvent obligées de venir à Autun fe confulter.

Pour prouver de plus en plus que Montcenis n'eft qu'une chambre détachée du Bailliage d'Autun , il fuffit de faire voir que ce prétendu Siege n'avoit pas même le pouvoir d'enrégiftrer les Edits avant que le Lieutenant Général d'Autun les lui eût envoyés pour les régiftrer fous les ordres.

Extrait des régiftres du Parlement de Dijon.

,, Sur la requête préfentée le dixieme jour du préfent mois de Décembre
,, par M⁰. Barthelemi de Montrambault , Lieutenant Général au Bailliage
,, d'Oftun , à ce qu'il fût ordonné à M⁰. Jaques Guijon Lieutenant au
,, Bailliage Siege de Montcenis , de recevoir tous Edits & Arrêts qui lui
,, feroient envoyés par ledit Lieutenant Général pour publier audit
,, Montcenis , bailler décharge de la réception & publication d'iceux , &
,, que inhibitions & défenfes fuffent faites audit Guijon de paffer à la
,, publication d'aucuns Edits & Arrêts qu'il ne les eût reçus des mains
,, du trompette ou Sergent qui les lui porteront de la part dudit Lieu-
,, tenant Général. Vu ladite requête & les conclufions du Procureur
,, Général , la Cour a fait & fait inhibitions & défenfes audit Guijon
,, de faire procéder à la publication d'aucunes Ordonnances , Edits , &
,, Arrêts audit Siege de Montcenis , qu'il ne les ait reçus par les
,, mains de celui qui à ce fera députe par ledit Lieutenant Général ,
,, fur peine d'amende arbitraire ; lui enjoint de les recevoir , & en
,, bailler décharge au porteur. Fait à Dijon en Parlement , le 12 Décem-
,, bre 1577. *Signé fur l'extrait en parchemin* , JOLY.

On ne peut donner une preuve plus authentique de l'Etat miférable où fe trouve encore actuellement Montcenis qu'en rapportant un Jugement Prévôtal du onze Août 1740. Cette petite Ville eft fi dépourvue d'habitants , & d'artifans , qu'en 1740 elle n'avoit point de Boulanger ; quelques habitants qui avoient befoin de pain étoient obligés d'envoyer deux fois par femaine une efpece de meffager qui portoit en même temps les lettres à Autun, & qui en apportoit du pain de Boulanger qui ne valoit alors que deux fols la livre le meilleur. Les nommés la Rue, Blondeau, Gratepin, & Chevalier, fendeurs de bois, travaillant dans une forêt voisine du chemin de ce messager l'attendirent & lui volèrent son pain. Ils en furent convaincus par la sentence Prévôtale conçue dans ces termes. " Nous avons par Jugement Prévôtal & dernier, déclaré „ lesdits accusés atteints & convaincus d'avoir attendu sur le chemin „ d'Autun à Montcenis, le nommé Boyer, *pourvoyeur dudit Montcenis*, „ de lui avoir volé quatorze douzaines de pain blanc qu'il conduisoit „ à Montcenis sur deux ânes, de les avoir partagés entre eux, & „ d'avoir emporté les sacs dans lesquels étoient lesdits pains ; pour „ réparation nous avons condamné lesdits Blondeau, la Rue, & Gra- „ tepin, à servir le Roi, sur ses galeres, pendant l'espace de trois „ ans, & en cinq livres d'amende envers le Roi. Et pour le profit de „ la contumace instruite contre ledit Chevalier, en le déclarant con- „ vaincu du même vol, nous l'avons aussi condamné à la même peine „ des galeres pendant trois ans, & en pareille amende de cinq livres „ envers le Roi ; ce qui sera exécuté à son égard &c. „ Voilà une preuve de la misere de cette ville qui dans un temps où il n'y avoit aucune stérilité, est obligée d'envoyer chercher du pain sur deux ânes ; parce qu'il n'y avoit aucun Boulanger. Ce petit échantillon doit faire juger de la triste situation où est encore cette pauvre ville, que l'on est obligé d'imposer à la taille conjointement avec quatre villages voisins pour composer un rôle de deux mille, deux ou trois cents livres ; ensorte que la ville & les fauxbourgs n'en payent pas pour mille deux cents livres par commune année. Je n'étois pas du nombre des Juges lors du Jugement Prévôtal de 1740 ; j'étois en commission pour les fonctions de ma charge. Les Juges ne pouvoient prévoir que j'en ferois usage dans un livre que je n'avois alors pas dessein de composer : ainsi ils redigerent ce Jugement Prévôtal sans mauvais dessein & dans les termes que leur devoir exigeoit. Les coupables furent envoyés aux galeres.

Les trois premiers Lieutenants Criminels d'Autun ont été, ainsi qu'il vient d'être dit, Jaques Guijon reçu en 1586. Jean Duban pourvu en 1604, & Philibert Calard pourvu en 1617. Etienne Calard fut le quatrieme reçu en 1634. Lazare Calard, fut le cinquieme pourvu sous le titre de Lieutenant Général, Criminel & Conseiller aux Bailliage & Chancellerie d'Autun, dont l'Office étoit auparavant tenu par Lazare Calard son frere : j'ai les provisions de Lazare, du 27 Mai 1663, & son Arrêt de réception du 12 Juin suivant. André Cortelot, sixieme Lieute- nant Général Criminel & Conseiller aux Bailliage & Chancellerie d'Autun, obtint des provisions le 17 Février 1667, & fut reçu le 4 Mars suivant. André Cortelot son neveu fut le septieme pourvu sous le même titre, le 2 Avril 1689, & reçu le 18 Mai suivant : après son décès arrivé le 18 Décembre 1719, ses heritiers obtinrent différents Arrêts du Conseil sous

X 2

le nom de pierre Hugues de Maisiere, Ecuyer, l'un d'eux qu'ils avoient nommé au Roi, pour conserver l'Office duquel je fus pourvu âgé de trente ans, le 28 Juillet 1725, sous le titre de Lieutenant Général Criminel aux Bailliage & Siege Présidial d'Autun; parce que par Edit de Janvier 1696, le Roi avoit créé en Bourgogne cinq Présidiaux, dont l'un avoit été uni au Bailliage d'Autun; je fus reçu au Parlement de Dijon le 8 Août de la même année 1725.

Notre Bailliage d'Autun est réduit à cinquante paroisses seulement; parce que trois Sieges particuliers en ont été démembrés en entier: savoir Bourbon-Lancy, Semur en Brionois & Montcenis; les Bailliages d'Arnai-le-Duc & de Saulieu nous ont encore enlevé plus de vingt-cinq paroisses, ensorte que ce Bailliage principal, le second de la Province, a un ressort moins étendu que partie de ceux qui en ont été démembrés; telle est la situation du Bailliage d'une ville très ancienne qui pendant plusieurs siecles a été la Capitale de la plus puissante république des Gaules. Tacite, livre 11, annale VII, cinquante ans, après la naissance de Jesus-Christ; rapporte le décret du Sénat, par lequel les Autunois obtinrent le droit de pouvoir être Sénateurs à Rome, à cause de leur ancienne alliance avec les Romains qui les appelloient leurs freres. *Soror & emula Roma, Ædua.* On trouve dans les Archives de notre Cathédrale plusieurs anciens décrets du Sénat, qui ont admis des Autunois pour citoyens Romains; le dernier est du 30 Mars 1557, par lequel Jean Le Save Autunois a été reçu citoyen Romain. César dans plusieurs endroits de ses commentaires parle des Autunois dans des termes encore plus avantageux que Tacite; le plus grand nombre & les plus célebres Auteurs conviennent qu'Autun, est cette ville Capitale de la république des Æduens, dont elle porte encore le nom *d'Ædua.* République pendant long-temps Capitale de la plus grande partie des Gaules.

Autun, si célebre par son antiquité, conserve des anciens monuments qui en seroient la preuve, si César, Tacite, & autres Auteurs n'en avoient pas conservé la mémoire aussi bien que *Eumenius*; ce grand Orateur de notre ville dans le panégyrique qu'il prononça devant Constance, pere de Constantin le Grand; ce fut dans ce temps qu'elle changea son ancien nom de *Bibracte* en celui de Ville d'Auguste. *Augustodunum*, nom qu'elle conserve encore aujourd'hui en latin, duquel on a fait par corruption celui *d'Augdum* par abréviation, & ensuite celui d'Autun; ensorte que les Auteurs donnent encore aujourd'hui à Autun les noms *d'Ædua & d'Augustedunum & Bibracte.*

Quelque célebre que soit cette ville par son antiquité, celle de son Eglise, l'est encore davantage par le nombre des Saints Prélats qui l'ont gouvernée, & qu'elle a fourni aux autres Eglises, il n'y a que le Bailliage qui, comme il a été observé, autrefois le premier de la Province, est à présent le second & le moins considérable par les démembrements que l'on a fait de son ancien ressort, qui a été ſi borné du côté de midi que le Bailliage de Montcenis s'étend juſqu'à une lieue d'Autun ; il n'eſt pas douteux qu'il ne fût aujourd'hui plus facile que jamais d'obtenir l'exécution des lettres-patentes de 1477, parce que l'on a connu encore l'abus de ces démembrements qui ont formé des petits Sieges, où n'y ayant ordinairement qu'un ſeul Juge, la Juſtice y eſt très mal adminiſtrée ; pour en voir les inconvéniens & connoître la grande utilité de la réunion des Sieges particuliers aux principaux Bailliages, on peut voir les moyens qui furent employés par les Officiers de Montbriſon pour faire réunir à leur Bailliage deux Siges comme celui de Montcenis. Voyez Henrys édition de 1708, tome 2, p. 115, queſtion 18, livre 2.

Par Arrêt du Parlement de Dijon du 21 Mai 1560, la ville de Beaune qui avoit conteſté à celle d'Autun la préſéance à l'aſſemblée des Etats de la Province, fut condamnée à la ceder à celle d'Autun, qui ne la cede qu'à la ville de Dijon. Voyez à ce ſujet Coquille ſur la coutume de Nivernois dans ſon préambule p. 7, édition de 1666, avant le chapitre premier.

ARTICLE X.

Aux procés qui ſeront jugés à la charge de l'appel par les juges Royaux, ou ceux des Seigneurs eſquels il y aura des concluſions à peine afflictive, aſſiſteront au moins trois Juges, qui ſeront Officiers, ſi tant il y en a dans le Siege ou Gradués, & ſe tranſporteront au lieu où s'exerce la Juſtice, ſi l'accuſé eſt priſonnier. Et ſeront préſens au dernier interrogatoire.

1. Quoique cet article de l'Ordonnance ne parle que des procés où il y a des concluſions à peine afflictive, il doit y avoir également trois Juges, pour rendre une Sentence, ſi les concluſions tendent à une peine infamante, qui ne doit être prononcée que ſur une inſtruction complette par récollement & confrontation ; ainſi qu'il a été expliqué ſur l'article I du titre XV & ſur l'article IX du même titre : il ſuffit qu'il y ait eu récollement & confrontation pour que cet article ait lieu ; c'eſt-à-dire que le nombre de trois Juges ſoit néceſſaire : c'eſt ce qui a été décidé par Arrêt du Parlement de Paris du 22 Décembre 1731, rapporté dans l-s Loix Criminelles, tome 2, p. 423 : cet Arrêt fit défenſes au Lieutenant Criminel de Limours, de rendre ſeul des Sentences ſur des procés inſtruits par récollement & confrontation ; il lui fut enjoint dans ce cas de ſe faire aſſiſter du nombre de Gradués preſcrit par l'Ordonnance, & d'interroger les accuſés en préſence des Gradués.

2. C'eſt une difficulté , dit l'Auteur du livre des Loix Criminelles, chap. 20, n. 9, tome I, p. 148 , de ſavoir ſi l'on pourroit juger un procès à peine afflictive dans un Siege, où y ayant trois Officiers ou plus , il n'y en auroit aucun qui fût Gradué ; il dit qu'il y a apparence que non , & il ajoute qu'au procès de M. Fouquet on fit tant valoir cette difficulté que M. Le Boſſu Maître des Comptes , qui n'étoit pas Gradué , fut obligé de ſe retirer. Il eſt cependant vrai que lors des conférences ſur cet article X de l'Ordonnance , M. le premier Préſident obſerva que les Juges des Seigneurs ne jugeant qu'à la charge de l'appel, il n'y avoit point d'inconvénient qu'ils ne fuſſent pas Gradués. Mais M. Puſſort principal Commiſſaire répondit que l'on ne pouvoit apporter trop de précautions , lorſqu'il s'agit de l'honneur & de la vie des ſujets du Roi ; que quoiqu'il y ait appel des Jugemens , il reſte toujours quelque flétriſſure d'une condamnation , infirmée & même ſuivie d'une réparation. M. le premier Préſident répliqua que cela n'étoit vrai que dans le cas d'un crime grave ; ces réflexions firent ajouter à l'article ces mots qui n'étoient pas dans le projet de l'Ordonnance : *où il y aura des concluſions à peine afflictive.*

Il y a une exception à la regle en faveur du chef de Juriſdiction : un Prévôt Royal ou un Juge de Seigneur, peut reſter Juge pour rendre une Sentence qui condamne à une peine afflictive ou infamante. Mais il eſt obligé d'appeller avec lui trois Gradués. C'eſt la regle preſcrire par la Déclaration du Roi du 26 Décembre 1703 , concernant l'aliénation des Juſtices dépendantes du domaine du Roi ; elle porte que Sa Majeſté ayant appris qu'il étoit ſurvenu pluſieurs difficultés qui empêchoient l'aliénation des Juſtices dépendantes de ſon domaine , tant de la part des Parlemens , que des Officiers des Bailliages, qui refuſoient de recevoir les Officiers inſtitués pour l'exercice des Juſtices aliénées. Le Roi ordonne que les engagiſtes pourront établir , pour l'exercice deſdites Juſtices , tels Juges capables qu'ils jugeront à propos, Gradués ou non Gradués ; pourvu qu'ils aient atteint l'âge de vingt-cinq ans ; & à condition que lorſqu'ils ne ſeront pas Gradués, ils ne pourront juger aucuns procès criminels , ſans appeller le nombre de Gradués requis par l'Ordonnance de 1670 , ce qui eſt relatif à cet article X de l'Ordonnance , qui ſuppoſe que les Juges ſeront Gradués.

Par les Déclarations du Roi des 26 Janvier & 26 Février 1680 , il avoit déjà été ordonné que vacation arrivant des charges de Baillifs, Prévots , Châtelains , ou autres chefs des Juſtices Seigneuriales tenues en Pairie , ou dont l'appel reſſortit nuement aux Parlemens , en matiere civile, nul ne pourroit être pourvu deſdites charges , s'il n'étoit licentié & reçu Avocat , à peine de nullité des Jugemens ; à l'égard des autres Juſtices Seigneuriales on tolere que les Juges ne ſoient pas Gradués ; mais ce n'eſt que pour le civil , & l'inſtruction des matieres criminelles. Dans toutes les Juſtices ſans diſtinction les Juges non Gradués ſont

obligés d'appeller suivant cet article trois Gradués aux Jugements ,
lorfqu'il y a des conclufions à peine afflictive ou infamante ; au lieu que
quand le chef de la Jurifdiction eft Gradué , il n'eft obligé d'en appeller
que deux.

Bruneau titre XXVII, p. 275 , cite la Bibliotheque des Arrêts au mot
Juges, n. 138, qui rapporte un Arrêt du Parlement de Dijon tiré de
Bouvot , du 18 Janvier 1616, par lequel il fut jugé qu'un Maire non
Gradué ne pouvoit condamner un criminel , pas même inftruire fon
procès , & qu'il devoit appeller des Gradués pour l'inftruire avec lui.
Notre Ordonnance confirme cette maxime, ajoute Bruneau , lorfqu'elle
enjoint d'appeller trois Gradués , quand il n'y en a point dans le Siege ;
effectivement un Maire comme celui d'Autun, & autres qui exercent des
Juftices Royales, a pour affiftants aux Audiences les Echevins , parmi
lefquels il y a des Bourgeois , Marchands , Apothicaires, & autres qui
n'ont pas la moindre connoiffance des matieres criminelles, & qui par
conféquent font incapables de décider de l'honneur & de la vie des
fujets du Roi. L'Arrêt du Parlement de Dijon de 1616 , qui vient
d'être cité en décidant qu'un Maire non Gradué quoique chef de la
Jurifdiction eft obligé d'appeller trois Gradués , a décidé à plus forte
raifon que des Echevins qui ne le font pas, doivent être exclus du Jugement des matieres criminelles. Il ne feroit pas decent qu'ils y affiftaffent
avec les Gradués , fur-tout fi le Maire ne l'étoit pas. Il n'y a d'exception
fuivant les Déclarations du Roi, qui viennent d'être citées que pour le
chef parce que c'eft lui qui a l'exercice de la Jurifdiction ; tous autres
non Gradués en doivent être exclus ; c'eft fur ce principe que fut rendu
l'Arrêt du Parlement de Dijon de 1714, contre notre Maire d'Autun
rapporté au nombre fuivant ; il condamna le Maire à appeller trois Officiers
du Bailliage , parce qu'il n'étoit pas Gradué , fans parler des Echevins
qui par conféquent ne peuvent affifter aux Jugements Criminels, où il
peut échoir peine afflictive ou infamante.

3. Une autre queftion qui eft une fuite de la précédente, eft de favoir
quels gradués doivent être appellés. M. le Préfident Bouhier , dans fes
favantes obfervations fur notre Coutume, chap. 53 , n. 211 , tome 2 ,
p. 108 , dit que cette queftion s'étant préfentée au fujet d'une conteftation mue au Bailliage de Beaune, entre les Officiers de ce Siege , & le
Juge de Saint Romain : le Parlement de Dijon, par Arrêt du 10 Décembre
1650, laiffa l'option à ce Juge , d'appeller les Officiers du Bailliage ou
des Avocats , par provifion , jufqu'à ce qu'il y fût pourvu par un Réglement Général. M. le Préfident Bouhier obferve que ce qui pouvoit faire
pancher la balance en faveur des Officiers, c'eft qu'il a été réglé par
plufieurs Arrêts , que quand les Juges & Confuls ont befoin de Gradués,
ils doivent préférer les Bailliages : ce grand Magiftrat dit en avoir vu
trois en faveur du Lieutenant Général de Dijon , des 26 Juin 1604,
6 Juin 1620, & 2 Avril 1621 ; & un autre au profit du Lieutenant

Général d'Autun, à condition qu'ils ne prendroient pas de plus grands
droits qu'un Avocat ; que la même chose a été jugée en faveur des Lieutenants Criminels, contre les Officiers des Greniers à Sel, par plusieurs
Arrêts, l'un du 19 Décembre 1611, pour le Lieutenant Criminel de
Châtillon, dans lequel fut visé un semblable Arrêt du 20 Février 1601,
rendu en faveur du Lieutenant Criminel de Dijon.

Cette préférence des Officiers des Bailliages, dit M. Bouhier, paroît
leur être justement due, à cause de leur expérience, dans l'exercice de la
Justice criminelle : on peut ajouter une autre réflexion, qui est que suivant
les Edits de création des Offices des Lieutenants Criminels, ils devroient
connoître de toutes les appellations des Jugements Criminels, comme font
les Lieutenants Civils des matieres civiles : l'Ordonnance les en a privés
dans le cas du grand Criminel, elle ne les en a pas privés dans l'intention
de leur nuire, elle n'a eu en vue que l'abréviation des procès. N'est-il
pas juste qu'ils conservent au moins le droit d'être appelés comme Gradués aux Jugements des procès qui, de droit naturel, devroient être
portés dans leur Jurisdiction par appel : rien donc de si juste, que pour
les dédommager du droit de ressort, ils aient la préférence sur les autres
Gradués, qui ne peuvent d'ailleurs leur disputer la prééminence, & l'a-
vantage d'être les premiers Gradués du Barreau, indépendamment de
l'expérience des Lieutenants Criminels, dans ces sortes de matieres qui
notoirement leur sont plus fréquentes, & auxquelles ils s'appliquent plus
particuliérement que les Avocats : ensorte que c'est plus le bien du public,
que le droit en particulier des Lieutenants Criminels qui ne sont pas fort
flattés d'aller faire une pareille fonction de Gradués dans des Justices
qui leur sont inférieures, & subordonnées. Un Lieutenant Criminel, comme
l'observa M. Pussort, connu pour le rédacteur de notre Ordonnance, lors
de la lecture de l'article I du titre XXVI, veille sur la conduite des
Juges des Seigneurs qui sont dans son ressort, il empêche les vexations
qu'ils peuvent faire, & il les rend plus retenus, aussi bien que les Seigneurs
qui les protegent. Un Lieutenant Criminel est effectivement un meilleur
surveillant qu'un Gradué ordinaire pour relever les nullités & les irrégu-
larités des procédures, que les Juges des Seigneurs cherchent ordinairement à étouffer, pour éviter les frais à celui aux gages duquel ils sont ;
inconvénient trop notoire & trop commun, qui rend les plus grands
crimes impunis dans les Justices Seigneuriales.

Brillon, au mot *Juge*, n. 131, après avoir rapporté un Arrêt du Parlement de Dijon, du 14 Avril 1614, qui a aussi jugé cette question,
en faveur des Lieutenants Criminels, observe qu'un Officier de Bailliage
joignant à sa qualité de Gradué le titre d'Officier royal, mérite double-
ment la confiance de la Justice ; & Henrys, édition de 1708, liv. 2,
chap. 3, question 4, p. 129, rapporte une transaction passée entre les
Officiers du Bailliage, & le Châtelain royal de Montbrison, par laquelle
il fut convenu que les Officiers de la Châtellenie, seroient tenus de juger
les

les procès Criminels, où il écherroit peine afflictive, & dont l'appel reſſortiroit à la Cour en la Chambre du Conſeil du Bailliage, avec les Officiers dudit Bailliage, qui leur donneroient ſéance en la Chambre, à une table ſéparée qui ſeroit dreſſée à cet effet.

Par Arrêt ſur requête, rendu au Parlement de Dijon, le 27 Janvier 1695, conformément à d'autres Arrêts antérieurs, il fut ordonné aux Juges inférieurs d'appeller le Lieutenant Criminel d'Autun, & les autres Officiers plus anciens du Bailliage, ſuivant l'Ordre du Tableau, au nombre porté par l'Ordonnance aux Jugements des procès où il pourroit écheoir peine afflictive, à peine de tous dépens, dommages & intérêts; & par autre Arrêt de la même Cour, du 5 Juin 1714, rendu contradictoirement entre Mᵉ. André Cortelot, mon Prédéceſſeur, & le Lieutenant Aſſeſſeur, contre le ſieur Derepas, Maire, Prévôt royal d'Autun, *non gradué*, après une plaidoirie de deux Audiences publiques, le Parlement de Dijon jugea la queſtion.

" La Cour a ordonné & ordonne que l'Arrêt de 1695, ſera exécuté
" ſelon ſa forme & teneur; ce faiſant que les Officiers du reſſort du
" Bailliage d'Autun, dans les matieres criminelles où il écherra peine
" afflictive, & dont les appellations doivent être portées *rectà* à la Cour,
" ſeront tenus d'appeller le Lieutenant Criminel du Bailliage d'Autun,
" pour le Jugement; & pour ne l'avoir fait, condamne le Maire, Prévôt
" royal d'Autun, en la moitié des dépens de l'inſtance.

" Faiſant droit ſur l'intervention du Lieutenant Aſſeſſeur, a déclaré
" les Arrêts de Réglements rendus au profit des Officiers de Semur &
" d'Avalon, communs avec ledit Aſſeſſeur: ce faiſant, ordonne qu'aux
" ſuſdits Jugements, l'Aſſeſſeur Criminel ſera appellé conjointement avec
" le Lieutenant Criminel, *& un des Officiers dudit Bailliage le plus ancien*,
" ſuivant l'Ordre du Tableau, dépens compenſés; ainſi il faut trois Officiers,
" ſi le chef de la Juriſdiction n'eſt pas Gradué.

Par autre Arrêt ſur requête, rendu au Parlement de Dijon, le 12 Août 1739, pour le Lieutenant Criminel au Bailliage d'Avalon, la Cour ordonna aux Officiers des Juſtices inférieures de l'appeller aux Jugements des procès criminels dont les appellations doivent ſe rélever immédiatement à la Cour, *à peine de nullité*, & de tous dépens dommages & intérêts du Lieutenant Criminel des parties en leurs propres & privés noms, aux offres faites par le Lieutenant Criminel de ſe tranſporter à ſes frais ſur les lieux lorſque les procès ne ſeront pas jugés à Avalon, & de ne percevoir pour la viſitation des procès & jugements d'iceux d'autres & plus grands droits qu'un Gradué; il fut encore ordonné par le même Arrêt ſur requête, que dans le cas dont il s'agit, le Juge des lieux pourroit précéder le Lieutenant Criminel, & ſigner avant lui, & que le Lieutenant Criminel précéderoit les Gradués, à l'égard deſquels l'ordre du Tableau ſeroit obſervé.

Enfin en 1745, nouvelle conteſtation s'étant élevée entre le Lieu-

tenant Civil du Bailliage de Nuits, faisant fonction de Lieutenant Criminel, dont l'Office étoit vacant, & les Avocats du même Siege, la cause fut défendue de part & d'autre avec chaleur, il intervint l'Arrêt suivant. " La Cour, parties ouies, & le Procureur Général du
„ Roi, a déclaré communs les Arrêts obtenus par les Officiers au
„ Bailliage d'Autun ; ordonne en conséquence aux Juges des Justices
„ seigneuriales, ressortissantes au Bailliage de Nuits, d'appeller ledit
„ Lieutenant Criminel, & autres Officiers plus anciens dudit Bailliage,
„ au nombre porté par l'Ordonnance, pour le Jugement des procès
„ Criminels dans lesquels il s'agira de peine afflictive, & dont les appel-
„ lations doivent ressortir directement à la Cour ; à la charge toutefois
„ par les Officiers dudit Bailliage, de ne pouvoir prendre plus fortes
„ vacations & droits que les Gradués plus prochains desdites Justices. „

Ces Arrêts d'Avalon & de Nuits, en citent un grand nombre d'autres, rendus en pareils cas pour les différents Sieges de cette Province : & entr'autres ceux des 10 Mars 1634, 21 Février 1639, 12 Mars 1674, 5 Juin 1713, 8 Janvier 1728, &c. Notre Réglement pour le Présidial d'Autun, rendu au Conseil, le 16 Mars 1705 ; article XLII, porte que le Lieutenant Criminel fera seul la fonction d'Assesseur en la Maréchaussée, si ce n'est en cas de maladie ou récusation, auquel cas les Présidents nommeront un Conseiller du Siege, suivant l'article XXII du titre II, de l'Ordonnance de 1670 ; ce qui prouve qu'en Bourgogne, malgré la disposition de cette Ordonnance, les Lieutenants Criminels ont été exactement conservés dans leur droit & possession, d'être Gradués nécessaires, même dans les Maréchaussées. Je suis en possession tranquille de ces droits, je ne siege & n'opine qu'après le chef de la Jurisdiction, & avant le Lieutenant de la Justice, s'il y en a un ; ensorte que je suis toujours le second, & même je prends toujours dans ces Jugements, la qualité de Gradué nécessaire.

Suivant tous ces Arrêts, lorsque le Juge n'est pas gradué, il doit appeller trois Officiers du Bailliage ; cependant s'il y avoit un Lieutenant Gradué, il seroit nombre ; mais s'il n'étoit pas Gradué, il ne pourroit y assister ; on ne le tolere que pour le chef : on a déjà cité Bouvot, voici comme il s'en explique, partie 2, au mot *Maire*, question 2, p. 130, édition de 1633.

" Le Maire de Châlons, procede à l'instruction d'un procès Criminel,
„ il n'est pas Gradué ; *quæritur*, s'il le peut faire, sans être Gradué ;
„ on répond qu'il ne le peut faire, l'Ordonnance requérant que les Cri-
„ minels soient jugés par des Gradués, lesquels savent mieux obser-
„ ver ce qui est nécessaire, soit pour l'absolution de l'innocent,
„ soit pour la condamnation du coupable ; & par conséquent, doit le
„ Maire non Gradué, appeller avec lui un Gradué, pour procéder à
„ l'instruction du procès ; & le nombre des Gradués au desir de l'Or-
„ donnance, pour le Jugement, & ne peut y appeller les Echevins non

„ Gradués ; car n'étant pas de la qualité requise , & y opinant , la
„ Justice ne pourroit être rendue par gens qui en sont ignorants. „
Ainsi jugé , dit Bouvot , par Arrêt du Parlement de Dijon , du 18
Janvier 1616 , contre le Maire de Saulieu.

On souffre à présent qu'un Maire ou autre Juge non Gradué, fasse
l'instruction criminelle seul, parce que cet article de l'Ordonnance n'exige
des Gradués que pour le Jugement, aussi bien que les Déclarations du
Roi , citées au n. précédent : la qualité de Gradué est si nécessaire dans
les Jugements des procès Criminels, que les Conseillers d'honneur , &
Lieutenants Généraux d'épée , quoique Officiers en titre dans les Présidiaux , n'y peuvent assister, suivant plusieurs Edits ; & entr'autres , celui
d'Octobre 1703 , portant création des Lieutenants Généraux d'épée , qui ,
article V , porte qu'ils auront voix délibérative dans les matieres civiles ,
même dans les matieres criminelles , *s'ils sont Gradués*. Voyez le n. 2 de
cet article.

4. Les Officiaux par les mêmes raisons , ne peuvent juger contre un
Ecclésiastique , un procès où il peut écheoir une peine grave , sans être
assistés de deux Gradués ; sinon il y auroit lieu à l'appel comme d'abus :
il est vrai que cet article de l'Ordonnance , ne parle que des Juges
Laïcs ; mais il n'en est pas moins certain , que les Juges d'Eglise doivent
suivre les mêmes regles , lorsqu'il y a eu récollement & confrontation ;
parce que , comme il a été expliqué sur l'article I du titre XV , des
récollements , n. 1 , la procédure extraordinaire ne doit être ordonnée
que lorsque le cas est grave. L'Auteur du traité Criminel , imprimé en
1732, *in-4°*., chap. 24, p. 220, & Du Rousseau , partie 3 , chap. 24 ,
n. 2 , disent que l'Official ne peut juger pour le délit commun , sans être
assisté d'autres Ecclésiastiques Gradués , ou d'Avocats , au nombre de trois ,
à peine de nullité de la Sentence qui seroit abusive ; & effectivement ,
quand il s'agit de peines canoniques , comme d'interdiction , privation
de bénéfice , suspension , prison , ou autres peines pareilles , qui ne
peuvent être prononcées sans une instruction complette par récollement &
confrontation , l'Official est obligé de juger avec des autres Gradués ; il
n'y a que dans les cas légers où il ne s'agit que de dommages & intérêts ,
ou de quelques réparations civiles qu'il peut juger seul ; & comme le
Lieutenant Criminel est le premier Gradué au Criminel , il doit être
appellé , si l'on appelle des Gradués Laïcs ; pourvu qu'il ne s'agisse pas
d'une procédure instruite , conjointement avec lui : c'est sur ce principe ,
qu'il est appellé par les Juges inférieurs , & que le Lieutenant Général
doit être appellé aux Consuls ; ainsi qu'il vient d'être expliqué. On ne
peut appeller les Gradués que suivant l'Ordre du Tableau ; c'est par une
suite de cette regle , que le Procureur du Roi est appellé comme premier
Gradué dans les Bailliages , pour juger au défaut des Officiers royaux ,
suivant les Réglements , à l'exclusion des Avocats. Voyez le nombre précédent.

Y 2

ARTICLE XI.

*Les Jugements en dernier reſſort ſe donneront par ſept Juges,
au moins ; & ſi ce nombre ne ſe rencontre dans le Siege,
ou ſi quelques-uns des Officiers ſont abſents, récuſés, ou
s'abſtiennent, pour cauſe jugée légitime par le Siege, il
ſera pris des Gradués.*

1. Cet article eſt une répétition de ce qui eſt contenu dans le XXIVe,
du titre II. Ainſi on peut voir les obſervations qui y ont été faites. On
ſe contentera d'une nouvelle, qui eſt que celui-ci veut que le Juge qui
s'abſtient de la connoiſſance d'un procès, en diſe les motifs, & qu'ils ſoient
jugés valables par le Siege. Une des principales raiſons de cette diſpoſition,
c'eſt que ſouvent les Juges par reſpect humain & par ſoibleſſe, aban-
donnent la défenſe du pauvre & de l'indigent, dans la crainte de déplaire
à une partie puiſſante, de laquelle ils eſperent quelque grace. Il faut
dans un Juge de la fermeté. S'il quitte ſa place mal-à-propos, ſa conſcien-
ce demeure chargée de l'événement ; il répond de l'injuſtice & de l'op-
preſſion s'il s'y en trouve. Il dira en vain qu'il préſume que celui qui le
remplacera, jugera auſſi-bien que lui : mauvaiſe excuſe, il eſt en place
pour faire ſon devoir ; toutes les fois qu'il s'en écarte par lâcheté ou autrement, il prévarique. Il doit ſe rendre exact dans toutes les occaſions où
ſon miniſtere l'appelle ; il ne doit faire aucune attention au crédit & à
l'autorité des parties. La Juſtice doit être ſon ſeul objet, ſon ſeul point
de vue. L'intégrité dans un Juge ne ſuffit pas ſeule, il doit avoir du
courage & de la force pour ſoutenir dans toutes les occaſions la Juſtice
& la vérité. *Noli quærere fieri judex, niſi valeas virtute irrumpere iniquitates,
ne forte extimeſcas faciem potentis, & ponas ſcandalum in æquitate tuâ.*
Eccl. 7, 8.

ARTICLE XII.

*Les Jugements ſoit déſinitifs ou d'inſtruction paſſeront à l'avis
le plus doux, ſi le plus ſévere ne prévaut d'une voix, dans
les procès qui ſe jugeront à la charge de l'appel, & de deux
dans ceux qui ſe jugeront en dernier reſſort.*

1. Lorſque ſept Juges ſont aſſemblés pour rendre un Jugement en dernier reſſort, il faut cinq voix de l'avis le plus ſévere, pour qu'il pré-
vale. Et s'il y a huit Juges il n'en faut que pareil nombre pour faire

Jugement. Dans le premier cas c'est cinq contre deux, & dans le second cas c'est cinq contre trois. Par conséquent il est plus avantageux pour l'accusé qu'il y ait sept Juges seulement ; s'ils étoient neuf, il faudroit les deux tiers des voix, six contre trois, pour que l'avis le plus sévere prévalût.

L'Ordonnance par cet article nous donne assez à entendre qu'elle incline pour la douceur dans les Jugements. Voyez à ce sujet les observations sur l'article VIII du titre XV, n. 4.

2. Il peut se trouver trois ou quatre opinions différentes, sans qu'aucun parti, ait le nombre de deux, nécessaire pour l'emporter sur les autres. Voici les regles en pareil cas. Article XXVII, de l'Edit de Février 1705, servant de Réglement pour le Présidial d'Ypres. " Quand il y aura trois ,, avis différents, ou même davantage, le plus petit nombre sera obligé ,, de revenir, & il se conformera à l'un des avis : en sorte qu'ils soient ,, réduits à deux : & il n'y aura point de partage. Pourvu qu'il y ait ,, une voix de plus, suivant l'usage de ce Siege qui sera observé. Et ,, en cas qu'il y ait plusieurs avis, si deux des moindres se trouvent égaux, ,, ceux qui auront ouvert les premiers avis seront tenus de revenir. ,, Voyez Papon, livre 4, chap. 6, Arrêt 29, p. 126.

La même chose avoit été ordonnée par l'article XIX, d'un autre Edit de Décembre 1701, servant de Réglement pour le Parlement de Tournai ; *idem*, par autre Edit de Mai 1706, servant de Réglement pour le Conseil Provincial de Valenciennes. Ces trois Edits se trouvent dans le Recueil ou Réglement de Justice ; imprimé en 1712, *in* 4°. par ordre de Monseigneur le Chancelier. Voyez Denisard, au mot *opinion* : il atteste les mêmes regles, & cite les Ordonnances de 1510, article XXXII, & de 1535, chap. 1, article LXXXVII.

Du Rousseau de la Combe, partie 3, chap. 24, n. 14, dit aussi que s'il se trouve différents avis, l'usage est qu'ils soient réduits à deux, à l'un ou l'autre desquels tous les autres opinants sont obligés de se ranger à commencer par ceux qui sont moins en nombre d'un même avis, lesquels doivent être les premiers à revenir. Le même Auteur à la fin de la quatrieme partie de son Traité Criminel, édition de 1744, page 213, rapporte à ce sujet une consultation, avec un Arrêt du Conseil du 7 Janvier 1744, rendu en interprétation de cet article de l'Ordonnance ; cet Arrêt a jugé que la regle *in mitiorem* doit avoir lieu en faveur de l'accusé même dans l'instruction ; c'est-à-dire, dans le Jugement d'un incident, quoique les parties soient respectivement accusés & accusateurs. Voyez Brillon, au mot *opinion*, n. 3, tome 4, p. 481, où il cite à ce sujet l'article XXXII, de l'Ordonnance de 1512.

M. Leprêtre, centurie 1, chap. 74, dit qu'au Parlement de Paris, l'usage est que s'il court plusieurs opinions, on les réduit à deux cathégoriques, auxquelles toutes les autres sont obligées de se ranger : que ceux qui sont les moins en nombre commencent à revenir, & que si le Rapporteur est du plus petit nombre, c'est lui qui fait la planche, & qui prend le premier son parti. M. Leprêtre raconte suivant Héliodore, que le nommé Gnémon fut condamné à un banniffement feulement, quoique les Juges ne fuffent que mille ou environ de cet avis, & qu'il y en eût plus de mille fept cents qui le condamnaffent à mort; parce qu'ils étoient entr'eux de différents avis, les uns le condamnant à être lapidé, & les autres à être précipité dans le Barathre; de forte que féparés, ils fe trouvoient en moindre nombre que ceux qui le condamnoient à un banniffement.

3. *Véhémentement foupçonné.* Il eft d'ufage de fe fervir de ces termes dans les Arrêts & Jugemens, lorfque les preuves ne font pas fuffifantes pour la conviction. Les Ordonnances s'en font fervies; & entr'autres celle du mois d'Avril 1453, rapportée dans les Loix criminelles, tome 2, p. 6; elle porte que quand un accufé fe trouvera chargé, ou véhémentement foupçonné d'un crime, il fera arrêté & conduit au Juge. Voyez les Caufes célèbres, tome 9, p. 273. Et Brillon, au mot *Official*, n. 90, où il dit que dans les caufes criminelles lorfqu'il n'y a point de conviction & qu'il fe trouve de grands indices contre l'accufé, le Juge d'Eglife peut prononcer par *violemment fufpeƈ, ou véhémentement foupçonné.* Mais il faut remarquer que cette façon de prononcer ne doit avoir lieu que dans le cas d'un accufé de plufieurs crimes qui fe trouve violemment foupçonné de l'un, & convaincu d'un ou plufieurs autres. Car s'il n'étoit accufé que d'un crime duquel il y auroit des preuves violentes, on ne le pourroit condamner qu'à la queftion, ou ordonner un plus amplement informé, ou un renvoi jufqu'à rappel, ou l'abfoudre.

4. *Pour les charges réfultantes du procès.* Il n'eft permis qu'aux Cours de fe fervir de ces termes. Plufieurs Arrêts l'ont défendu même aux Officiers des Préfidiaux. Par Arrêt de la Tournelle à Dijon du 1 Décembre 1698, il fut défendu à tous Juges de prononcer par ces mots, *Pour les charges réfultantes du procès;* il leur fut enjoint de déclarer les chefs de conviction dans leurs Sentences. Par autre Arrêt du Parlement de Paris du 22 Décembre 1731, rapporté dans les Loix criminelles, tome 2, p. 423; il fut auffi défendu au Lieutenant Général de Limours de prononcer par ces mots atteint & convaincu *des cas mentionnés au procès:* & à lui enjoint d'exprimer le crime dont il trouvera l'accufé atteint. Bouvot, dans fon Epitome du Commentaire de notre Coutume de Bourgogne, p. 12, dit que par Arrêt du Parlement de Dijon, du 30 Avril 1611, il fut défendu aux Juges d'ufer de ces mots *pour certaines confidérations.* Voyez Brillon, au mot *Official*, n. 89, tome 4, p. 830. Le Juge fuivant Imbert, livre 3, chap. 20, p. 686, de fa Pratique criminelle, doit déclarer fpécialement pour quel crime il condamne l'accufé, & aux notes *ibidem*, il eft dit, que c'eft parce que fi la procédure étoit perdue, on ne connoîtroit pas pour quel crime eft intervenue la condamnation. Mais la meilleure raifon eft que les Cours jaloufes de leur autorité ne veulent pas que les Juges leurs inférieurs fe fervent dans leurs Sentences des mêmes termes

qu'elles emploient dans leurs Arrêts : par Arrêt du 19 Mars 1712, il a aussi été défendu à l'Official d'Amiens de se servir de ces termes. *Pour les cas résultants du procès*, & à lui enjoint d'insérer dans ses Sentences, les cas dont les accusés se trouveront convaincus. Journal des Audiences, tome 6, page 198.

Il ne convient pas aussi aux Juges sujets à l'appel, de prononcer, *sans s'arrêter à l'appellation* ; parce que comme dit Budée. *Verba ista amplissimum ordinem*, *Majestatemque Senatûs respiciunt, in pandect.* C'est trancher du Souverain ; c'est condamner l'appellation que de ne pas s'y arrêter. On regarde ces mots comme une maniere ambitieuse de prononcer ; c'est une entreprise sur l'autorité du Juge supérieur ; l'inférieur ne peut dire que *benè vel malè*.

5. *Hors de Cour.* Autre forme de prononciation dont il n'est pas permis de se servir dans les Sentences ; elle est réservée pour les Cours supérieures. L'Arrêt de Réglement du Parlement de Paris du 3 Septembre 1667, rapporté tome 1, du Recueil de M. Jousse, enjoint à tous Juges en prononçant sur les appellations de se conformer à l'Ordonnance, & de prononcer *an benè vel malè*. Avec amende, & en cas qu'il se trouve avoir été bien jugé, leur fait défenses de prononcer par hors de Cour sur l'appel. *Idem*, par autre Réglement de la même Cour du 10 Juillet 1665, article II. L'Arrêt du Parlement de Dijon de 1698, cité au nombre précédent, ordonne aux Juges de déclarer dans leurs Sentences les chefs d'accusation. Il faut, dit Bruneau, titre XXVII, n. 29, p. 266, que les Sentences soient prononcées en termes convenables aux Juges qui les rendent, ils ne peuvent dire *sans note d'infamie, ni sans tirer à conséquences, ni mettre les parties hors de Cour, ni juger pour certaines considérations* ; ils peuvent seulement mettre les parties hors de cause, & non hors de Cour. Cette derniere façon de prononcer, hors de Cour, ou hors de cause ne renferme pas une justification complette aux yeux du public. Mais c'est une absolution entiere aux yeux de la Justice, à la censure de laquelle l'accusé ne peut plus être exposé pour le même cas : parce qu'il est totalement jugé. Un Arrêt qui renvoie de l'accusation est un vrai titre d'innocence, & celui qui met hors de Cour est un Arrêt d'absolution, l'un justifie, l'autre ne condamne pas. Mais dans l'un & l'autre cas l'accusation ne peut être réitérée. *Non bis in idem.*

Par Arrêt de Réglement rendu en la Tournelle de Paris le 19 Janvier 1731, il a été défendu de prononcer par ces mots *atteint & convaincu* lorsqu'il n'y a pas eu récollement & confrontation. Voyez Denisard, aux mots *atteint & convaincu*, p. 86. Il faut au petit criminel déclarer *convaincu* seulement ; sans y ajouter le mot *atteint*, qui ne convient qu'au grand criminel.

6. Le Juge royal après avoir instruit conjointement avec l'Official doit attendre que celui-ci ait rendu sa Sentence, avant de prononcer la sienne ; lorsque le Juge d'Eglise a jugé, le Juge royal fait transférer dans ses

prisons l'accusé. Si l'Official affectoit de retarder son Jugement, l'accusé auroit la voie du déni de Justice, & ensuite celle de l'appellation comme d'abus; parce que c'est un abus de contrevenir à l'Ordonnance. Le Procureur du Roi peut dans le même cas faire des sommations au Promoteur & à l'Official; mais s'ils n'avancent pas, il ne peut que se pourvoir à la Cour; car de pareilles sommations ne mettroient pas le Juge royal en droit de juger avant l'Official; ainsi qu'il a été expliqué sur l'article XIII du titre I, n. 8.

7. Lorsque le Lieutenant Criminel est appellé par l'Official, & qu'il y a contre l'accusé ecclésiastique, plusieurs chefs d'accusations, il ne doit instruire & juger que le cas privilégié. Les Cours même ne connoissent pas du délit commun. Voyez les Causes célebres, tome 9, p. 395 & 426, où sont les conclusions de M. l'Avocat Général Talon à ce sujet. Suivant les Edits de 1678, 1684 & 1695, un Juge d'Eglise ne peut, sans abus, prononcer sur le cas privilégié, de même que le Juge royal ne doit pas prononcer sur le délit commun. Sans quoi l'accusé seroit jugé deux fois pour le délit commun. Il y a cependant une exception à cette regle, c'est le cas où le Juge royal auroit connu du délit commun seul, sans qu'il y eût eu revendication du Promoteur, ni demande en renvoi de la part de l'accusé. Il pourroit dans ce cas instruire le procès contre un Ecclésiastique, & même le juger quoiqu'il ne fût accusé que d'un délit commun; c'est ce qui a été expliqué sur l'article XIII du titre I, n. 11.

8. Il se présente quelquefois des crimes, contre lesquels nos Ordonnances n'ont point prononcé de peines. Nous avons cependant une regle générale qui est que les Juges, même les Cours ne peuvent prononcer d'autres peines que celles établies par les Ordonnances. Il faut une Loi qui autorise les Juges à condamner à une peine, plutôt qu'à une autre: ils ne peuvent décider & punir que suivant les Loix du Royaume. C'est une maxime fausse de dire que les peines sont arbitraires. *Pœna nunquam imponitur nisi in casu in quo reperitur à jure expressa.* Loi *& si quis parag. Divus D. de releg. & sumpt. fun. parag. cum igitur.* Quand nos Rois ont donné aux Juges la puissance de juger, ce n'a été que pour exercer une autorité bornée par leurs Ordonnances. Il est cependant vrai que l'on trouve au Journal du Palais, tome 2, p. 970, dans le nombre des Arrêts omis celui du 22 Juin 1673, rendu à la Tournelle de Paris, qui confirma une Sentence du Châtelet, par laquelle un Prêtre, convaincu d'inceste, spirituel avoit été condamné à être pendu & brûlé: quoiqu'il n'y ait aucune Loi ni Ordonnance qui impose cette peine pour l'inceste spirituel; mais l'usage en pareil cas est que les Juges condamnent à la peine ordonnée pour un autre crime, qui a le plus de rapport à celui dont l'accusé est convaincu. C'est la regle & la Jurisprudence des Arrêts, rapportés par Papon, livre 4, titre X, n. 2 & 3: & par Despeisses, dans sa Pratique criminelle, partie 1, titre XII, section 2, article IV,

n. 12.

n. 12. L'Arrêt de 1673, qui vient d'être cité, se trouve aussi dans Brillon, au mot *Confesseur*, n. 6, tome 2, p. 324. L'inceste spirituel est un cas royal, tant à cause de la qualité de l'accusé ecclésiastique, que parce que c'est une profanation du Sacrement. Voyez les observations, sur l'article XI du titre I, n. 4.

L'inceste spirituel, & l'adultere de la part d'un Curé sont aussi punis de mort. Arrêt du 11 Juillet 1626, rapporté au Journal des Audiences supplément du tome 7, chap. 30, p. 9.

Ceux qui séduisent des religieuses sont pareillement sujets à la peine de mort, suivant la Loi au Code *de Episcopis & Clericis*. Quoique nous n'ayons pas d'Ordonnance précise à ce sujet. Ce crime est puni comme l'inceste spirituel. Voyez Brillon, au mot *mort*, n. 10, tome 4, p. 443 ; & au mot *peine*, n. 31, p. 136, du tome 5 : le Journal du Palais, *in-folio*, tome 2, p. 970 ; & ci-devant les observations sur l'article XI du titre I, n. 25.

Il n'est pas permis aux Juges d'inventer des supplices. Imbert, livre 3, chap. 20, aux notes sur la fin, dit que cela fut ainsi jugé par Arrêt du Parlement de Paris, qui dit qu'il avoit été bien appellé par un Anglois qui étoit condamné à être noyé ; la Cour le condamna à être nourri au pain & à l'eau jusqu'au bon plaisir du Roi, le 21 Juillet 1456.

Par Arrêt du Parlement de Paris du 6 Mars 1714, un Curé convaincu d'avoir abusé du tribunal de la confession avec une de ses paroissiennes pour la séduire, a été banni pour un an avec dix livres d'amende. Un autre à neuf ans de bannissement par Arrêt du 12 Juin 1707, pour commerce charnel avec une religieuse sa pénitente. Et par Arrêt du Conseil d'Artois du 21 Décembre 1693, un Curé a aussi été condamné à faire amende honorable & au bannissement perpétuel, pour inceste avec sa pénitente, & pour avoir fait des actes faux sur un Régistre de Baptême. Voyez Denisard, au mot *Confession*, tome 1, p. 259.

9. Il se trouve des cas où les crimes les plus graves semblent devoir être excusés. Bruneau à ce sujet, titre XIX, p. 193, rapporte, que Dolabella étant Proconsul en Asie, il lui fut amené une femme qui avoit empoisonné son second mari & un fils qu'il avoit. Elle convint du fait, mais soutint qu'elle avoit eu sujet de le faire ; parce qu'ils avoient tué son fils du premier mariage ; Dolabella se trouva embarrassé, aussi - bien que les Gens de son Conseil, personne n'osoit donner son avis, le poison dont elle convenoit ne devoit pas rester impuni ; d'un autre côté elle ne pouvoit être condamnée pour avoir puni deux meurtriers. La décision fut renvoyée au Sénat d'Athenes, qui ordonna que les parties comparoîtroient dans cent ans. En France elle auroit obtenu des lettres de grace, quoique le crime de poison ne soit pas graciable.

10. Un autre embarras. C'est lorsque dans la mêlée ayant été donné un coup qui a tué, on ne peut découvrir de quelle main il est parti. On peut voir à ce sujet le sentiment de M. Favre, rapporté ci-

devant sur l'article IV du titre II, n. 2; on n'en peut punir aucun comme meurtrier.

Lorsqu'il n'est pas possible d'acquérir la preuve du fait arrivé entre plusieurs particuliers qui se sont trouvés dans une rixe où un homme a été tué ou blessé, l'action est solidaire pour les peines pécuniaires. Loi *item. Mela.* parag. 2. *D ad legem aquiliam, si in rixa percussus homo perierit ictu unius, cujusque in hac collectorum contemplari oportet.* Godefroi *ibidem*, sur ce principe, par Arrêt de la Grand'Chambre du Parlement de Dijon du premier Avril 1665, rendu entre les nommés Moreau, Potot, & autres particuliers dont les maisons avoient été brûlées, il fut jugé que ceux qui avoient tiré des coups de fusils & de pistolets par forme de réjouissance, étoient tenus solidairement de l'incendie arrivé par les coups de feu, sans que l'on pût découvrir par le fait duquel des accusés, le feu avoit été mis. Voyez Raviot, question 256, n. 26, tome 2, p. 332.

Dans les crimes graves, si l'accusé est mal famé, on ne laisse pas de le condamner au bannissement ou même aux galeres; quoique les preuves ne soient pas completes. C'est ce qui est arrivé à l'occasion de plusieurs incendies au sujet desquels j'ai fait des procédures, sans avoir pu acquérir des preuves complettes du crime d'incendie; mais comme les accusés se sont toujours trouvés mal famés, & même convaincus de quelques délits quoique légers, j'ai vu le Parlement de Dijon, confirmer mes sentences qui les condamnoient aux galeres, quoique les autres délits ne méritassent pas cette peine. M. le Président Favre pousse les choses plus loin; puisque dans le cas d'une accusation grave, quoiqu'il n'y ait point d'autre plainte contre l'accusé, il veut qu'il soit exilé sur sa mauvaise réputation, dans le cas où il ne peut être totalement convaincu; c'est dans son Cod. liv. 9, titre XXV, définition 9, où il dit, *Ex atrocioris delicti causâ delatus, si delinquendi consuetudine malè audire probetur, & publicâ famâ urgeatur, in exilium perpetuum relegandus est, tametsi minus plenæ sint probationes ad irrogandam condemnationem. Nam & hoc ad publicam vindictam securitatemque pertinet, ut quos boni tanquam malos execrantur, iis inter bonos vivendi facultas denegetur. Ideo fortassè quòd quanquam virum bonum ab improbo calumniam pati novum non est, fieri tamen nequeat ut apud bonos malè audiat qui vitæ sit probæ & inculpatæ; quò pertinet elegans ille Ausonii versus. Hæc casta est de quâ mentiri fama veretur.* Nous avons un petit *in-*12, imprimé à Paris en 1694, & intitulé Essais de Jurisprudence. On y trouve p. 292, une savante dissertation sur la question de savoir, *si le Juge peut imposer une demie peine lorsqu'il n'y a qu'une demi-preuve.* L'Auteur anonyme, après avoir discuté les raisons pour & contre, prend le parti de la douceur & de l'humanité, dans la crainte de sacrifier l'innocence.

Il y a encore le cas d'un accusé prévenu de plusieurs crimes dont aucun n'est parfaitement prouvé. Il est des regles de le condamner, s'il y a preuve considérable de plusieurs délits ; *etsi furtum huic aut illi à Sempronio factum esse probari non potest per testes singulares. Si tamen ex plurium testationibus appareat de diversis furtis ab eo admissis , non eo minùs probatum erit furtum in genere ut concludi possit Sempronium furem esse. Cujus rei effectus ille erit ut Sempronius tanquam fur condemnari debeat ad pœnam ; non tamen , quod mirum est , ad rerum quæ furto substractæ dicuntur restitutionem. Ita Senatus 1595.* Cod. Favre , liv. 6 , titre III , définition 5 : ainsi *furtum potest probari in genere quamvis non sit probatum in specie.*

11. Pour former une semi-preuve en matiere civile , il suffit d'avoir une présomption qui soit capable de donner un soupçon , suivant Cujas sur la Loi *in bone. Cod. de reb. cred.* Il n'en est pas de même en matiere criminelle ; tout ce qui ne prouve rien & qui n'est capable que de donner des soupçons , est rejeté : la Loi ne reçoit d'indices que ceux qui sont indubitables & clairs comme le jour. *Indiciis indubitatis & luce clarioribus* , Loi *sciant* Cod. *de probat.* ; les indices ne sont pas seuls une preuve parfaite , il n'y a que le titre & les témoins qui puissent former des preuves parfaites ; les indices quelque indubitables qu'ils soient ne sont pas seuls suffisants pour former une condamnation , ils ne sont qu'une preuve imparfaite : la Loi a toujours exigé des indices manifestes & certains. Nous en avons une infinité de textes dans le Droit. C'est une remarque de Papon dans son recueil d'Arrêts , liv. 24 , titre 8 , n. 1 , où il dit que les Juges n'ayant en main pour la preuve du crime , que des indices & des présomptions , quoiqu'indubitables & véhémens , ils ne doivent pas condamner à la vraie & derniere peine , comme s'il y avoit des témoins qui auroient vu commettre le crime : ils doivent incliner à quelque autre peine plus légere. Papon cite Balde & Accurse pour garants de son opinion.

Il est vrai qu'il y a des indices si pressants qu'ils paroissent capables de former une conviction ; parce qu'ils concluent par une conséquence si nécessaire , qu'elle produit la science ; mais la science des Juges ne suffit pas pour condamner ; il y a deux sortes de science , celle qui produit une certitude morale , & celle qui produit une certitude physique ; la science morale est celle qui dépend du raisonnement , comme celle qui n'est fondée que sur des indices ; la science qui produit une certitude physique , est celle qui dépend immédiatement des sens , telle qu'est celle qui dépend des témoins qui ont vu commettre le crime ; ces deux especes de science forment les deux différentes especes de conviction morale ou physique ; mais les convictions morales ne sont pas suffisantes en matiere criminelle , où il ne s'agit que du fait ; les questions de fait ne sont pas de la morale , mais seulement de la pure connoissance de la physique.

Pour composer une demi-preuve , si l'on peut dire qu'il y en a , un indice indubitable ne suffit pas. La Loi *sciant.* Cod. *de probat.* La Loi

19, Cod. de *Rei vindicat.* : la Loi 3 , parag. 4 , D. *de suspect. tut.*, & autres , n'ont jamais d'égard à un seul indice, elles en veulent plusieurs ; elles les désignent au pluriel il faut qu'ils soient indubitables pour composer une preuve considérable. Il n'y a point de demi-preuve ; plusieurs Auteurs blâment cette façon de s'exprimer. C'est un nom barbare & imaginaire ; ce qui est si vrai que l'on ne trouve pas un seul texte du Droit qui en parle. On ne peut découvrir à demi la vérité ; il n'y a point de demi - vérité : ce qui est vrai est entiérement vrai ; & ce qui n'est vrai qu'à demi est entiérement faux. Il est aussi impossible qu'il y ait des demi-preuves , qu'il est impossible qu'il y ait des demi-hommes. Quiconque voit une chose enveloppée ne voit pas la chose, il n'en voit que l'enveloppe. Tout ce qui ne prouve rien , & qui n'est capable que de donner du soupçon, doit être rejeté en matiere criminelle. Les Loix ne reçoivent d'indices , que ceux qui sont manifestes , indubitables , & clairs comme le jour : ces indices , quoique reçus , ne font pas une preuve entiere , elle est imparfaite ; ce n'est donc qu'improprement que quelques Auteurs se sont servis de ce mot , *demi - preuve*. Voyez le Traité du M. le Vayer sur la preuve par comparaison d'écritures. Il se trouve imprimé à la suite du Traité de la preuve par témoins, de Danti sur Boiceau.

Lorsqu'un accusé charge quelqu'un de complicité , ses réponses suffisent pour autoriser le Juge , à décerner un décret de prise de corps, s'il est question d'un crime grave & si le délit est constant. C'est ce qui se pratique sur-tout lorsque cette déclaration est faite par un condamné , on ne décrete pas à la vérité sur le champ le prétendu complice, mais on le fait arrêter , si cela se peut , pour le confronter au condamné : afin de pouvoir y procéder avant l'exécution. On trouve dans le procès instruit contre le scélérat Damiens qu'il chargea dans plusieurs interrogatoires Dominique Gautier, agent de M. le Marquis de Ferriere , même à la confrontation avec Gautier , comme témoin , de lui avoir tenu des propos condamnables contre le Roi, & sur-tout de lui avoir dit que ce seroit une œuvre méritoire, si quelqu'un étoit assez hardi pour assassiner le Roi. Ces propos de Damiens firent décréter Gautier de prise de corps : il fut ordonné que les témoins que Damiens nommoit & autres seroient entendus. Tous rendirent témoignage de la réligion , de la prudence , & particuliérement du profond respect du Sieur Gautier pour le Roi : sur la requête, il fut élargi. Cependant par Arrêt du 23 Avril 1757 , rendu après l'exécution de Damiens , il fut ordonné qu'il seroit plus amplement informé pendant un an, contre ledit Sieur Gautier pour raison des faits mentionnés au procès, circonstances & dépendances ; pendant lequel temps il tiendroit prison, où il s'étoit rétabli pour répondre d'Office derriere le Barreau, pour ensuite l'information communiquée à Monsieur le Procureur Général , être ordonné ce que de raison : il est à présumer que s'il avoit été question d'une procédure moins importante, l'accusé auroit été

renvoyé sur le champ ; car tous les témoins démentoient les charges
résultantes des réponses de l'infâme Damiens.

12. Un seul témoin de quelque qualité qu'il puisse être, ne fait pas
une demi-preuve, quoiqu'il ait été présent à l'action & quoiqu'il soit
incomparablement plus fort que le plus indubitable indice : la Loi ne
veut pas qu'il soit écouté. Cujas, *ad leg. Jul. majest.* réfute l'erreur
d'Accurse qui avoit avancé que la voix d'un témoin irréprochable pourroit faire une sémi-preuve ; mauvais raisonnement, dit Cujas, de vouloir faire passer la déposition d'un témoin pour une sémi-preuve, sous
prétexte que deux témoins font une preuve ; c'est tout de même que si
l'on disoit deux unités font un nombre, & par conséquent un est un
demi nombre : or qui a jamais oui parler d'un demi nombre : c'est une
défense que Dieu fait , deut. 19 vers. 15 : *non stabit testis unus contra*
aliquem , quidquid illud peccati & facinoris fuerit. Dieu ne se contente pas
de dire que l'on ne doit pas condamner sur le témoignage d'un seul
témoin ; il ne faut pas même que ce témoin paroisse. Saint Paul l'a
expliqué ainsi ; ne recevez pas même l'accusation , s'il y a moins de deux
témoins : *ad Thimot.* chap. 5. vers. 19 , & *ad Hebreos* , chap. 10 ,
vers. 28 ; c'est improprement parler que de dire qu'il y a une sémi-
preuve.

Il est vrai qu'il y a des crimes difficiles à prouver , & que quelques-
uns ont cru que les Juges dans ces cas , comme dans celui de l'incendie ,
il ne falloit pas exiger des preuves si claires & si concluantes. Mais c'est
une erreur manifeste : jamais la difficulté de prouver un crime , n'a
dispensé l'accusateur d'en faire la preuve , ni donné aux Juges le pouvoir
de condamner , sans une preuve parfaite de conviction. Il n'y a point de
crime qui soit plus caché & plus difficile à prouver que celui d'adultere ; ce crime n'affecte que la solitude ; il n'a ordinairement de témoins
que les criminels. Cependant cela ne dispense pas les accusateurs de la
nécessité de le prouver clairement , c'est ce qui est très bien expliqué dans
un passage des capitulaires de Charlemagne , livre 7 , chap. 186. *Nullus*
quemquam ante judicium damnet , nullum suspicionis arbitrio judicet , prius
quidem probet , & sic judicet ; non enim qui accusatur , sed qui convincitur
reus est. Pessimum namque & periculosum est quemquam de suspicione judicare ,
in ambiguis Dei judicio reservetur sententia. Quod certe agnoscunt suo ,
quod nesciunt divino reservent judicio : quoniam non potest humano condemnari
examine , quem Deus suo judicio reservavit. Dans l'ancienne Loi cette
impossibilité de la preuve obligeoit les Juges dans ces occasions aux
épreuves de l'eau & du feu.

13. Il a été observé sur l'article II du titre XIX , que quoique
l'accusé n'avoue pas son crime à la question , on peut le condamner à
des dommages & intérêts au profit de la partie civile ; parce que la
condamnation à la question suppose des preuves considérables , qui
peuvent être suffisantes pour prononcer des réparations pécuniaires ;

quoiqu'elles ne le foient pas pour prononcer la peine de mort. Il eft même d'ufage dans les Cours que lorfque les preuves font fortes , & cependant infuffifantes pour condamner au dernier fupplice , tel que le mériteroit le crime , fi la preuve étoit complette ; on condamne le coupable aux galeres ou autres peines moindres que la mort ; afin de purger la Société d'un membre qui ne pourroit que la troubler , c'eft ce que l'on appelle , *pro modo probationum*. Cet ufage eft même autorifé par l'Ordonnance. L'article II du titre XIX , porte que les Juges pourront arrêter , que nonobftant la condamnation à la queftion les preuves fubfifteront en leur entier , pour pouvoir condamner l'accufé , *à toutes fortes de peines afflictives , excepté celle de la mort*. D'où il fuit néceffairement que lorfque le crime mérite la mort. Les Juges peuvent condamner à une peine moindre , fi la preuve ne fe trouve pas complette. M. Jouffe qui eft de ce fentiment fur l'article II du titre XIX , dit , avec raifon , que c'eft auffi celui de la plus grande partie des Auteurs. Il eft inutile de les rapporter puifqu'il eft autorifé par notre Ordonnance.

14. Les Juges en fait de preuves doivent être timides & pancher pour la douceur , comme il a déja été obfervé fur l'article VIII du titre XV , n. 4 ; ils doivent fe dépouiller de toute prévention : on ne peut donner à ce fujet une inftruction plus belle que la priere de M. Pafchal , Confeiller au Confeil privé du Roi , qui fe trouve dans un manuel de prieres qu'il a compofées.

Da mihi , Domine , fcientiam , da bonam confcientiam , ut hic annus , omnemque curriculum magiftratûs mei non magis cenfeatur ubere frugum , quam æquitate decretorum ; da mihi adjutrices eas virtutes quæ adhærent juftitiæ. Hujus ftationis intelligam hunc effe fcopum ut protegam bonos , emendem malos , tollam deploratos. Hæc mihi infita fit religio , ut æquus , verus , & inadulabilis tribunal infideam. Me prius in privato probitas nobilitet , quam in foro æquitas prædicet. Priufque me vereantur homines ut emendatum , quam timeant ut vindicem. Similis fim legum , quæ muta docent , tacita imperant , inermes coercent , & fi manibus teruntur , non atteruntur , non flecti fciant , non fe patiantur exorari ; fac Domine , ut mihi ipfe indicam patientiam preffus audiendi , tu idem da mihi memoriam , cujus ductu perveniam ad acumen cognofcendi , hinc ad folertiam difcutiendi , poftremo ad facilitatem difcriminandi recta a curvis , fanda à nefandis , jus & injuriam penfitandi æquâ lance. Abfit omnis feritas , truculentia , impatientia indigna judice , impotentia.

Nihil pronuntiatum partibus inauditis , nunquam incognita accipiam pro cognitis , obfcura pro liquidis , dubia pro compertis , objecta pro adprobatis. Nunquam meum tribunal patiar quati ambitu infami , nullis donis , nullâ nundinatione in meam litem vertam , ne norim perfonas , fed jus. Nullis quatiar affectuum machinis , ut quiîpiam alicui adimam propter invidiam , quod ipfum addam propter mifericordiam fecundum illum dem litem qui caufa potior erit , non qui gratiâ. Semper liqueat imperia legum apud me effe potentiora quam hominum.

Priùs prohibeam delicta exemplo , quàm vetem edicto , aut vindicem pænâ non aliter pœna sequatur , quàm si delictum antecerit. Severitatem meam boni venerentur , scelerosi & legirupæ reformident. Meum tribunal sit cathedra justitiæ , schola probitatis , asylum innocentium & scopulus nocentium. Sic statuam quotquot adsunt esse testes dictorum , edictorum , decretorum meorum , hæc pronuntiem vultu placido. Inprimis tantâ æquitate ut hanc vel imperiti agnoscant , & judicio victi fateantur , & iniqui vereantur. Tantâ temperantiâ me geram , ut ne quis à me turbato provocet ad me inturbatum , ne meas simultates pro magistratu exerceam. &c. Voyez encore les observations sur l'article II du titre XXVIII , n. 1.

ARTICLE XIII.

Après la peine de mort naturelle , la plus rigoureuse , est celle de la question avec la réserve des preuves en leur entier , des galeres perpétuelles , du bannissement perpétuel , de la question sans réserve des preuves , des galeres à temps , du fouet , de l'amende honorable , & du bannissement à temps.

1. La question , avec la réserve des preuves en leur entier , a paru la plus rigoureuse après la peine de mort. Celle des galeres perpétuelles avoit été mise la seconde dans le projet de l'Ordonnance ; mais M. le premier Président de Lamoignon observa que , suivant l'usage du Parlement , les galeres perpétuelles avoient toujours passé pour une peine moindre que celle de la question avec réserve ; parce que la condamnation aux galeres assuroit la vie au condamné , & que la question pouvoit avoir trait à la mort , dont le péril ne pouvoit entrer en comparaison avec une autre peine ; que quand on vouloit favoriser un accusé , on le condamnoit aux galeres , plutôt qu'à la question ; parce qu'il pouvoit obtenir des lettres de rappel des galeres ; au lieu que l'on ne pouvoit éviter la question. M. Pussort prétendit que la question avoit trait à la vie aussi bien qu'à la mort , & par conséquent qu'elle étoit une peine moindre que les galeres qui sont sans retour à l'égard des Juges. Mais M. le premier Président répliqua qu'il croyoit que dans toutes les Jurisdictions la condamnation aux galeres même perpétuelles étoit considérée comme une peine moindre que la question. Enfin M. Talon leva la difficulté , en disant que cela dépendoit de la prononciation ; & que la question *manentibus indiciis* , ou bien *& si nihil fateatur* , étoit une peine plus forte que la simple condamnation aux galeres ; & que plusieurs avoient estimé que tout ce qui avoit trait à la mort , étoit une peine si grande que quelques-uns avoient cru que le plus

amplement informé étoit un avis plus rigoureux que celui des galeres: sur ces observations, l'article de l'Ordonnance fut changé, & la peine de la question, avec la réserve des preuves, fut mise la seconde avant celle des galeres perpétuelles.

Il avoit été jugé par Arrêt du mois de Décembre 1609, que la condamnation aux galeres pour un temps, étoit une peine plus douce que la question; parce que, comme l'observe M. Leprêtre, dans ses Arrêts, le condamné à la question est exposé à perdre la vie s'il avoue; étant certain qu'il n'y est condamné que pour lui faire endurer la mort, s'il confesse son crime. Voyez les observations ci-devant, sur l'article XXI du titre XIV, n. 3.

Les héritiers de celui qui a souffert la question, & qui ensuite, a été renvoyé de l'accusation, ne peuvent prétendre des dommages & intérêts; ainsi qu'il a été jugé contre les héritiers de M. de Langlade, dont l'histoire est rapportée dans les causes célébres; & encore par l'Arrêt du 27 Janvier 1600, dans cette grande cause qui fut plaidée en préfence du Roi Henri IV, & du Duc de Savoie; cet Arrêt est rapporté ci-devant sur l'article VII du titre III, n. 1; il faut de grandes preuves pour condamner à la question; par conféquent, on ne peut dire que la partie qui est parvenue à les acquérir, ait eu intention de former une accusation calomnieuse.

2. La peine des galeres perpétuelles, ou à temps, est toujours jointe à celle de la flétrissure, suivant la Déclaration du Roi du 4 Mars 1724, qui porte que ceux qui feront condamnés aux galeres, feront flétris, avant d'y être conduits, des trois lettres G A L, pour en cas de récidive qui mérite peine afflictive, être punis de mort; ce qui aura lieu, quand même ils auroient obtenu des lettres de rappel des galeres, suivant la même Déclaration.

Par autre Déclaration du Roi du 5 Mai 1750, rapportée dans le recueil d'Edits par M. Jousse, tome 3, p. 669, il a été ordonné que ceux qui auront été condamnés aux galeres, subiront la peine de la flétrissure, avant d'y être conduits; sans néanmoins qu'elle puisse leur être appliquée, que quinze jours au plutôt avant leur départ; elle fut rendue à l'occasion de ce que le Parlement de Rouen faisoit subir cette flétrissure, aussi-tôt après la condamnation; enforte que ceux qui obtenoient dans la suite des lettres de rappel des galeres, avoient subi la peine; ce que Sa Majesté a trouvé injuste & contraire aux graces que sa clémence fait, quand elle le juge à propos; cette Déclaration doit être exécutée dans tout le Royaume, quoiqu'elle n'ait été envoyée qu'au Parlement de Rouen, parce que cette Cour étoit la seule qui ne donnoit pas un sens convenable à la Loi de 1724: il étoit inutile de l'envoyer aux autres qui l'exécutoient suivant l'intention du Roi, qui est affez manifestée par cette Déclaration, pour ne plus douter de son sens naturel, qui est que les condamnés aux galeres aient le temps de solliciter des
lettres

lettres de rappel, avant de leur faire subir par provision une peine infamante, sans savoir auparavant si le Prince ne veut pas la remettre par des lettres de grace. Par une Déclaration du Roi du 4 Septembre 1677, il est porté que les condamnés aux galeres qui auront mutilé, ou fait mutiler leurs membres, seront punis de mort, pour réparation de leur crime.

La peine des galeres à temps, n'a été mise que la sixieme dans l'ordre des peines ; & après celle du bannissement perpétuel : ce qui paroît extraordinaire, parce qu'il n'y a point d'accusé qui n'aimât mieux être banni que condamné aux galeres, pour trois ans : il est cependant vrai, comme l'observa M. le premier Président, que le bannissement perpétuel hors du Royaume, emportant mort civile, qui dépouille le condamné de tous ses biens, cette peine est plus sévere que celle des galeres à temps, qui les lui conserve. M. Pussort répondit que dans la spéculation, le bannissement perpétuel sembloit être une peine plus grande que les galeres à temps ; mais que dans l'effet, si on laissoit le choix aux accusés, il n'y en auroit pas un qui balançât dans le choix de ces deux peines ; c'est-à-dire, qui ne préférât le bannissement perpétuel, même hors du Royaume, à la peine des galeres : malgré ces réflexions, M. le premier Président soutint qu'il ne falloit pas examiner la qualité de la peine par la commodité ou incommodité des accusés, ni par le choix qu'ils en pourroient faire ; mais par la nature de la condamnation : & par l'Etre Civil dont la privation étoit la plus grande de toutes les peines, après la mort naturelle : que celui qui étoit condamné au bannissement perpétuel hors du Royaume, étoit privé pour toujours de sa patrie, de ses parents, & de tous les effets civils ; au lieu que le condamné aux galeres à temps, rentroit dans tous ses droits, lorsqu'il avoit achevé son temps : ces réflexions firent changer le projet de l'Ordonnance ; on mit la peine de bannissement perpétuel, avant celle de la question sans réserve des preuves, & avant la peine des galeres à temps.

3. Les Juges des Seigneurs ne peuvent condamner aux galeres, suivant plusieurs Auteurs ; & entr'autres, Bruneau, dans ses observations imprimées en 1715, titre XXVII, n. 17, p. 259, où il dit qu'il n'y a que les Juges royaux qui puissent condamner aux galeres, & que les Juges des Seigneurs ne le peuvent ; parce que les galeres sont au Roi, & que ses Officiers des galeres ne connoissent pas les Jugements des Seigneurs, qui, ne pouvant étendre les peines, ni bannir plus loin que l'étendue de leurs Justices, ils n'ont ni droit, ni pouvoir, pour se faire obéir sur les galeres du Roi, qui est le seul Souverain, & qui n'a d'autres bornes que celles de ses Etats : d'où il conclut que les Juges des Seigneurs ne peuvent envoyer personne aux galeres où ils n'ont ni pouvoir, ni Jurisdiction, suivant Chopin, *de sacra politia*, liv. 2, titre III, n. 12 : il cite encore Henrys, dans ses Arrêts, tome 1, liv. 2, chap. 4, question 31, où se trouve un Arrêt notable du 20 Juillet 1641, qui défend

aux Juges des Seigneurs, de condamner aux galeres ; lequel Arrêt, Bruneau dit être un Réglement du Parlement de Paris publié dans tout le reffort : il porte : *La Cour fait défenfes aux Juges des Seigneurs, de condamner à la peine des galeres, comme n'appartenant qu'aux Juges royaux ; ordonne que l'Arrêt fera publié dans tous les Bailliages, &c.* Enfin, Bruneau dit que par autre Arrêt du Parlement de Paris, du 25 Janvier 1707, fur l'appel d'une Sentence du Baillif de Chevreufe, qui avoit condamné le nommé Martin aux galeres, la Sentence fut infirmée pour la forme feulement, puifque la Cour le condamna auffi aux galeres : ce dernier Arrêt n'eft pas une preuve fuffifante de ce que Bruneau allegue, concernant le défaut d'autorité des Juges des Seigneurs ; il auroit dû obferver que l'Arrêt de 1641, rapporté par Henrys, qui défend aux Juges des Seigneurs de condamner aux galeres, eft antérieur à notre Ordonnance de 1670, qui n'a fait à cet égard aucune différence des Juges royaux, & des Juges des Seigneurs : c'eft une obfervation de Du Rouffeau de la Combe, partie 1, chap. 1, n. 30, fur ce Réglement de 1641 : il cite un Arrêt du 27 Octobre 1734, qui a confirmé, une Sentence du Juge de Montmartre, à Paris, par laquelle Jean Mulard avoit été condamné aux galeres perpétuelles ; effectivement, depuis l'Ordonnance de 1670, les Juges des Seigneurs ont condamné aux galeres, fans être réformés par défaut d'autorité ; ce n'eft pas en vertu de leurs Sentences, que les condamnés font envoyés aux galeres, c'eft par la force & autorité des Arrêts qui les confirment. Voyez M. le Préfident Bouhier, chap. 51, n. 56, tome 2, p. 10.

4. Lorfqu'un condamné aux galeres, eft hors d'état de fervir, les Cours, fur le rapport des Médecins & des Chirurgiens, commuent fa peine : par Arrêt du Parlement de Paris, du 2 Mars 1675, la Cour, vu le rapport fur la requête d'un condamné aux galeres pour neuf ans, commua fa peine à celle d'être fuftigé & flétri d'une fleur de lys, avec un banniffement de neuf ans : cet Arrêt eft rapporté par Prévôt, célebre Avocat à Paris, dans fon excellent livre intitulé, *Jurifprudence fur les Rapports*, imprimé en 1753, *in-12*, p. 84.

Une penfion viagere n'eft pas éteinte par la condamnation aux galeres perpétuelles, de celui auquel cette penfion eft due ; ainfi jugé par Arrêt du Parlement de Paris, du 5 Septembre 1699, parce que il n'y a que la mort naturelle qui puiffe éteindre une penfion ou ufufruit. Voyez cependant les obfervations fur l'article XXVIII du titre XVII, des contumaces. Le douaire n'eft auffi pas éteint par la mort civile de la femme, fuivant Auzanet, fur les articles CCLV & CCLVI, de la Coutume de Paris.

5. Lorfque le temps de celui qui eft condamné aux galeres eft fini, il eft défendu aux Officiers des galeres de le retenir : il l'eft encore à plus forte raifon, lorfqu'il a obtenu des lettres de rappel des galeres, duement entérinées ; ainfi qu'il a été expliqué fur l'article V du titre XVI,

n. 2, où j'ai rapporté l'article CC, de l'Ordonnance de Blois : il est aussi défendu aux condamnés aux galeres d'en sortir, à peine de la vie. Voyez à ce sujet les causes célebres, tome 9, p. 131.

6. Lors des conférences sur cet article, M. le premier Président observa que le condamné aux galeres pour un temps, rentroit dans tous ses droits de la vie civile, quand son temps étoit fini ; mais M. le Chancelier répondit que c'étoit contre l'honnêteté publique que celui qui avoit été condamné aux galeres, pût exercer un Office ; & quoique cela fût de droit, il étoit bon de faire mention de cette incapacité : il ne fut cependant rien ajouté à l'article. Voyez les observations sur l'article XVI du titre XVII, n. 22.

7. Le fidéi-commis est-il ouvert par une condamnation aux galeres perpétuelles ? C'est une question traitée par l'Auteur des observations, sur les Arrêts de Catellan, édition de 1747, p. 259, après avoir rapporté le sentiment des Auteurs, il se décide pour l'affirmative ; il ajoute cependant qu'il y a contrariété de sentiments, mais les derniers Arrêts du Parlement de Toulouse, selon lui, doivent servir de regle en cette occasion : il en cite un du 31 Août 1723, qui a déclaré ouverte une substitution contractuelle, faite en faveur d'une Demoiselle, par son pere, condamné aux galeres perpétuelles : il en est de même d'un bannissement perpétuel hors du Royaume, & de toute autre peine emportant mort civile ; il est inutile à présent de discuter cette question si controversée avant l'Ordonnance de 1747, qui vient de mettre fin à toutes difficultés à ce sujet ; elle est rapportée sur l'article XVI du titre XVII, n. 20 : la mort civile donne à présent ouverture à la substitution ; l'article XXIV de cette Ordonnance de 1737, des substitutions, le decide expresse-ment.

8. Anciennement, lorsqu'il étoit question d'exercer une action, ou de former une demande contre un condamné aux galeres à temps ; on étoit dans l'usage de lui créer un curateur ; mais l'Ordonnance de 1667, titre II, article II, a changé cet usage ; elle porte que ceux qui seront condamnés au bannissement ou aux galeres à temps, seront assignés à leur dernier domicile : il en est autrement de ceux qui sont condamnés à ces peines à perpétuité, parce qu'ils sont morts civilement ; il leur faut par conséquent créer des curateurs, ainsi qu'il a été expliqué sur l'article XVI du titre XVII, n. 17.

9. Un condamné aux galeres, doit exécuter son Jugement ; on ne peut le retenir en prison pour dettes, ni pour le paiement des réparations civiles ; l'intérêt public l'emporte sur l'intérêt particulier : c'est la Jurisprudence de tous les Parlements, à la différence du bannissement qui n'empêche pas que l'on ne retienne le condamné. Voyez ci-après, n. 17.

10. Un Diacre condamné aux galeres, a besoin après son temps fini, d'être rétitué dans son premier état, pour être promu aux autres Ordres

A a 2

facrés. L'Auteur des obfervations fur les Arrêts de Catellan, prétend d'abord que fuivant les Canoniftes, même ultramontains, il faut s'adreffer au Juge royal : il cite Févret, *de l'abus*, liv. 3, chap. 1, n. 14, pour prouver qu'il y auroit abus, fi dans ce cas on s'adreffoit au Pape ; mais il convient qu'il fuffit dans l'efpece de l'Arrêt fur lequel il fait fes obfervations, & qui eft du 9 Décembre 1667, de recourir au Roi pour obtenir des lettres, pour efter à droit ; & enfuite au Juge d'Eglife, pour lever l'irrégularité, fuivant l'article XLI de l'Edit d'Avril 1695 ; qui cependant ne paroît ordonner autre chofe que ce qui concerne le temporel : il ne parle que du pouvoir d'efter à droit ; c'eft-à-dire, de comparoître en Jugement ; ce qui ne peut regarder l'irrégularité encourue par une condamnation infamante, qui ne peut être levée, quant aux ordres facrés, que par le Pape.

11. Les bannis à perpétuité hors du Royaume, perdent le droit de cité ; mais ils confervent le droit des gens, qui eft de pouvoir vendre, acheter, échanger, &c. ; au lieu que les condamnés aux galeres perpétuelles, ne confervent aucun droit, pas même celui des gens ; ils font incapables d'acquérir, & de faire aucun acte, ils ne peuvent s'obliger, ni même recueillir des fucceffions. Voyez les obfervations fur l'article XVI du titre XVII, n. 19, & les caufes célebres, tome 15, p. 588 ; & encore, ci-après, n. 17, & 18 de cet article.

12. Les femmes & les filles ne peuvent être condamnées au banniffement hors du Royaume, à caufe de la décence de leur fexe ; mais on y a fubftitué la peine d'être enfermées dans les Hôpitaux, comme il paroît par la Déclaration du Roi du 29 Avril 1688 : il eft cependant vrai qu'anciennement, on prononçoit contr'elles le banniffement hors du Royaume ; la Jurifprudence a changé ; les Cours ne les banniffent plus que hors leurs reffort mais elles ne laiffent pas de déclarer les biens des femmes & filles ainfi condamnées, confifqués, quand le banniffement hors de leur reffort, eft perpétuel : comme elles le prononcent contre les hommes bannis à perpétuité hors du Royaume ; ce font à cet égard les mêmes regles contre les uns & contre les autres : c'eft ce qui a été jugé par plufieurs nouveaux Arrêts, fuivant Du Rouffeau, dans fon Traité Criminel, cinquieme édition, p. 614, & 625. Par Arrêt du Parlement de Dijon, du 2 Août 1755, Jean Bretin fut banni par contumace, à perpétuité, hors du reffort de la Cour, avec confifcation de fes biens : il eft vrai que cet Arrêt ne fut pas du goût du Palais ; cependant M. le Préfident Bouhier, chap. 55, n. 34, tome 2, p. 144, attefte que c'eft l'ufage de notre Parlement de Bourgogne ; que, quoique les galeres à temps, & le banniffement à temps hors d'une Province, n'emporte pas de droit confifcation ; on ne laiffe pas de la prononcer, fi le cas le mérite, comme on le fait dans les pays où la confifcation n'a pas lieu. M⁵. Bannelier, après avoir dit le contraire, tome 6, p. 539, p. 612, du même tome, cite un Arrêt récent qui paroît être celui rendu contre

Bretin. Voyez encore M. Bouhier, tome 2, p. 152, Richer, p. 337, Dargoux, inftit. p. 15, & M^e. Davot, tome 2, p. 58.

Il n'eft pas régulier de condamner à une amende & aux galeres perpétuelles en même temps; finon dans les pays où la confifcation n'a pas lieu; parce qu'alors, n'y ayant point de confifcation, il faut une amende au Seigneur, pour le dédommager des frais: il en eft de même des galeres à temps, même en pays de confifcation, parce qu'il n'y a que les galeres perpétuelles qui emportent confifcation; ce qui s'entend d'une amende envers le Roi, qui, ayant le corps pour fervir fur fes galeres, il n'y doit pas avoir en même temps d'amende, au profit de Sa Majefté; ainfi on ne condamne jamais aux galeres & à une amende envers le Roi.

13. Le banniffement perpétuel a été mis par cet article de l'Ordonnance, le quatrieme, dans l'Ordre des peines, parce que celui qui eft banni à perpétuité hors du Royaume, eft mort civilement.

Muyard de Vouglans, dans fes Inftitutes au Droit Criminel, partie 8, chap. 11, page 405, dit que le banniffement perpétuel qui emporte mort civile, & confifcation, ne donne pas ouverture à la fubftitution, en quoi elle diffère des galeres perpétuelles; mais il s'eft trompé, car ayant donné fon livre au public en 1757, il auroit pu faire attention que depuis l'Ordonnance de 1747, le contraire s'obferve, parce que l'article XXIV de cette Ordonnance des fubftitutions, porte que la mort civile donne ouverture à la fubftitution, comme la mort naturelle. Voyez les obfervations fur l'article XVI du titre XVII, n. 20. L'article CCCXCVI, de nos anciennes Coutumes de Bourgogne, & l'article XXVII des cahiers de réformation, qui en avoient été projetés, décident que le banniffement hors du Royaume, emporte confifcation.

Le banniffement perpétuel hors du Royaume, rend le condamné incapable de contracter mariage, quant aux effets civils: les enfants iffus de ce mariage, ne peuvent lui fuccéder aux biens qu'il auroit pu acquérir depuis fa condamnation; au lieu que ceux qui ne font bannis hors du Royaume, que pour un temps, ou d'un Bailliage, ou même d'une Province à perpétuité, ne perdent pas le droit de cité; ils font capables de recueillir des fucceffions, de tefter, & de faire tous les actes de citoyens, même d'exercer des retraits dans la Province de laquelle ils font bannis, parce qu'il n'y a que le banniffement perpétuel hors du Royaume, qui emporte mort civile.

14. Les Juges des Seigneurs ne peuvent bannir, finon hors leurs territoires, fuivant M. le Préfident Favre, dans fon Code, liv. 9, titre XXV, définition 11; ils ne peuvent exercer leur autorité hors des bornes de la Juftice de ceux qui les ont inftitués; il n'y a que les Juges royaux qui puiffent bannir hors du Royaume: il eft vrai qu'ils ont auffi un territoire borné, mais ils ne tiennent pas leur autorité d'un Seigneur particulier, ils la tiennent du Souverain: c'eft ce qui fait dire à l'Auteur

du Traité des matieres criminelles, imprimé en 1732, p. 266, que les Juges des Seigneurs peuvent bannir hors l'étendue de leur Jurisdiction & non plus loin, au lieu que le Juge royal peut bannir même hors le Royaume. Cette maxime se trouve encore établie par un Arrêté du Parlement de Rouen, rapporté par Basnage sur la Coutume de Normandie, article CXLIII, p. 218, édition de 1709. Brillon, au mot *Bannissement*, n. 2, soutient la même maxime, en disant que le Juge royal peut bannir, même hors du Royaume; mais que le Juge du Seigneur ne peut bannir que hors de sa Jurisdiction. Il cite Mornac, *ad L. ult. D. de Jurisdictione.*

Lapeyrere, dans ses décisions sommaires, édition de 1689, lettre A, nombre 34, dit aussi que le Juge royal peut bannir, même hors le Royaume; mais que le Juge du Seigneur ne peut bannir que hors de sa Jurisdiction. Le même Auteur, édition de 1717, lettre B, nombre 34, répete que le Juge royal peut bannir hors du Royaume, suivant Mornac. *Ibidem*, Legrand, sur la Coutume de Troyes, titre VII, article CXXXIII, nombre 39, dit de même que les Juges subalternes des Seigneurs ne bannissent que hors l'étendue de leur Jurisdiction; mais que les Juges royaux ont le pouvoir de bannir hors le Royaume, suivant Mornac, sur la Loi 1. *D. de Jurisdict. omnium Judicum*; & la Loi, *in agris 16. D. de acquirend. rer. domin. Idem*, Bourjon, dans son Traité du Droit commun, tome 1, titre XII, p. 104; & Bornier sur cet article, au mot *Bannissement.* On seroit ennuyeux, si l'on citoit tous les Auteurs du même sentiment. Il est cependant vrai qu'il y a quelques Cours qui ont rendu des Arrêts, qui défendent aux Officiers des Bailliages de bannir plus loin que leurs ressorts. Mais ils ne sont fondés sur aucune Ordonnance. Ce ne sont pas les bornes d'une Jurisdiction royale qui limitent l'exécution des Jugemens des Officiers royaux, ils peuvent, quant à la peine, les faire exécuter dans toute l'étendue de la Souveraineté du Prince, au nom duquel ils exercent la Justice; sans quoi ils ne pourroient proportionner les peines avec la nature des crimes. Souvent un criminel n'est pas du ressort du Bailliage; ce seroit prononcer contre lui une peine illusoire que de l'en bannir. On ne peut argumenter du cas des Juges des Seigneurs à celui des Juges royaux, les premiers ne peuvent bannir que des lieux où ceux qui les ont commis pour administrer la Justice ont un droit de Jurisdiction, les autres qui sont les Officiers royaux ne font qu'exercer le même droit en bannissant hors du Royaume gouverné par le Prince qui les a institués. Le caractere de Juge royal porte pour l'exécution de ses Jugements son pouvoir dans toute l'étendue de la Monarchie. On ne trouvera aucune Ordonnance qui ait donné à cet égard des bornes aux Justices royales. Voyez Merville, Traité des matieres criminelles, p. 466: sans cela les Juges royaux se trouveroient souvent hors d'état de proportionner les peines, & dans la dure nécessité d'être réformés. M. Letors Lieutenant Civil & Criminel au Bailliage d'Avalon se trouvant dans le cas de juger un accusé, en écrivit à Monseigneur le

Chancelier qui décida la question par sa lettre du 6 Septembre 1758, mon confrere m'en a envoyé l'original.

DES
SENTENCES.

« Monsieur, un Juge royal peut condamner un accusé à la mort & » aux galeres à perpétuité. Il peut par conséquent prononcer un bannisse- » ment hors du Royaume à perpétuité, qui opere la mort civile ; com- » me la condamnation aux galeres à perpétuité. Je suis, Monsieur, votre » affectionné à vous servir. *Signé*, DE LAMOIGNON. » A Paris ce 6 Septembre 1758. Voyez Charond, *som. rur.* 660.

L'article XVII du titre XIII, de l'Ordonnance criminelle de Lorraine, permet à tous Juges, hors ceux des Seigneurs de bannir hors des Etats. Ceux-ci ne le peuvent que hors leur ressort.

15. Les Juges d'Eglise ne peuvent bannir, parce qu'ils n'ont point de territoire : ils ne peuvent se servir du terme *Bannissement*, mais ils peuvent enjoindre à un Ecclésiastique de sortir du diocese, s'il est étranger. Au lieu que s'il étoit Ecclésiastique du diocese, il faudroit pour cela lui faire son procès & joindre cette peine à quelques autres canoniques. Voyez le Journal des Audiences, tome 1, p. 152, où il y a à ce sujet un Arrêt du 15 Juillet 1631.

16. On joint souvent à la peine du bannissement celles du fouet & de la flétrissure. Dans le ressort de plusieurs Cours, lorsque les condamnés ont été fouettés & marqués ; s'ils sont aussi condamnés au bannissement, l'Exécuteur, assisté des Cavaliers, les conduit jusque hors de la ville où on leur donne cinq sols pour aller plus loin. Le Parlement de Grenoble avoit un usage extraordinaire à ce sujet. Il faisoit conduire le condamné au bannissement par l'Exécuteur & des Cavaliers jusqu'à l'extrémité du Dauphiné ; ce qui étant à la charge du domaine, par une Déclaration du Roi du 1 Mars 1709, qui se trouve dans le Recueil d'Edits, intitulé Réglement de Justice, & imprimé en 1712, *in* 4°. p. 1095 ; c'est usage fut abrogé : elle veut seulement que les prisons soient ouvertes aux bannis, après que lecture leur aura été faite des Jugements rendus contre eux. Mais elle ajoute que c'est *pourvu qu'ils ne soient détenus dans les prisons pour d'autres causes.* Voyez le nombre suivant.

17. Les derniers termes de cette Déclaration prouvent que ceux qui sont bannis ne peuvent être élargis qu'ils n'aient payé les réparations civiles auxquelles ils sont condamnés ; ils ne peuvent même être mis hors des prisons, sous prétexte d'exécuter leur bannissement s'ils sont écroués pour d'autres causes ; c'est-à-dire, pour dettes. Et cela est juste ; car ils préféreroient toujours leur liberté à la prison : & même dans le cas d'un bannissement à temps, celui pendant lequel le condamné est resté en prison pour le paiement de ses dettes n'est pas compté sur les années pendant lesquelles son bannissement doit durer. M. l'Avocat Général Gilbert, lors de l'Arrêt du 30 Mars 1743, rapporté par Du Rousseau, partie 1, chap. 1, n. 20, cita plusieurs autres Arrêts du Parlement de Paris, qui l'avoient ainsi jugé. Ce Magistrat parla, à la vérité, d'un Arrêt du Parlement

de Bordeaux du 12 Septembre 1671, rapporté au Journal du Palais qui a jugé le contraire; mais il obferva que la Jurifprudence de cette Cour ne pouvoit concerner que fon reffort. Il y a même apparence qu'elle a depuis changé; car celle des autres Parlements eft conforme à l'ufage de Paris. Voyez Defmaifons, lettre B, n. 6, p. 549. Il eft ancien, car l'Arrêt du 29 Décembre 1594, qui condamna Jean Châtel pour l'horrible affaffinat d'Henri IV, prononça contre Pierre Châtel fon pere deux mille écus d'amende envers le Roi & neuf ans de banniffement, qui ne devoient commencer à courir que du jour du paiement de l'amende.

18. Les bannis peuvent vendre, échanger, acheter, & faire toutes fortes de contrats, quand même ils feroient bannis à perpétuité hors du Royaume, ils ont la liberté naturelle. Ainfi ils peuvent jouir des biens qu'ils ont acquis depuis leur banniffement, & faire à ce fujet tous actes à volonté: mais fuivant plufieurs Auteurs, les biens dont ils meurent vêtus & faifis appartiennent au Fifc. Voyez les Caufes célebres, tome 15, p. 588. Et quoiqu'ils ne puiffent recueillir des fucceffions, ils peuvent recevoir des legs, fuivant qu'il a été expliqué fur l'article XVI du titre XVII, nombre 14.

19. L'infraction de ban, fuivant la Déclaration du Roi du 31 Mars 1682, eft punie lorfque le banniffement eft prononcé par Jugement en dernier reffort, de la peine des galeres; fans qu'il foit permis aux Juges de modérer cette peine, finon de l'arbitrer à temps ou à perpétuité, & cela quand même le banni ne feroit accufé d'aucun autre crime que de l'infraction de fon ban. Et à l'égard de ceux qui ont été bannis par Arrêt, la Déclaration du Roi laiffe aux Cours la liberté d'ordonner de leur châtiment eu égard à la qualité des crimes pour lefquels ils auront été bannis, & à la condition des perfonnes.

Par Arrêt du Parlement de Paris du 12 Mars 1685, il fut ordonné à tous Juges, lorfqu'ils prononceront des Sentences de banniffement par eux rendues, & auxquelles les accufés auront acquiefcé, de leur faire lecture de la Déclaration du Roi de 1682. Cet Arrêt fe trouve dans le Commentaire fur l'Ordonnance Criminelle de Boutaric, tome 2, p. 331. Il y en a encore un pareil du 9 Juillet 1716, rendu par le Parlement de Paris. Il eft dans le Recueil de M. Jouffe, tome 3, p. 60.

La Déclaration de 1682 ne parloit pas de l'infraction de ban à l'égard des femmes, mais il en eft intervenu une autre du 28 Mai 1687, qui porte que les femmes & filles qui auront été bannies par Sentence prévôtale, ou Jugement préfidial en dernier reffort, & qui feront reprifes quand même ce ne feroit que faute d'avoir gardé leur ban, feront condamnées à être enfermées dans les Hôpitaux généraux les plus prochains; fans qu'il foit loifible aux Juges de modérer cette peine, mais bien de l'arbitrer à temps ou à perpétuité; & quant à celles qui auront été bannies par Arrêts & qui feront pareillement reprifes pour n'avoir gardé leur ban, cette Déclaration laiffe aux Cours la liberté d'ordonner de

leur

leur châtiment eu égard à la qualité des crimes, pour lesquels elles auront
été condamnées, & à l'âge & condition des personnes. L'exécution de
ces deux Déclarations de 1682 & 1687, a été renouvellée par une autre
du 5 Juillet 1722.

Quant à la compétence, dans le cas de l'infraction de ban, voyez l'article II, de la Déclaration de 1731, commentée ci-devant à la suite du
titre II.

On a douté long-temps si l'infamie cessoit après le temps du bannissement expiré ; mais à présent on est persuadé que la tache une fois imprimée à l'honneur, dure toujours. Voyez Coquille, question 11.

20. L'abstention d'un lieu, c'est-à-dire, les défenses faites à l'une des
parties de se trouver dans les endroits où se rencontrera l'autre partie,
n'est pas un bannissement, ni une peine infamante. Cette peine se prononce ordinairement, lorsqu'il y a eu des menaces, des injures graves,
ou des preuves d'une inimitié capitale ; la crainte d'une récidive fait prendre cette précaution, sur-tout entre gens d'épée. Il en est de même d'une
condamnation à s'éloigner du domicile de l'une des parties, avec défenses d'en approcher pour un temps, & à une certaine distance. Ces peines
ne sont pas regardées comme des bannissements, & par conséquent elles
ne sont pas infamantes.

L'exil par lettres de cachet n'est aussi pas regardé comme un bannissement. C'est un ordre du Prince qui ne porte aucune note ; il est donné
sans aucune formalité de Justice, il est émané de la volonté du Souverain
qui livreroit à ses Officiers celui dont la conduite lui déplait, si son intention étoit de lui infliger une peine infamante. Nous avons une Déclaration du Roi du 4 Juillet 1705, qui défend aux exilés de sortir du lieu
de leur exil, sans permission ; sous peine de confiscation de corps & de
biens. Elle porte aussi que ceux qui se retireront dans les pays étrangers, seront réputés étrangers, & privés de tous états, offices, bénéfices,
& dignités, même de tous effets civils dans le Royaume. Et que dans ce
cas les aliénations par donations, ventes, ou autrement, des biens qui leur
appartenoient, lorsque leur relégation leur a été notifiée, seront déclarées nulles, & les biens confisqués ; auquel effet leur procès leur sera fait par
les Juges royaux des lieux d'où ils se feront évadés, conformément à l'Arrêt
du Conseil du 13 Janvier précédent. Cette Déclaration a été régistrée à
Dijon le 12 Août 1705.

Il y a encore une Déclaration du 7 Décembre de la même année 1705,
régistrée à Dijon le 5 Février 1706, qui porte que comme il y a des
Provinces où la confiscation n'a pas lieu, Sa Majesté veut que l'Edit
d'Août 1669, & les Déclarations des mois de Juillet 1682 & 1705,
soient exécutées ; & en conséquence que ceux qui auront été par le Roi
relegués en quelques lieux du Royaume, & qui en seront sortis sans permission, soient punis à cause de leur désobéissance formelle, par la confiscation de corps & de biens en faveur de qui il appartiendra : & qu'en

cas que les biens soient situés dans les pays où confiscation n'a lieu, ou dans les Justices des Seigneurs particuliers, les coupables soient condamnés à une amende envers le Roi, qui ne pourra être moindre que de la valeur de la moitié desdits biens. Enfin il a depuis été rendu un Arrêt du Parlement de Paris, du 19 Juillet 1711, qui a jugé que la sortie du Royaume, sans permission du Roi, emporte mort civile de plein droit. Il est rapporté au Journal des Audiences, tome 6, p. 127.

A l'égard des exilés leur domicile n'est pas censé dans le lieu de l'exil, & même si l'exilé y étoit décédé, il n'y seroit pas regardé comme domicilié pour les effets civils de sa succession; parce que pour le domicile, il faut qu'il y ait du choix & de la destination. La pensée de retour est toujours naturelle à l'exilé; quand même son exil ne seroit pas limité pour un temps. Voyez à ce sujet les observations sur l'Arrêt du 6 Septembre 1670, au Journal du Palais, *in-folio*, tome 1, au bas de la page 107; & Domat, du Droit public, livre 1, titre XVI, section 3, n. 14.

Avant de finir les observations au sujet de ce qui peut avoir de la relation au bannissement. Il est bon d'observer que souvent ceux qui sont bannis sont gens de néant, menaçant ceux qui les ont poursuivis, même quelquefois leurs Juges, d'incendie ou autres délits. Voici ce que dit à ce sujet M. le Président Favre dans son Code, livre 9, titre XXV, définition 10. *In exilium perpetuum damnatus, si adversario cadem, ignesve, aut aliud quid simile minatus sit, non prius carceribus eximendus est, quam satis dederit de non offendendo, si modo eas facultates habeat, ut tandem fidejussorem reperire possit. Sin minus iniquum sanè sit pro perpetuo exilio pati eum perpetuos carceres. Ideòque hactenùs saluti accusatoris consuletur, ut confestim, nec dato, ut alias solet fieri, tempore ad sarcinulas colligendas condemnatus judicato satisfacere, & continuò in exilium ire compellatur. Addita etiam, si opus sit, ultimi supplicii, ni pareat interminatione. Ita Senatus. 1602.*

21. La peine du fouet est la sixieme dans l'ordre de celles dont parle l'Ordonnance. Elle est ordinairement jointe à celle de la flétrissure d'une fleur de lys, ou de la lettre V, & même souvent au bannissement. Le fouet est une peine infamante, quand elle doit être exécutée publiquement par l'Exécuteur de la Haute-Justice. Elle se prononce pour crimes qui ne méritent pas les galeres, pour simples larcins, filouteries, vols de charrue & harnois de labourage dans les campagnes, pour fraude de voituriers dans la conduite des vins & marchandises, contre ceux qui tuent les pigeons, qui volent les Jardins, coupent ou arrachent les arbres, pour vol de poissons, & autres crimes de cette espece. Voyez les observations sur l'article XII, titre I, n. 15.

L'article VI du titre XXVI, des appellations ne met pas la peine du fouet, celle de la flétrissure, ni celle du bannissement à temps au nombre des peines dont l'appel est forcé; ce sont des peines auxquelles les condamnés peuvent acquiescer, ou qui peuvent être exécutées, sans être confirmées par Arrêt. Il est cependant vrai que par l'Edit de Novembre 1542, le fouet a été mis au nombre des peines afflictives, & que Loisel dans ses Instituts, livre 6, titre II, regle 15, la met au nombre des peines infamantes. Ainsi les Cours ne souffrent pas que les Juges qui leur sont subordonnés fassent exécuter leurs Jugements qui condamnent au fouet, quand même il ne seroit joint ni à la peine de la flétrissure, ni à celle du bannissement.

Les Juges d'Eglise ne peuvent condamner un Ecclésiastique au fouet. Plusieurs Arrêts le leur ont défendu; il y en a entr'autres un du 6 Février 1562, rapporté par Fevret, livre 8, chap. 4, n. 10; mais cela n'empêche pas qu'ils ne puissent condamner à la discipline sous la custode. Voyez Du Rousseau, dans sa Jurisprudence canonique, au mot *peine*, n. 47.

22. *N'est pas fouetté qui veut*, dit Loisel dans ses Instituts, livre 6, titre II, n. 16; car celui qui est condamné à une amende qu'il peut payer n'a pas l'option d'être fouetté pour éviter l'amende; mais celui qui ne la peut payer doit être fouetté, suivant Delauriere, *ibidem: qui non habet in ære, luet in cute*. Anne Robert, livre 2, chap. 15, p. 348, de ses Arrêts, dit aussi que si le condamné ne peut payer l'amende pécuniaire qui provient de quelque crime, en vain il a recours à la cession de biens: parce qu'il n'y a qu'un remede, qui est de payer en son corps par quelque peine corporelle, ce qui n'arrive pas toujours, suivant le même Robert; parce que la plupart ont perdu toute honte, & se soucient peu de quelques coups de verges, supplice bientôt passé; en sorte qu'avant de les recevoir à ce remede, on attend six mois ou un an après la Sentence, afin qu'ils souffrent la prison. Cet Auteur rapporte plusieurs Arrêts, dont les uns ont admis les condamnés à commuer ainsi leurs peines, & les autres l'ont refusé. *Dominus membrorum suorum nemo videtur*. Loi 13, titre II, livre 9. D. *ad legem Aquiliam*. Cette commutation, quand elle est admise, n'a lieu que pour l'amende qui est une peine publique, & non pour les réparations pécuniaires adjugées aux parties civiles. *Quia aliud pro alio creditori non solvitur*. Mais dans ce cas le condamné est en droit de demander des aliments, & faute de les fournir il est élargi. Voyez M. Leprêtre, censure 1, chapitre 99; & Legrand, titre VII, article CXXXIII, n. 15, où ce dernier dit, que cependant, suivant les diverses circonstances, la Cour a quelquefois converti la peine pécuniaire au fouet, si mieux la partie n'aimoit donner un terme au condamné. Il en rapporte des Arrêts de 1576 & 1581; *ibidem* n. 14.

23. Le fouet sous la custode est une peine à laquelle on condamne des enfants pour crimes, qui à l'égard d'autres personnes seroient quelquefois punis de mort. On ne fait pas exécuter cette peine par l'Exécuteur; on se sert du Géolier, du questionnaire, ou autre personne vile qui la

fait subir au condamné dans la cour des prisons ; ainsi comme elle n'est pas publique, quoique ce soit une espece de peine corporelle, elle n'est pas infamante ; ce n'est qu'une simple correction à laquelle on condamne des impuberes, ou même des personnes d'une condition distinguée qui ont commis des crimes qui donneroient lieu contre un autre à la peine du fouet publiquement ou autre plus grande peine.

24. Le plus amplement informé est ordonné lorsque les faits ne sont pas assez éclaircis, ni les preuves assez fortes pour absoudre ou pour condamner. On ordonne que pendant six mois, un an, deux ans, ou plus, il sera plus amplement informé, & cependant que l'accusé tiendra prison, ou qu'il sera élargi à la caution juratoire de se représenter, à peine de conviction. Brillon au mot *procédure* n. 143, tome 5, p. 535, rapporte qu'au mois de Novembre 1705, le nommé Renaut fut reçu appellant d'une Sentence qui avoit ordonné qu'il seroit plus amplement informé dans vingt ans, il fut renvoyé absous par Arrêt du mois de Mars 1706 : il ajoute que M. de Novion Président de la Tournelle dit que le terme de vingt ans pour informer n'étoit pas d'usage, & que dans les crimes atroces, où il n'y avoit pas de preuve suffisante, il étoit ordinaire à la Tournelle d'ordonner un plus amplement informé *usquequò* ensorte que l'accusé demeuroit toujours dans les liens de la Justice. C'est par cette raison que le plus amplement informé est regardé comme une peine plus rigoureuse que celle des galeres ; elle met l'accusé dans le péril d'être condamné à mort, au lieu que la peine des galeres assure la vie ; par conséquent dans le concours de plusieurs opinions, la peine des galeres passeroit pour plus douce que le plus amplement informé : d'où il faut conclure que l'appel en est forcé, & que l'accusé & son procès doivent être envoyés nécessairement à la Cour, lorsque la Sentence prononce un plus amplement informé, & par conséquent que le condamné ne doit pas être élargi.

Quand un accusé est renvoyé absous après un plus amplement informé, il ne peut prétendre des dommages & intérêts contre la partie civile ; parce que l'accusation ne peut être regardée comme calomnieuse puisqu'il y a eu suffisamment de preuves pour rendre un pareil Jugement. Il ne seroit pas juste de condamner une partie civile qui est parvenue à acquérir de pareilles preuves, contre un accusé qui paroit ne le tirer d'embarras que par le défaut de quelques preuves qui auroient rendu sa conviction complette. Voici la Jurisprudence, Canonique de Du Rousseau au mot *procédure*, partie 2, p. 107 : il peut même malgré cela être condamné par provision ou définitivement aux dépens. Voyez l'article XX de ce titre n. 4.

. Si les conclusions tendoient à un plus amplement informé, on n'interrogeroit pas l'accusé sur la sellette : mais si après le délai il se trouvoit de nouvelles charges, & si les conclusions tendoient à peine afflictive, il faudroit l'entendre sur la sellette. Voyez les nombres suivants 25, & 26.

Le plus amplement informé doit être nécessairement prononcé dans le cas de duel, suivant la Déclaration du Roi, de Février 1723; quand il n'y auroit que la notoriété, on est même dans l'usage de l'ordonner dans les autres cas, lorsque le Procureur du Roi, est seul partie; parce qu'il n'est pas présumé avoir fait des diligences & des poursuites aussi exactes qu'une partie civile.

On peut ordonner deux fois un plus amplement informé ainsi qu'il a été expliqué sur l'article XI du titre I, n. 44, pour le crime de duel: ce qui peut aussi avoir lieu dans les autres crimes atroces. Voyez le nombre suivant *bis*.

25. Le renvoi jusqu'à rappel est comme le plus amplement informé, dont on vient de parler, une peine plus grande que celle des galeres: par les mêmes raisons qui sont, que s'il survient de nouvelles charges, l'accusé peut être condamné à mort, au lieu que celui qui est condamné aux galeres, a la vie assurée: & si la condamnation aux galeres est à temps, il peut revenir en toute sureté après son temps fini; quand même on trouveroit des preuves plus complettes de son crime.

On peut condamner aux dépens l'accusé; quoique le Jugement ordonne un plus amplement informé, ou un renvoi jusqu'à rappel; ainsi qu'il sera expliqué sur l'article XX, de ce titre n. 4.

26. Le Juge d'Eglise ayant ordonné un plus amplement informé, le Juge Royal peut rendre sa Sentence définitive sur le cas privilégié: & au cas que le Juge laïc ne prononce pas une peine qui mette l'accusé hors d'Etat d'accomplir la pénitence qui pourra dans la suite lui être imputée par le Juge d'Eglise, celui-ci peut continuer sa procédure séparément; mais si par la continuation sur son plus amplement informé il se trouvoit des charges nouvelles sur lesquelles le Juge Royal n'auroit pas prononcé, cette information pourroit être considérée, *a cet égard*, comme une instruction nouvelle qui devroit être suite par les deux Juges conjointement. Ensorte que dans ce cas le Juge Royal rendroit un nouveau Jugement contre le même Ecclésiastique sur le cas privilégié survenu depuis sa premiere Sentence; cette maxime est tirée de la Jurisprudence Canonique de Du Rousseau, Edition de 1755, au mot *procédure*, section 1, n. 11. p. 110, elle est juste: parce que dans le cas qu'il suppose, il se trouveroit une accusation d'un nouveau crime, ou cas privilégié, sur lequel le Jugement du Juge Royal n'auroit pas prononcé. On ne pourroit dire *non bis in idem*.

27. Le blâme est une peine infamante suivant l'article XXXVIII, du réglement du Parlement de Paris, du 3 Septembre 1667, rapporté au Journal des Audiences; il porte qu'en cas d'appel de la Sentence qui ne portera condamnation de peine afflictive, bannissement, ou blâme, le procès sera communiqué aux parties pour fournir leurs griefs. D'où

l'on induit que le blâme a été mis par ce réglement au nombre des peines afflictives. Il est cependant vrai que le blâme est une peine moindre que le bannissement à temps, & comme les accusés peuvent acquiescer à la peine du bannissement à temps, suivant l'article VI du titre XXVI, il paroît que celle du blâme est à plus forte raison dans le même cas : & ce qui fortifie ce sentiment, c'est que le réglement de 1667, est antérieur à l'Ordonnance de 1670, qui y a dérogé, puisqu'elle ne met pas la peine du blâme au nombre des peines qui ne peuvent être exécutées sans être confirmées par Arrêt.

Celui qui est condamné au blâme n'est pas mort civilement, mais il est infame. C'est ce qui a été jugé par Arrêt du Parlement de Paris du 18 Juillet 1701, aussi rapporté au Journal des Audiences. Cet Arrêt décida que le privilege d'un Officier commensal vétérant, étoit éteint par l'infamie résultante du blâme. Brillon au mot *blâme*, dit aussi qu'en matiere criminelle c'est une peine infamante, & que la peine d'être admonesté ne l'est pas ; que l'un est du grand & l'autre du petit criminel ; que les appellants de Sentences qui condamnent au blâme, doivent être en prison pendant l'instruction de l'appel, & que c'est l'usage à la Tournelle de Paris ; que cependant au parquet, on estime qu'il suffit que le condamné au blâme se rende à la suite de la Chambre, ou aux pieds de la Cour ; & pour prouver sa maxime, Brillon ajoute que le 24 Mars 1679, la Cour refusa d'écouter à l'Audience un appellant d'une Sentence qui l'avoit condamné à être blâmé. Il fut ordonné qu'il se mettroit en état.

Quand les conclusions sont au blâme il semble, que l'on ne doit pas interroger l'accusé sur la sellette ; parce que ce n'est pas une peine afflictive ; elle est seulement infamante, & par conséquent il paroît qu'elle n'est pas dans le cas de l'article XXI du titre XIV. Cependant M. Jousse m'a observé que le Parlement de Paris regarde la peine du blâme comme afflictive, & qu'en conséquence les accusés y sont interrogés sur la sellete, lorsque il y a des conclusions à cette peine ; ainsi il faut s'y conformer ; cet Officier est bien instruit des usages de la Cour ; le blâme est plutôt une peine infamante, qu'afflictive, puisqu'il n'afflige ni le corps ni la liberté.

Le blâme est une réprimande faite par les Juges, à la partie qui y est condamnée, en la Chambre du Conseil ; cette peine est ordinairement prononcée pour prévarication, concussion ou autre crime commis par un Officier de Justice : ou par autre particulier dans un cas qui ne mérite pas la peine de bannissement ou autre peine plus forte ; elle est cependant, comme il a déjà été observé, regardée comme infamante ; & par conséquent un Officier condamné au blâme est incapable de toutes fonctions, s'il n'obtient des lettres de réhabilitation. Voyez ci-après les nombres 29, & 30.

28. Le carcan & le pilori sont des peines prononcées ordinairement

pour cause de monopole, filouterie, banqueroute, maquerelage, bigamie & autres crimes de cette nature qui demandent une honte publique, & une punition exemplaire : la Rocheflavin liv. 2 , Arrêt 4, p. 100, rapporte un Arrêt du Parlement de Toulouse du 22 Décembre 1548 , par lequel un domestique fut condamné à faire amende honorable tant à l'auditoire qu'au devant de la maison de son maître, nud en chemise, à genoux, tenant une torche ardente, & à dire, que follement & témérairement il avoit outragé & maltraité son maître, qu'il s'en répentoit, & en demandoit pardon à Dieu & à Justice. L'Arrêt ordonna qu'ensuite il seroit mis au carcan dans la place publique, ayant devant lui un cartel, où seroient écrits ces mots, *serviteur ayant outragé son maître*, pour y demeurer l'espace de deux heures, & qu'il seroit banni pour un an. Graverol observe sur cet Arrêt que l'écriteau est presque toujours en usage pour ceux qui sont condamnés au carcan ; mais qu'il est employé rarement pour ceux qui sont condamnés à mort ; à moins que ce ne soit pour des cas extraordinaires. Il dit que l'usage de cet écriteau est fort ancien & que l'Histoire de la Pucelle d'Orléans en fait foi ; puisque sur la mitre qu'elle porta sur la tète lorsqu'elle alla au supplice, on avoit écrit : *hérétique, relapse, & apostate*.

Par une Déclaration du Roi du 11 Juin 1749 , copiée ci-devant sur l'article XVI du titre XVII, n. 1, il a été ordonné que les peines du pilori & du carcan prononcées par contumace seroient transcrites dans un tableau & affichées à la place publique, comme la peine de l'amende honorable &c. D'où il résulte que lorsque celui qui est condamné au carcan ou au pilori est prisonnier, on ne peut faire exécuter la peine, qu'elle n'ait été confirmée par Arrêt.

29. L'admonition ou l'admonesté est une peine moins grande que celle du blâme, dont on vient de parler au n. 27 , & qui est infamante ; au lieu que celle d'admonesté ne l'est pas, cette derniere n'est qu'un avertissement donné au condamné en la Chambre du Conseil de ne plus tomber en pareil cas, sous plus grande peine ; ensorte que l'admonition ne prouve que de l'indiscrétion & de l'imprudence de la part de celui qui y est condamné, & par conséquent ce n'est pas une peine infamante ni même déshonorante : d'où il résulte qu'il peut acquiescer à son Jugement & l'exécuter, sans Arrêt ; & même si le condamné en interjetoit appel, il pourroit être porté au Bailliage ; à la forme de l'article premier du titre XXVI, qui est le titre suivant.

30. L'interdiction est ordinairement prononcée contre des Officiers de Justice pour fautes commises dans les fonctions de leurs charges ou emplois. On distingue de deux sortes d'interdiction, l'une est l'effet d'un décret, & l'autre d'un Jugement définitif, ni l'une ni l'autre n'est infamante, à moins qu'elle ne soit prononcée à perpétuité. M. D'Argoux dans ses Institutes au Droit coutumier, tome 2, livre 3, chap. 39, p. 384 , dit que celui qui est condamné à être admonesté, ou à une

aumône, ou qui est interdit pour quelque temps n'est pas noté d'infamie ; au lieu que celui qui est condamné au blâme, ou interdit pour toujours, est déclaré infame : cependant l'appel n'en est pas forcé, le condamné à une interdiction perpétuelle peut acquiescer à son Jugement, de même que le condamné au bannissement à temps, ni l'une ni l'autre de ces peines ne sont du nombre de celles dont parle l'article VI du titre XXVI, qui ne peuvent être exécutées sans être confirmées par Arrêt.

31. La condamnation prononcée contre une fille à être enfermée dans un Hôpital pour cause de libertinage pendant un temps n'est pas infamante ; c'est ce qui résulte de la Déclaration du Roi du 26 Février 1713, suivant laquelle cette peine peut-être prononcée à l'Audience ; sans récollement ni confrontation ; mais elle est infamante lorsqu'elle est prononcée à perpétuité, ou même pour un temps, dans le cas d'une autre Déclaration du 4 Mars 1724, pour vol ; parce que pour le même cas, les hommes sont condamnés aux galeres : cette peine pour vol tient lieu contre les femmes de celle des galeres contre les hommes ; ce qui égale ces peines : ainsi il faut faire grande différence du cas de simple libertinage des filles, & des vols qu'elles peuvent faire ; quoique ce soit la même peine, elle ne porte pas toujours infamie ; en voici un exemple, par Arrêt du Parlement de Paris du 17 Mars 1716. Deux filles ayant été condamnées à être enfermées pour leur mauvaise conduite, en furent exemptées sur les offres que deux garçons firent de les épouser. La Cour sur les conclusions de M. le Procureur Général ayant égard à la requête de ces deux particuliers, ordonna qu'il seroit passé outre à leurs mariages ; savoir de Marie Anne Duvivier dite Beau-Repaire avec Joachim Gagne, & de Reine Dupré avec Antoine Philippe, dans l'Eglise de Saint Barthelemi de Paris où les filles seroient conduites, sous bonne garde, par l'Huissier Roseau, des prisons de la Conciergerie, pour en sa présence être procédé à la célébration des deux mariages ; & être ensuite remises à leurs maris : sinon en cas de refus des garçons être ramenées à la Conciergerie. Autre Arrêt pareil du 20 Juillet de la même année, en faveur d'une veuve aussi condamnée à être enfermée pour débauche. Voyez Du Rousseau, 5e. Edition du Traité Criminel p. 687.

On en usoit de même anciennement, à l'égard des hommes condamnés à mort. Si une fille demandoit le condamné en mariage, il étoit délivré. Papon, liv. 23, titre X, en rapporte un Arrêt de 1515, & cela sous prétexte que le mariage est aussi un supplice, suivant Chasseneux célebre Autunois qui dans son commentaire sur notre coutume de Bourgogne, titre des Justices aux mots, *s'il n'a grace*, Rubrique 1, n. 96, p. 207, édition de 1574, il dit. *Duodecimus casus ubi quis vitat mortem, & consequitur gratiam, saltem tantum valet quantum gratia principis, de consuetudine generali totius Franciæ, si mulier criminosum qui*

ad

ad mortem ducitur, petat fibi in maritum dari; & hæc liberatio non eft gene-ralis, quia non procederet in conjugato, fed tantùm in foluto. Apparemment que l'abus de cet ufage en a caufé la révocation, parce qu'il procuroit l'im-punité, & par conféquent autorifoit le crime. Cet Auteur raconte enfuite la fable d'un diable qui fe trouvant fur terre *maluit tartara petere quàm uxorari:* & il finit par ces mots. *Et pro certo non fine caufâ condemnato ad mortem parcitur, cum incidat in tormentum perpetuum quod vix narrari aut exprimi poteft, ut fciunt multi quos docuit experientia;* enfin il corrige fa fatyre par ces mots. *Non loquor de bonis mulieribus.* Brillon au mot *condamné,* n. 9, rapporte un Arrêt du 6 Avril 1606, qui déclara non receva-ble une fille qui demandoit en mariage un condamné à mort. Il cite Expilly Arrêt 135 : on commençoit à en reconnoître l'abus. Defpeiffes partie 1, titre XII, fection 3, *des peines,* n. 23, dit que l'on croit que le mariage eft une peine plus forte que la mort : il cite plufieurs autorités au fujet des filles qui demandoient un condamné à mort ; le Code militaire édition de 1709, liv. 4, titre III, article XXX, rapporte l'Ordonnance qui défend de furfeoir l'execution des déferteurs, quand même *fuivant l'ufage* une fille les demanderoit en mariage. Ordonnance du premier Mai 1668, article XII

32. *Pendu fous les aiffelles.* C'eft une peine à laquelle on condamne des impuberes ou autres jeunes gens qui ont participé à des crimes graves qui auroient mérité la mort, fi l'âge ne les avoit pas excufés, ou par d'autres raifons : comme le cas d'un fils de l'âge de 14, ou 15 ans, qui auroit contribué avec fon pere à commettre un grand crime ; on préfume que l'autorité du pere a néceffité le fils ; & comme il a affifté au crime, on le condamne à affifter auffi à fon fupplice, pendu fous les aiffelles à une potence, pendant un temps qui ne peut-être au plus que d'une heure ; car cette peine eft plus violente qu'elle ne paroît : puifque elle peut caufer la mort. C'eft ce qui arriva au jeune frere de Cartouche, voleur infigne, qui y mourut parce qu'il avoit été con-damné à y refter deux heures. On lui avoit cependant mis, comme il eft d'ufage, une planche fous les pieds difpofée de façon qu'il pouvoir s'en fervir pour fe foutenir en l'air, & pour empêcher que la fangle qui le foutenoit ne le fuffoquât ; cette peine eft afflictive ce qui fait qu'elle ne peut-être exécutée, fans être confirmée par Arrêt.

33. La prifon n'eft pas regardée comme une peine, fuivant notre droit civil ; elle eft cependant l'une des plus fortes qui puiffent être impofées, fuivant le droit canon. Malgré cela lorfqu'elle eft prononcée par un Juge d'Eglife, elle n'emporte aucune note d'infamie, & même elle ne rend pas le condamné incapable de jouir de fes bénéfices ; fuivant le chapitre *clericus extra de pænis.* Mais lorfque c'eft le Juge laïc qui condamne à une prifon perpetuelle dans certains cas où les Ordonnances l'autorifent à prononcer cette peine, elle devient infamante, fuivant plufieurs Auteurs qui prétendent qu'alors elle emporte mort civile, & confifcation de biens.

M. le Préfident Bouhier, chap. 65, n. 66, tome 2, p. 149, propofe la queftion de favoir fi la condamnation à une prifon perpétuelle, emporte confifcation : il dit qu'elle peut paroître extraordinaire ; parce que, quoique les Princes, par des raifons d'Etat, fe portent quelquefois à infliger cette peine, ce font des coups d'autorité, & que la Juftice ordinaire ne fait pas ufage de ces fortes de condamnations ; que cependant, plufieurs Jurifconfultes ont cru que lorfque la prifon perpétuelle eft prononcée par le Prince, elle emporte confifcation de biens : mais M. le Préfident Bouhier eft d'avis contraire, & c'eft le fentiment le plus conforme aux Déclarations du Roi, rapportées au n. 20 de cet article, au fujet des lettres de cachet.

Plufieurs Auteurs, & quelques Coutumes, ont reconnu la prifon perpétuelle d'ufage en France, même dans les Tribunaux Laïcs. Legrand, titre VII, article CXXXIII, n. 47. Coquille, queftion 19, & la Coutume de Nivernois, chap. 2, *des confifcations*, article VIII, regardent la prifon perpétuelle, comme une peine ufitée en France. Févret, *de l'abus*, liv. 8, chap. 4, n. 9, rapporte même un Arrêt du 6 Septembre 1584, par lequel une femme adultere fut condamnée à une prifon perpétuelle : il faut cependant s'en tenir à la diftinction faite par Richer, dans fon traité de la mort civile, p. 32, où il dit qu'il faut diftinguer les prifons ordinaires, des maifons de force ; que les prifons ordinaires ne font à la vérité établies que pour garder les Criminels, & ne font pas confidérées comme un lieu de peine, mais que les maifons de force font regardées comme des lieux deftinés à la punition des coupables ; que nous en avons des exemples fréquents, puifque les Juges Laïcs, pour des confidérations particulieres, condamnent quelquefois à une prifon perpétuelle ; mais que ces condamnations ne s'exécutent jamais dans les prifons ordinaires des Jurifdictions, les condamnés étant toujours renfermés dans des maifons de force. Le même Auteur dit que cette condamnation, lorfqu'elle eft perpétuelle, fait perdre la vie civile, parce que celui qui y eft condamné, eft banni pour toujours de la fociété ; d'où il conclut, avec raifon, qu'il ne peut plus avoir de commerce avec les citoyens ; & par conféquent, qu'il a perdu fa liberté, fans laquelle on ne peut jouir de la vie civile.

Nous avons plufieurs cas où il eft permis de condamner à une prifon perpétuelle ; par exemple, celui des femmes & des filles qui ont enfreint leur banniffement, elles peuvent être condamnées à temps ou à perpétuité, à être enfermées dans un Hôpital, fuivant la Déclaration du Roi de 1687, rapportée au n. 19 de cet article. Les Edits des duels veulent encore que l'on puiffe prononcer la peine de prifon, pour un temps, ou à perpétuité ; & même dans ce cas, la peine eft exécutée dans les prifons ordinaires de Juftice.

Le Roi permet, comme il vient d'être obfervé, que les Juges d'Eglife condamnent à la prifon ; mais on ne fouffre pas qu'ils y condamnent à perpétuité, depuis l'Arrêt du Parlement de Paris, du 26 Juin 1629, rapporté par Bardet, tome 1, liv. 3, chap. 53, ils ne doivent même pas se servir du terme *prison*, ils ne peuvent que condamner le coupable, à se retirer dans un Couvent, dans un Séminaire, ou autre lieu pareil, pour, pendant un temps limité, y jeûner, & y faire d'autres pénitences. Voyez la Jurisprudence Canonique de Du Rousseau de la Combe, au mot *peine*, n. 47.

ARTICLE XIV.

Tous Jugements, soit qu'ils soient rendus à la charge de l'appel, ou en dernier ressort, seront signés par tous les Juges qui y auront assisté; à peine d'interdiction, des dommages & intérêts des parties, & de cinq cents livres d'amende; n'entendons néanmoins innover à l'usage de nos Cours, dont les Arrêts seront signés par le Rapporteur, & par le Président.

On a vu plusieurs fois les Officiers d'un Siege, refuser au Lieutenant Criminel, de s'assembler, pour juger avec lui, les procès de sa Jurisdiction: dans ce cas, les Arrêts ont permis aux Lieutenants Criminels, même aux Prévôts, de prendre des Gradués: nous en avons un, rendu au Conseil le 15 Juillet 1656, en faveur du Lieutenant Criminel de Xaintes, contradictoirement avec tous les Officiers du Présidial: cet Arrêt qui se trouve dans le recueil de la Maréchaussée, p. 790, porte qu'en cas de refus des Officiers, de procéder au Jugement des procès instruits par le Lieutenant Criminel de Robe-Courte, le Roi lui permet de se pourvoir au plus prochain Présidial, même de prendre des Gradués au nombre porté par les Ordonnances. On trouve plusieurs autres Arrêts pareils, cités dans le vu de pieces d'un autre Arrêt de Réglement, rendu au Conseil, entre le Lieutenant Criminel, & les Officiers du Présidial de Brive, en 1719. L'article III porte que faute par les Officiers, d'assister au Jugement des procès Criminels, Sa Majesté permet au Lieutenant Criminel, d'appeller des Gradués.

ARTICLE XV.

*Tous Jugements en matiere criminelle, qui giſſent en exécu-
tion, ſeront exécutés pour ce qui regarde la peine en tous
lieux, ſans permiſſion, ni pareatis.*

1. M. le Préſident Bouhier, tome 2, chap. 52, n. 22, p. 60, obſerve
que le droit de reſſort ſur les Seigneurs, appartient aux Officiers royaux,
& qu'il ne s'entend pas ſeulement des Jugements des appellations inter-
jettées de leurs Juges ; mais encore, de faire exécuter leurs Jugements ;
ce qui fait que les Juges royaux peuvent ordonner que leurs Sentences
ſeront exécutées ſur les terres des Seigneurs, ſans permiſſion, ni *pareatis*,
même les Jugements de mort : c'eſt ſur les mêmes principes, que Du
Rouſſeau, partie 3, chap. 24, n. 23, dit qu'en matiere criminelle, il
ne faut pas, comme au Civil, des *pareatis*, du grand ou du petit Sceau ;
parce que cet article de l'Ordonnance veut que les Jugements, tant pour
ce qui regarde les peines afflictives, que les peines pécuniaires, ſoient
exécutés par-tout & en tous lieux ; mais cet Auteur paroît avoir donné
un ſens forcé aux termes de l'Ordonnance, qui ne parle que de la peine
corporelle, & non des peines pécuniaires : il eſt vrai que cela fit la
matiere d'une diſſertation, lors de la lecture de cet article. M. le premier
Préſident dit que dans le titre des décrets, on avoit cru néceſſaire d'o-
bliger l'inſtigant à élire domicile, afin que ſi celui qui ſeroit arrêté,
avoit quelque demande à former, il ſût à qui s'adreſſer, & qu'il en
étoit de même de l'exécution des Jugements ; mais M. Puſſort répondit
qu'il y avoit grande différence entre l'exécution d'un décret, & celle d'un
Jugement qui n'emporte point de conſéquence ; & pour laquelle il ne faut
point d'élection de domicile. M. l'Avocat Général Talon, ajouta qu'il n'y
avoit pas d'inconvénient, d'élire domicile, pourvu que cette élection n'at-
tribuât point de Juriſdiction au Juge, dans le reſſort duquel elle étoit faite ;
mais qu'elle étoit abſolument néceſſaire, parce que les ſaiſies de meubles
ſont comme au Civil des exécutions, & qu'il peut y avoir des tiers oppo-
ſants, qui ne ſauroient à qui s'adreſſer, ni où ſe pourvoir, s'il n'y avoit
point d'élection de domicile. M. Puſſort répliqua que l'exécution au
Criminel, étoit comme au Civil, la même, quant aux ſaiſies, quoiqu'é-
manée d'une condamnation criminelle : ces réflexions firent ajouter à l'article de l'Ordonnance, ces mots, *pour ce qui regarde la peine* ; ils n'étoient
pas dans le projet, enſorte qu'il eſt décidé que cet article ne concerne
que la peine corporelle, & qu'à l'égard des ſaiſies & autres exécutions,
concernant les réparations civiles ; il faut ſuivre en matiere criminelle,
les mêmes formalités qu'au Civil : il n'y a d'exception que pour les

décrets, à l'égard desquels il ne faut ni permission, ni *pareatis*, mais seulement une élection de domicile, suivant l'article XIII du titre X.

2. Bruneau, titre XXVII, n. 25, & suivants, observe qu'il est défendu à tous Juges, de modérer les peines, & amendes prononcées par leurs Jugements, sur-tout lorsque la prononciation en a été faite aux condamnés : mais il prétend que si avant l'expédition du Jugement, le Juge connoît l'erreur, il peut y faire des changements ; tout cela ne concerne que le petit Criminel, ou les Sentences sujettes à l'appel ; car en ce qui est des Jugements en dernier ressort, si après qu'ils ont été signés & prononcés, il paroissoit une erreur évidente, & que l'innocence du condamné, fût manifestée par quelque nouvel événement : les Juges, suivant Bruneau, seroient obligés d'en avertir Monseigneur le Chancelier ; en effet, quoique la regle exige que les Jugements soient exécutés le même jour qu'ils ont été prononcés, il n'y a point de Juge qui ne prît le parti de différer l'exécution ; il n'y a point de regle qui doive tenir contre l'innocence, un nouvel événement qui manifeste l'erreur, excuse le Juge.

3. Un Criminel peut être condamné à servir d'Exécuteur, pendant sa vie, lorsqu'il ne s'en trouve point d'autre. Le nommé Lajeunesse, ayant de guet-à-pens, tué un Pélerin, il n'y en eut point de preuve, sinon que sa casaque fut vue teinte de sang, & que l'on trouva auprès du cadavre, un tronçon d'épée, qui, joint à celui de Lajeunesse, formoit une lame d'épée entiere ; le Juge des lieux le condamna aux galeres ; au Parlement de Bordeaux, il demanda par requête, permission de servir de valet à l'Exécuteur, M. le Procureur Général y consentit, & la Cour voyant l'Exécuteur ordinaire, malade, condamna Lajeunesse à servir d'Exécuteur, pendant sa vie, par Arrêt du 13 Avril 1674. Voyez Lapeyrere, édition de 1706, lettre E, n. 71, & édition de 1717, p. 128 ; & encore Brillon, au mot *Exécuteur*.

On trouve dans les annales de *Baronius*, édition de 1673, *in*-12, tome 6, p. 370, que l'an 1400, le Pape Boniface, pendant la nuit, manqua à être assassiné par la conjuration de quelques citoyens, dont Nicolas Colonne étoit le chef ; mais on alla au-devant du péril, dit *Baronius*, trente assassins furent pris & suppliciés, à la réserve de l'un d'eux, qui, faute de Bourreau, obtint la vie, à condition qu'il en seroit les fonctions ; cet homme étant demeuré quelque temps irrésolu, s'il accepteroit, il prit son parti, & pendit entr'autres, son pere, & son frere : nous en avons encore l'exemple rapporté ci-devant, sur l'article I du titre XXI, n. 1, d'un Jardinier accusé, qui pendit cinquante Religieux de l'Ordre de Saint François, qui avoient tué dans un Couvent, un homme de Crémone, logé chez eux. En 1709, notre Prévôt de la Maréchaussée d'Autun, ayant condamné à mort avec les Officiers du Bailliage de Montcenis, cinq ou six voleurs, il en choisit l'un d'eux, nommé Niniole, qui pendit les autres, même de ses parents. Jul. Clar.

Sententiarum, liv. 5, question 99, n. 4, p. 715, édition de 1637, dit : *Sed pone quòd in civitate nullus sit carnifex, sive minister justitiæ, qui sententiam capitalem exequatur ; numquid poterit judex propter publicam utilitatem cogere aliquem hominem liberum, ut sit carnifex, sive executor, etiam quòd ipse in nihilo deliquerit. Resp. quod sic, si est vilis persona, ita tenet Barth. &c.* Voyez aussi Barthole, sur la Loi 2, *de publ. judic.* Loi *aut dammum*, parag. *in calcariam, D. de pœnis.*

4. Une fille ayant été condamnée à être pendue, pour avoir perdu son fruit, le Bourreau se retira, la croyant morte ; mais comme elle donna quelque signe de vie, on la seigna, elle en revint : le Parlement de Provence s'assembla, pour délibérer si elle devoit être renvoyée au supplice ; l'affaire fut remise après les Fêtes de Pâques : pendant ce temps, on obtint des lettres qui commuerent sa peine de mort, en celle d'une retraite perpétuelle dans une maison Religieuse, au choix de la Cour. Par Arrêt du 27 Avril 1654, les lettres furent entérinées. Voyez Brillon, au mot *lettres*, n. 31 ; & Boniface, tome 2, partie 3. Brillon, au mot *peine*, rapporte encore que deux Criminels étant condamnés à être brûlés vifs, l'un s'échappa à demi brûlé, & se sauva dans une Eglise, d'où ayant été tiré, il mourut la nuit suivante ; par Arrêt de 1534, il fut dit que son corps seroit réduit en cendres. Voyez Papon, liv. 24, titre XVII, n. 1.

Un homme étant condamné à être pendu, la corde rompit, il tomba à terre, on demanda, suivant Brillon, *Ibidem*, s'il devoit être renvoyé au supplice, sur-tout quand il avoit tout dénié ; quelques Auteurs, dit Brillon, tiennent la négative ; mais Papon, liv. 24, titre XVII, dit que le contraire se pratique, parce que le gibet ne perd pas sa proie, & qu'il faut que les Arrêts ou Jugements en dernier ressort, soient exécutés, parce qu'ils portent toujours ces mots, *jusqu'à ce que mort naturelle s'ensuive.*

Despeisses, partie 1, titre XII, section 3, n. 21, dans son Traité des crimes, dit que le condamné à être pendu, étant jeté au bas de l'échelle, n'est pas délivré de la peine, quoique la corde se soit rompue ; il cite Jules Clar. *Sententiarum*, question 98, n. 9, qui dit effectivement : *Quid si in ipso actu executionis contingat, quod laqueus rumpatur ita ut non potuerit remanere suspensus, numquid erit reus liberandus tanquam innocens ? Resp. quòd exequenda est omnino condemnatio juxta formam sententiæ in quâ communiter solet addi illa verba ; (furcis suspendatur ita ut moriatur) secundùm practicam quàm semper observant assessores ; ita se vidisse in practica observari attestatur Papo, liv. 24, titre XVII.* Despeisses ajoute qu'il l'a aussi vu pratiquer, à l'égard d'un condamné, dont la corde s'étant rompue deux fois, on en prit une autre avec laquelle il fut de nouveau pendu.

Jul. Clar. *Sententiarum*, liv. 5, paragraphe dernier, à la même question 98, n. 9, p. 712, dit encore : *Quæro quod si in ipso actu executionis contingat, quod vel securis non possit caput amputare condemnato, vel*

laqueus rumpatur , ita ut non potuerit remanere suspensus , numquid reus
liberandus erit tanquàm innocens ? Resp. de jure credo quòd hoc parùm pro-
desset , nam omnino est exequenda condemnatio juxtà formam Sententiæ : &
aux notes , ibidem , il est ajouté : Cùm mihi hoc evenisset populus acclamabat
illud miraculosè accidisse , & non debere ampliùs suspendi ; sed ego parùm
credens hujusmodi miraculis , mandavi meo locum tenenti ut faceret laqueum
duplicari , quo duplicato remansit suspensus ; & post modum reperi quod ita
factum erat per Gubernatores Alexandriæ.

Ce n'est pas par un esprit de cruauté, que les Juges font conduire de
nouveau au supplice, un Criminel qui s'en étoit échappé, la Justice ne
cherche pas à se rassasier de son sang ; elle ne proportionne la grandeur
des tourments, à l'énormité des crimes, que pour en donner de l'horreur : c'est par cette raison, que les exécutions se font en public, &
aux jours où l'on croit qu'il y aura plus de spectateurs ; c'est par nécessité,
& pour maintenir le bon ordre dans la société, que quelqu'événement
qui arrive, il faut que les Jugements de mort, soient exécutés : si les
Juges suivoient les idées du peuple qui donne toujours dans le merveilleux,
& qui attribue ordinairement à miracle, les événements extraordinaires ;
on en verroit souvent pour sauver les coupables ; ce qui rendroit les
crimes impunis, & dégénéreroit en abus ; d'ailleurs, les Juges ne font pas
les Maîtres de faire grace ; quand ils ont jugé, leur pouvoir est con-
sommé ; ils ne peuvent révoquer leurs Jugements, & les parties publiques
sont forcées de les faire exécuter.

5. Après le Jugement d'un procès criminel, même après l'exécution
du condamné, la partie civile qui a négligé avant le Jugement, de faire
ses diligences, pour se faire adjuger ses réparations civiles, peut se pourvoir contre les héritiers, pour les obtenir. Voyez Brillon, au mot *procé-*
dure, n. 146 ; & ci-devant, les observations sur l'article XIX du titre XVI,
n. 3, à la fin : c'est pardevant le Juge Criminel, que cette partie civile
est obligée de se pourvoir, quoique ce ne soit alors qu'un procès civil.
Ibidem.

ARTICLE XVI.

Les Juges pourront décerner exécutoire contre la partie civile,
s'il y en a, pour les frais nécessaires à l'instruction des
procès, & à l'exécution des Jugements, sans pouvoir néan-
moins y comprendre leurs épices, droits, & vacations, ni
les droits & salaires des Greffiers.

1. Article VII de l'Edit des épices, du mois de Mars 1673. " Défen-
„ dons à nos Cours & Juges, même à ceux des Seigneurs, de décerner

,, en leurs noms, ni de leurs Greffiers ou Receveurs, aucuns exécutoires
,, pour le paiement de leurs épices & vacations; pourront néanmoins les
,, exécutoires, être délivrés aux parties intéressées, aux procès, qui les
,, auront déboursés; ainsi qu'il est accoutumé. ,, Voyez à ce sujet au
Journal des Audiences, un Arrêt du 23 Avril 1704.

Cet Edit des épices, est conforme à l'article XVIII du titre XI, de
l'Ordonnance de 1667, qui permet aussi à l'appellant, de lever extrait
de la Sentence aux frais de l'intimé.

Le 27 Mars 1720, le Parlement de Dijon délibéra en conséquence
d'une lettre de Monseigneur le Chancelier, du 20 du même mois, que
l'on peut décerner exécutoire contre les parties civiles qui ne se sont pas
désistées dans les vingt-quatre heures; & que dans ces exécutoires, on
ne peut y comprendre que les salaires des témoins, les grosses des procédures, les frais de l'apport du procès, & de la remise au Greffe, avec
ceux de la conduite des prisonniers; sans néanmoins que pour le paiement, on puisse ordonner la contrainte par corps. Voyez les observations
sur l'article VI du titre I, n. 1 & 2; cette lettre de Monseigneur le
Chancelier, ne concerne que les frais à la Cour; mais il en est de même
en cause principale.

Par un Réglement du Parlement de Paris, du 15 Janvier 1684, il a
été défendu à tous Juges, Officiers, Greffiers, Notaires, & Sergents,
de prendre directement ou indirectement, aucune promesse ou obligation
sous leurs noms, & sous ceux d'autres personnes, pour les taxes, salaires,
& vacations qui leur appartiendront, pour toutes expéditions de Justice
par eux faites, ou par les Officiers des mêmes Sieges; à peine d'interdiction & de tous dépens, dommages & intérêts. Voyez le recueil de
M. Jousse, tome 1, p. 533.

Article XL, du Réglement de la Chambre souveraine, séante à
Poitiers, du 15 Janvier 1689. " Ne pourront les Juges ni leurs Greffiers,
,, prendre aucuns émoluments pour les procédures d'instruction, & pour
,, épices ou expédition des Sentences d'instruction, & définitives en ma-
,, tiere criminelle, lorsqu'il n'y aura point de partie civile, ni délivrer
,, aucuns exécutoires sur les biens des accusés, pour raison de ce, à peine
,, de concussion & d'interdiction de leurs charges, lesquelles peines ne
,, pourront être réputées comminatoires. ,,

La Déclaration du Roi du 26 Février 1683, porte qu'en confirmant
l'Edit des épices du mois de Mars 1673, & y ajoutant, Sa Majesté
ordonne que les procès tant Civils que Criminels, pendant dans les Cours
& Sieges subalternes, seront incessamment rapportés & jugés, quand ils
seront en état de l'être, nonobstant qu'il n'y ait point été fait de consignation d'épices, dont l'usage demeure abrogé; sans préjudice néanmoins
des vacations, pour les procès de Commissaire, dont la consignation
continuera à être faite par avance, ainsi que par le passé.

La même Déclaration de 1683, porte encore : " & afin que sous
,, quelque

„ quelque prétexte que ce puisse être, on ne puisse contrevenir à ce qui
„ est en cela de notre volonté ; nous voulons que les Sentences & Arrêts
„ *en matiere civile*, qui seront rendus, ensuite d'une consignation précé-
„ dente des épices, soient nuls ; soit que la consignation ait été faite
„ par la partie, en faveur de laquelle, l'Arrêt aura été rendu, ou par
„ celle qui aura succombé ; que le Rapporteur soit & demeure responsable
„ des dommages & intérêts des parties, & que tant ès procès civils que
„ criminels, où il se trouvera avoir été fait une consignation d'épices,
„ avant le Jugement d'iceux, soit qu'elle ait été reçue par le Rappor-
„ teur, par son Clerc, ou par le Greffier & Serviteur de la Cour,
„ outre la peine de concussion contre le Rapporteur, il soit procédé
„ extraordinairement contre ledit Clerc, Greffier, & Serviteur : enjoi-
„ gnons à nos Procureurs Généraux, & à leurs Substituts, d'y tenir la
„ main, & de veiller à ce que les procès, particuliérement les criminels
„ soient promptement jugés, & d'avertir notre très cher & féal Chan-
„ celier, des contraventions qui seront faites à ces présentes ; registré à
„ Dijon, le 21 Mai 1683. „ Il y a même eu un autre Arrêt du 24
Mars 1749, par lequel le Parlement de Dijon en a ordonné de nouveau
l'exécution ; & M. Jousse, dans son recueil d'Edits, tome 1, p. 510,
observe au bas de cette Déclaration, qu'il y en a eu de pareilles pour
les Parlemens de Rouen, & de Rennes.

Les Officiers ne doivent prendre aucuns émoluments pour les procès
où le Procureur du Roi est seul partie, quoique le domaine du Roi soit
tenu par engagement par quelques particuliers ; ainsi jugé par Arrêt du
Parlement de Paris, du 24 Mai 1633, rapporté au supplément du
tome 7, du Journal des Audiences, liv. 1, chap. 244, p. 51 ; & par
Bardet, tome 2, liv. 2, chap. 31.

Voyez encore au sujet des exécutoires, les observations sur l'article VI
du titre I ; un Juge, comme il a été observé, ne peut.

1. Un Lieutenant & un Avocat du Roi d'un Bailliage de Bourgogne,
firent contraindre un particulier pour le paiement de la somme de trois
cents quarante livres, qui étoit due pour les frais d'une procédure criminelle, faite contre ce particulier ; il prit le Juge & l'Avocat du Roi,
à partie, & soutint que cet exécutoire étoit contraire à l'Ordonnance
qui veut que lorsque dans les procès criminels, il y a des parties civiles,
elles avancent les frais ; & qu'à défaut de parties civiles, les frais soient
fournis par le Fermier du domaine ; les Officiers répondoient qu'il y
avoit partie civile, mais qu'elle étoit insolvable. Par Arrêt d'Audience
de relevée du Parlement de Dijon, du 3 Février 1688, les deux Officiers
furent condamnés solidairement à restituer les trois cents quarante livres,
payées par la force des contraintes, & aux dépens. Voyez Raviot, question 303, n. 11, tome 2, p. 539, où cet Auteur ajoute que le Juge
peut seulement décerner exécutoire contre une partie civile, lorsqu'il est
obligé de sortir du lieu de sa résidence, ainsi qu'il dit que cela se pra-

tique au Palais; & qu'il va être expliqué au nombre suivant. Les Officiers dont on vient de parler méritoient effectivement répréhension; parce que les accusés ne sont jamais obligés aux frais des procédures que l'on instruit contre eux, avant d'y être condamnés. Mais quand une partie civile solvable refuse de les payer, le Procureur de cette partie civile qui les a avancés peut demander exécutoire, ou la faire assigner pardevant le même Juge.

2. Raviot, question 283, n. 3, tome 2, p. 444, prétend que les épices d'un Juge ne sont pas saisissables, de même que les portions congrues; & n. 6, il dit encore que de même que les honoraires d'un Officier, d'un Avocat, & d'un Médecin ne peuvent être saisis, on ne peut aussi saisir les épices d'un Juge aussi-bien que les appointements d'un Officier militaire: parce que tout cela a sa destination, qui a rapport au bien public, puisqu'un Officier militaire ou de Justice & autres semblables, refuseroient tout service, si leurs profits pouvoient devenir la proie de leurs créanciers; au moyen de quoi le public seroit privé de leur service. Ces causes étant privilégiées elles l'emportent sur la demande d'un créancier, quelque favorable qu'il soit. C'est par la même raison que les Ordonnances & Arrêts du Conseil ont décidé la même chose, en faveur des Officiers des Maréchaussées, des maîtrises & autres.

Les défenses faites par cet article aux Juges de décerner des exécutoires, ne concernent que les droits & vacations dues pour les procédures faites dans le lieu de leur résidence; puisque le Roi veut bien souffrir qu'ils en décernent sur son domaine, lorsqu'ils vont en campagne. Ainsi qu'il est expliqué sur l'article VI du titre I; c'est effectivement l'usage au Palais comme l'observe Raviot, qui vient d'être cité. Il en est de même des frais des procédures faites par les Juges royaux pour crimes commis sur les terres des Seigneurs, quand il ne s'agit pas de cas royaux. On peut décerner contr'eux aussi-bien que contre les engagistes des exécutoires pour les frais de voyages des Officiers, & pour tous les autres frais de l'instruction; à la réserve de ce qui concerne les droits des Juges & Greffiers pour les procédures, faites dans le lieu de leur résidence. Voyez les observations sur les articles VI du titre I, V du titre III, n. 5; & XVIII de ce titre XXV.

3. Les accusés ne peuvent être sujets à payer les frais de l'instruction de leurs procès; ainsi qu'il a été prouvé sur l'article VI du titre I. Aux autorités qui y sont rapportées; on peut ajouter l'Arrêt du Parlement de Paris du 4 Décembre 1630, rapporté par Brillon, au mot *exécution*, n. 2, & au n. 4; il cite un Arrêt du Conseil du 2 Mai 1702, qui a défendu au Prévôt de la Maréchaussée de Tonerre de décerner contre les accusés des exécutoires au profit des témoins. Et au mot *frais*, n. 16, Brillon rapporte encore un Arrêt du Parlement de Paris du 23 Février 1707, qui a défendu à tous Juges de prendre leurs salaires & vacations des mains des accusés; à peine de concussion. Enfin on trouve

dans les Causes célebres, tome 9, p. 130, dans l'Histoire de Frillet un Arrêt du Parlement de Dijon du 21 Août 1733, qui défendit au Juge du Pont-d'Ains, de condamner les accusés aux dépens dans les cas où il n'y a de partie que le Procureur d'Office ; à peine d'interdiction, amende, &c. Il faut cependant en excepter, suivant Muyart de Vouglans, p. 79, partie 3, chap. 4. Certaines Provinces, comme la Franche-Comté, où il est d'un usage immémorial, confirmé par une lettre de M. le Chancelier Boucherat, que l'accusé condamné à quelque peine est aussi condamné aux dépens ; quoiqu'il n'y ait point de partie que le Procureur du Roi, ou le Procureur Fiscal.

Il y a encore une exception à la regle générale ; c'est lorsque l'accusé fait naitre des mauvais incidents, dans ce cas on peut délivrer exécutoire contre lui ; ainsi qu'il a été jugé par Arrêt du Grand Conseil du 3 Octobre 1704, rapporté par Brillon, au mot *exécutoire*, n. 5, & comme l'instigant peut devenir lui-même accusé de subornation de témoins ou autrement, on décerne contre lui, quoique devenu accusé, des exécutoires pour tous les incidents qui surviennent en conséquence de sa plainte contre lui ou contre tous autres, quoique sa plainte n'en parle pas. C'est ce qui est suffisamment expliqué, & prouvé par plusieurs Arrêts rapportés sur l'article V du titre III, n. 5. On en trouve aussi la preuve dans l'Arrêt du 23 Août 1745, copié sur l'article suivant de ce titre où il y a encore à ce sujet un Arrêt du 16 Octobre 1685.

ARTICLE XVII.

S'il n'y a point de partie civile ou qu'elle ne puisse satisfaire aux exécutoires, les Juges en décerneront d'autres contre les Receveurs de notre domaine, où il ne sera pas engagé, qui les acquitteront des fonds par nous destinés à cet effet. Et si notre domaine est engagé, les Engagistes, leurs Receveurs & Fermiers seront contraints au paiement, même au-dessus du fond destiné pour les frais de Justice. Et dans la Justice des Seigneurs, eux, leurs Receveurs & Fermiers seront pareillement contraints, & les exécutoires exécutés par provision, & nonobstant l'appel contre les Receveurs ou Engagistes de nos domaines & les Seigneurs ; sauf leur recours contre la partie civile, s'il y en a.

1. Souvent les parties sont insolvables, ou le deviennent, ce qui cause de grands frais pour vérifier leur insolvabilité. On ne peut citer une

regle plus certaine qu'un Arrêt du Parlement de Paris du 23 Août 1745,
rapporté dans le Recueil de M. Jousse, tome 3, p. 629.

Arrêt du Parlement de Paris, concernant les exécutoires des Procès Criminels.

Du 23 Août 1745.

« LOUIS, par la grace de Dieu, Roi de France, &c. savoir faisons
,, que vu la Requête présentée par notre Procureur Général, contenant
,, que rien n'étoit plus capable d'accélérer l'expédition des procès crimi-
,, nels que de veiller à ce que les frais ordinaires pour l'instruction soient
,, exactement payés, &c. Notredite Cour ordonne qu'il ne sera délivré
,, à l'avenir soit à la Cour, soit par les Juges du Ressort d'icelle aucun
,, exécutoire en matiere criminelle sur nos domaines, ni sur les domai-
,, nes des Hauts-Justiciers pour cause d'insolvabilité des parties civiles,
,, que sur un procès verbal de Carence, fait par l'Huissier, qui aura été
,, chargé des poursuites des premiers exécutoires délivrés contre les par-
,, ties civiles, duquel procès verbal la vérité sera attestée par le premier
,, Officier Civil ou autre plus ancien Officier, suivant l'ordre du tableau
,, du Siege du lieu où les poursuites auront été faites & du domicile de la
,, partie civile, & par le substitut de notre Procureur Général, ou par
,, le Procureur Fiscal audit Siege ; comme aussi que dans le cas où il
,, ne seroit délivré qu'un seul & même exécutoire sur notre domaine,
,, ou sur le domaine d'un Haut-Justicier pour différentes sommes, com-
,, prises dans différents exécutoires délivrés contre différentes parties civi-
,, les, le nouvel exécutoire contiendra en détail les noms des parties civi-
,, les contre lesquelles les premiers exécutoires auront été obtenus, & les
,, sommes pour lesquelles chacun desdits exécutoires aura été délivré. Et
,, pareillement que les Messagers & Greffiers auxquels il aura été délivré
,, des exécutoires contre des parties civiles seront tenus dans six mois de
,, la date desdits exécutoires de faire leurs diligences contre les parties
,, civiles pour s'en procurer le paiement, & dans autres six mois de la
,, date de leurs dernieres diligences de se pourvoir pour obtenir d'autres
,, exécutoires sur notre domaine, ou sur le domaine des Hauts-Justiciers.
,, Sinon & ledit temps passé qu'il ne pourra être délivré de nouveaux
,, exécutoires sur notre domaine & sur celui des Hauts-Justiciers. Or-
,, donne que le présent Arrêt sera lu & publié, &c. Mandons, &c.
,, Donné en Parlement le 23 Août 1745. *Signé*, DUFRANC. ,,

Cet Arrêt dont les conclusions de M. le Procureur Général sont très
longues, prouve que lorsque la partie civile est insolvable, les Juges
royaux sont en droit de décerner contre les Seigneurs des exécutoires
pour les frais nécessaires pour l'instruction & l'execution des Jugements
en matiere criminelle ; mais c'est lorsque le cas n'est pas royal ; ainsi

qu'il a été jugé par un Arrêt, rapporté ci-après n. 3. Les Juges n'y peuvent comprendre leurs droits & ceux de leurs Greffiers, que lorsqu'ils ont instruit hors les lieux de leur résidence, suivant qu'il a été expliqué sur l'article précédent, n. 2.

2. Quand un Promoteur est seul partie, c'est à l'Evêque à fournir aux frais des procédures criminelles instruites contre les Ecclésiastiques, même à ceux de la conduite dans les tribunaux supérieurs. Cette maxime est établie par plusieurs autorités, rapportées par Fevret, livre 4, chap. 4, n. 34, où il cite entr'autres un Arrêt du Parlement de Paris aussi rapporté par Papon, livre 28, titre II, Arrêt 28, par lequel il fut dit qu'il y avoit abus dans un exécutoire décerné par l'Official de Bourges au profit d'un Sergent royal qui avoit conduit un accusé aux prisons archiépiscopales à requête du Promoteur : l'Arrêt fit défenses au Sergent & au Greffier de se servir de leurs exécutoires. Fevret dit, que la même chose fut jugée par le Parlement de Bordeaux contre l'Evêque de Sarlar.

Non-seulement l'Evêque doit fournir aux frais du procès, mais encore aux aliments des prisonniers ecclésiastiques : parce que les biens temporels de l'Evêché sont affectés à l'obligation où sont les Evêques de faire exercer leur Jurisdiction ecclésiastique. Il n'y a que le cas de calomnie évidente du Promoteur, ou la prise à partie, qui puisse le faire condamner personnellement comme le seroit un Procureur du Roi ou Fiscal. M. Thomas Verriere, Curé de Trochere, décrété de prise de corps par le Parlement de Dijon, & prisonnier détenu à requête du Promoteur en l'Officialité de Langres fiere le Dijonois, se plaignit que depuis le 19 Novembre, on ne lui avoit fourni aucuns aliments, il demanda exécutoire des érhus contre le Promoteur, & en même-temps qu'il lui fût enjoint de les fournir à l'avenir exactement. Il y eut Arrêt du 2 Décembre 1709, qui décerna l'exécutoire & condamna le Promoteur à consigner les aliments. M. l'Evêque de Langres, prenant en main pour son Promoteur, pour moyen d'opposition à l'Arrêt, disoit que les Evêques n'avoient point de Fisc, que les Officiaux ne pouvoient prononcer ni confiscation ni amende contre les accusés, que par conséquent les Evêques ne sont pas tenus aux mêmes obligations du domaine du Roi & des Seigneurs qui profitent des confiscations & des amendes ; que l'Evêque de Langres dont le diocese est composé de huit cents paroisses, ne devoit pas être soumis à ces obligations ; que l'accusé jouissant de sa portion congrue avoit de quoi se nourrir lui-même, &c. Malgré ces moyens la Cour condamna M. de Langres à payer les aliments à raison de quatre sols par jour. Raviot, qui rapporte cet Arrêt rendu à la Tournelle en 1710, question 154, n. 7, tome I, p. 477, dit qu'il eut pour motif, que si les Evêques n'ont ni Fisc ni territoire, ni profits de Justice par lesquels ils puissent être dédommagés des frais, ils tiennent par concession des Rois l'exercice de la Jurisdiction contentieuse : que c'est moins par rapport aux droits utiles, que le Roi & les Seigneurs sont obligés de poursuivre les crimes, que parce que c'eſt un devoir eſſentiellement attaché à la Juſtice; que les Evêques ayant cette Juſtice contentieuſe & ne la tenant que comme un écoulement & une émanation de la Juſtice & autorité royale, ils ſont obligés de la faire exercer ſuivant la forme judiciaire, & le droit commun; que quoique les Ordonnances ne faſſent pas mention des Promoteurs, ils ne ſont pas moins compris dans leur diſpoſition; parce qu'ils ſont parties publiques déſignées ſous le nom de Procureurs du Roi & des Seigneurs; que dans quelques Coutumes, comme celle de Senlis, les Procureurs du Roi ſont appellés Promoteurs, & que ſous Charles VIII, on créa des Procureurs du Roi dans les Officialités, où ils étoient nommés Promoteurs du Roi. Raviot cite Fevret, livre 4, chap. 3, n. 34. Voyez dans le Journal des Audiences, tome 7, livre 5, chap. 32, p. 689, un Arrêt du 18 Juillet 1722, par lequel il a été auſſi jugé que l'Official ne peut décerner exécutoire pour une procédure faite à requête du Promoteur. Voyez la Juriſprudence Canonique de Du Rouſſeau, au mot *Official*, partie 2, p. 12, où il cite à ce ſujet un Arrêt du Parlement de Paris du 6 Février 1700, qui condamne les Evêques à fournir aux frais des procédures.

Les Evêques ſont forcés de prendre en main pour leurs Promoteurs, ſoit en Cour eccléſiaſtique, ſoit en Cour laïque: ainſi qu'il a été jugé par Arrêt du Parlement de Paris du 20 Juin 1704, rapporté au Journal des Audiences, & s'il y a abus dans le Jugement de l'Official, on condamne l'Evêque aux dépens. Voyez d'Héricourt, partie 1, chapitre 25, nombre 35.

3. Les Seigneurs Haut-Juſticiers ni leurs Fermiers ne ſont pas tenus aux frais des procédures, quand le cas eſt de la compétence des Juges royaux, ainſi qu'il a été jugé par Arrêt du Parlement de Dijon, rendu à l'Audience publique du 16 Octobre 1685, entre le Procureur d'Office de Pouilly en Auxois & le Fermier du même lieu. Les Juges royaux ne ſont en droit de décerner des exécutoires contre les Seigneurs ou ſur leurs Fermiers, que lorſqu'ils ont connu d'un cas ordinaire, non royal, par prévention & par la négligence des Juges ſubalternes.

4. Par Arrêt du 5 Janvier 1715, rapporté au tome 6 du Journal des Audiences, p. 523, livre 5, chap. 1, il a été jugé que ſi un procès criminel eſt renvoyé dans une autre Juſtice, les frais ſe doivent prendre ſur le domaine de la Juriſdiction où la procédure a été renvoyée. Voyez l'article ſuivant.

ARTICLE XVIII.

Enjoignons aux premiers Juges d'observer le contenu aux deux précédents articles : à peine de cent cinquante livres d'amende à laquelle en cas de contravention ils seront condamnés par les Juges supérieurs, sans pouvoir être remise ni modérée ; & voulons que les mêmes exécutoires soient aussi par eux délivrés.

Cet article veut que les deux précédents soient observés dans toutes les Justices inférieures & subalternes, comme dans les Cours & dans les Bailliages, sous les mêmes peines.

ARTICLE XIX.

Enjoignons à nos Procureurs & à ceux des Seigneurs, de poursuivre incessamment ceux qui seront prévenus de crimes capitaux, ou auxquels il écherra peine afflictive ; nonobstant toutes transactions & cessions de droits faites par les parties ; & à l'égard de tous les autres, seront les transactions exécutées : sans que nos Procureurs ou ceux des Seigneurs puissent en faire aucune poursuite.

1. Il y avoit dans le projet de l'Ordonnance un article qui fut supprimé. Il portoit défenses à toutes personnes de transiger sur des crimes qui peuvent être punis de peine afflictive ou *infamante* ; à peine de conviction de l'accusé, de cinq cents livres d'amende, & de pareille amende contre l'accusateur. Ce qui fit que M. le premier Président remontra que la disposition de cet article pouvoit facilement être éludée par une cession de droits à une personne dont l'accusé disposeroit ; qu'il étoit sévere de défendre à une partie de transiger pour ses droits qu'elle ne peut poursuivre que par action civile, puisqu'elle n'a aucune action pour la vengeance publique dont la poursuite réside dans le ministere public. Que par conséquent cet intérêt civil étant en la disposition de l'accusateur seul, il en peut transiger comme de son intérêt particulier, & que d'ailleurs les parties feroient semblant d'ignorer que le crime mériteroit une peine afflictive. M. Pussort répondit, qu'il seroit à souhaiter que les parties civiles animassent toujours les procès criminels ; parce que ce sont les véritables offensés, & qu'elles y apportent plus de chaleur pour soutenir la preuve.

Mais que comme assez souvent la longueur des procès, les frais excessifs, & les fatigues les rebutent, il ne seroit pas juste, après un épuisement entier de leurs biens, de leur retrancher la liberté de s'accommoder.

Ces observations firent retrancher tout l'article. Il étoit effectivement trop dur de défendre à un accusé de transiger, à peine de conviction. Une transaction sans autres preuves considérables ne peut faire conviction complette. Il n'étoit pas moins injuste de le défendre à un accusateur à peine de cinq cents livres d'amende; puisqu'il est maître de traiter de ses réparations civiles : c'en est bien assez de le forcer de poursuivre à ses frais toute la procédure. C'est à la partie publique à poursuivre pour l'intérêt public, lorsqu'il peut y échoir peine afflictive seulement ; car il est intéressant d'observer que cet article n'enjoint pas aux parties publiques de poursuivre, lorsqu'il n'y peut échoir que peine infamante. Il ne parle que des crimes capitaux.

2. Toutes transactions, même lorsqu'il s'agit de crimes capitaux, sont permises, suivant cet article de l'Ordonnance : parce qu'elles ne peuvent concerner que l'intérêt particulier des parties. Mais il faut convenir que dans les crimes graves les transactions forment une preuve considérable, ou du moins une forte présomption contre l'accusé qui est par-là censé avouer son crime. *Quoniam intelligitur confiteri qui paciscitur de crimine,* dit la Loi 5. D. *de his qui notantur infamia.* Sur-tout lorsque la transaction a été faite à prix d'argent : *aliquo dato, vel promisso.* Voyez à ce sujet dans les observations de M. le Président Bouhier, sur notre Coutume de Bourgogne, édition de 1717, la cinquieme décision de M. Bégat.

3. Pour empêcher les violentes présomptions qui naissent des transactions, la chicane a inventé l'expédient de faire céder par le plaignant ses droits & actions à un ami de l'accusé, & cet ami ne faisant aucune poursuite, ou les faisant d'une maniere favorable à l'accusé, il lui facilite l'occasion d'obtenir son renvoi, soit en détournant les preuves, soit en avouant des faits avantageux à l'accusé pour sa décharge. Cependant malgré ces inconvénients les cessions de droit ne laissent pas d'être autorisées, suivant Airault, livre 2, article III, n. 72, & même suivant cet article de l'Ordonnance. Mais on met, dit cet Auteur, plusieurs différences entre le cessionnaire & l'accusateur. 1°. En ce que l'on peut obliger le cessionnaire à donner caution. Il auroit pu ajouter que le cédant demeure toujours obligé en vertu de sa plainte. 2° En ce que le cessionnaire ne peut retirer que le prix de sa cession, sans autre réparation, ni contrainte par corps. 3°. L'accusé seroit admis à la cession de biens vis-à-vis le cessionnaire, & non de l'accusateur. 4°. Si l'accusation se trouvoit fausse, le cessionnaire seroit tenu de la peine de calomnie, plus facilement que l'accusateur qui peut être excusé par une juste douleur; au lieu que le cessionnaire s'est ingéré dans le procès de sang froid & volontairement

tairement : il a dû , suivant le même Ayrault , s'informer de la vérité & du mérite de l'accusation.

Bruneau titre XXVII , n. 36 , p. 271 , dit aussi que le plaignant peut céder ses actions à un tiers qui peut poursuivre , & qu'au lieu de réparation , on peut ne lui adjuger que le prix de sa cession pour le plus , sans même lui donner le nom de réparation civile , & sans contrainte par corps : parce que son action est purement pécuniaire : il ajoute que si l'accusation se trouve fausse le cessionnaire n'est pas excusable de calomnie , comme le pourroit être l'accusateur qui peut avoir eu pour motif la douleur ou autre cause juste pour s'excuser. Loi *qui non probasse* 3. *Cod. de calumniatoribus*. Au lieu que le cessionnaire n'a aucune excuse , puisqu'il a pris une cession de droits litigieux , sans avoir aucun intérêt au fond , sinon pour gagner , & avoir le plaisir de poursuivre un procès ; ce qui fait , continue Bruneau , qu'il doit plus facilement supporter la peine de calomniateur : Loi *si cui* 7 , *D. de accusat : & inscript*.

Il y a encore une exception contre le cessionnaire , c'est que suivant la Déclaration du Roi du 31 Mars 1710 , & l'article LXIII , de l'Ordonnance de 1737 , les accusés ne peuvent évoquer du chef des parents & alliés des cessionnaires ; au moyen de toutes ces exceptions , les cessionnaires jouissent des mêmes droits que les accusateurs , sur-tout lorsque les cessions tendent à empêcher l'impunité à cause de l'impuissance & de la pauvreté de ceux qui y sont intéressés : c'est sur ce fondement que par Arrêt du Parlement de Paris , du 11 Septembre 1708 , il a été jugé que le cessionnaire , d'une somme de six cents soixante livres , transportée par acte passé pardevant Notaire , pour intérêts civils , adjugés à une mere , contre l'assassin de son fils , avoit hypotheque du jour du décret de prise de corps , décerné contre l'assassin , qui postérieurement à ce décret , & avant le Jugement définitif , avoit vendu partie de ses biens , & contracté frauduleusement plusieurs dettes hypothécaires. Voyez Muyart de Vouglans , dans ses Institutes au droit criminel , partie 2 , chap. 3 , p. 60 , où la question est approfondie par ce savant Auteur.

4. Les lettres de restitution ou de rescision ne seroient pas admises contre une transaction sous prétexte de minorité , dol , fraude , lésion ou autrement ; parce qu'il est avantageux de sortir d'une accusation , dont l'événement est toujours douteux , tant de la part de l'accusateur que de l'accusé.

5. Cependant si un blessé après avoir transigé mouroit de ses blessures , ses héritiers pourroient reprendre l'instance , ils pourroient même appeller , si le blessé avoit transigé sur une Sentence , & dans ce cas ils pourroient prendre des lettres de rescision , en tant que de besoin , contre la transaction qui ne pourroit être opposée comme fin de non recevoir ; parce qu'elle auroit été faite , *de vulnerato & non de occiso , & ex nova causa emergente*. Voyez au Journal des Audiences , l'Arrêt du 18 Janvier 1631 , liv. 2 , chap. 72 , p. 166 ; cet Arrêt décida qu'un blessé après quarante

cinq jours étoit reputé mort de ses blessures, & il adjugea une réparation entiere à la veuve, malgré la transaction faite avec le défunt, parce que le crime peut être préscrit, ou ne pouvoir être poursuivi par fin de non recevoir résultante des quarante jours & plus, sans empêcher l'adjudication des réparations civiles, qui ne sont pas pour cela préscrites : puisqu'elles peuvent être demandées, même après le Jugement pour la peine du crime. Voyez à ce sujet Lapeyrere, lettre H, au mot, *homicide*, n. 31. On trouve au supplément du tome 7, du Journal des Audiences un Arrêt, du 20 Décembre 1652, qui jugea qu'un blessé étant mort dans les quarante jours, après avoir paru guéri, on pouvoit poursuivre l'accusé, malgré la transaction faite avec le défunt qui s'étoit désisté de sa procédure. Voyez Soéfve tome 1, chap. 6, centurie 4, & sur la question de savoir si une transaction faite par une mere tutrice à son fils blessé, peut empêcher le fils devenu majeur d'agir; par Arrêt du Parlement de Paris, du 18 Décembre 1648; il fut jugé pour l'affirmative : la Cour adjugea de nouveaux intérêts au fils blessé ; ensorte qu'il fut décidé que la transaction faite par la mere tutrice, dans ce cas, ne pouvoit préjudicier au fils majeur & l'empêcher d'agir pour son intérêt particulier. Voyez Soéfve, centurie 2, chap. 99, p. 207.

6. Il y a des crimes sur lesquels il n'est pas permis de transiger, les uns à cause de leur atrocité, comme l'assassinat prémédité, le duel, le rapt, & la rebellion à Justice : les autres à cause de l'honnêteté publique, comme l'adultere ; non-seulement à l'égard de ce dernier, les Loix prononcent la nullité des transactions, mais elles prononcent encore des peines contre le mari qui se rend coupable du crime de maquerelage en recevant le prix d'une pareille convention, lorsqu'elle est faite avant le Jugement. Il y a encore le crime de faux qui se trouve excepté, suivant Imbert, dans son *Enchiridion*, au mot *transiger*, p. 208, où il dit que suivant Alçiat, on peut transiger, *circa falsi accusationem*. Il dit même, que quand à la Cour il se trouve un procès pour crime de faux, elle a coutume de faire aux parties défenses de transiger ; & qu'à cette occasion un *quidam*, après avoir accusé un autre d'avoir suborné quelques témoins, ayant transporté à un parent de l'accusé son action pour une assez grande somme, il y eut à ce sujet un procès sur lequel la Cour renvoya le cessionnaire & le cédant pardevant le Sénéchal de Poitou, & ordonna qu'ils comparoîtroient en personnes sur les requisitions de M. le Procureur Général. Voyez Jul. Clar. question 58 ; la Loi *quamvis D. ad legem Aquiliam. de adult.* Et la Loi 10, *de crim. Cod. eodem titulo.* Papon, livre 2, Arrêt 12, & Muyart de Vouglans, partie 2, chap. 3, p. 63 ; cependant l'article LII de l'Ordonnance de 1737, du faux incident, titre II, permet de transiger sur le faux. Le faux ne se couvre jamais. Arrêt du 3 Décembre 1722, Journal des Audiences, tome 7, liv. 5, chap. 41, p. 721.

7. Il est défendu aux Seigneurs & à leurs Officiers de faire aucunes

transactions au sujet des crimes commis sur leurs territoires ; à peine contre les Seigneurs de perdre leurs Droits de Justice , & contre les Officiers de punition exemplaire : c'est la disposition de l'Ordonnance de 1335 , qui se trouve dans Guenois liv. 7 , titre VI , n. 2 , p. 554 ; aussi-bien que de celle de 1535. C'est une prévarication , ainsi qu'il a été décidé par Arrêt du Parlement de Besançon , du 6 Septembre 1718 , qui défend à tous Officiers d'entrer directement ni indirectement dans les transactions qui seront faites sur une accusation : à peine de punition exemplaire. Voyez encore l'article II de l'Ordonnance de 1356 , dans Fontanon , tome 1 , p. 703.

8. Un héritier testamentaire ou légitimaire qui transigeroit avec un accusé meurtrier , avant de le poursuivre , seroit privé de la succession ; sans pouvoir s'excuser sur son ignorance , ni même sur sa parenté avec l'accusé ; c'est le sentiment de Despeisses , tome 2 , partie 3 , section 3 , & de Muyart de Vouglans , p. 64 ; à moins que cet héritier ne se trouvât le pere ou le fils de l'homicide ; c'est le seul cas où suivant ces Auteurs la transaction pourroit être exécutée ; la poursuite dont ils entendent parler est une plainte suivie de quelques actes : Muyart prétend même que la plainte pourroit suffire seule , si l'héritier étoit mineur ou pauvre ; mais il dit avec fondement que hors ces cas un héritier ne pourroit transiger qu'après une Sentence d'absolution rendue par le premier Juge. Voyez à ce sujet les observations sur l'article I du titre III , n. 11.

9. On ne peut compromettre en matiere criminelle ; la peine stipulée seroit nulle ; ainsi qu'il fut jugé par Arrêt du Parlement de Paris , du 18 Août 1628 , qui renvoya les parties & les procédures pardevant le Baillif de Beauvais : le motif des conclusions de M. L'Avocat Général Talon lors de cet Arrêt , fut que les arbitres ne peuvent prononcer par absolution , ni par condamnation ; parce que cela ne dépend pas d'une Jurisdiction volontaire , & que d'ailleurs les arbitres ne peuvent voir les informations. Brillon au mot *compromis* , pour soutenir la même opinion , cite Bardet , tome 1 , livre 3 , chapitre 68 , & d'Argentré sur la coutume de Bretagne , article XVIII : Fevret , liv. 1 , chap. 2 , n. 25 , dit aussi que l'on peut compromettre de toutes causes , pourvu qu'elles ne concernent que l'intérêt privé des parties ; raison pour laquelle on ne peut compromettre des causes publiques de mariage , de l'état des personnes , de l'abus , & des matieres criminelles ; parce que la partie publique y étant intéressée , on ne peut les terminer ni par compromis , ni par expédient pris entre les parties : mais ces principes ne concernent que les crimes publics , suivant la Loi 32 , parag. 6 , & 7 , D , *de receptis qui arbitrium receperunt.* On peut compromettre pour les intérêts civils , & pour la valeur d'une chose volée , même pour les dépens : Il en est de même du petit criminel , sur-tout en cause d'appel , parce qu'il est regardé comme le civil , suivant l'article XII du titre XXVI

E e 2

Il n'y a donc que dans les cas graves que l'on ne peut compromettre, & ces cas sont ceux expliqués dans le présent article de l'Ordonnance, pour lesquels les transactions n'empêchent pas les poursuites de la partie publique.

ARTICLE XX.

Voulons que ce qui a été ordonné pour les dépens en matiere civile , soit exécuté en matiere criminelle.

1. Nous avons un Arrêt de Réglement du Parlement de Paris ; du 8 Août 1714, qui décide une question qui se présente souvent : c'est celle de savoir si celui qui est condamné à une portion de dépens, & aux frais, ou coût du Jugement seulement, doit les épices en entier, même celles du Parquet ; on le trouve avec les motifs sur lesquels il a été rendu dans le recueil de M. Jousse, tome 2, p. 616.

„ Les Gens du Roi retirés. Vu l'Arrêt de Réglement du 10 Avril
„ 1691, par lequel il a été décidé qu'il suffit qu'une partie succombe
„ à une portion des dépens, pour supporter les épices & tout le
„ coût de l'Arrêt, s'il n'y a un arrêté contraire. La Cour a arrêté &
„ ordonné que lorsqu'en jugeant les procès & instances, ladite Cour
„ aura condamné l'une des parties à une portion des dépens, ou même
„ aux seuls frais & coût de l'Arrêt ; les épices des conclusions du
„ Parquet y seront comprises : & sera le présent Arrêt lu, publié „ &c.

Il a même été jugé par deux Arrêts de la Tournelle à Paris, des 13 Juillet 1707, & 8 Février 1708, qu'un exécutoire de remboursement d'épices, & coût d'Arrêt, en matiere criminelle comme en matiere civile excédant deux cents livres étoit payable par corps, après l'Arrêt d'*iterato*. On ne fait point de différence des dépens d'avec le coût de l'Arrêt, les épices & les conclusions.

2. Du Rousseau de la Combe, partie 3, chap. 9, n. 20, prétend que les femmes & les filles ne sont pas contraignables par corps, pour dépens en matiere criminelle, quoique prononcés pour tenir lieu de dommages & intérêts; suivant qu'il dit avoir été jugé, par Arrêt du 1 Juillet 1705 ; mais il ajoute qu'il en est autrement des intérêts civils : parce qu'ils sont adjugés par forme de réparation, & que pour raison d'iceux tout condamné peut être arrêté dans le moment de la prononciation de l'Arrêt, sans déplacer, & sans que l'Arrêt soit levé ni signifié; il semble qu'il y a de la contradiction dans ce sentiment; les dépens prononcés pour tenir lieu de dommages & intérêts, devroient avoir le même privilege que les dommages & intérêts qui sont les réparations civiles ; sans quoi il seroit inutile de qualifier ces dépens de dommages & intérêts : on ne se sert de cette forme de prononcer les dépens que pour

leur donner les mêmes privileges. Mais sans s'arrêter à concilier cette opinion qui ne pourroit avoir lieu que dans le cas où les dépens pour dommages & intérêts n'auroient pas été prononcés par corps ; on peut dire que l'Edit des quatre mois n'a point fait de distinction, & qu'il n'a pas excepté de la contrainte par corps les personnes du sexe ; il est vrai que l'article VIII du titre XXXIV de l'Ordonnance civile, porte que les femmes & les filles ne pourront être contraintes par corps, si elles ne sont marchandes publiques & pour cause de stellionat ; mais l'article II du même titre, permet d'emprisonner après les quatre mois pour dépens, s'ils montent à deux cents livres. Cet article II ne fait aussi aucune distinction des hommes & des femmes, d'où l'on doit conclure qu'il comprend dans sa disposition les uns & les autres.

De Renusson dans son Traité de la communauté partie 2, chap. 6, n. 64, & 68, agite la même question, & ensuite il cite un Arrêt du Conseil du mois d'Avril 1667, qui a jugé que les femmes & les filles ne peuvent être contraintes par corps *en matiere civile*, si elles ne sont marchandes publiques ; ce qui paroît décider qu'elles pourront l'etre en matiere criminelle en vertu d'un Arrêt d'*iterato*. Voyez les observations sur l'article VI de ce titre, n. 2.

3. On peut accumuler plusieurs exécutoires de dépens pour composer les deux cents livres, & obtenir la contrainte par corps après les quatre mois. C'est ce qui a été jugé par Arrêt du Parlement de Dijon, du 10 Février 1698, rapporté par Raviot, question 283, n. 16, tome 2, p. 446. Boniface en rapporte un pareil, du 16 Janvier 1672. Voyez aussi Brillon, au mot *contrainte*, n. 5, tome 2, p. 492. Cependant Lapeyrere lettre D, n. 30, dit que l'on ne peut accumuler deux exécutoires obtenus séparément dans une même instance, lorsqu'ils excedent deux cents livres pour les deux, suivant la Loi, *si idem cum eodem D. de Jurid. omn. Jud.* & la glose *coacervatio fit in favorabilibus & non in odiosis.* Mais les Loix Romaines ne sont d'aucun poids, quand les Ordonnances de nos Rois se sont expliquées sur une question de droit ou de pratique.

Quand l'Ordonnance de 1667 a permis de prononcer la contrainte par corps pour dépens en matiere criminelle, elle n'a entendu parler que des accusés qui succombent ; parce que les dépens sont une suite du délit. Mais quand c'est l'accusateur qui perd son procès faute de preuves suffisantes, ce n'est plus le cas de la contrainte par corps ; à moins qu'il n'y ait une calomnie si évidente que l'on peut dire que sa plainte est une injure grave qui est une espece de délit : le Jugement dans ce cas peut prononcer pour les dépens la contrainte par corps contre l'accusateur ; parce que la calomnie est un délit.

4. Quoique les preuves d'une procédure ne soient pas suffisantes pour la conviction complette du crime, on ne laisse pas quelquefois de condamner l'accusé aux dépens ; suivant le sentiment de M. le Président Bouhier, tome 2, p. 192, chap. 55, n. 375, il ne faut pas autant

de preuve pour la condamnation aux dépens que pour la peine. M. le Préſident Favre, dans ſon Code, liv. 9, titre II, définition 3, p. 1139, s'en explique ainſi. *Accuſatus de crimine ſi ab uno tantùm teſte impetatur, neque condemnandus, neque teſti objiciendus, nec rurſus omnino abſolvendus. Sed interim dimittendus quò uſque amplior criminis probatio facta ſit ; & nihilominus in expenſas litis condemnandus. Ita ſenatus*, 1591.

5. Les ſeptuagénaires ne ſont pas exempts de la contrainte par corps pour dépens en matiere criminelle, ſuivant l'article IX du titre XXXIV de l'Ordonnance civile, au lieu qu'en matiere civile, ils ſont élargis auſſi-tôt qu'ils ont atteint l'âge de ſoixante & dix ans. C'eſt ce qui a été jugé par Arrêt du Conſeil, du 8 Mai 1668, rapporté dans le recueil de M. Jouſſe, tome 1, p. 179. " Le Roi en ſon Conſeil ayant
» égard à la requête de Leonard Pirot, Bourgeois d'Avalon, âgé de
» ſoixante & douze ans, a caſſé & annullé l'Arrêt du Parlement de
» Dijon, du 27 Janvier 1668, comme contraire à l'Ordonnance de
» 1667, & ſans avoir égard audit Arrêt, ni à la recommandation faite
» par le nommé Champagne de la perſonne dudit Pirot, dans les priſons
» où il eſt détenu, a ordonné & ordonne qu'il ſera purement & ſimplement
» élargi deſdites priſons ; à ce faire & ſouffrir le Géolier contraint. Fait ſa
» Majeſté défenſes conformément à ladite Ordonnance d'empriſonner aucun
» Septuagénaire, ni de les retenir pour *dettes purement civiles*. Mais veut
» qu'incontinent qu'ils auront atteint l'âge de ſoixante & dix ans, ils ſoient
» mis hors des priſons ; encore que l'Édit des quatre mois leur ait été
» ſignifié, ou qu'ils euſſent été empriſonnés avant la publication de
» ladite Ordonnance, & avant qu'ils fuſſent parvenus audit âge de
» ſoixante & dix ans ; ſi ce n'eſt que leſdits Septuagénaires aient été
» condamnés, pour ſtellionat, récelé, *ou pour dépens en matiere crimi-*
» *nelle*, & que les condamnations ſoient par corps : fait au Conſeil d'Etat
» tenu à Saint Germain-en-Laye, le 8 Mai 1668. *Signé* DELAVILLIÈRE. »

Lapeyrere lettre P, n. 134, p. 343, rapporte un Arrêt du 17 Août 1702, qui a décidé, qu'il ſuffiſoit que la ſeptantieme année fût commencée, pour que le priſonnier fût élargi ; mais il faut convenir qu'il y a diverſité d'Arrêts à ce ſujet ; car il y en a un autre, du 6 Septembre 1706, qui débouta un particulier âgé de ſoixante-neuf ans, neuf mois de ſa demande en élargiſſement. Voyez Augeard, tome 3, p. 608, & le ſupplément, au tome 7 du Journal des Audiences, chap. 84, p. 212 ; & au tome 7 du même Journal, page 1073. On trouve un Arrêt contraire, du 24 Juillet 1700 qui a déchargé un homme âgé de ſoixante neuf ans trois mois, de la contrainte par corps, pour dépens excédant deux cents livres ; dans cette contrariété de déciſions, il ſemble que l'on doit s'en tenir à celle de l'Arrêt du Conſeil ci-deſſus rapporté, de 1668, par lequel ſa Majeſté a voulu que les ſeptante ans fuſſent accomplis, pour obtenir la décharge de la contrainte par corps : c'eſt en conſéquence de cette maxime que le Parlement de Paris, par ſes Arrêts, des 4 Juillet 1737, & 4 Décembre

1742, a prononcé des mis hors de Cour, *quant à préſent*, ſur les demandes des particuliers qui n'avoient pas les ſeptante ans complets.

6. L'exécution des Jugements appartient aux Lieutenants Criminels, tant pour la taxe des dépens que pour les ſaiſies & exécutions néceſſaires, pour ſe procurer le paiement des réparations civiles : c'eſt la déciſion de pluſieurs Arrêts de réglemens, & entr'autres de celui rendu contradictoirement au Conſeil, le 18 mars 1690, entre les Lieutenants civil & & criminel du Préſidial de Tours. " Appartiendra audit Aubry Lieute
„ nant criminel, l'exécution de ſes Jugements & Sentences, même des
„ ſaiſies faites en conſéquence, ſoit de meubles, ſoit de fruits pendans
„ par racine ; ſi ce n'eſt en cas d'oppoſition pour un tiers qui ne
„ puiſſe être vuidée ſommairement ou qu'il s'agit de la propriété du fonds :
„ *idem* par l'article VII du réglement de Brive, ces réglements ſont à la
„ fin de ce Code. „

7. On peut faire porter intérêts aux exécutoires de dépens en matiere criminelle comme au civil ; il ſuffit pour cela d'en former la demande en Juſtice : par Arrêt Général rendu au Parlement de Dijon, le 8 Mai 1688, il fut dit qu'à l'avenir les exécutoires de dépens porteroient intérêts du jour de la demande ; & par autre Arrêt de la même Cour du 18 Août 1798, les intérêts d'un exécutoire de mille ſoixante & dix-ſept livres furent, en conſéquence du réglement, adjugés du jour de la demande au profit de Meſſieurs les Comtes de Lyon. Enſorte que dans le reſſort du Parlement de Dijon, lorſque les dépens ſont taxés & les exécutoires ſignifiés, il ſuffit de préſenter requête au Juge qui a prononcé les dépens ; il permet de venir à l'Audience qui eſt dénoncée au Procureur qui a occupé dans le procès ; & que la partie condamnée paroiſſe ou non, on ordonne que l'exécutoire portera intérêts à compter du jour de la demande : dans un Bailliage il ne ſeroit beſoin que d'une demande & dénonciation d'Audience au Procureur du condamné ; il en ſeroit de même des dépens liquidés par une Sentence d'un Juge ſubalterne : on peut également en former la demande & dénoncer l'Audience pour faire ordonner que les dépens porteront intérêts, pourvu qu'il n'y ait point d'appel de la Sentence qui les a adjugés.

8. C'eſt un uſage au Parlement de Dijon, que celui qui obtient ſes dépens, pour lui tenir lieu de dommages & intérêts, doit être dédommagé de tous ſes frais, même des frais extraordinaires qui dans un autre cas ne lui ſeroient pas paſſés en taxe. Nous en avons un exemple récent dans une affaire criminelle importante, dont il a déjà été parlé ſur l'article I du titre IV, n. 1, & ſur l'article III du titre V, n. 2 : il s'agiſſoit d'une queſtion concernant la médecine : un fils de famille d'Autun étant décédé, ſon pere prétendit que la cauſe de ſa mort provenoit des coups qu'il avoit reçus par deux autres fils de famille, qui ſoutinrent au contraire ne l'avoir pas maltraité, & qu'il étoit mort de la petite vérole. Il y eut rapport, ſur lequel les principa-

les facultés de médecine du Royaume furent consultées, & décidèrent que la mort avoit eu pour cause la petite vérole. Par Arrêt du Parlement de Dijon, du 5 Mars 1757, les accusés furent renvoyés absous avec dépens, pour leur tenir lieu de dommages & intérêts : quand on a voulu taxer les dépens, il s'est trouvé qu'une consultation de plusieurs Avocats de Paris, avoit seule coûté mille cinquante livres ; dans une taxe ordinaire, elle auroit passé pour cent livres au plus. Les consultations des facultés de Médecine de Paris, Montpellier, Nîmes, Besançon, & autres, avoient aussi coûté beaucoup plus que l'usage ne permet de les passer en taxe ; cependant elles le furent en entier à la vue des quittances : le pere qui avoit été condamné aux dépens, pour tous dommages & intérêts, fit tous les mouvements qu'il crut nécessaires pour faire réduire ces dépens ; mais après s'être informé de l'usage, même auprès de plusieurs de Messieurs du Parlement, il a été obligé de les payer en entier, suivant les quittances ; parce que dans ce cas, celui qui a obtenu ses dépens, doit être remboursé de tous ses frais ; *abeat indemnis*. J'ai consulté cette question à M. Jousse, qui m'a répondu que notre usage étoit très conforme aux vrais principes. Voyez à ce sujet Brillon, au mot *dépens*, n. 18, tome 2, p. 567, & p. 579, n. 47 ; il rapporte un Arrêt du Grand Conseil, du 19 Décembre 1715, qui l'a ainsi jugé.

9. Quand plusieurs parties qui avoient intérêt dans un même procès, sont condamnées aux dépens, par Arrêt ou Jugement, qui ne distingue pas la portion que chacun en doit supporter, les dépens sont payés par têtes, quoique les intérêts de chacun, au procès, fussent inégaux ; par exemple, s'il étoit question au procès de la désistance d'un fonds ou héritage, dont l'un auroit prétendu avoir la moitié, un autre un quart, & deux autres le dernier quart ; ces derniers qui n'auroient demandé la désistance, que d'un demi quart, devroient autant de dépens chacun, que celui qui auroit prétendu seul la moitié de tout le fonds ; les dépens d'un procès sont personnels, ils sont supportés par têtes, par toutes les parties condamnées, sans considérer la portion que chacune pouvoit avoir dans le profit, au cas d'un succès favorable : cet usage est fondé sur la Loi 1, Code *si plures unâ Sententiâ condemnati fuerint*, liv. 7, titre V, *si non singuli in solidum, sed generaliter tu & collega tuus unâ & certâ quantitate condemnati estis, nec additum est ut quod ab altero servari non posset id alter suppleret, effectus Sententiæ pro virilibus portionibus discretus est ; ideoque parens pro tuâ portione Sententiæ ob cessationem alterius ex causâ judicati conveniri non potest.*

Brillon, au mot *frais*, n. 20, dit qu'entre cohéritiers qui succedent par portions inégales, on distingue, quant aux dépens auxquels ils sont condamnés ; ils sont personnels, quand ils ont défendu par un même Procureur ; chacun supporte sa portion virile ; mais que si c'est le défunt qui a été condamné, c'est une charge de la succession supportée, *pro modo emolumenti* ; il cite Lebrun, *des successions*, liv. 4, chap. 2, section 4, n. 17.

Brillon

Papon, dans son recueil d'Arrêts, liv. 18, titre II, est de même avis, & décide que nonobstant l'inégalité des portions dans un fonds ou une maison, les dépens doivent être payés également, & par tiers, s'il y a trois parties : il cite un Arrêt de 1535, qui, conformément à ces principes, a décidé que les dépens se taxoient par têtes, *& pro numero succumbentium, & non pro modo emolumenti, victoria petita* : c'est pour prévenir cet inconvénient, que souvent ceux qui entreprennent un procès & qui ont des intérêts inégaux, font des traités, par lesquels ils reglent entr'eux la portion de dépens, que chacun supportera dans le cas d'un mauvais succès ; sans cette précaution, ils sont exposés à payer par têtes les dépens ; la raison est que tous ceux qui contestent mal à propos, sont également téméraires ; & par conséquent, ils doivent souffrir une peine égale, L. *eum qui timere D. de Judic.*

Si plusieurs étoient parties sous un nom collectif, ils ne seroient qu'une tête, dans un procès où ils seroient condamnés aux dépens, conjointement avec d'autres qui auroient été parties, chacun séparément : ainsi les petits fils venant par représentation en la succession de leur aïeul, ne seroient qu'une tête pour la condamnation de dépens. *Idem*, du mari & de la femme, qui ne sont comptés que pour un. Voyez Coquille, question 262 ; Lange, dans son Praticien, chap. 37, édition de 1719, p. 597 ; & Brillon, au mot *dépens*, n. 34, tome 2, p. 572, où il rapporte plusieurs Arrêts qui l'ont ainsi décidé ; & au n. 43, il en cite encore un du 7 Février 1679.

10. Souvent les domestiques rebutent les parties, & rendent l'accès des maisons des Juges si difficile, qu'elles ont peine à leur parler ; ce qui met les plaideurs dans la nécessité de satisfaire l'avidité de ces sortes de gens, qui font toujours ces exactions à l'insu de leurs Maîtres. Le Parlement de Toulouse a tâché de remédier à cet abus, par le Réglement suivant : " la Cour ayant égard aux requisitions du Procureur Général du
„ Roi, a fait inhibition & défenses aux Suisses des portes, Portiers,
„ Laquais, & autres Domestiques des Officiers de la Cour, d'exiger de
„ l'argent, ou autres présents des parties, ou des récipiendaires, directe-
„ ment ou indirectement, quand même il leur seroit volontairement offert,
„ pour parler à leurs Rapporteurs ou à leurs Juges, à peine d'être mis
„ en prison, & aux fers, pendant quinze jours, pour la premiere fois ;
„ & du fouet, en cas de récidive ; & sera le présent Réglement lu,
„ publié, & exécuté en cas de contravention à la diligence du Procureur
„ Général du Roi : prononcé à Toulouse, en Parlement, le 13 Juillet
„ 1739. "

Il y a un Arrêt pareil du Parlement de Paris, du 28 Août 1737, dans le recueil de M. Jousse, tome 3, p. 542 ; il a été rendu contre les Portiers, & autres Domestiques qui refusoient les copies des significations faites à leurs Maîtres, ou autres, de la maison, si on ne leur donnoit pas cinq sols par signification.

ARTICLE XXI.

Les Jugements feront exécutés le même jour qu'ils auront été prononcés.

1. Cet article de l'Ordonnance, entend parler des Jugements contradictoires qui portent condamnation de la peine de mort, ou de quelque peine afflictive ; l'exécution se doit faire le même jour qu'ils font prononcés aux prisonniers condamnés ; quant aux autres Jugements, il faut suivre la disposition de l'article XIX du titre XIII, des prisons.

L'Ordonnance ne parle que des Jugements ; ce qui ne concerne pas les Arrêts des Cours supérieures. M. Pussort, connu pour le rédacteur de l'Ordonnance, en convint lors de la lecture de cet article ; & sur ce que M. le premier Président de Lamoignon, observa que l'article ne régloit pas dans quel temps les Jugements feroient prononcés ; M. Pussort répondit que cela dépendoit de l'arbitrage des Juges ; ainsi ils font Maîtres du temps de la prononciation de leurs Jugements, en dernier ressort ; & cela, parce que souvent ils n'ont pas sur les lieux, des Exécuteurs de la Haute-Justice : c'est pourquoi ils font obligés d'attendre qu'il en foit venu, pour prononcer, & faire exécuter le même jour, leurs Jugements.

Régulièrement, les exécutions doivent être faites avant la nuit ; cependant nous avons différents exemples, récents du contraire, malgré plusieurs Arrêts rapportés par Brillon, au mot *exécution*, n. 9, tome 1, p. 216, qui ont défendu de les faire de nuit ; mais il faut les entendre fainement : on doit, si cela se peut, prononcer les Jugements du matin, & faire tout de suite les diligences nécessaires pour l'exécution : nous en avons vu qu'il n'a pas été possible de faire faire le même jour, & qui ont été retardées jusqu'au lendemain, par des déclarations faites par les condamnés, dans leurs testaments de mort : il peut se trouver que sur ces déclarations, on fasse arrêter des accusés, il faut récoller les condamnés dans leurs déclarations, & les confronter les uns aux autres : mais après cette procédure finie, quand même le lendemain feroit un jour de Fête solemnelle, on ne pourroit différer l'exécution, parce qu'elle doit, suivant cet article de l'Ordonnance, être faite sans délais, après la prononciation du Jugement.

Quand le Jugement porte que l'exécution fera faite dans un lieu éloigné, on ne le prononce pas à l'accusé avant de le faire partir, & même les Cavaliers qui le conduisent, ont coutume de lui dire qu'ils le transfèrent, par rapport à quelque nouvelle instruction qu'il faut encore faire, afin de lui éviter pour un temps, les horreurs du supplice.

2. Plusieurs Arrêts de Règlement, & entr'autres, celui rendu au

Conseil, le 31 Août 1689, pour le Présidial d'Orléans, article XXXIII, porte que le Greffier prononcera les Jugements aux accusés, dans le jour, & qu'il sera tenu d'en donner copie au Procureur du Roi, dans vingt-quatre heures; mais ces Arrêts n'entendent parler que des cas énoncés dans l'article XXIX du titre XIII, qui ne concernent pas les condamnations à mort, ou à peine afflictive, dont a voulu parler le présent article de l'Ordonnance.

Lors de la lecture ou prononciation des Jugements en dernier ressort, dans la prison, ou au lieu du supplice, les accusés doivent être à genoux.

3. La prononciation des Arrêts, & des Jugements, doit être faite par les Greffiers seuls, la présence des Juges n'y est pas nécessaire : l'Arrêt d'Orléans, cité au nombre précédent, y est précis: un autre Arrêt, rendu au Parlement de Paris, le 27 Octobre 1678, & qui se trouve au tome 1, du recueil de M. Jousse, p. 403, porte : " La Cour faisant droit sur les " conclusions des Gens du Roi, ordonne que les Greffiers, tant Civils " que Criminels, seront tenus de descendre dans les prisons, & d'y " prononcer aux prisonniers les Sentences & Jugements qui auront été " rendus contre eux, ensemble ceux d'élargissements, & même interlo- " cutoires ; & ce, dans les vingt-quatre heures qu'ils auront été rendus, " quoiqu'ils n'aient été levés par les parties civiles, si aucunes y a, & " de faire mention sur le régistre de la Géole, à côté des écroues " desdites prononciations; & sur iceux, transcrire & insérer les *dictums*, " en entier desdites Sentences & Jugements ; & ce, à peine d'interdiction, " de trois cents livres d'amende, & de tous dépens, dommages & in- " térêts, envers les prisonniers; lesquelles peines demeureront encourues " contre les contrevenants, en vertu du présent Arrêt, sans qu'il soit " besoin d'autre : cet Arrêt de Réglement, ne concerne que les Jugements " du petit Criminel. "

L'article XXIX du titre XIII, ci-devant, contient les mêmes disposi-tions : un autre Arrêt du Parlement de Paris, du 9 Juillet 1716, rap-porté au tome 6, du Journal des Audiences, oblige aussi les Greffiers, en prononçant les Sentences aux accusés, de recevoir leurs déclarations, s'ils y acquiescent, ou s'ils en appellent, & de leur faire signer leurs déclarations; ce qui ne peut s'entendre que des Jugements de condamna-tion au bannissement à temps, & autres peines moins considérables, auxquelles les condamnés peuvent acquiescer, suivant l'article VI du titre XXVI.

On voit dans l'histoire de Frillet, au tome 9 des causes célèbres, p. 73, qu'il employa au Conseil, pour moyen de cassation, que le Greffier du Parlement de Dijon, ayant fait au lieu du supplice, la pro-nonciation d'un Arrêt de mort, à un condamné, qui déclara qu'il per-sistoit à une précédente déclaration contre Frillet ; celui-ci prétendoit faire casser le décret de prise de corps, décerné contre lui, sous prétexte qu'il étoit fondé sur la déclaration d'un complice, reçue par le Greffier seul, mais ce moyen ne réussit pas ; ce trait n'est rapporté que pour prouver que les Greffiers font seuls les prononciations d'Arrêts de mort, & autres : quand l'Ordonnance veut qu'elles soient faites par le Juge même, elle s'en explique clairement, comme elle l'a fait par l'article IV du titre XXVIII, des faits justificatifs : ce fut le Greffier de la Cour, qui prononça à l'infâme Damiens, son Arrêt de condamnation, du 26 Mars 1757, dans la Conciergerie, à genoux ; il fut ensuite appliqué à la question ; après quoi, ayant déclaré au Greffier, qu'il n'avoit aucune déclaration à faire ; il fut conduit au supplice, tome 3, p. 406, de l'histoire de son procès, où sont tous les actes de la procédure.

Despeisses, partie 1, titre II, section 3, n. 25, dit que les condamnés à mort, avouent souvent, lorsqu'ils sont au lieu du supplice, des crimes & des complices ; ce qui a fait que l'Ordonnance de 1498, article CXVI, a sagement ordonné que les Greffiers des Juges, de l'autorité desquels se fait l'exécution à mort, assisteroient & accompagneroient le condamné au supplice, jusqu'à sa mort : cette Ordonnance qui se trouve dans les Loix criminelles, tome 2, p. 13 ; & celle de 1535, article XLIV, chap. 13, prouvent que les Juges ne sont pas obligés d'assister au supplice, & d'accompagner les condamnés ; elles n'y obligent que les Greffiers : cependant, comme ils peuvent faire des déclarations importantes, les Lieutenants Criminels en Bourgogne, & dans plusieurs autres Provinces, sont dans l'usage de se trouver en robe dans quelque auditoire, ou maison voisine, pour en cas de besoin, y recevoir les déclarations ou testaments de mort des condamnés, les récoller, & même les confronter aux complices, s'il y en a qui soient arrêtés en conséquence des testaments de mort. M. le Lieutenant Criminel de Paris fut mandé le 4 Juin 1731, pour avoir assisté à une exécution en carrosse ; la Cour lui enjoignit d'y assister à cheval : mais par un Arrêt du 18 Février 1755, il lui a été permis d'y assister avec son Greffier, en carrosse. Voyez Denisard, tome 1, p. 496, au mot *exécution* : l'Ordonnance de 1499, article CXVII, n'oblige que le Greffier à assister au supplice. *Fontanon*, tome 1, p. 693.

Si le condamné attendoit qu'il fût sur l'échelle ou sur l'échafaud, pour faire quelque déclaration ; comme il n'est pas permis de les en faire descendre, il faudroit que le Juge s'en approchât pour les recevoir, parce que le Greffier ne pourroit seul, faire de pareils actes : on a vu des Commissaires des Cours, même au nombre de plusieurs à la fois, y aller dans des cas importants, quoique les Greffiers des Parlements soient dans l'usage de les recevoir seuls. Par Arrêt du Parlement de Paris, du 16 Juin 1722, qui se trouve dans les Loix criminelles, tome 2, p. 372, Jeanne Roi fut condamnée à être pendue ; après qu'elle fut sur l'échelle, elle dit au Greffier de la Cour, qu'elle déclareroit des complices, si on la vouloit descendre ; il lui répondit que ce n'étoit pas la regle ; il en donna cependant avis à MM. les Commissaires, qui étoient à l'Hôtel-de-

Ville, & qui, s'étant approchés d'elle, elle leur fit la même demande,
à laquelle ils répondirent que cela ne se pouvoit, & se retirerent ; &
comme elle croyoit que l'on vouloit la faire mourir sans entendre sa
déclaration, Messieurs s'approcherent encore d'elle ; mais ayant persisté
à demander de descendre de l'échelle ; & cela lui ayant encore été refusé,
elle prononça quelques paroles dont le Greffier seul fit mention dans
son verbal d'exécution, qui ne fut pas signé par Messieurs les Commissaires qui étoient au nombre de deux, parce qu'elle avoit souffert la
question.

4. On ne prononce pas aux accusés les Sentences dont l'appel est
forcé, parce qu'elles doivent auparavant être confirmées par Arrêt ; ainsi
il suffit d'envoyer à la Cour les accusés, avec les grosses de leurs procédures : la prononciation en seroit inutile, & même contraire à cet
article XXI, qui veut que les Jugemens soient exécutés le même jour
qu'ils auront été prononcés ; il est d'ailleurs à propos de leur laisser
ignorer leur condamnation.

5. Quoiqu'un Arrêt ou Jugement en dernier ressort, ait été signé, &
même qu'il ait été mis au Greffe, il n'a d'effet contre le condamné,
& sur ses biens, que du moment qu'il lui a été prononcé ; par conséquent,
si le condamné meurt dans l'intervalle, c'est-à-dire, avant la prononciation,
son état n'a souffert aucun changement, ses biens appartiennent à ses
héritiers légitimes, & il est censé mort, *integri statûs* ; sauf néanmoins à
la partie civile, à se pourvoir contre les héritiers du condamné, pour
le paiement des intérêts & dépens, adjugés par l'Arrêt de condamnation ;
le condamné étant mort avant la prononciation, le Roi, ni les Seigneurs,
ne pourroient prétendre ni amendes, ni confiscation ; ce sont des peines
publiques, éteintes par la mort arrivée avant cette prononciation, qui
seule, livre le condamné à l'Exécuteur. L'article II du titre des confiscations de la Coutume du Nivernois, porte que les biens confisqués
appartiendront au Seigneur, *au temps de la prononciation* ; ce qui fait que
Coquille dit que la confiscation est donc alors acquise, sans attendre
l'exécution, & que l'hypothéque est acquise du jour de la Sentence, par
argument tiré de l'Edit rendu en interprétation de celui de Moulins,
de 1566, en cas que la Sentence ait prononcé la confiscation,
& qu'elle ait été confirmée par Arrêt *prononcé*. Voyez à ce sujet
Charondas, parag. 292, sur la Coutume de Paris, p. 153, &
Tiraquau, *de jure primog.* question 48, numero 3 ; la prononciation
tient lieu de signification ; & il est certain que les Jugements ne
peuvent produire aucun effet, avant d'être signifiés ; elle est si nécessaire,
que quand l'accusé est condamné par contumace, on fait la signification
de son Jugement à son dernier domicile, sinon elle est affichée par
effigie, dans un tableau public, pour tenir lieu de signification ou prononciation, suivant l'article XVI du titre XVII.

Charondas, qui vient d'être cité, dit dans ses observations, au mot

Arrêt, qu'il a été jugé que si le prisonnier meurt avant la prononciation de l'Arrêt, *integro statu moritur*; parce que, quoique l'Arrêt soit conclu & signé du Président, & du Conseiller Rapporteur, il n'a encore aucun effet. Brodeau sur Louet, lettre C, som. 47, n. 10, rapporte un Arrêt du Parlement de Paris, du 20 Décembre 1613, rendu à la Tournelle, dans une espece qui décide la question : Julien Prévôt, pour réparation d'un meurtre, fut condamné à mort par le Baillif de Vendôme, sa Sentence fut confirmée par Arrêt du 11 Avril 1570 ; il corrompit en chemin, par argent, le Messager & les Sergents; & s'étant évadé, il se retira à Saint Malo, où il changea de nom; il se maria, & eut plusieurs enfants & petits enfants, nulle poursuite contre lui, jusqu'en 1614: quarante ans après l'Arrêt ; il interjette appel de la saisie de ses biens, & de l'emprisonnement de sa personne, il obtient des lettres d'abolition en tant que de besoin, & soutient que le crime, l'Arrêt, & son exécution, étoient prescrits ; ce qui fut décidé en faveur du condamné, par Arrêt du 11 Avril 1615. Richer, après avoir aussi rapporté le même Arrêt dans son traité de la mort civile, p. 146, observe que le crime étoit constaté, que le coupable avoit été livré au supplice, & que la condamnation avoit été prononcée par un Arrêt contradictoire ; mais que toutes ces considérations furent impuissantes, parce que l'Arrêt n'avoit pas été notifié au coupable, par une prononciation, à la forme de l'Ordonnance.

Il y a beaucoup plus de difficulté, suivant le même Auteur, pour décider si l'exécution est aussi nécessaire que la prononciation, pour opérer la mort civile ; il se décide pour l'affirmative, & il se fonde sur un Arrêt rapporté par Maynard, liv. 4, chap. 52. Jean Pomier, par Sentence contradictoire, du 26 Mars 1566, avoit été condamné à mort, pour avoir tué sa femme ; cette Sentence fut confirmée quelques jours après, par Arrêt du Parlement de Toulouse, on sursit à l'exécution, par des considérations particulieres: pendant cette surséance, Jean Pomier mourut dans les prisons, le Seigneur demanda la confiscation ; les enfants de Pomier, soutinrent que l'Arrêt n'avoit pas été exécuté, & que par autre Arrêt, l'exécution avoit été suspendue jusqu'à ce que la Cour eût été avertie, que Jean Pomier seroit revenu en son bon sens ; que le condamné étant décédé, le premier Arrêt étoit demeuré comme non avenu, que n'ayant pas été exécuté au principal, il ne pouvoit l'être, quant aux accessoires, au nombre desquels est la confiscation, qui ne peut avoir lieu, que le corps ne soit aussi confisqué : sur ces moyens, y ayant eu partage à la Tournelle, il fut levé à la Grand'Chambre, par Arrêt qui adjugea la succession aux enfants.

M. le Président Bouhier, chap. 55, n. 336, tome 2, p. 186, propose la difficulté de savoir si un condamné à mort, par Arrêt, mourant naturellement, il y a lieu à la confiscation ; cet Auteur rapporte un Arrêt du Parlement de Rouen, qui ordonna que le corps d'une femme, ainſi condamnée, ſeroit inhumé, & ſes biens déchargés de la conſiſcation ; & un autre du Parlement de Bordeaux, ſemblable : ce ſavant Magiſtrat trouve ces déciſions régulieres, à l'égard des corps ; mais il croit que la confiſcation devoit avoir lieu, le droit étant acquis par les Arrêts, avec d'autant plus de raiſon, que c'eſt plutôt par humanité, que par Juſtice, que l'on épargne au cadavre, le ſupplice : cela ne devant pas tomber ſur la partie de l'Arrêt, concernant les biens.

6. Après la prononciation d'un Jugement, le Juge ne peut y faire aucun changement, ſuivant M. Leprêtre, centurie 3, chap. 128, où il dit : *Simul atque Judex Sententiam dixit, Judex eſſe deſinit ; nec amplius poteſt Sententiam corrigere, ſemel enim ſeu bene vel male officio functus eſt :* cet Auteur rapporte à ce ſujet, pluſieurs autorités conformes à ſon ſentiment ; après quoi il ajoute qu'il eſt d'un uſage inviolable au Parlement de Paris, que depuis que l'Arrêt eſt prononcé aux parties, on ne peut plus y toucher, ſinon par requête civile. Jul. Clar. *Sententiarum*, liv. 5, parag. fin., queſtion 98, n. 8, propoſe la même queſtion. *Sed numquid ſi poſt Sententiam latam, appareat de innocentiâ rei, debet Judex exequi Sententiam. Reſp. quòd non : puta ſi ille qui dicitur occiſus ab ipſo condemnato appareat vivus : ſcias tamen quòd non debet Judex hâc cauſâ reum abſolvere, nam neque poteſt id facere, cum lata Sententia jam ſit ; ſed debet ſuperſedere & ad principem reſcribere.* Voyez le n. 2 de l'article XV de ce titre, & le nombre ſuivant, *hîc*, & n. 2, de l'article XXIV de ce titre.

7. Après la Sentence rendue, le Juge, ſujet à l'appel, ne peut faire aucune procédure ; par Arrêt du Parlement de Paris, du 3 Août 1694, rapporté par Prévôt, dans ſa Juriſprudence ſur les rapports, p. 114, il fut décidé que le Juge de Château-Landon ayant ordonné après une Sentence définitive, que le cadavre d'un bleſſé ſeroit viſité, il n'avoit pas été en droit de rendre cette Ordonnance ; & il lui fut défendu de faire en pareil cas, aucune procédure ; ſauf à lui à dreſſer des verbaux des faits avenus depuis ſes Jugements, & de les envoyer à la Cour. Voyez à ce ſujet Farinace, queſtion 17, tome 1, p. 230, n. 61.

Bruneau, partie 1, titre XXVII, n. 26, p. 266, dit cependant que ſi avant l'expédition de la Sentence, le Juge reconnoît l'erreur viſible, il peut y changer ; mais qu'il faut que ce ſoit avant la prononciation après laquelle, *neſcit vox miſſa reverti* ; & ſur-tout en matiere criminelle, ſuivant pluſieurs Auteurs, cités par Bruneau, avec l'Ordonnance d'Henri II, en 1554, au corps du droit François, titre VI, liv. 9. Voyez Brillon, au mot *Sentence*, n. 7 ; & Ferriere, dans ſa Juriſprudence du Digeſte, liv. 42, titre I, tome 2, p. 452.

Muyart de Vouglans, dans ſes Inſtitutes au droit criminel, imprimées en 1757, partie 7, chap. 1, p. 364, dit que cependant ſi depuis la ſignature, & avant la prononciation du Jugement à l'accuſé, le Juge venoit à reconnoître l'erreur viſible, il pourroit ſe réformer, & même qu'à l'égard des Jugements en dernier reſſort , s'il ſe trouvoit ſeulement quelques diſpoſitions obſcures ou ambigues , on pourroit demander l'interprétation de ces diſpoſitions obſcures aux Juges mêmes qui auroient rendu le Jugement , & qu'ils ne pourroient ſe diſpenſer d'avoir égard à cette demande ; pourvu qu'elle ne cachât pas une propoſition d'erreur abrogée par l'Ordonnance civile , article XLII du titre XXXV ; elle n'avoit lieu que pour les Arrêts & Jugements en dernier reſſort , à l'égard deſquels il n'y a plus que la requête civile.

8. Le teſtament de mort eſt une déclaration faite par un condamné après la prononciation de ſon Arrêt ou Jugement en dernier reſſort. Ce teſtament eſt quelquefois fait dans les priſons , d'autrefois dans quelques auditoires ou maiſons voiſines du lieu de l'exécution. Le Juge après le ſerment accoutumé reçoit les déclarations & aveux que le criminel veut faire de ſon crime , ou des complices , s'il en nomme , on les fait , ſi cela ſe peut arrêter ſur le champ , afin qu'ils puiſſent être confrontés avant l'exécution ; il n'eſt beſoin pour cela ni de concluſions ni de Jugement par toute la Chambre ; le Lieutenant Criminel ſeul ordonne que le condamné ſera récollé dans ſes déclarations & ſon teſtament de mort , & confronté aux complices , ſi aucuns peuvent être arrêtés ; l'Ordonnance n'exige même pas ce Jugement du Lieutenant Criminel ou autre Juge d'inſtruction. Voyez ci-devant ſur l'article XXIII du titre XV , des ſtyles ou modeles de ces ſortes de confrontations des accuſés les uns aux autres.

Ces déclarations ne ſont nommées teſtament de mort que lorſqu'elles ſont faites après la prononciation de l'Arrêt ou Jugement en dernier reſſort. Alors le condamné eſt livré à l'Exécuteur.

Quand en chemin , ou au lieu du ſupplice le condamné fait des déclarations , le Greffier peut les recevoir & les inſérer dans ſon verbal d'exécution ; ſans les faire ſigner. Il ſeroit dangereux de lui laiſſer la liberté des mains. Il eſt cependant plus régulier de faire avertir le Juge , ſi les déclarations ſont importantes. Afin qu'il en dreſſe un procès verbal authentique.

9. Les charpentiers , voituriers & tous autres ouvriers ſont forcés de travailler aux ouvrages & opérations néceſſaires pour les exécutions , ils ne peuvent refuſer leur travail , chacun en ce qui concerne ſon métier & ſa profeſſion. Il eſt de l'intérêt public que tous les citoyens contribuent à ce que les crimes ſoient punis : c'eſt pour cela , ſuivant Lebrun , dans ſon Procès Criminel , livre 1 , chap. 8 , p. 41 , édition de 1658 , commençant par ces mots : *il y a pluſieurs cas* , qu'il eſt permis aux Juges de forcer le propriétaire à vendre ſon fonds pour y ériger des fourches patibulaires & prendre ſes chevaux & ſa charrette pour conduire le condamné au ſupplice , &c. Il cite Flor. *in lege ita vulnus D. ad legem Aquiliam. L. fin. D. de pign. act. & ibi Barthola , Joannes Andr. ad ſpeculum , tit. de execut. ſenten.* Ainſi il n'eſt pas douteux que tout ouvrier qui reſuſe

fuse de servir la Justice ne puisse être sur le champ condamné à une
forte amende & emprisonné en cas de désobéissance, ou de fuite pour s'en
exempter.

10. Un condamné à mort qui feroit violence pour s'évader, & même
qui auroit blessé quelqu'un, ne seroit pas pour cela de nouveau jugé
pour augmenter sa peine. *Condemnatus ad furcam cum ei per imperitiam
actuarii pronuntiatum esset Senatûsconsultum, priusquam in vinculis & com-
pedibus esset, se duci nolens vim fecerat, ipsosque apparitores offenderat, quæ-
rebatur an ex ea contumacia fieri deberet commutatio irrogatæ pœnæ in gravio-
rem, id enim autoritas Senatûs postulare videbatur. Contra tamen visum est
misericordiâ potius quàm pœnâ dignum esse, cui nulla salus fuerit nullam
sperare salutem. Ita Senatus 1593*, Code Favre, livre 9, titre XXVI,
définition 16.

Si le condamné se tuoit après la prononciation de l'Arrêt ou Jugement en dernier ressort, il en seroit dressé procès verbal; & on ne pourroit ordonner autre chose sinon que le cadavre seroit pendu par les
pieds. Cependant Jul. Clar. partie 2, livre 5, question 51, parag. final.
p. 254, édition de 1637, dit: *Sed hic incidenter quæro. Pone quod reus
qui est de crimine confessus vel convictus vel etiam condemnatus, ante execu-
tionem moriatur vel naturali facto, vel quia manus in se intulerit, quid
debet judex hoc casu facere? Resp. Quod ad pœnam corporalem certè non debet ullo modo sævire in ejus cadaver, neque illud suspendi facere; & Assessores qui id faciunt tenentur injuriarum; & est pessima practica.* Cet Auteur
cite plusieurs Loix & autres autorités pour appuyer son sentiment, *nam
crimen morte delinquentis extinguitur*; mais il ajoute, *sed certè quidquid
sit de jure contrarium praxis tenet & observat, ut ait Igneus, qui dicit quod
in Parlamento Rotomagensi bis vidit judicari contra hanc communem opinio-
nem. Contrarium etiam de facto servari attestatur Baldus in lege 2ª. num. 2.
Cod. qui testamenta facere possunt.* Enfin Jul. Clar. cite plusieurs autres Auteurs, qui attestent qu'en pareils cas les condamnés ont été pendus par les
pieds.

Jul. Clar. *ibidem*, ajoute: *Et ego aliquando vidi delinquentes qui in
actu capturæ à satellitibus occisi fuerunt, suspendi ad aliorum terrorem, &
hoc quando delictum erat notorium. Sic etiam vidi alios qui pendente processu
se ipsos interfecerunt furcis publicè suspendi: & in specie quemdam Ludo-
vicum Bergaminum qui post confessionem delictorum se ipsum in carcere stran-
gulaverat, 6 Nov. 1555.*

Farinace, question 10, n. 77, & suivant, tome 1, p. 124, agite la
même question, & au nombre 78, il rapporte plusieurs exemples des
condamnés qui s'étant homicidés après leur condamnation, ont été pendus
par les pieds. Ainsi c'est une maxime que les Jugements de mort doivent
être exécutés sur les personnes vivantes ou sur leurs cadavres, lorsqu'ils
ont été prononcés. D'ailleurs il faut pour que les confiscations aient lieu
qu'il y ait une exécution. Ainsi qu'il vient d'être dit, nombre 5; ajoutez

Tome III.   G g à ces autorités celle de l'Ordonnance, qui article I du titre XXII, veut que le procès soit fait au cadavre pour homicide de soi-même & rébellion à Justice.

11. Les Chirurgiens sont en droit d'exiger que les Juges leur livrent des cadavres. L'article XXV, de l'Edit de Mars 1707, servant de Réglement pour les Facultés de Médecine, porte : " Enjoignons aux Ma-
„ giſtrats & aux Directeurs des Hôpitaux de faire fournir des cadavres
„ aux Profeſſeurs pour faire les démonſtrations d'Anatomie, & pour en-
„ ſeigner les opérations de chirurgie. „

Par Arrêt du Parlement de Paris, du 12 Juillet 1683, rapporté ci-devant ſur l'article XI du titre I, n. 6, au mot *viol des ſépulchres*, un particulier fut condamné à des aumônes pour avoir acheté des cadavres du foſſoyeur de St. Sulpice. Le même Arrêt fit défenſes de délivrer aucuns cadavres que de l'Ordonnance des Lieutenants Criminels, & autres Juges pour faire des anatomies, ou opérations de chirurgie. Cet Arrêt prouve que les Lieutenants Criminels & autres Juges qui ont le droit de faire exécuter les Jugements peuvent refuſer les cadavres, ou les accorder, ſuivant les circonſtances. Il y a ſouvent des raiſons pour les refuſer ; les Chirurgiens en font des démonſtrations publiques, des anatomies, des ſquelettes qu'ils conſervent dans des armoires ; & par ce moyen ils perpétuent la mémoire d'un ſupplice qui déshonore les familles. Ce qui eſt cauſe que rarement le cadavre eſt accordé lorſque c'eſt celui d'un homme du pays ; & même quand le cadavre eſt demandé par les parents, on ne peut le refuſer pour le faire inhumer. Loi 1. D. *de cadaveribus puni-*
torum. Corpora eorum qui capite damnantur cognatis ipſorum non ſunt dene-
ganda & id ſe obſervaſſe. D. Auguſtus libro decimo de vita ſua ſcribit. Ho-
die autem eorum in quos animadvertitur corpora non aliter ſepeliuntur quam
ſi fuerit petitum & permiſſum : & nonnunquam non permittitur. Maximè
Majeſtetis cauſâ damnatorum eorum quoque corpora qui exurendi damnantur
peti poſſunt ; ſcilicet ut cineres & oſſa collecta ſepultura tradi poſſint.

On ne peut donc enlever un cadavre du gibet ſans la permiſſion du Lieutenant Criminel, ou autre Juge, qui doit tenir la main à l'exécution de ſes Jugements. Deſpeiſſes, dans ſon Traité des Crimes dit à ce ſujet, que ſi le corps d'un exécuté à mort eſt enlevé par des particuliers de leur autorité, ils doivent être punis corporellement, ou par des amendes, ſuivant Gomez, tome 3, chap. 4, n. 28 ; ainſi qu'il dit avoir été jugé au Parlement de Dijon, le 5 Octobre 1618, par Arrêt rapporté par Bouvot, tome 2, ſous les mots *Juſtice & Irrévérence*, queſtion 3 ; ce qui eſt conforme à la Loi qui vient d'être rapportée.

12. Il n'y a que le Juge royal qui puiſſe faire pendre un condamné au premier arbre : parce que le Seigneur Haut-Juſticier peut faire pour les exécutions élever un gibet, quand même il n'en auroit jamais eu, ſuivant Lapeyrére, lettre F, n. 62, p. 145. Cependant Taiſand, ſur l'article VIII du titre I, de notre Coutume de Bourgogne, n. 3, p. 44,

dit qu'à défaut de signe patibulaire, le Juge du Seigneur peut ordonner que l'Exécuteur attachera le condamné à un arbre & qu'il fera l'exécution jusqu'à ce que mort naturelle s'ensuive. Il ne cire aucune autorité pour fonder son sentiment. Mais nous avons l'article X du titre I, de la Coutume de Nivernois, qui porte que celui qui a Haute-Justice ne peut lever signe patibulaire sans permission du Prince; & que pendant ce temps il pourra faire faire l'exécution en sa Justice à un arbre, ou autrement. Et effectivement il n'y a aucune Ordonnance qui le défende. D'ailleurs les Sentences des Juges des Seigneurs ne pouvant être exécutées sans être confirmées, c'est l'Arrêt qui autorise l'exécution.

13. Les procédures qui se font en exécution des Jugements ou Arrêts de renvoi en matiere criminelle, comme les testaments de mort, confrontations des complices arrêtés en conséquence, les permissions d'enlever les cadavres, & tous autres actes postérieurs aux Jugements doivent être faits par les Lieutenants Criminels, quand même ils ne seroient pas Rapporteurs; à la reserve seulement de celui que le Greffier dresse pour certifier l'exécution. Ces droits sont incontestables suivant les Edits de création des Offices des Lieutenants Criminels de 1522 & 1552, & autres Edits & Réglements. Les Présidents des Présidiaux n'ont aucune Jurisdiction criminelle; puisque les Présidiaux en corps n'en ont point eux-mêmes; elle réside totalement dans les Offices des Lieutenants Criminels qui jugent comme les Prévôts avec les Officiers des Présidiaux : ce sont les Sentences des Lieutenants Criminels quoiqu'en dernier ressort. Cette maxime a été solidement prouvée sur l'article XVII du titre I. D'ailleurs les lettres patentes de 1572, ont exactement détaillé toutes les fonctions attribuées aux Présidents: ils n'en peuvent prétendre d'autres, que celles qui y sont énoncées. On n'y trouvera pas qu'ils aient aucune instruction criminelle ni avant ni après les Jugements. Toute l'instruction, même après les Sentences, appartient de droit commun aux Lieutenants Criminels; ils ont toute celle qui se fait en exécution des Jugements en dernier ressort : les Edits défendent aux Présidents & autres Officiers d'en prendre connoissance, à peine de nullité. En un mot, avant la création des Offices des Présidents tous les droits utiles, honorifiques & autres appartenoient aux Lieutenants Criminels dans les matieres criminelles; c'est un principe incontestable : il faut donc lorsque les Présidents prétendent quelque droit, qu'ils prouvent que ce droit leur a été expressément attribué; parce que de droit commun les Lieutenants Civils & Criminels ont, chacun dans leur Jurisdiction, tous les droits sans exception. Il est vrai que dans quelques Présidiaux, il y a des Réglements qui veulent que les procès criminels soient distribués; ainsi qu'il a été expliqué au nombre 3, de l'article IX de ce titre; mais les Lieutenants Criminels ne sont alors privés que du rapport : ils ont conservé l'instruction de tout le reste de la procédure. Il faudroit pour les en priver que les Réglements l'eussent décidé, & certainement on n'en trouvera aucun.

G g 2

ARTICLE XXII.

*Si les condamnés à l'amende honorable refusent d'obéir à
Justice, les Juges seront tenus de leur en faire trois différentes injonctions; après lesquelles ils pourront les condamner
à plus grande peine.*

1. L'amende honorable, suivant l'article XIII de ce titre, est la septieme dans l'ordre des peines; elle est plus forte que le bannissement à
temps. Mais il faut observer qu'il y a plusieurs sortes d'amendes honorables: celle de la premiere espece dont parle cet article, se prononce dans
les termes suivants; nous avons déclaré l'accusé convaincu, &c. Pour
réparation l'avons condamné à faire amende honorable à la porte d'une
telle Eglise, ou de l'Auditoire, nud en chemise, à genoux, la corde
au cou, conduit par l'Exécuteur de la Haute-Justice, tenant une torche
de cire ardente du poids de deux livres, & à déclarer à haute & intelli-
gible voix que méchamment & mal avisé, il a dit, &c. ou fait, &c.
Qu'il s'en repent & en demande pardon à Dieu, au Roi, & à Justice.
Cette sorte d'amende honorable se prononce rarement seule; elle est le
plus souvent jointe à une peine corporelle, même quelquefois à celle de
mort; & c'est ordinairement pour crimes commis contre la Religion,
pour scandale public, mauvais traitements des enfants envers leurs peres
& meres, ou pour cas graves contre l'honneur des familles & des particuliers. Il faut suivant l'article VI du titre XXVI, que cette amende
honorable à Dieu, au Roi & à Justice, soit confirmée par Arrêt avant
de pouvoir être exécutée.

2. L'amende honorable que l'on appelle *seche*, est celle qui doit être
faite à l'Audience ou Chambre du Conseil, tête nue & à genoux seulement, sans assistance de l'Exécuteur, ni autre note d'ignominie; ce qui
fait qu'elle n'est pas infamante, & qu'elle peut par conséquent être exécutée sans être confirmée par Arrêt, s'il n'y a point d'appel: elle n'est
faite ni à Dieu, ni au Roi, ni à Justice, mais seulement aux particuliers offensés. Si le condamné y acquiesce il faut en dresser un procès
verbal bien en regle, avant que de la faire exécuter; ainsi qu'il a été
expliqué sur l'article XIII de ce titre, n. 19, au sujet de l'infraction
de ban.

Nous avons en exemple d'une amende honorable seche dans l'Arrêt du
Conseil du 6 Avril 1673, au sujet d'un témoin qui y fut condamné pour
s'être retracté de sa déposition après son récollement & sa confrontation.
Il fut rendu contre les nommés Déniau, Claquenelle, & la Lemercier
convaincus de subornation de témoins; la Lemercier en son particulier

fut condamnée à faire amende honorable, pieds nuds, en la Grand'Chambre, l'Audience tenant, une torche à la main, & à déclarer que malicieusement, elle s'étoit retractée, cinq semaines après avoir été récollée & confrontée, dont elle demandoit pardon à Dieu, au Roi, & à Justice. Et elle fut condamnée en neuf ans de bannissement, avec dix livres d'amende. Il est vrai que cette amende seche semble participer à l'autre amende honorable, parce qu'elle est faite à Dieu, au Roi, & à Justice; mais comme elle n'est pas accompagnée de l'Exécuteur, de la corde au cou, & autres notes d'ignominie, elle ne peut passer pour une véritable amende honorable infamante. Voyez le nombre suivant en entier.

3. Le Juge d'Eglise ne peut condamner à une amende honorable, même dans son prétoire, parce que c'est une peine infamante, qui ne peut être prononcée contre un Ecclésiastique que par les Juges royaux. Il est vrai que l'Auteur du livre des Loix ecclésiastiques, partie 1, chap. 23, n. 6, dit le contraire, fondé sur le sentiment de Fevret, livre 5, chap. 4: de Chopin, *de Sacra Politia*, livre 2, chap. 3, & autres; mais cette contrariété de sentiments ne peut provenir que de la différence des véritables amendes honorables, & de celles que l'on appelle *seches*, dont il vient d'être parlé au nombre précédent. Le Juge d'Eglise ne peut prononcer la première; parce qu'elle est infamante, mais il peut condamner à la seconde; pourvu qu'il ne l'accompagne d'aucune note d'infamie: ni d'aucune marque extraordinaire qui excede les réparations qui peuvent être faites à l'Audience.

Ce qui prouve que l'amende honorable est infamante, lorsqu'elle est accompagnée de notes d'ignominie; c'est que l'article XIII de ce titre, met cette peine avant celle du bannissement à temps qui est infamante. Outre que l'article VI du titre XXVI, la met au nombre de celles qui ne peuvent être exécutées avant d'être confirmées par Arrêt. Loiseau, est celui qui s'explique le plus clairement sur la différence des amendes honorables. Voici ce qu'il en dit, livre 1, chap. 13, n. 58, au Traité des Offices. " Toutefois, puisqu'il y a plusieurs especes d'amendes honorables,
„ comme les Déclarations ordonnées être faites en la maison du Juge,
„ ou en la Chambre du Conseil, ou en pleine Audience, debout, à genoux,
„ ou même nud en chemise, avec la torche à la main, & quelquefois
„ la corde au col & la conduite de l'Exécuteur, je suis dit Loiseau,
„ de l'opinion de Coquille, sur l'article XV de la Coutume de Nivernois; il n'estime vraies amendes honorables & infamantes, que celles
„ qui se font avec des circonstances & marques ignominieuses; & quant
„ aux autres, ce ne sont à mon opinion que des satisfactions d'honneur,
„ ordonnées en faveur du plaignant, & non pour déshonorer le condamné; si ce n'est que la Sentence contienne le mot *d'amende honorable*.
„ Car je crois que de ce terme l'infamie résulte, & que la vraie amende
„ honorable est celle qui se fait à Justice, & que c'est de celle-là, &
„ non d'autre que doit être entendue l'Ordonnance de 1542, qui veut

,, que l'appel de l'amende honorable ſoit relevé directement à la Cour. ,,
Voyez le nombre ſuivant.

Par Arrêt du 11 Janvier 1633, rapporté au Journal des Audiences,
tome 1, page 190, il fut jugé que la condamnation à une amende honorable ne fait pas vaquer le bénéfice de plein droit, ſi le crime, pour
lequel elle a été prononcée, n'eſt pas grave : ce qui prouve qu'il en eſt
de même que de l'amende envers le Roi, qui n'eſt infamante que ſuivant
la nature du crime ſur lequel elle a été prononcée ; ainſi qu'il a été
expliqué ſur l'article VII de ce titre, n. 3.

4. Lapeyrere, lettre I, n. 11, p. 172, dit de même que Loiſeau,
qui vient d'être cité, qu'il ſuffit que le mot d'amende honorable, ſoit
dans un Arrêt de condamnation, pour que l'Officier ſoit infame, &
incapable d'exercer ſon Office ; mais la queſtion eſt de ſavoir, ſi un
Eccléſiaſtique condamné à une amende honorable, perd ſon bénéfice, &
s'il peut le réſigner. L'Arrêt de 1633, qui vient d'être cité, a décidé
pour l'affirmative, ſi le crime eſt grave. Bardet, tome 2, chap. 2,
rapporte les Plaidoyers d'une cauſe à ce ſujet ; il dit qu'elle fut appointée :
mais que M. l'Avocat Général Bignon, dans ſes concluſions, obſerva que
la qualité de l'amende ou du banniſſement à temps, ne fait pas vaquer
le bénéfice du condamné, *ipſo jure* ; qu'il y a à la vérité des cas expliqués
par le Droit Canon, qui ont cet effet, mais que l'on ne doit pas en
faire extenſion, & qu'il y a grande différence entre la privation de droit,
& l'irrégularité, qui eſt un défaut du corps ou de l'eſprit, incompatible avec la ſainteté du Miniſtere : d'où ce grand Magiſtrat conclut que
le condamné avoit pu réſigner. Voyez le même Auteur, chap. 58, *ibidem*,
où il rapporte un Arrêt du 22 Novembre 1638, qui a auſſi fait dépendre
l'infamie de la nature du crime.

5. Le refus de la part d'un condamné, de faire l'amende honorable,
eſt, ſuivant cet article de l'Ordonnance, puni à l'arbitrage du Juge :
anciennement, on uſoit dans cette occaſion, d'une plus grande ſévérité
qu'à préſent. Bardet, tome 2, liv. 1, chap. 28, rapporte un Arrêt du
Parlement de Paris, du 27 Mai 1632, rendu contre Jean Bourner, qui
étoit condamné à faire amende honorable, pour fauſſeté commiſe dans
un procès civil ; il fut conduit à la Grand'Chambre, pour y déclarer,
l'Audience tenant, qu'il avoit fabriqué l'acte dont il étoit queſtion,
n'ayant pas voulu proférer ces paroles, & ayant au contraire dit à haute
voix, qu'il ne ſavoit ce que c'étoit que cette fauſſeté dont il étoit innocent ; il fut admoneſté pluſieurs fois par M. le premier Préſident, d'exécuter l'Arrêt, & averti que ſa peine ſeroit augmentée ; mais ayant continué le même langage, M. l'Avocat Général Bignon, demanda qu'il lui
fût fait de nouvelles injonctions, ſauf de conclure à la mort, s'il
perſévéroit : il fut en conſéquence, de nouveau admoneſté, ſans qu'il
voulut obéir ; ce qui fit que la Cour ordonna qu'au lieu de neuf ans
de galeres, auxquelles il étoit condamné, il ſerviroit le reſte de ſa

vie, comme forçat aux galeres du Roi, & déclara tous ses biens confisqués.

On trouve d'anciens Arrêts plus séveres, puisqu'il y en a qui ont condamné à mort en pareil cas. Mais on s'est relaché de cette rigueur, on
a considéré que les condamnés étoient assez à plaindre de faire des réparations dont les appareils troublent leur esprit. Cependant Bruneau,
titre XXVII, n. 42, p. 285, rapporte un Arrêt du Parlement de Paris
du 31 Juillet 1714, qui condamna un particulier à être banni & fustigé
au-devant de la porte d'un Bailliage, & par les carrefours de la ville,
pour avoir refusé de se mettre à genoux & demander pardon à un Procureur Fiscal des injures qu'il lui avoit dites à l'Audience. La Sentence
qui l'y condamnoit avoit été confirmée par Arrêt. Le Juge lui avoit fait
trois différentes injonctions de satisfaire à la condamnation ; au lieu d'obéir,
il disoit au Juge des injures ; il en dressa procès verbal qu'il envoya au
Parlement. Sur la lecture de ce verbal, sans entendre l'accusé, la Cour
pour sa désobéissance le condamna au fouet & au bannissement ; ainsi
que le rapporte Bruneau au lieu cité.

C'est au Juge, suivant cet article de l'Ordonnance, à faire les trois
injonctions au condamné qui refuse d'obéir ; ainsi c'est lui qui lorsqu'il
est averti du refus doit se transporter au lieu où il est ordonné que sera
faite l'amende honorable : il ne suffiroit pas que les injonctions fussent
faites par le Greffier ; le Juge ne doit pas se contenter d'insérer dans son
verbal qu'il a fait trois injonctions différentes ; il faut les distinguer par
trois articles. Nous lui avons enjoint, &c. a répondu, &c. Nous lui
avons enjoint pour une seconde fois, &c. a répondu, &c. Nous lui avons
enjoint pour la troisieme & derniere fois d'obéir & satisfaire à l'amende
honorable à laquelle il a été condamné, sinon, nous lui avons déclaré
qu'il sera condamné à une plus grande peine ; a répondu, &c. Si le
condamné dit les causes de son refus, elles doivent être insérées dans le
verbal qui doit être signé par le Juge & le Greffier seuls, en faisant néanmoins mention des noms des principaux assistants.

Après que ce verbal est dressé le condamné est réintégré dans les prisons, & sur les conclusions de la partie publique, la peine est augmentée
& exécutée, si c'est un Jugement en dernier ressort : mais s'il s'agit d'un
renvoi de la Cour pour l'exécution d'un Arrêt, le verbal doit y être
envoyé en Minute. C'est le Lieutenant Criminel qui doit dresser ce verbal, quand même il ne seroit pas Rapporteur. Voyez les observations
sur l'article XXI de ce titre, n. 13.

6. La mort de l'accusateur n'empêche pas que celui qui est condamné
à lui faire une réparation d'honneur, ou à une amende honorable ne
soit obligé de la faire, comme si l'accusateur étoit vivant ou absent,
ou ne vouloit pas s'y trouver. Le decès du plaignant n'éteint ni le
crime ni la peine. C'est pourquoi un particulier ayant été condamné à
faire déclaration honorable en Jugement qu'il avoit indiscrétement donné

un soufflet , il fut jugé par Arrêt que l'Appellant n'étoir pas recevable dans sa requête tendante à être déchargé de la condamnation , eu égard à la mort du plaignant ; les parties furent renvoyées pardevant le Juge , pour faire la Déclaration. Voyez Legrand , sur la coutume de Troyes , titre VII article CXX ; n. 42 , & les observations sur l'article I du titre III , n. 6.

ARTICLE XXIII.

Si quelque femme devant , ou après avoir été condamnée à mort , paroît ou déclare être enceinte , les Juges ordonneront qu'elle sera visitée par Matrones , qui feront nommées d'Office , & qui feront leur rapport dans la forme prescrite au titre des experts de notre ordonnance du mois d'Avril 1667 , & si elle se trouve enceinte , l'exécution sera différée ; jusqu'après son accouchement.

1. Cet article est conforme à la Loi, *pregnantes*, D. *de pœnis*. Voyez les observations faites à ce sujet à la fin du titre V , concernant les rapports, n. 13 , & 14.

2. L'Ordonnance par cet article décide que les Matrones, & même les Chirurgiens sont récusables ; car elle veut que les rapports soient faits dans la forme prescrite par l'Ordonnance de 1667 , à l'égard des experts qui peuvent être récusés. Voyez les nombres 13 & 14, qui viennent d'être cités; par la même raison les Chirurgiens & Matrones doivent se récuser quand ils savent qu'il y a contr'eux des moyens de récusation, suivant l'article XVII du titre XXIV , de l'Ordonnance civile.

3. Une femme condamnée à la question, & qui se diroit enceinte , est dans le cas de cet article de l'Ordonnance, quoiqu'il n'en parle pas ; parce qu'il est également nécessaire de conserver son fruit qui seroit exposé au même danger, sur-tout quand la torture est donnée par extension; il faut suivant Prévôt , célèbre Avocat au Parlement de Paris, dans sa Jurisprudence sur les rapports , imprimée en 1753 , p. 209, nommer avec les Matrones, un Médecin ou un Chirurgien, à cause de l'importance du cas; & p. 86, il rapporte un Arrêt du Parlement de Paris, du 6 Février 1676 , qui confirma une Sentence du Châtelet , par laquelle une sage femme jurée avoit été interdite, pour avoir dit dans son rapport qu'une femme sur le point d'être exécutée n'étoit pas enceinte; tandis que par celui du Chirurgien, après l'exécution, cette femme après avoir été ouverte se trouva enceinte de trois à quatre mois ;

ce

ce qui eſt encore atteſté par Deſvaux dans ſon Art, de faire les rapports page 17, où il rapporte plus en détail cette affaire.

4. Delamarre, dans ſon Traité de la Police, liv. 1, titre II, p. 18 rapporte des Loix des Egyptiens dont la huitieme portoit, que ſi une femme condamnée à mort ſe trouvoit enceinte, on devoit différer le ſupplice, juſqu'à ce qu'elle fût accouchée ; n'étant pas juſte de faire mourir un enfant innocent pour la faute de ſa mere. Cette Loi eſt conforme au droit divin, qui défend de faire mourir l'innocent pour le juſte, & de punir le pere pour les fautes des enfants, ni les enfants pour les fautes du pere: Deutéronome, chap. 24, verſet 16. Cet enfant appartient à l'Etat qui ſeroit privé d'un citoyen.

Si les Chirurgiens, ou les Matrones, diſoient qu'ils ne peuvent atteſter que la condamnée n'eſt pas enceinte, il faudroit ſur ce rapport douteux retarder l'exécution, juſqu'après l'accouchement, ou juſqu'à ce que le laps du temps eût donné lieu de croire qu'il n'y a point de danger : il eſt même d'uſage, s'il y a ſoupçon de groſſeſſe, de ne pas juger, ou de ne pas prononcer le Jugement ; afin de ne pas jeter la condamnée dans le déſeſpoir.

ARTICLE XXIV.

Le Sacrement de Confeſſion ſera offert aux condamnés à mort, & ils ſeront aſſiſtés d'un Eccléſiaſtique juſqu'au lieu du ſupplice.

1. Suivant le Droit Canon on peut adminiſtrer le Sacrement d'Euchariſtie aux condamnés à mort, pourvu que ce ne ſoit pas le jour de l'exécution. Can. *quæritur*, chap. 13, queſt. 2 ; ainſi cet article de l'Ordonnance n'y eſt pas contraire ; il ne permet que celui de confeſſion le jour de l'exécution : on ne donnoit anciennement aucuns de ces ſecours ſpirituels aux condamnés le jour du ſupplice. Le Concile de Vienne en déſapprouva l'uſage. Le Pape Grégoire XI écrivit à Charles VI, pour le faire abolir ; mais le Seigneur de Craon ſollicita ſi vivement Charles VI, qu'il rendit un Edit, publié au mois de Février 1396, par lequel il ordonna, comme le fait cet article, que le Sacrement de confeſſion ſeroit offert aux condamnés à mort. Voyez Fontanon, livre 3, titre LXVIII, tome 1, p. 660.

2. On trouve dans les cauſes célebres, tome 1, p. 441, que la Dame de Brainvilliers célebre empoiſonneuſe qui fut condamnée à avoir la tête tranchée, par Arrêt du Parlement de Paris, du 16 Juillet 1676, demanda le Sacrement de communion, & ſur le refus qui lui en fut fait, elle demanda le pain béni ; ainſi qu'elle diſoit qu'il avoit été donné au Maréchal de Matillac ſon parent, avant ſon exécution : mais

on le lui refusa encore , sous prétexte que le crime du Maréchal n'étoit pas à beaucoup près si énorme que les siens , qui devoient être expiés non-seulement par la privation de l'Eucharistie , mais encore par celle de la figure de ce Sacrement : elle avoit été appliquée à la question , & avoit avoué des crimes plus énormes que ceux dont elle avoit été déclarée convaincue ; elle convint qu'elle avoit empoisonné dix fois son pere , & qu'elle avoit aussi empoisonné ses deux freres.

Le Juge Criminel ne peut refuser aux parents d'un condamné la permission de faire inhumer le corps en terre sainte , s'ils la demandent par requête , pour un Eglise particuliere. Voyez à ce sujet Papon , liv. 20 , titre VIII , Arrêt 4 , & ci-devant , n. 11 , article XXI.

3. Il n'y a que les Seigneurs hauts justiciers qui aient droit d'avoir des fourches patibulaires ; & si elles tombent pas vetusté ou autrement , elles ne peuvent être relevées , suivant les Ordonnances & les coutumes après l'an & jour , sans lettres du Prince , qui s'obtiennent aux Chancelleries près les Parlements , où elles doivent être enrégistrées , aussi-bien que dans les Bailliages ; & même Taisand sur notre coutume article VIII , titre I , dit qu'elles peuvent n'être adressées qu'au Bailliage.

4. Loiseau dans son Traité des Seigneuries chap. 4 , n. 68 , dit qu'il y a deux signes visibles de haute Justice ; savoir le pilori tournant & à simple pilier , où il y a un carcan attaché , ou bien une échelle comme celle du temple à Paris ; & l'autre signe , qui est le gibet , est différent , suivant la qualité de la Seigneurie ; celui du haut justicier est à deux piliers , celui du Châtelain à trois , du Baron à quatre , du Comte à six , & du Duc à huit.

TARIF.

Des droits d'exécution tiré du régistre de M. le Procureur Général au Parlement de Dijon.

Au Substitut de M. le Procureur Général trois livres.

Au Greffier quarante sols , & s'il y a plusieurs condamnés vingt sols , pour les autres.

Aux Huissiers chacun cinquante sols , quelque nombre de condamnés qu'il y a t.

Au Lieutenant de Prévôt trois livres.

Aux Archers chacun vingt-cinq sols.

Au Trompette quarante sols.

A L'EXÉCUTEUR.

Pour rompre trente livres.

Pour l'échafaut & la roue au Charpentier soixante livres.

Pour pendre quinze livres.

Pour la potence que l'Exécuteur doit planter & ôter douze livres.

Pour trancher la tête trente livres , outre l'échafaut qui appartient à l'Exécuteur.

Pour brûler vif quarante livres.

Pour brûler un pendu ou un roué vingt-sept livres.

Pour conduire le cadavre à la grande Justice, ou autre exposition douze livres.

Pour couper le poing dix livres.

Pour fustiger sept livres dix sols.

Pour marquer , outre les droits du fouet , sept livres dix sols.

Pour attacher au carcan sept livres dix sols.

Pour conduire un condamné hors de la ville sept livres dix sols.

Pour les écriteaux vingt sols.

Pour la question ordinaire six livres , & pour l'extraordinaire neuf livres.

Ces Droits sont payés à l'Exécuteur pour les exécutions par effigie comme pour les exécutions réelles. On paie encore à l'exécuteur dix livres par jour, lorsqu'il est mandé dans les villes où il n'y en a point. Mais c'est aux villes à payer ces voyages, lorsqu'il y a Présidial ou autre Jurisdiction en dernier ressort ; parce qu'il doit y avoir des Exécuteurs de résidence qui y perceveroient des droits sur les bois & autres denrées aux portes des villes ; les habitants, profitant de ces droits qui ne sont pas perçus, lorsqu'il n'y a point d'Exécuteur, c'est aux villes à payer le voyage tant pour aller que pour venir. On les paie en Bourgogne à raison de dix livres par jour ; quant aux droits d'exécution & autres, ils sont à la charge du Roi , ou des Seigneurs , suivant le tarif ci-dessus.

TITRE XXVI.

Des Appellations.

ARTICLE I.

*Toutes appellations de Sentence préparatoire, interlocutoire,
& définitive, de quelque qualité qu'elles soient, seront
directement portées en nos Cours, chacunes à son égard,
dans les accusations pour crimes qui méritent peine afflictive, & pour les autres crimes à nos Cours; ou à nos
Baillifs & Sénéchaux, au choix & option des accusés.*

1. L'Article XXII, de l'Edit de Crémieu, laissoit aux parties dans tous
les cas le choix de porter les appellations simples de tous Jugements, dans les Bailliages; mais les Ordonnances postérieures en ont
fait une distinction qui souvent embarrasseroit, si les Cours jalouses de
leur autorité n'avoient compris dans les cas à elles réservés, même les
peines infamantes; quoique cet article de l'Ordonnance ne parle que
des peines afflictives: ce qui décidoit clairement que les appellations des
Sentences qui ne prononcent que des peines infamantes, pouvoient être
portées dans les Bailliages. Voyez les observations sur l'article XXI du
titre XIV, où la distinction a été faite des peines afflictives & des
peines infamantes.

Si la partie publique étoit appellante, son appel ne pourroit être porté
qu'à la Cour, parce qu'elle ne doit appeller que lorsqu'il y échet peine
afflictive, suivant les articles XXIV du titre X; XIX du titre XXV,
& XIII, de ce titre; un appel *à minima* fait supposer qu'il s'agit d'un
crime grave & qu'il y a des preuves considérables; sans quoi il ne seroit
pas permis à une partie publique d'interjeter une appellation dont l'événement pourroit l'exposer à une prise à partie. Voyez le n. 7, ci-
après.

3. Quoique cet article ne fasse pas mention expresse des Sentences qui
condamnent à la question, elles y sont sous entendues; puisqu'il comprend
les Sentences préparatoires, dans les cas où il peut échoir peine afflictive, & que la question ne peut-être ordonnée que lorsque le crime
mérite la mort: nous avons d'ailleurs l'article CLXIII de l'Ordonnance
de 1539, qui porte que les condamnés à la torture seront promptement

conduits aux Cours *omiſſo medio*, & l'article VII du titre XIX , n'y eſt pas moins précis.

4. Ce n'eſt qu'aux accuſés que cet article laiſſe le choix de porter leurs appellations aux Cours, ou dans les Bailliages, dans les cas qui ne méritent pas peine afflictive : les accuſateurs ou parties plaignantes, n'ont pas la même option : ils doivent ſuivre la regle générale, qui veut que l'appel des Sentences des Juges des Seigneurs , ſoit relevé dans les Bailliages & Sénéchauſſées.

Si c'eſt l'accuſé qui eſt appellant, ſans avoir fait ſon option dans ſon appellation , il faut dans le cas où il néglige de la relever , l'interpeller par ſommation pour qu'il ait à s'expliquer ſur le tribunal dans lequel il entend la porter & ce dans trois jours , paſſé lequel temps , il eſt privé de ſon option : elle reſte à l'intimé.

5. Quand il eſt appel d'une Sentence qui ne prononce que des peines pécuniaires ou autres qui ne ſont ni afflictives , ni infamantes , il eſt porté aux enquêtes , & le procès y eſt diſtribué & jugé comme procès civil, ſuivant l'article XII de ce titre.

6. Il n'y a que les Lieutenants Criminels des Bailliages & Sénéchauſſées Royales qui aient droit de reſſort au Criminel. C'eſt ce qui eſt décidé par l'article XXII , de l'Edit de Crémieu , & encore plus clairement par cet article de l'Ordonnance qui ne parle que des Baillifs & Sénéchaux Royaux. Enſorte que les Juges des Seigneurs , qui connoiſſent au civil de l'appel des Sentences de quelques autres Juges leurs inférieurs , n'ont pas le même droit au criminel : l'Auteur du livre intitulé les Loix Criminelles , chap. 25, p. 265 , rapporte pluſieurs Arrêts du Parlement de Paris, qui l'ont ainſi décidé : il en cite entr'autres un , du 10 Septembre 1683, qui défendit au Juge de la Juſtice Ducale de Mayenne , de recevoir les appellations en matiere criminelle ; un autre , du 2 Octobre 1711 , contre le Baillif de Colommieres en Brie , rapporté au Journal des Audiences , tome 6 , p. 177 ; & un troiſieme du 13 Septembre 1712 , rendu contre les Officiers de la Duché - Pairie de Nevers. Il y a cependant un Arrêt , du 23 Avril 1700 , qui a excepté de cette regle la Juſtice du Duché de Bar. On trouve encore au même Journal, tome 6 , p. 282 , un Arrêt du 8 Août 1712 , qui défend au Juge de la-Ferté-ſur-Aube , de connoître au criminel des appellations des Juges reſſortiſſants à lui au civil. Voyez les obſervations ſur l'article VII du titre I, ci-devant.

7. Les Greffiers ſont tenus de communiquer dans les vingt-quatre heures aux parties publiques , toutes Sentences en matiere criminelle ; afin qu'elles puiſſent y acquieſcer ou en appeller ; pluſieurs Arrêts l'ont ainſi décidé ; celui, du 31 Août 1689 , rendu au Conſeil , entre les Officiers du Préſidial d'Orléans , porte, article XXXIII , que le Greffier prononcera aux accuſés les Jugements rendus en la Chambre du Conſeil, dans le jour , & qu'il ſera tenu de les dénoncer & en donner copie au

Procureur du Roi, dans les vingt-quatre heures ; autre Arrêt du Parlement de Paris, du 6 Septembre 1681, rendu contre le Greffier du Bailliage de la Milleraye ; & un autre de la même Cour, du 7 Septembre 1660, pour le Bailliage de Dreux. Voyez l'article XXIX du titre des prisons.

Un Procureur du Roi, ou d'Office ne peut interjeter appel d'une Sentence conforme à ses conclusions, ou plus severe ; c'est ce qui a été décidé par Arrêt du Parlement de Paris, du 27 Novembre 1674, contre le Procureur Fiscal de la Prévôté d'Atilly, en Brie ; & par un autre, du 18 Mars 1680, contre le Procureur du Roi de la Prévôté de Péronne : mais cela n'empêche pas que M. le Procureur Général, ne puisse appeller ; ce Magistrat n'est pas forcé de s'en tenir aux conclusions de ses substituts.

Par Arrêt du Parlement de Paris, du 31 Décembre 1677, il fut enjoint au Procureur Fiscal de la Rochepofay, de mettre au bas des Sentences ses appels *a minima*, sans les signifier par acte séparé.

Autre Arrêt, du 13 Décembre 1679, qui fait défenses au Procureur Fiscal, de Souverain-Moulin, d'appeller *a minima*, en matiere légere ; mais seulement lorsqu'il y écherra peine afflictive : la plus grande partie de ces Arrêts se trouve dans les Loix criminelles, tome 1, p. 313, chap. 25, n. 4.

8. Quand il y a plaintes respectives, & qu'en conséquence les deux parties ont fait informer l'appel d'un décret, & de l'Ordonnance, par laquelle l'une des parties a été déclarée instigante & l'autre accusée, est suspensif dans le ressort du Parlement de Paris ; ainsi qu'il a été expliqué sur l'article III du titre précédent, n. 3 : cette Cour veut que les qualités des parties soient réglées, avant de passer outre ; parce que si l'appellant faisoit réformer le décret, il deviendroit instigant au lieu d'accusé, & par conséquent les procédures faites depuis ce décret deviendroient irrégulieres ; mais le Parlement de Dijon ne suit pas cette regle ; parce que pendant le temps qu'il faut pour faire juger au Bailliage ou à la Cour cette appellation, les preuves dépérissent, tout est suspendu, ce qui paroît contraire aux articles XII du titre X ; & II du titre XXV, qui veulent qu'aucune appellation ne puissent arrêter l'instruction & le Jugement des procès criminels. Les coupables sont souvent les premiers à donner leurs plaintes ; tandis que les blessés sont occupés à se faire soulager ; ils se préparent par ces premieres diligences, en faisant entendre quelques témoins, un moyen pour arrêter le cours de l'instruction ; cet avantage fait qu'il n'y a presque point de coupable qui ne donne sa plainte, & qui n'interjette ensuite appel de l'Ordonnance qui l'a déclaré accusé ; ces appellations deviennent de style ; elles arrêtent, pour une ou plusieurs années, des procédures qui suivant la nouvelle & les anciennes ordonnances doivent être instruites avec diligence.

9. Avant cette Ordonnance de 1670, les Présidiaux connoissoient, au

petit criminel, des appellations dans tout leur reſſort juſqu'à la ſomme de vingt-cinq livres qui étoit alors aſſez conſidérable ; il ſuffit pour le prouver de voir les Déclarations du Roi, des 14 Août 1553, & 6 Septembre 1555, avec l'Edit de Novembre 1554, article XI, rapporté par Fileau ſur Chenu, *in-fol*, tome 1, partie 2, titre I, chap. 4, 6 & 7, avec pluſieurs réglemens rendus en conſéquence ; il y a encore les Arrêts du Grand Conſeil, des 21 Mars 1622, & 28 Janvier 1636, rapportés par M. Jouſſe dans ſon Traité de la Préſidialité, p. 311 ; il n'y a donc que depuis l'Ordonnance de 1670, que ce droit des Lieute-nants Criminels de juger avec les Préſidiaux en dernier reſſort a été abrogé par cet article de l'Ordonnance au grand préjudice du public qui eſt obligé d'aller demander aux Parlemens, à grands frais la répa-ration des injures les plus légeres ; ce qui force ſouvent les parties d'a-bandonner leurs pourſuites, d'où ſuit l'impunité des gens peu ſolvables qui par ce moyen peuvent inſulter les honnêtes gens, dans l'eſpérance que ceux-ci ne voudront pas faire les frais d'un Arrêt & riſquer de les perdre.

ARTICLE II.

Les appellations de permiſſion d'informer, des décrets, & de toutes autres inſtructions ſeront portées à l'Audience de nos Cours & Juges.

1. Cet article ne porte pas que les appellations, dont il fait mention, ſeront jugées à l'Audience, il veut ſeulement qu'elles y ſoient portées ; ce qui laiſſe la liberté, lorſque depuis l'appellation, il eſt intervenu en la premiere Juſtice une Sentence définitive, de juger par écrit en cauſe d'appel ; il s'agit alors de prononcer non-ſeulement ſur l'inſtruction, mais encore ſur l'appel de la Sentence définitive rendue, à vu de pieces : ſi cette maxime n'a pas lieu dans le reſſort du Parlement de Paris, nous ſommes en Bourgogne dans l'uſage de la ſuivre ; ainſi qu'il a été expliqué ſur l'article I du titre XXIII, n. 1.

2. Quand il eſt appel d'un décret de priſe de corps, l'accuſé ne doit pas être entendu qu'il ne ſe ſoit mis en état dans les priſons du Juge qui l'a décrété, ou dans celles du tribunal Supérieur. Cependant quel-quefois les Cours, après avoir vu les procédures, diſpenſent les accuſés de la ſévérité de cette regle générale, où elles convertiſſent le décret de priſe de corps, en ajournement perſonnel ; ce que les autres Juges ne peuvent faire ; ainſi qu'il a été expliqué ſur l'article IV du titre X, n. 4.

3. Suivant pluſieurs Arrêts du Parlement de Paris, il eſt défendu de prendre des épices pour les Jugemens des procès criminels inſtruits

sans récollement & confrontation ; cette Cour veut que ces sortes de procès, soient jugés à l'Audience, ou sur le Bureau. L'un de ces Arrêts, qui se trouve au Journal des Audiences est du 12 Avril 1709 : on y en trouve deux autres, des 8 Mai 1711, & 28 Mai 1717 ; la même chose a été jugée contre le Procureur du Roi de Saint Pierre - le - Moutier, par Arrêt, du 2 Juillet 1710, qui lui défendit de prendre en pareil cas des épices pour ses conclusions. L'usage du Parlement de Dijon, & de quelques autres Parlements, est contraire ; il est fondé sur la disposition de cet article de l'Ordonnance, qui n'oblige de porter à l'Audience, que les appellations des décrets & autres instructions ; ce qui laisse aux Juges, la liberté, comme il vient d'être observé, de juger par écrit celles qui sont interjetées de toutes sortes de Sentences définitives, quoiqu'il n'y ait ni récollement ni confrontation ; il est vrai que l'on taxe modérément les épices dans les matieres légeres.

Notre usage est encore fondé sur une Loi qui ne paroît pas pouvoir être contredite ; c'est l'Edit des épices, du mois de Mars 1673. L'article X porte qu'il ne sera taxé aucunes épices pour Arrêts, Jugements ou Sentences rendues sur requête de l'une des parties, sans ouïr l'autre, tant en matiere civile que criminelle ; *si ce n'est qu'en matiere criminelle, il y ait des procès verbaux, ou informations, concernant le crime joints à la requête :* c'est précisément le cas des Jugements des procès criminels, même lorsqu'il n'y a ni récollement, ni confrontation ; parce qu'il y a la requête en dommages & intérêts d'une partie, & qu'il y a toujours joints à cette requête, des procès verbaux d'interrogatoires, & des informations : cet Edit des épices y est formel ; il permet dans ce cas, même sur la requête seule d'une partie, de prendre des épices, sans entendre l'autre partie ; ainsi, quand même les Sentences criminelles seroient rendues par défaut, il est permis, suivant le Réglement des épices, d'en prendre : le cas est même plus favorable lors des Jugements : car ils sont ordinairement rendus, après avoir entendu l'accusé dans ses interrogatoires ; par conséquent les deux parties ont été entendues : s'il est permis d'en taxer sur une simple requête, il doit l'être à plus forte raison, lorsque le Jugement est rendu à vu de toute une procédure, & des requêtes respectives des parties.

L'Edit des épices n'est pas une Loi nouvelle, à cet égard. L'article CXXXI de l'Ordonnance de Blois, contenoit une disposition presque semblable ; il ne parloit que des épices du Rapporteur, parce qu'alors, il n'y avoit que lui qui pût en prendre. Coquille qui a commenté cette Ordonnance, dit qu'ordinairement, les requêtes ne sont que préparatoires ; qu'il arrive rarement qu'elles soient définitives ; & que cependant, c'est avec raison qu'il est permis de prendre des épices : on peut donc dire avec plus de raison, qu'il en est dû lors des Jugements définitifs. L'article XXXIII de l'Ordonnance de Roussillon, porte de même, que nulles épices ne seront taxées pour Arrêts & Jugements rendus sur la

requête

requête de l'une des parties seulement ; cette Ordonnance ne le défend donc aussi que pour les appointés de requête ; mais notre derniere Loi est l'Edit des épices ; il est si formel , aussi-bien que le présent article de l'Ordonnance, que l'on croit que si on en examinoit attentivement l'esprit & l'intention, on ne pourroit refuser aux Juges, un droit qui leur est aussi légitimement acquis. Voyez les observations sur l'article I du titre XXIII, n. 1.

Suivant notre usage de Bourgogne, quand l'appellant présente requête pour faire ordonner l'apport des grosses de la procédure, au Greffe du Bailliage ; si dans sa requête, il ne fait mention que de l'appellation d'un décret ou autre instruction, le Lieutenant Criminel ordonne que les parties viendront à l'Audience ; ce qui est conforme à cet article II : mais si dans la requête ou autre postérieure, il est parlé d'une Sentence définitive, rendue en la Justice subalterne , il ordonne que les parties remettront au Greffe, toutes pieces civiles qu'elles jugeront à propos : cet appointement de requête , tient lieu d'appointement à produire ; je l'ai ainsi pratiqué depuis plus de trente-huit ans que j'exerce mon Office, & l'ai vu pratiquer par mes confreres, sans avoir été réformés : mais tout cela n'a lieu dans cette Province , que parce que nous jugeons par écrit les procès Criminels, où il n'y a ni récollement, ni confrontation.

ARTICLE III.

Aucune appellation ne pourra empêcher ou retarder l'exécution des décrets , l'instruction , & le Jugement.

1. Cet article ne porte pas que l'exécution des Jugements , ne pourra être retardée par aucune appellation ; ainsi , lorsque les Sentences prononcent des réparations pécuniaires, au dessus des sommes fixées par l'article VI de ce titre, les appellations en suspendent l'exécution seulement : on ne peut dire que la Sentence est anéantie par l'appel , le Supérieur n'auroit plus rien à décider ; il ne pourroit confirmer ou réformer ce qui seroit anéanti : ce seroit faire revivre ce qui ne subsisteroit plus. Voyez l'article XI, ci-après , n. 5 ; c'est un mauvais axiome, de dire , *appellatio extinguit judicatum* : il faut dire , *suspendit.*

2. L'Ordonnance par ces termes, *aucune appellation* , comprend toutes celles qui peuvent être interjetées, même comme de Juge incompétent ou récusé ; elle veut que les Jugements ni l'instruction , ne puissent être arrêtés, parce que jusqu'à l'exécution des Sentences , tout est réparable en définitive : cet article est contraire à l'Ordonnance de Roussillon, dont l'article XVIII vouloir que par l'appel comme de Juge incompétent , l'instruction fût suspendue ; on croyoit alors qu'il y avoit de plus

grands inconvéniens à laisser continuer une procédure, par un Juge dont la compétence étoit attaquée, qu'à la surseoir ; mais ces sortes d'appellations, devenoient de style, & trop fréquentes, les preuves dépérissoient par la discontinuation de l'instruction : l'article XII du titre des décrets, ne fait, comme celui-ci, point de distinction des appellations ; aucune ne peut arrêter l'instruction : il est cependant vrai que l'appel comme d'abus, la suspend dans certains cas qui seront expliqués au nombre suivant. Voyez les notes d'Henrys, sur l'Arrêt de 1663, liv. 2, question 31, p. 163, édition de 1708.

3. Il a été prouvé sur l'article XII du titre X, n. 1, & sur l'article VIII du titre VII, n. 2, que l'appel comme d'abus, suspend la publication des monitoires ; ainsi on se contentera d'ajouter que par Arrêt du Parlement de Dijon, du 15 Juillet 1744, la Cour en jugeant une appellation comme d'abus, interjetée par un Chanoine de la Collégiale de Lagnieux, sur les réquisitions de M. le Procureur Général, fit défenses à l'Official de Bresse, & à tous autres, de passer outre à l'instruction d'aucune procédure criminelle, depuis l'appellation comme d'abus ; quand il ne s'agira pas de discipline, correction de mœurs, & autres matieres exceptées par les Ordonnances. Le même Arrêt défendit aussi à cet Official, & à tous autres, de retarder, sous quelque prétexte que ce soit, l'expédition des matieres criminelles, avec injonction d'y travailler par eux ou leurs Vice-Gérents, dans vingt-quatre heures après la plainte, à peine d'y être pourvu. Voyez les nombres suivants.

4. L'article XXXVII de l'Edit d'Avril 1695, porte que les Cours en jugeant les appellations comme d'abus, prononceront qu'il n'y a abus, & condamneront, dans ce cas, les appellants, en soixante-quinze livres d'amende, ou diront qu'il a été mal, nullement, & abusivement statué & ordonné ; & dans ce cas, si la cause est de la Jurisdiction Ecclésiastique, qu'elles renverront à l'Archevêque ou Evêque dont l'Official aura rendu le Jugement ou l'Ordonnance déclarée abusive ; afin d'en nommer un autre : cet Edit ne prononce aucune amende ni autre peine contre l'Evêque ou l'Official qui a rendu l'Ordonnance abusive ; ce qui prouve que le Parlement de Toulouse étoit dans un usage contraire aux regles, en prononçant dans ce cas, cent sols d'amende contre l'Evêque ; aussi a-t-il été obligé de réformer son usage par délibération du 9 Juin 1728, sur une lettre de Monseigneur le Chancelier, qui manda à M. le premier Président, que le Conseil avoit cassé un Arrêt de cette Cour, pour avoir condamné en pareil cas, l'Evêque de Cahors, en cinq livres d'amende. Voyez les observations de Catellan, édition de 1747, liv. 1, chap. 73, p. 130.

5. Il y a trois cas, suivant Févret, liv. 9, chap. 1, n. 1, dans lesquels l'appel du Juge d'Eglise, est relevé en Cour séculiere. 1°. Si l'appel est qualifié comme d'abus ; car l'abus ne concernant que la question de fait, qui est de savoir s'il y a entreprise d'une Jurisdiction sur

l'autre, c'est aux Cours à en décider, pour maintenir chacun dans ses droits: c'est pour cela, que les Prélats ne se sont jamais plaints des appellations comme d'abus, mais seulement du mauvais usage qu'ils ont prétendu que l'on en faisoit. 2°. L'appel de déni de Justice, de la part du Juge d'Eglise, se releve aux Cours, parce que la principale marque de Souveraineté de nos Rois, consiste à faire rendre la Justice à leurs sujets; toute Justice étant émanée du Prince, c'est à lui & à ses Officiers, quand il y a déni de Justice, à le faire réparer. 3°. Le cas où les parties ont nommé par compromis, des arbitres Ecclésiastiques: car si l'on appelle de leur Sentence arbitrale, l'appel en doit être porté au Parlement, parce que c'est la nature du différent, qui en regle la compétence; & que d'ailleurs, les arbitres n'ayant qu'un caractere volontaire, provenant du consentement des parties, les Juges d'Eglise supérieurs, n'ont aucune Jurisdiction, pour connoître des appellations des Sentences rendues sur un compromis.

Toutes contraventions aux Ordonnances & aux Loix du Royaume, donnent aussi matiere aux appellations comme d'abus; de même que toutes les entreprises de la Jurisdiction Laïque, sur la Jurisdiction Ecclésiastique, ou de celle-ci sur l'autre; tout est réciproque.

Un Religieux ne peut se pourvoir par appel comme d'abus, lorsqu'il ne s'agit que de punition purement correctionnelle; à moins qu'il n'y ait de l'excès dans la correction, parce que le Roi étant Protecteur de la Discipline réguliere qui s'exerce sous son autorité, les contraventions aux regles monastiques, donnent matiere à l'appel comme d'abus. Voyez Catellan, tome 1, liv. 1, chap. 19, édition de 1747, p. 32.

6. La prise à partie, est un cas qui suspend aussi l'instruction des matieres criminelles: en voici un exemple, le nommé d'Albert prit à partie le Châtelain de Couches, Bailliage d'Autun, dans une instance criminelle, ce Juge passa outre; mais par Arrêt de la Tournelle, à Dijon, du 12 Mars 1689, toute la procédure fut cassée, quoique la prise à partie, fût jugée téméraire par le même Arrêt.

Le Parlement de Paris, a fait un Réglement, le 4 Juin 1699, qui défend à toutes personnes, de quelqu'état & condition qu'elles soient, de prendre à partie aucun Juge, ni de les faire intimer en leur propre & privé nom, sur l'appel des Jugements par eux rendus, sans en avoir obtenu la permission par Arrêt, à peine de nullité des procédures, & de telle amende qu'il appartiendra, avec injonctions à tous ceux qui croiront devoir prendre les Juges à partie, de se contenter d'expliquer simplement, & avec la modération convenable, les faits & les moyens qu'ils estimeront nécessaires à la décision de leurs causes, sans se servir de termes injurieux, contraires à l'honneur & à la dignité des Juges, à peine de punition exemplaire. Par Arrêt de la même Cour, du 4 Mai 1693, il avoit été défendu aux Procureurs, d'insérer dans les reliefs d'appel, la clause de prise à partie des Juges, à peine de nullité; ils doivent se pourvoir par requête, & obtenir Arrêt qui permette expressément la prise à partie. Journal des Audiences, tome 5, liv. 9, chap. 6, p. 656.

Le Parlement de Dijon rendit le 26 Juillet 1702, un pareil Arrêt, qui défend également à toutes personnes, de quelque qualité & condition qu'elles soient, de prendre à partie aucun Juge, ni de les faire intimer en leur propre & privé nom, sur l'appel des Jugements par eux rendus, sans en avoir obtenu la permission expresse par Arrêt, à peine de nullité & d'amende ; avec défenses aux Avocats, Procureurs, & Praticiens, de dresser aucune cédule de prise à partie, aux Huissiers, Sergents, & autres Ministres de Justice, de les signifier, qu'il ne leur ait apparu de ladite permission, sous les mêmes peines, & d'interdiction. Le même Arrêt enjoint aussi à tous ceux qui croiront devoir prendre à partie, des Juges, de se contenter d'expliquer simplement, & avec la modération convenable, les faits & moyens qu'ils estimeront nécessaires, sans se servir de termes injurieux, & contraires à l'honneur & dignité des Juges, à peine de punition exemplaire : cet Arrêt du Parlement de Dijon, est rapporté en entier dans Raviot, question 265, tome 2, p. 359. Voyez au sujet des prises à parties, les observations sur l'article IV du titre I, n. 5.

En fait de prise à partie, il n'y a ni garantie ni prise en main, tout Juge est responsable de son fait, personnellement ; parce que la prise à partie, est ordinairement fondée sur le dol, la fraude, ou sur la prévarication du Juge qui doit répondre de son fait, sans pouvoir s'aider d'aucune garantie.

Malgré la prise à partie, on peut continuer la procédure ; mais le même Juge ne le peut, suivant l'Arrêt qui vient d'être rapporté ; il faut donc la poursuivre pardevant autre Juge que celui qui est intimé : c'est ce qui a été décidé par un Arrêt général du Parlement de Dijon, du 4 Janvier 1700 ; c'est aussi la disposition de l'article V de l'Ordonnance de 1667, titre XXV. Il est cependant vrai que le Juge qui continue une pareille procédure, s'expose à faire déclarer nulle, celle qu'il feroit sur un fondement, qui, pouvant être déclaré vicieux, entraîneroit la ruine de tout ce qui auroit été fait ; c'est pourquoi il seroit plus prudent de se pourvoir à la Cour, sous le nom de la partie civile, ou sous le nom du Procureur du Roi, pour obtenir Arrêt qui ordonneroit la continuation de la procédure, dans la crainte du dépérissement des preuves. Voyez les observations sur les articles XIV du titre VI, n. 3, & XXIV du titre XV, n. 4.

ARTICLE IV.

Ne pourront nos Cours, donner aucunes défenses ou surséances, de continuer l'instruction des procès criminels, sans voir les charges & informations, & les conclusions de nos Procureurs Généraux, dont il sera fait mention dans les Arrêts; si ce n'est qu'il n'y ait qu'un ajournement personnel: déclarons nulles toutes celles qui pourroient être données: voulons que sans y avoir égard, ni qu'il soit besoin d'en demander main-levée, l'instruction soit continuée; les parties qui les auront obtenues, & leurs Procureurs, condamnés chacun en cent livres d'amende, applicable moitié à la partie, & moitié aux pauvres, qui ne pourront être remises ni modérées.

1. Les défenses d'exécuter les décrets d'ajournement personnel, ou autre instruction, se peuvent aussi donner dans les mêmes cas, par les Lieutenants Criminels : c'est, suivant M. Jousse sur cet article, une suite de la disposition de l'article I de ce titre. Henrys, édition de 1708, tome 2, p. 184, dit aussi que si le Juge du Bailliage, surseoit un ajournement personnel, le Juge inférieur doit surseoir. Le même Auteur, au titre des Offices, tome 2, liv. 2, question 37, p. 186, même édition de 1708, rapporte un Arrêt du Parlement de Paris, du 11 Octobre 1657, qui ordonna à un Juge subalterne, de déférer aux Ordonnances & aux défenses du Lieutenant Criminel; & pour n'avoir obéi, il fut condamné aux dommages & intérêts des parties, & aux dépens. Voyez les observations sur l'article suivant de ce titre, n. 3.

2. L'article XL de l'Edit d'Avril 1695, porte : " Nos Cours ne " pourront faire défenses d'exécuter les decrets, même ceux d'ajourne- " ment personnel, décernés par les Juges d'Eglise, ni élargir les pri- " sonniers, sans avoir vu les procédures & informations sur lesquelles " ils auront été rendus. „ Voyez les observations sur l'article XI du titre X.

Si au préjudice d'un Arrêt de défenses, l'Official continuoit sa procé- dure, il y auroit abus; ainsi qu'il a été jugé par Arrêt du Parlement de Paris, du 26 Janvier 1686, rapporté par M. Jousse, sur l'article XL de l'Edit de 1695, p. 309.

3. Les Parlemens ne peuvent, suivant le présent article IV, donner des défenses de continuer l'instruction; 1°. sans avoir vu les charges & informations; 2°. lorsqu'il s'agit d'un ajournement personnel, les Cours

font obligées de se conformer à l'Edit de Décembre 1680, qui porte :
" Voulons que nos Cours ne puissent à l'avenir, donner aucunes défenses
„ d'exécuter les ajournements personnels, qu'après avoir vu les informa-
„ tions, lorsque lesdits décrets d'ajournements personnels auront été décer-
„ nés par les Juges Ecclésiastiques, & par les Juges ordinaires royaux,
„ & des Seigneurs, pour fausseté, malversation d'Officiers dans l'exercice
„ de leurs charges, ou lorsqu'il y aura d'autres coaccusés contre lesquels
„ il aura été décrété de prise de corps; & afin que notre intention puisse
„ être exécutée sans difficulté; voulons que les accusés qui demanderont
„ ainsi des défenses, soient tenus d'attacher à leurs requêtes la copie des
„ décrets qui leur auront été signifiés, que tous Juges royaux, & des
„ Seigneurs, soient tenus d'exprimer à l'avenir dans les ajournements
„ personnels, qu'ils décerneront, le titre d'accusation pour laquelle ils
„ décréteront; à peine contre lesdits Juges ordinaires, & des Seigneurs,
„ d'interdiction de leurs charges; & que toutes les requêtes tendantes
„ ainsi à fins de défenses, d'exécuter les ajournements personnels, soient
„ communiquées à nôtre Procureur Général, pour veiller au bien de la
„ Justice, & y faire ce qui dépendra de sa charge; & d'autant que les
„ accusés qui auroient été décrétés d'ajournement personnel, pour d'autres
„ cas que ceux exprimés ci-dessus, pourroient prétendre que nosdites
„ Cours seroient obligées de leur donner des Arrêts de défenses, lors-
„ qu'ils les en requéreroient : nous voulons & entendons que nosdites
„ Cours puissent refuser lesdits Arrêts de défenses, selon que par le titre
„ d'accusation, il leur paroîtra convenable au bien de la Justice. Si
„ donnons, &c. „ Voyez les observations sur l'article XI du titre X,
n. 4.

Il ne faut pas induire des termes de cet Edit que les Cours ne peuvent donner des défenses ou surséances, lorsqu'il s'agit de fausseté ou
malversations, ou lorsqu'il y a d'autres accusés décrétés de prise de corps;
il en résulte seulement que dans ces cas, elles ne peuvent, sans voir les
charges, défendre d'exécuter les ajournements personnels, & que dans
tous les cas, elles peuvent en donner; à plus forte raison, d'exécuter
les décrets de soit ouï, sans voir les procédures; à moins qu'il n'y eût
en même temps des coaccusés décrétés de prise de corps; encore peut-on
dire que l'Edit ne le défend en aucun cas, puisqu'il ne fait à cet égard,
mention que des ajournements personnels; ce qui décide tacitement, que
cela est permis pour les soit ouï : il est vrai que l'on demande rarement
des défenses contre ces décrets qui, ne portant pas interdiction, il seroit
inutile de donner des défenses, puisqu'il faut que tout accusé réponde.

4. Ce n'est pas aux frais de l'accusé, quand il est appellant, qu'il
doit être transféré, & que la procédure doit être portée en grosse, au
Tribunal supérieur; c'est à la partie civile, s'il y en a une, sinon au
Domaine du Roi ou du Seigneur, à payer ces frais. L'article VI du
titre I, y est formel, aussi-bien que plusieurs Arrêts qui y sont rap-

portés. Voyez Du Rousseau de la Combe, partie 3, chapitre 25, n. 25.

5. Lorsqu'un Officier a obtenu un Arrêt de défenses contre un décret d'ajournement personnel; l'interdiction encourue par ce décret, n'est pas levée, si l'Arrêt ne le renvoie pas expressément dans ses fonctions. Voyez à ce sujet les observations sur l'article XI du titre X, des décrets, n. 3.

6. On ne doit pas recevoir l'appellation d'un accusé qui n'a pas répondu sur son décret, sinon en ordonnant qu'il y satisfera pardevant le Juge qui l'a décrété; à moins que ce Juge ne fût notoirement incompétent: dans ce cas, le Juge supérieur peut ordonner que l'accusé répondra pardevant lui, lorsque les procédures auront été apportées dans son Greffe.

ARTICLE V.

Les procès criminels pendant pardevant les Juges des lieux, ne pourront être évoqués par nos Cours; si ce n'est qu'elles connoissent, après avoir vu les charges, que la matiere est légere, & ne mérite pas une plus ample instruction; auquel cas pourront les évoquer, à la charge de les juger sur le champ à l'Audience, & faire mention par l'Arrêt, des charges & informations; à peine de nullité.

1. Il n'y a point d'article de l'Ordonnance, aussi mal exécuté que celui-ci; il y a des Parlements qui dépouillent les Juges, pour se conserver l'instruction des procès criminels; ce qui ne vient pas au soulagement des parties; car si l'on examine les frais des voyages, des plaideurs, & des témoins, aussi-bien que les droits des Officiers des Parlements; il se trouvera qu'une pareille instruction, coûte souvent trois ou quatre fois plus qu'elle n'auroit coûté, si elle avoit été faite sur les lieux; elles seroient moins à charge aux parties, si tous les Parlements suivoient l'usage de celui de Paris, qui, comme l'attesta M. Talon, Avocat Général, lors des conférences sur cet article V, ordonne que les procès seront instruits à la Cour, aux mêmes frais que l'on auroit pu faire sur les lieux: j'en ai vu qui ont coûté deux à trois mille livres, dans des cas où il n'en auroit pas coûté deux cents livres dans la Justice ordinaire: un témoin qui ne prend pas de taxe sur les lieux, est taxé à la Cour, trente ou quarante livres, & souvent plus. J'ai vu quelque chose de plus surprenant; j'ai vu des Arrêts qui renvoyoient pardevant des Notaires, des enquêtes & des informations ordonnées en exécution des Sentences des Bailliages, quoiqu'il n'y eût aucun moyen de suspicion, proposé contre les Rapporteurs auxquels ces instructions auroient dû appar-

tenir ; & quand même il y en auroit eu , le renvoi en auroit dû
naturellement être fait à un autre Officier du Siege : il n'y a pas de
justice à priver des Officiers des droits de leurs charges qui leur sont
si onéreuses, que l'on peut dire qu'ils ne tirent pas le denier cinquante
de ce qu'elles leur coûtent : d'ailleurs c'est leur faire injure & les
exposer au mépris du public, que d'avoir plus de confiance à un
Notaire qu'à eux ; il n'est pas étonnant après de pareilles disgraces
provenant des Supérieurs, qui devroient les protéger , que la plus
grande partie des charges soient vacantes. Voyez à ce sujet les observations sur l'article 1 , du titre XIII.

Toutes les Ordonnances ont défendu de dépouiller les Jurisdictions ;
il est inutile de rapporter les anciennes , puisque celles de 1667 & de
1670 , en ont renouvellé les dispositions : la premiere par l'article II ,
du titre VI , des fins de non procéder, porte " défendons à tous Juges ,
„ *sous peine de nullité* des Jugements qui interviendront, d'évoquer les
„ causes , instances, & procès pendants aux Sieges inférieurs, ou autres
„ Jurisdictions , sous prétexte d'appel , ou autre connexité ; si ce n'est
„ pour juger définitivement à l'Audience , & sur le champ, par un
„ seul & même Jugement.

Le présent article V , n'y est pas moins précis , *à peine de nullité*.
Le prétexte de connexité est celui, dont se servent ordinairement les
Juges supérieurs pour évoquer ; mais l'Ordonnance le condamne. On
se sert aussi de celui d'éviter les frais de l'instruction ; tandis qu'il les
multiplie excessivement ; ensorte que les trois quarts des Arrêts
d'évocations seroient cassés, si les parties vouloient se pourvoir ; mais
les frais sont trop grands , c'est ce qui occasionne l'abus. Il y en a
cependant qui se sont pourvues. Le 28 Octobre 1668 , M. François
Verdin Lieutenant Criminel, à Chatillon obtint au Conseil Arrêt contradictoire , avec plusieurs parties , par lequel défenses furent faites à tous
habitants, & justiciables du ressort de son Bailliage, dit *de la montagne* ,
de se pourvoir directement au Parlement de Dijon , sur les appels ,
ressortissants aux Bailliages , & au Parlement de Dijon ; de les évoquer
tant en matiere civile que criminelle ; à peine de nullité , de trois
mille livres d'amende , contre chacun des contrevenants , & de tous
dépens , dommages, & intérêts : le même Arrêt fait aussi défenses à
tous Procureurs de signer aucunes requêtes , à fins d'évocation au Parlement , sous pareilles peines.

M. l'Avocat Général au même Parlement, à l'Audience du 21 Juin
1681 , remontra que dans un Procès commencé au Bailliage de Semur
en Auxois , continué au Bailliage d'Autun , & depuis poursuivi à la
Cour , contre le Curé de Touillon, accusé d'adultere & d'inceste spirituel , il restoit quelque instruction à faire à la Cour , & requit
qu'il fût ordonné à l'Evêque d'Autun , de donner à cet effet son Vi-
cariat à l'un de MM. les Conseillers Clercs : l'Arrêt ayant été conforme

me aux conclusions, M. l'Evêque d'Autun se pourvut au Conseil , où il obtint Arrêt du 15 Juillet 1681 , portant que M. le Procureur Général enverroit les motifs de l'Arrêt du 31 Juin , & cependant surfis : malgré cet Arrêt du Conseil , la Chambre des Vacations condamna , par contumace , le Curé de Touillon a être pendu ; le même Arrêt ordonna qu'il seroit plus amplement informé pardevant le Rapporteur des surbonations , menaces , connivences des Juges , & autres cas : décret de prise de corps fut décerné contre le Promoteur de l'Officialité d'Autun , aussi bien que contre un autre Prêtre : enfin le même Arrêt décerna encore décret de soit oui contre l'Official ; M. de Roquete , Evêque d'Autun , présenta nouvelle requête , sur laquelle intervint au Conseil, le 7 Octobre 1681 , un autre Arrêt qui ordonna que M. le Procureur Général satisferoit à donner les motifs de l'Arrêt de la Chambre des Vacations , & que le Greffier du Parlement enverroit , au Greffe du Conseil , les charges & informations faites de l'autorité du Parlement ; & cependant défenses à Philippe Audivot , partie civile , de faire aucune poursuite au Parlement de Dijon ; auquel il fut aussi défendu d'en connoître , à peine de nullité , dépens , dommages & intérêts. Audivot partie civile intervint au conseil , le Curé de Touillon se mit en état dans les prisons du Fort-l'Evêque à Paris , & après une grande procédure intervint l'Arrêt suivant.

  ,, Le Roi en son Conseil , faisant droit sur les Requêtes des
,, parties , a cassé & annullé les Arrêts du parlement de Dijon, des 7,
,, 10 Juin, 21 & 3 Octobre 1681 , ensemble , les procédures criminel-
,, les , & informations faites de l'autorité dudit Parlement , par M. de
,, la Coste , Conseiller en icelui , & néanmoins ordonne que lesdites infor-
,, mations demeureront pour servir de mémoire ; & que les témoins
,, ouis en icelle pourront l'être de nouveau , & en conséquence a ren-
,, voyé les parties au Parlement de Paris , pour y être le procès fait
,, & parfait audit Curé , à la requête dudit Audivot. Sa Majesté , en
,, attribuant toute Cour & connoissance audit Parlement de Paris , &
,, icelle interdite au Parlement de Dijon , & à toutes autres Cours , ordonne
,, que ledit Curé sera transféré des prisons du Fort-l'Evêque en celles
,, de la Conciergerie du Palais de Paris , & les charges & informa-
,, tions , tant celles faites par les Lieutenants Criminels de Semur &
,, d'Autun , que par l'Official d'Autun , portées au Greffe dudit Parle-
,, ment. Cet Arrêt du Conseil est imprimé en brochure , sous la date
,, du 5 Janvier 1683.

  2. Quoique cet article de l'Ordonnance ne parle que des Cours pour défendre d'évoquer , sinon pour juger à l'Audience , il n'est pas moins défendu aux Lieutenants Criminels de le faire dans les cas où les appellations sont portées pardevant eux. Bornier sur cet article , cite un Arrêt qu'il dit avoir trouvé dans ceux de Corbin , chap. 108 ; il ne le date pas , mais il est du 23 Février 1608 , & il a été rendu à l'Au-

dience de la Tournelle à Paris, dans un cas où le Baillif de Sens avoit évoqué, fans juger en même temps à l'Audience ; il avoit évoqué du Baillif de Ricey, & ordonné que les parties procéderoient pardevant lui. L'article VIII, de l'Ordonnance de Rouſſillon porte, que le Juge d'appel ne pourra retenir l'inſtruction & le Jugement en premiere inſtance, mais qu'il fera tenu d'en faire le renvoi pardevant le premier Juge, s'il n'y a cauſe légitime fuivant les Ordonnances. Le Réglement Général du Parlement de Paris, du 10 Juillet 1665, article XII, porte : "feront tenus les Prévôts, Baillifs, Sénéchaux, & Sieges Préſidiaux,
„ en jugeant les cauſes d'appel de prononcer *an benè*, *vel malè*, fans que
„ fous quelque prétexte que ce foit, ils puiſient évoquer les cauſes
„ pendantes ès juſtices fubalternes, finon que le principal fe puiſſe ju-
„ ger à l'Audience fur le champ, & tirer les parties d'affaire & non
„ autrement.

L'article VIII, du même réglement y eſt formel pour les matieres criminelles. "Pourront les Lieutenants Criminels décréter feuls toutes
„ informations, fans en faire le rapport à la chambre ; & afin que les
„ juſtices fubalternes ne foient fpoliées, la Cour fait défenfes aux Lieute-
„ nants Criminels & aux Préſidiaux d'évoquer les procés commencés dans
„ les Juſtices Royales ou des Seigneurs ; mais feulement prononcer par
„ bien ou mal jugé, finon que les affaires foient jugées fur le champ, &
„ fans appointement. „ M. Jouſſe dans fon recueil tome 1, p. 615, rapporte un grand nombre d'autres réglements pareils ; il avoit même été jugé par Arrêt du Parlement de Dijon du 9 Mars 1619, rapporté par Bouvot dans fon épitome, édition de 1632, p. 10, qu'un Lieutenant Criminel faifi par l'appel d'un inſtance, pouvoit infomer de l'acceſſoire ; mais les Ordonnances de 1667 & 1670, le défendant aux Cours, il l'eſt à plus forte raifon aux Lieutenants Criminels.

3. Henrys, tome 2, p. 184, édition de 1708, dit que les Baillifs & Sénéchaux, par leur droit de fupériorité fur les Juges inférieurs peuvent furfeoir un decret d'ajournement perſonnel, & faire défenfes de paſſer outre : il ajoute que fi le premier Juge & le Supérieur ont tous deux informé & décrété, & que l'une des parties appelle du décret du premier Juge, le Lieutenant Criminel comme Supérieur peut faire défenfes d'exécuter ; & y ayant, continue le même Auteur, dans ce cas, concours d'informations & de décrets, il faut que les qualités d'accufateurs & d'accuſés foit jugées, & pour cela le Juge peut ordonner que les procédures refpectives feront apportées : & que cependant tous décrets furfeoiront, fauf à renvoyer s'il y échet ; & dans ce cas, felon Henrys, le premier Juge a les mains liées. Voyez le n. 6, de l'article fuivant.

4. L'appel des déclinatoires doit être directement porté à la Cour, fuivant l'article XXI, du titre II, de l'Ordonnance des évocations de 1737. "Voulons que l'appel de toutes Sentences rendues fur décli-

» natoires soit porté immédiatement dans nos Cours, chacune dans son ressort. Les Cours sont seules en droit de décider de la compétence des Juges leurs inférieurs : car un déclinatoire sur une assignation donnée au Présidial, premier chef, y seroit jugé ; & la Cour n'en pourroit connoître, suivant l'édit d'ampliation des Présidiaux, du mois de Mars 1551, article XXXV, & la Déclaration du 27 Décembre 1574, rapportée dans le Traité de la Présidialité par M. Jousse, p. 150 : les Parlements n'ont aucune inspection sur le dernier ressort des Présidiaux, c'est ce qui a été prouvé sur l'article XV, du titre I, n. 4.

ARTICLE VI.

*Si la Sentence rendue par le Juge des lieux porte con-
damnation de peine corporelle, des galeres, de bannissement à perpétuité, ou d'amende honorable, soit qu'il
y ait appel ou non, l'accusé & son procès seront envoyés
ensemble & sûrement en nos cours : défendons de les
envoyer séparément, à peine d'interdiction, & de cinq
cents livres d'amende.*

1. Que l'accusé appelle ou non de la Sentence qui le condamne à l'une des peines énoncées dans cet article, il faut qu'il soit transféré à la Cour, l'appel est forcé ; quand même la partie publique acquiesceroit, aussi bien que le condamné, au Jugement. Un Juge qui du consentement de toutes les parties feroit exécuter sa sentence, seroit puni plus sévérement que ne le fut celui dont parle Bardet, tome 1, liv. 1, chap. 56 : un laboureur ayant été condamné à mort par le Juge de la Fresnaye en Poitou, appella de la Sentence ; s'en étant ensuite départi, le Juge le fit conduire au supplice & exécuter. La Fille de ce laboureur interjeta appel & prit le Juge à partie. M. l'Avocat Général Servin dit, que le Juge ne pouvoit s'excuser d'une pareille faute, & que la condamnation que la Cour prononceroit contre lui serviroit d'exemple aux autres. Cependant le Parlement de Paris, par son Arrêt du 6 Mai 1619, se contenta de condamner ce juge à vingt-quatre livres parisis d'aumône au profit des Pauvres, & avant de faire droit sur l'appel de la Fille de celui qui avoit été exécuté, il fut ordonné que les procédures seroient apportées au Greffe de la Cour.

Par autre Arrêt du Parlement de Paris du 4 Mai 1662, il fut défendu au Baillif de Sonois, & à tous autres Juges Royaux ou subalternes de faire procéder à l'exécution des Jugements définitifs en matiere criminelle, sans les avoir communiqués à la partie publique, & de faire exécuter ceux qui portent condamnation à peine afflictive :

quoique les condamnés se soumettent d'en souffrir l'exécution ; & leur enjoint par la prononciation desdits Jugements, portant peine afflictive d'envoyer les condamnés à la Conciergerie du Palais.

L'article VI, du Réglement général des grands jours tenus à Clermont, du 10 Décembre 1665, défend aussi aux Juges ; à peine d'interdiction, d'amende, & d'être déclarés incapables de posséder charges de judicature, de recevoir l'acquiescement des condamnés à mort & aux galeres, leur enjoint de les envoyer à la Conciergerie, & leurs procès au Greffe de la Cour.

L'Auteur du livre des Loix Criminelles, tome I, chap. 25, n. 9, p. 290, après avoir rapporté un Arrêt du Parlement de Toulouse du 15 Mai 1596, qui ordonne la même chose, dit, que c'est le premier Réglement qu'il ait vu sur cette matiere, & que le Parlement de Paris étoit si prévenu, qu'il ne pouvoit juger sans appel, que le régistre criminel, du 7 Juillet 1559, contient un Arrêt, lors duquel la Cour envoyant le procès fait par le Lieutenant Criminel de Paris, contre Antoine Richard, attendu qu'il n'y avoit aucun appel de la Sentence contre lui rendue, le renvoya aux prisons du Châtelet en l'état où il étoit ; avec défense au Lieutenant Criminel d'envoyer dans la suite aucuns prisonniers en la Conciergerie, s'il n'y avoit point d'appel des Sentences contre eux rendues, sur peine de l'amende. Le même Auteur en cite encore plusieurs & entr'autres un, du 17 Août 1602, qui, selon lui, exprime bien le desir que le Parlement avoit, que les Juges ne fissent pas exécuter, sans appel, leurs Sentences portant peines afflictives. Cet Arrêt, après avoir fait défenses aux Juges de recevoir les accusés à se désister de leurs appels, ajoute. " Et où lesdits accusés ,, n'interjeteroient appel, enjoint ladite Cour les faire interpeller par ,, leurs Greffiers, d'en appeller & en faire dresser des procès verbaux, ,, qu'ils seront tenus d'envoyer au Greffe de la Cour.

L'Ordonnance par cet article V, a satisfait aux desirs des Cours dont il vient d'être parlé ; puisqu'elle veut que pour les cas y énoncés l'appel soit forcé : à quoi il faut ajouter la peine de la question, suivant l'article VII du titre XIX ; toutes autres peines peuvent être exécutées s'il n'y a point d'appel : il y en a cependant que les Cours ont ajoutées d'office ; elles sont rapportées sur l'article XXIII du titre XIII, & sur l'article XXI du titre XIV.

2. La peine de bannissement à temps avoit été mise dans cet article du projet de l'Ordonnance, au nombre des peines dont l'appel devoit être forcé. Mais sur les observations de MM. les Commissaires, l'article fut changé ; on n'y fit mention que du bannissement à perpétuité, parce qu'il emporte mort civile, quand il est prononcé pour avoir lieu hors du Royaume ; ainsi le bannissement à temps hors d'une Province, même hors du Royaume, n'est pas dans le cas de l'appel forcé, le condamné peut y acquiescer & l'exécuter, s'il n'y a point d'appel

par la partie civile , ou par la partie publique : mais il faut que le Juge & le Greffier dreffent au bas de la Sentence un procès verbal de cet acquiefcement , & en conféquence l'accufé eft élargi , s'il n'eft pas détenu pour dettes , ou autres caufes ; ainfi qu'il a déjà été expliqué ; car le banniffement n'empêche pas que le condamné qui eft écroué pour dettes ne foit retenu en prifon par fes créanciers : ainfi qu'il a été obfervé fur l'article XXIX , du titre XIII , n. 2 , & article XIII , du titre XXV , n. 17.

3. Les Greffiers ne doivent envoyer au Greffe de la Cour que les groffes des procédures fecrettes , fuivant un Arrêt du Parlement de Paris du 13 Mai 1709 , rapporté ci-devant fur l'article V , du titre I , n. 4 , cet Arrêt eft conforme à un autre de la même Cour du 10 Juillet 1665 , dont l'article XLII , porte. " Les Greffiers qui enverront au „ Greffe de la Cour les groffes des procédures criminelles ne groffoyeront „ autres pieces que les fecrettes ; favoir la plainte, les informations , „ interrogatoires, récollements, confrontations, conclufions, & rapports „ en Chirurgie , de la groffe defquelles pieces feulement fera délivré „ exécutoire ; fans pouvoir groffoyer les requêtes, ordonnance, & au- „ tres pieces , fervant feulement à l'inftruction.

On trouve dans Henrys , traité des Offices , livre 1 , chap. 4 , queftion 10 , p. 138 , édition de 1708 , un pareil Arrêt de Réglement du 28 Novembre 1726 , & un autre du 6 Mai 1718 , dans le Journal des Audiences , tome 7 , chap. 51 , p. 66 ; ils défendent pareillement au Greffier du Bailliage de Coucy de groffoyer d'autres pieces que les plaintes, informations, interrogatoires, récollements, confrontations, & rapports avec lefdites conclufions , & ordonne que le Greffier reftituera ce qu'il a reçu au de-là ; & au tome 6 , Arrêt du 12 Fevrier 1716 , qui ordonne aux Greffiers d'envoyer au Greffe de la Cour en originaux les actes fignifiés au Greffe.

Il ne faut pas croire pour cela , dit l'Auteur du livre des Loix Criminelles , tome 1 , p. 307 , que le Greffier ne foit pas obligé d'envoyer les autres pieces fervant à l'inftruction ; cela veut feulement dire qu'il ne faut pas les groffoyer ; car on peut les envoyer en origi- naux , ou laiffer aux parties le foin de les porter, les exploits font du nom- bre des pieces qui doivent être envoyées en originaux , ils ne doivent pas être groffoyés : elles appartiennent aux parties. Ces maximes font fondées fur la déclaration du 15 Juillet 1681 , rapportée fur l'article V , du titre I , cette déclaration ne défend de déplacer des Greffes que les minutes des procédures *faites par les Juges* ; d'où il réfulte que toutes les autres pieces peuvent être déplacées & envoyées en originaux ; c'eft un abus dans le reffort du Parlement de Dijon de fouffrir que les Greffiers envoient en groffes tous les exploits & autres pieces qui ne font pas faites par les Juges , & qui par conféquent ne font pas fecrettes : il n'y a d'exceptés que les rapports ; on eft perfuadé que fi M. le

Procureur Général y faisoit attention , ce Magistrat rempli d'amour pour la Justice exciteroit un Réglement pareil à ceux du Parlement de Paris qui viennent d'être rapportés ; parce que les grosses inutiles que font les Greffiers , font beaucoup à charge aux parties.

Par Arrêt du Parlement de Toulouse du 23 Janvier 1683 , rapporté par Boutarie dans son commentaire sur cette Ordonnance p. 332 , il a aussi été défendu aux Greffiers de mettre dans les grosses qu'ils enverront au Greffe de la Cour , les exploits d'assignations données aux témoins : ils doivent seulement insérer leurs dates dans les états ou inventaires ; cet Arrêt en leur défendant de grossoyer autres pieces que celles qui font nécessaires , défend aussi aux Greffiers & Gardes sacs de la Cour de faire signer les exécutoires qu'ils n'aient vérifié les grosses ; & il porte qu'en cas que , par surprise , il en soit délivré aucuns contraires , les parties feront reçues opposantes à l'exécution d'iceux.

4. La grosse de la Sentence , quand même elle auroit été rendue avec épices , doit être envoyée avec le reste de la procédure au Greffe de la Cour , quoique les épices n'aient pas été payées ; c'est ce qui fut décidé en 1692 , contre le Greffier du Châtelet de Paris dans le cas de la peine du blâme prononcée contre un accusé ; il est cependant vrai que cela n'a lieu que lorsque le condamné est prisonnier ; le procès devant être envoyé avec lui , il faut qu'il soit envoyé en entier , ce qui comprend la Sentence ; il est juste que rien ne retarde l'expédition des procès où il y a des prisonniers. Le 9 Février 1615 , le Parlement de Paris , en voyant un procès où la Sentence manquoit , ordonna que jusqu'à ce que le Greffier l'eût envoyée , le prisonnier demeureroit aux frais du Greffier , à raison de seize sols par jour. Voyez les Loix criminelles , tome 1 , p. 305 & 321 , où l'Auteur observe que les procès du petit criminel , suivant l'article XII de ce titre , doivent être jugés en cause d'appel , comme les procès civils ; d'où il conclut que le présent article qui porte que le procès fera envoyé avec le prisonnier n'oblige pas à envoyer la Sentence qui dans le cas du petit criminel , doit être levée à l'ordinaire , suivant l'article XVIII , du titre XI , de l'Ordonnance de 1667 ; il faut en effet dans le cas du petit criminel , qui doit être jugé comme le civil , en cause d'appel , suivre les mêmes regles qu'au civil , où les parties font obligées de lever les Sentences & payer les épices. Voyez les observations sur l'article XIV de ce titre , n. 3 : le présent article ne parle effectivement que du cas où il y a un prisonnier ; ce qui décide tacitement que lorsqu'il n'y en a point , les parties doivent lever les Sentences criminelles , comme au civil.

L'article XII , de ce titre en ordonnant que les procès du petit criminel feront distribués , en cause d'appel , comme les procès civils , s'est conformé au Réglement du Parlement de Paris du 13 Septembre 1667 , qui avoit ordonné que les procès criminels ne feroient pas communiqués

en première inſtance , ni en cauſe d'appel , ſoit à l'accuſé , ſoit à
la partie civile ; mais ſeulement les interrogatoires. Cette première diſpoſition concernoit le grand criminel : mais il ajoute qu'en cas d'appel
d'une Sentence qui ne portera condamnation de peine afflictive le procès ſera communiqué aux parties , pour fournir leurs griefs ou moyens
de nullité & réponſe : d'où l'on doit conclure que ce Réglement ,
auſſi bien que l'O.donnance , veut qu'en cauſe d'appel , les matieres criminelles où il n'échet pas peine afflictive ; c'eſt-à-dire , qui ſont du
petit criminel , ſoient traitées comme les matieres civiles , & par con-
ſequent que l'intimé eſt obligé de lever la Sentence dont il veut
ſe prévaloir ; ce qui entraîne la néceſſité de payer les épices. Voyez
les obſervations ſur l'article XIV de ce titre , n. 2.

Par Arrêt du Parlement de Dijon du 10 Juin 1735 , il a été
enjoint au Greffier de notre Siege , & à tous autres du reſſort de la Cour
de ſe conformer à l'avenir à l'article VII du titre XIII , & à l'article VIII de ce titre ; ce faiſant d'envoyer au Greffe de la Cour les
effets & argent dont les accuſés ſe trouveront ſaiſis , lorſqu'ils ſeront
arrêtés , conjointement avec les procédures ; ils doivent auſſi envoyer
toutes les autres pieces de conviction , même les habits & hardes qui
peuvent ſervir à la preuve ; parce que dans le cas d'un aſſaſſinat v.
g. les habits de l'homicidé , trouvés ſur ſon cadavre , doivent être laiſſés
au Greffe , quand le Juge en fait la levée ; ces habits & linges ſer-
vent ordinairement à faire connoître ſi les coups qui ont cauſé la
mort , ont été donnés par-devant ou par derriere , & avec quelles armes
le crime a été commis.

4. Les frais des procédures en groſſes , ceux de la tranſlation des
priſonniers & autres doivent être payés par la partie civile , s'il y
en a une ſolvable , ſinon par le Domaine du Roi ou des Seigneurs ;
ils ne ſont jamais à la charge des accuſés , & même dans le cas où
ils interjettent appel des décrets ou autres inſtructions , ils ne peuvent
encore être chargés de l'apport des groſſes des procédures ; ſauf néanmoins en définitive à les condamner à tous les frais envers les parties
civiles , juſque là , ils ne peuvent être condamnés aux frais de la procédure ; ainſi qu'il a été expliqué ſur l'article VI du titre I , n. 1 ,
& ſur les articles XVI & XVII du titre XXV.

Lorſque les Jugements ne prononcent aucune des peines afflictives
énoncées dans l'article VI de ce titre , les Greffiers ſont obligés de
communiquer aux parties publiques les minutes des Sentences le même
jour qu'elles ont été rendues ; ainſi qu'il a été jugé par Arrêt du
Parlement de Paris , du 6 Septembre 1681 , qui enjoint au Greffier du
Bailliage de la Milleraye , de prononcer au Procureur Fiſcal les Sentences
définitives le même jour qu'elles auront été rendues , pour en interjeter
appel , s'il le juge à propos. Voyez l'article XXIX du titre XIII.

La ſimple proteſtation de la partie publique d'appeller , empêche l'élargissement du prisonnier ; ainsi qu'il a été jugé par les Arrêts du Parlement de Paris des 20 Mai 1634, 20 Octobre 1648, 5 Mars 1654, & 13 Mai 1683, rapportés dans les Loix Criminelles, page 302 ; & dans le Journal des Audiences, tome 6, page 297. Il y a un autre Arrêt de la même Cour du 23 Septembre 1712, qui a jugé la même chose.

6. Il ne faut pas croire que parce que les appellations des Sentences qui prononcent des peines afflictives ne sont pas portées aux Bailliages, les Lieutenants Criminels n'ont aucune inspection sur les Juges subalternes qui dans les autres cas ressortissent aux Bailliages. Le contraire est prouvé par une conséquence nécessaire, tirée de plusieurs articles de cette Ordonnance ; & entr'autres de l'article XVIII du titre VI, des informations, qui auroit en vain ordonné que les Greffiers de Prévôts royaux & des Seigneurs seront tenus d'envoyer tous les six mois un état des procédures instruites dans leurs Justices. Cet envoi seroit inutile, si les Officiers des Bailliages n'etoient pas regardés comme des surveillants qui sont en droit de réprimer les abus que leurs inférieurs peuvent commettre. On trouve au Journal des Audiences, tome 7, livre 5, chap. 4, p. 638, un Arrêt du 5 Février 1722, qui prouve le droit des Lieutenants Criminels à ce sujet, conformément à un autre Arrêt de la même Cour du 11 Octobre 1657, qui ordonne à un Juge subalterne de déférer aux Ordonnances & défenses du Lieutenant Criminel ; & pour n'avoir obéi, le condamne aux dommages & intérêts des parties & aux dépens. Voyez Henrys, édition de 1708, titre des Offices, livre 2, question 37, p. 186, & l'article XX du titre X, des Décrets ci-devant.

ARTICLE VII.

S'il y a plusieurs accusés d'un même crime, ils seront envoyés en nos Cours ; encore qu'il n'y en ait qu'un qui ait été jugé.

1. C'est un principe en matiere criminelle que le reproche d'un accusé à un témoin, sert à tous les autres accusés, & que l'appellation de l'un entraine toute la procédure à l'égard des autres ; même de ceux qui n'ont pas été jugés. Il faut que tous les accusés soient transférés à la Cour ; ainsi qu'il a été jugé par Arrêt du Parlement de Paris du 19 Mai 1683, qui enjoignit au Baillif de Donchery, lorsqu'il y auroit plusieurs accusés d'un même crime, dont les uns auroient été condamnés & les autres absous, ou qui n'auroient pas été jugés définitivement, de les faire tous conduire à la Conciergerie du Palais. Les matieres criminelles étant indivisibles, les Cours ne pourroient juger un accusé, sans entendre les autres ; c'est pourquoi, suivant Papon, livre 18, titre 1,

des

des appellations, n. 38: la Cour avant l'Ordonnance trouvoit mauvais que lorſque l'un des accuſés ſeulement avoit appellé, on exécutât les Sentences à l'égard des non-appellants; parce que dit le même Auteur, tout doit ſurſeoir *quand le crime eſt capital.* La raiſon qu'il en apporte, c'eſt qu'en matiere criminelle, autant qu'il eſt poſſible, il ne faut pas diviſer l'inſtruction & le Jugement; ce qui arriveroit ſi l'on ne jugeoit pas tous les accuſés enſemble: on laiſſeroit par ce moyen à l'un d'eux la voie d'appel, pour faire juger de nouveau le même procès.

Il en eſt de même lorſque par la Sentence l'un des accuſés a été condamné à une peine à laquelle il peut, ſuivant l'Ordonnance, acquieſcer. Par exemple, au banniſſement à temps: ſon acquieſcement ne peut être exécuté, ſi par le même Jugement, d'autres accuſés ſont condamnés à des peines dont l'appel eſt forcé; parce que les uns entraînent les autres à la Cour. Il n'y a d'exception que pour le petit criminel, ainſi qu'il va être expliqué.

2. Lorſqu'il ne peut y écheoir peine afflictive, la partie civile peut tranſiger avec les accuſés; & par conſéquent elle peut déclarer qu'elle n'a aucunes concluſions à prendre contre les uns, quoiqu'elle en prenne contre les autres qui n'ont pas tranſigé avec elle. C'eſt ce qui réſulte de l'article XIX du titre XXV des Sentences, qui permet les tranſactions, lorſqu'il ne peut y écheoir peine afflictive. Ainſi les procès de cette nature peuvent être diviſés en premiere inſtance, comme en cauſe d'appel, ſans que la partie publique puiſſe s'y oppoſer, & pourſuivre contre ceux qui ne ſont pas appellés en cauſe d'appel; & par conſéquent lorſqu'il n'y échet pas peine afflictive, l'appel de l'un des accuſés ne force pas la partie civile de continuer ſa procedure contre les non-appellants.

Il eſt encore à obſerver que, dans le projet de l'Ordonnance, on avoit inſéré, article XIX du titre des Sentences, que défenſes étoient faites de tranſiger ſur des crimes qui pouvoient être punis de peines afflictives ou *infamantes.* Mais M. le premier Préſident obſerva qu'il étoit trop dur de défendre aux parties civiles, de tranſiger des droits qui ne concernent qu'elles. Ce qui fit retrancher de l'article la défenſe de tranſiger, lorſqu'il y échet peine infamante ſeulement.

Il ſuffit pour autoriſer ces principes de rapporter l'Arrêt de Réglement du Parlement de Paris du 27 Août 1708, qui ſe trouve dans le Recueil d'Edits par M. Jouſſe, tome 2, p. 424. " Fait défenſes aux Procureurs „ de la Cour, de former incidemment aux appellations interjetées *des* „ *procédures extraordinaires,* aucunes demandes, ni ſouffrir qu'il en ſoit „ formé aucunes, pour voir déclarer les Arrêts communs, ou autrement, „ contre des parties qui ne ſont accuſées, comme n'étant compriſes dans „ les décrets; non plus que contre des accuſés, qui ne ſont point appel-„ lants, quoique compris dans les mêmes procédures faites pardevant „ les premiers Juges, deſquelles d'autres accuſés auront interjeté appel; „ ni pareillement, audit cas, d'y introduire aucunes appellations des Sen-

,, tences rendues en matiere civile contre des parties qui ne font com-
,, prifes ni dénommées, comme accufées dans lefdites procédures extraor-
,, dinaires ; à peine de nullité des procédures faites de part & d'autre
,, fur lefdites demandes & appellations en matiere civile, & des dom-
,, mages & intérêts des parties. ,, Voyez, fur l'article fuivant, un pareil
Réglement de 1699.

3. Il a déjà été obfervé fur l'article VIII du titre XIV, & fur l'article
III du titre XXV, n. 2, que les parents du condamné peuvent faire des
obfervations & préfenter des requêtes à la Cour pour faire voir les nullités des procédures, ou l'incompétence. Ce privilege réfulte de la Loi 6,
D. *de appellationibus*, livre 49, titre I, qui permet à toutes perfonnes
d'appeller, fi le condamné n'appelle pas, & même malgré lui. Cela eft
encore fondé fur la faveur due aux accufés & aux parents qui doivent
veiller à la confervation de l'honneur & des biens de la famille. Ce principe tiré du Droit romain a été adopté par nos Ordonnances, & principalement par celle-ci de 1670, qui par les articles II & IV du titre XXII,
de la maniere de faire le procès aux cadavres, préfere les parents pour
être curateurs ; elle leur permet même de forcer les curateurs à interjeter appel des Jugements rendus contre les défunts. Le célebre Farinace
pouffe les chofes plus loin, queftion 99, n. 175 & fuivant, tome 3, p.
247 ; car il prétend que dans plufieurs cas, comme de nullités, fuborna-
tions de témoins & autres femblables, l'accufé contumax peut être défendu par Procureurs ou parents.

Ces autorités ne font pas contraires à notre Jurifprudence ; il n'en faut
point d'autre preuve que les obfervations qui furent faites par M. Puffort,
connu pour le principal Rédacteur de notre Ordonnance civile & criminelle.
Ce grand Magiftrat, comme je l'ai déjà obfervé, fur l'article VIII du
titre XIV, n. 3, dit que les parents pouvoient faire des obfervations fur
les nullités de la procédure. Ainfi il faut croire que fur des mémoires
préfentés par des parents, M. le Procureur Général ne refuferoit pas
d'interjeter appel d'une Sentence de contumace rendue fur une procédure
nulle. Sa religion l'engageroit à venir au fecours d'un opprimé, qui peut
n'avoir pris la fuite que par la crainte de la prifon & du crédit de fes
ennemis. Du Roufleau de la Combe, partie 3, chap. 16, n. 6, p. 487,
de la troifieme édition, s'en explique ainfi. " C'eft une maxime conf-
,, tante que toute audience doit être déniée à un contumax, jufqu'à ce
,, qu'il fe foit mis en état ; quand même il prétendroit qu'il y auroit des
,, nullités dans la procédure : mais dans ce cas de nullités de la procé-
,, dure par contumace, & d'incompétence bien conftante, rien n'empêche
,, que le miniftere public ne puiffe d'Office appeller de la Sentence ren-
,, due par contumace. Cela n'eft pas contraire à la difpofition de l'article
,, IV du titre XXV, de l'Ordonnance de 1670. ,,

Les défenfes de recevoir les requêtes des accufés contumax ne peuvent
concerner M. le Procureur Général, qui n'eft pas exclu d'appeller d'une

Sentence que les parents du condamné lui prouvent avoir été rendue sur une procédure infectée de nullité, ou par un Juge incompétent. Le ministere public, même les Juges doivent venir au secours de ceux qui leur paroissent opprimés ; c'est pour cela qu'ils ordonnent souvent la preuve des faits justificatifs, quoique les accusés ne la demandent pas. C'est encore sur ces principes que M. Jousse sur l'article II du titre XXVIII, dit : que les tuteurs, curateurs, ou parents peuvent articuler des faits justificatifs : il cite même un Arrêt du 10 Décembre 1678, qui a jugé que le pere d'un fils mineur accusé en crime de rapt d'une fille aussi mineure, pouvoit accuser de subornation les parents de la fille, sans être tenu de représenter son fils contumax.

ARTICLE VIII.

Le même sera pratiqué, si l'un est condamné, & l'autre absous.

Les observations faites sur l'article précédent, sont communes à celui-ci : ils n'ont lieu l'un & l'autre que dans les cas du grand criminel. On se contentera d'ajouter aux Arrêts, cités sur l'article précédent celui du Parlement de Paris du 18 Juillet 1699, rapporté par Brillon, au mot *procédure*, n. 68, tome 5, p. 512. Cet Arrêt fait défenses aux Procureurs de la Cour, de former incidemment aux appellations, interjetées des procédures extraordinaires aucunes demandes, ni souffrir qu'il en soit formé pour voir déclarer les Arrêts communs contre les accusés qui ne sont pas appellants ; quoique compris dans les mêmes procédures faites par les premiers Juges, desquels d'autres accusés auront interjeté appel : à peine de nullité, dommages & intérêts des parties.

ARTICLE IX.

Incontinent après l'arrivée de l'accusé & du procès aux Géoles des prisons, le Greffier de la Géole ou Géolier sera tenu de remettre le procès au Greffier de nos Cours, qui en avertira le Président pour le distribuer.

La procédure en cause d'appel est très simple en matiere du grand criminel, on peut même dire que l'Ordonnance n'en prescrit aucune, aussi-tôt que les grosses des procédures ont été remises au Greffe, elles doivent être distribuées à un Rapporteur, qui souvent sans aucune autre instruction se contente de faire à l'accusé des interrogatoires, après lesquels il fait fon rapport. L'article CXLIII, de l'Ordonnance de Blois, défendoit même d'interroger les accufés s'il n'étoit ordonné par la Cour ; à peine de nullité & de dommages & intérêts contre le Rapporteur. Il ne faut même pas de conclufions de M. le Procureur Général, à moins qu'il ne furvienne de nouvelles demandes, ou que pour le bien de la Juftice, ce Magiftrat ne juge à propos de faire des requifitions qui avoient été négligées par fes Subftituts, en caufe principale. Voyez les notes fur l'article 1 du titre XXIV, n. 4.

*ARTICLE X.

Les Informations & Procès Criminels feront diftribués par nos Procureurs Généraux à leurs Subftituts, pour fur leur rapport y prendre des conclufions, s'il y échet, ou mis ès mains de nos Avocats Généraux, fi l'affaire eft portée à l'Audience ; fans que les Subftituts puiffent les prendre au Greffe, avant qu'ils leur aient été diftribués.

1. Ces mots, *s'il y échet*, prouvent comme il a été obfervé fur l'article précédent, que les conclufions de M. le Procureur Général ne font pas toujours néceffaires en caufe d'appel : il réfulte même de cet article que ce Magiftrat a une telle fupériorité fur fes Subftituts, qu'ils font obligés d'attendre qu'il leur diftribue les procès, fans fuivre aucun ordre dans la diftribution. Il les diftribue aux Subftituts comme cela fe faifoit anciennement aux Avocats, auparavant la création des Offices des Subftituts, qui eft de 1586. M. le Procureur Général fait la taxe des procès qu'ils rapportent, fuivant un Réglement rendu au Confeil, le 5 Septembre 1684, pour le Parlement de Dijon ; cet Arrêt qui regle plufieurs autres droits du Reffort eft rapporté par Brillon, aux mots *Gens du Roi*, nombre 8, tome 3, page 485.

Cet article de l'Ordonnance fait une différence bien marquée des procès criminels jugés par écrit, & de ceux qui font jugés à l'Audience. Lors des premiers il faut des conclufions, *s'il y échet*, & dans les autres il en faut toujours.

2. Lorfque c'eft la partie publique qui a interjeté appel *à minima*, M. le Procureur Général prend en main pour fon Subftitut ; à moins que ce Magiftrat ne veuille abandonner l'appellation, ce qui arrive lorfqu'il connoît qu'il y a eu de la paffion de la part du fubftitut. Et même quelquefois dans ce cas la Cour permet de prendre le Procureur du Roi ou d'Office à partie. La paffion, le dol, malverfation, ou calomnie évidente font ordinairement les motifs des prifes à partie.

ARTICLE XI.

Si la Sentence dont est appel n'ordonne point de peine afflictive, bannissement, ou amende honorable, & qu'il n'y ait point d'appel interjeté par nos Procureurs, ou ceux des Justices seigneuriales, mais seulement par les parties civiles, le procès sera envoyé aux Greffes de nos Cours par le Greffier du premier Juge, trois jours après le commandement qui lui en sera fait, s'il est demeurant dans le lieu d'établissement de nos Cours, dans la huitaine s'il est hors du lieu ou dans la distance de dix lieues, & s'il est plus éloigné, le délai sera augmenté d'un jour par dix lieues; à peine d'interdiction contre le Greffier & de cinq cents livres d'amende; & les délais & procédures prescrites par notre Ordonnance du mois d'Avril 1667, seront observés pour les présentations.

1. L'article VI de ce titre, énonce les cas où l'appel des Sentences est forcé, & celui-ci parle des cas où les parties peuvent acquiescer aux Jugements, & les exécuter, sans qu'ils soient confirmés par Arrêt. L'Ordonnance ne pouvoit s'expliquer plus clairement; pourvu qu'une Sentence ne condamne pas à une peine afflictive, au bannissement à perpétuité, énoncé dans l'article VI de ce titre, ou à l'amende honorable, il n'est pas nécessaire qu'elle soit confirmée par Arrêt. Cependant les Cours, de leur Office, y ont ajouté plusieurs autres cas, qui sont expliqués sur l'article XXI du titre XIV, des interrogatoires.

2. Les parties civiles n'ont pas plus de privilege que les parties publiques, qui sont obligées d'appeller des Jugements dans les vingt-quatre heures, si elles le jugent à propos; passe ce délai si ni l'une ni l'autre n'appelle, les condamnés doivent être élargis, s'il n'y a point de peine dont l'appel soit forcé; ainsi qu'il a été expliqué au nombre précédent. C'est la disposition précise de l'article XXIX du titre XIII, *des prisons.* Mais il faut, suivant le même article, que le condamné consigne entre les mains du Greffier l'amende, l'aumône, & les intérêts civils. L'Ordonnance n'exige même pas que la partie civile soit avertie du Jugement; c'est à elle à veiller à ce qui se passe. Il est cependant vrai que le même article XXIX, porte, que si les condamnés étoient détenus prisonniers pour autres causes, ils ne pourroient être élargis.

3. Cet article XI, ne porte pas comme l'article VI de ce titre, que l'accusé & son procès seront envoyés ensemble à la Cour, il n'ordonne l'apport des procédures que dans le cas où il y aura appel, d'où il ré-

sulte que s'il n'y a point d'appel, & que la Sentence ne prononce point de peine afflictive, l'accusé doit être élargi en consignant les adjudications pécuniaires.

Il résulte encore de cet article XI, que lorsqu'il n'y a point de condamnation à peine afflictive, & qu'il n'y a d'appel que de la part de la partie civile, la procédure doit s'instruire comme en matiere civile ; ce qui paroît aussi décidé par l'article suivant, qui veut, qu'ils soient distribués comme les procès civils. Ces deux articles de l'Ordonnance ont été formés sur le Réglement du Parlement de Paris du 3 Septembre 1667, rapporté au Journal des Audiences, tome 3, p. 177 : & dans le Recueil de M. Jousse, tome 1, p. 159. Il porte article XXXVIII, que les procès criminels ne seront pas communiqués en premiere instance, mais qu'en cas d'appel d'une Sentence qui ne portera condamnation de peine afflictive, bannissement ou blâme, le procès sera communiqué aux parties pour fournir leurs griefs, ou moyens de nullité & réponses. En conséquence de ce Réglement dans le ressort du Parlement de Paris, les procédures sont communiquées en cause d'appel, lorsqu'il n'y a point de condamnation à peine afflictive, bannissement, amende honorable, ou blâme. Ce qui ne s'observe pas au Parlement de Dijon ; dans cette Cour les procédures doivent être secrettes, en cause d'appel comme en cause principale. Cet usage paroît plus conforme à la disposition de ces deux articles XI & XII, de l'Ordonnance, dont l'un ne parle que des présentations, & l'autre de la distribution des procès criminels, sans ordonner comme l'a fait le Réglement de 1667, que les procédures seront communiquées aux parties.

4. Une appellation de déni de Justice de la part du Juge d'Eglise ne peut être portée comme une appellation simple pardevant le Juge supérieur ecclésiastique, parce que le déni de Justice est une contravention aux Ordonnances ; & par conséquent un abus qui doit être réprimé par les Officiers du Roi.

Ces sortes d'appellations se décident au Parquet comme celles de déni de renvoi, ou d'incompétence ; quand même il seroit appel d'un Juge d'Eglise. C'est sur ces principes que le Parlement de Paris, par Arrêt du 27 Août 1701, rapporté dans les Loix criminelles, tome 2, p. 286, fit défenses à l'Official de la Primatie de Lyon, de recevoir les appels de déni de Justice ; & déclara en même temps, qu'il y avoit abus dans la Sentence du même Official, en ce qu'il avoit condamné l'accusé aux dépens, faits contre lui par le Promoteur : ce qui est conforme à plusieurs autres Arrêts, rapportés par Brillon, au mot *Promoteur*, tome 5, page 590.

5. La maxime *appellatio extinguit judicatum*, n'est pas toujours vraie ; l'appel ne fait que suspendre l'effet du Jugement. Cela est si vrai que lorsqu'il est confirmé, il reprend toute sa force en vertu de l'Arrêt, qui ordonne que ce Jugement sortira son plein & entier effet ; & même il porte hypo-

theque du jour qu'il a été rendu ; & ce qu'il a de plus fort , c'est que
la mort civile du condamné par contumace commence aussi à courir du
jour de l'exécution du Jugement rendu contre lui , quand même il y en
auroit dans la suite appel. Voyez les observations sur l'article III de ce
titre, n. I.

ARTICLE XII.

*Si les Procès de la qualité mentionnée en l'article précédent
font introduits en nos Cours de Parlement , ils feront distribués comme les Procès Civils.*

I. Cet article entend parler des procès sur lesquels il est intervenu des
Jugements qui ne portent condamnation d'aucune peine afflictive , bannissement à perpétuité, amende honorable , ou blâme ; il veut que ces
procès qui ne font pas regardés comme procès du grand criminel , foient ,
en cause d'appel aux Cours , distribués comme les procès civils ; il ne dit
pas qu'ils feront instruits à la Cour comme procès civils. Cependant le
Parlement de Paris par fon Réglement de 1667, rapporté fur l'article
précédent, nombre 3 , & qui est suivi depuis cette Ordonnance, instruit
ces procès en cause d'appel & les distribue comme les procès civils , à
la différence du Parlement de Dijon qui fuit l'Ordonnance étroitement ;
& qui en conféquence ne permet pas qu'en cause d'appel les pieces fécret-
tes de la procédure criminelle foient communiquées. L'Ordonnance ne
parlant que de la distribution des procès, il paroit qu'il faut au furplus
fuivre la dispofition de l'article XV du titre VI, des informations ; qui
défend de communiquer les procédures criminelles fans aucune distinction
du grand & du petit criminel, ni de la cause principale ou d'appel.
C'est notre ufage en Bourgogne.

ARTICLE XIII.

*Si nos Procureurs des lieux , ou des Justices feigneuriales font
appellants, les accufés, s'ils font prifonniers & leurs Procès
feront envoyés en nos Cours ; & s'ils ont été élargis depuis
la Sentence & avant l'appel , ils feront tenus de fe rendre
en état lors du Jugement du Procès en nos Cours: ainfi
qu'il fera par elles ordonné.*

I. L'appel de la partie publique est toujours fufpenfif, & dévolutif ;
parce qu'il fait préfumer qu'il y a lieu à une peine afflictive. Ce qui

décide que l'appel d'un Procureur de Seigneur ne pourroit être porté au Bailliage.

2. Si l'appel de la partie publique n'étoit interjeté, qu'après l'élargissement de l'accusé, il ne seroit obligé de se rendre prisonnier à la Conciergerie, que lorsque la Cour l'auroit ordonné par Arrêt à lui signifié, sans cet Arrêt la partie civile ne seroit pas en droit, suivant cet article, de le faire arrêter ; elle perdroit ses frais de capture & de translation ; parce que l'accusé peut sans frais se mettre en état quand il y aura Arrêt qui l'ordonnera & qui lui aura été signifié.

3. Si l'accusé après la signification à personne ou domicile d'un Arrêt qui lui ordonneroit de se mettre en état, n'y satisfaisoit pas dans un bref délai, qui est ordinairement fixé par l'Arrêt ; il faudroit instruire contre lui la petite contumace prescrite par l'article X du titre XVII ; parce qu'ayant été interrogé en cause principale, il seroit inutile de suivre tous les délais & toutes les formalités de la grande contumace, par les raisons plus au long expliquées, sur le même article X du titre XVII.

ARTICLE XIV.

Les exécutoires seront délivrés par nos Cours ; à ceux qui auront conduit les prisonniers, ou porté le procès.

1. Cet article de l'Ordonnance occasionne l'examen de plusieurs questions concernant les Cavaliers, Messagers & autres qui étant chargés de la conduite des prisonniers les laissent évader, il y a encore souvent des contestations pour leurs taxes ; on ne peut donner à ce sujet des regles plus certaines que les réglemens du Conseil & des Cours Supérieures. Mais auparavant on observera que le Fermier Général des Messageries de France, a seul le droit par les Sous-Fermiers de faire faire la conduite des prisonniers & de faire porter les grosses des procédures, suivant les Edits & Déclarations rapportés dans l'Arrêt du Conseil, du 23 Août 1690, rendu sur la requête du Fermier Général des Messageries.

Arrêt du Conseil concernant la taxe de ceux qui conduisent les prisonniers.

Du 4 Octobre 1672.

,, Le Roi voulant pourvoir au paiement des exécutoires que les ,, Huissiers, Sergents, Archers & Messagers, obtiennent des Conseillers
des

» des Cours de Parlement & autres Cours Supérieures , pour la con-
» duite & reconduite des prisonniers ès Conciergeries. &c. A ordonné
» & ordonne que toutes les taxes des Huissiers, Sergents , Archers ,
» Messagers , & autres personnes pour la conduite des prisonniers qui
» seront amenés aux Conciergeries , & reconduits sur les lieux pour l'exé-
» cution des Arrêts desdites Cours , esquels le Procureur Général de sa
» Majesté, ou ses substituts seront seuls parties, & qui seront à payer
» des deniers de sa Majesté , ne pourront être faites par les Conseillers
» des Parlements , & autres sés Cours , sinon sur les conclusions des
» Procureurs Généraux , ou de leurs substituts ; & sera exprimé dans les
» exécutoires la distance des lieux & qualité des journées qu'il convien-
» dra pour lesdites conduites & reconduites, à raison de huit lieues en
» hiver & dix lieues en été , & à raison de quatorze livres par chacune
» desdites journées, suivant le réglement du Parlement de Paris , sauf
» à pourvoir à connoissance de cause en cas que les prisonniers soient
» de qualité pour avoir des escortes extraordinaires, lesquels exécutoires
» seront signés d'un Conseiller desdites Cours , & du Procureur Général ,
» ou de l'un de ses substituts qu'il aura commis à cet effet , & les
» sommes contenues auxdits exécutoires seront payées & acquittées par
» les Fermiers Généraux des domaines de sa Majesté , ou leurs Sous-
» Fermiers sur les lieux ; auxquels il en sera tenu compte, sans difficulté :
» faisant défenses auxdits Huissiers, Sergents , Archers, Messagers , &
» autres , au profit desquels il aura été expédié des exécutoires , sans
» cette formalité , de les mettre à exécution, ni de faire faire aucune
» contrainte en vertu d'iceux ; à peine de cinquante livres d'amende ,
» contre chaque contrevenant : au paiement de laquelle seront contraints ,
» en vertu du présent Arrêt qui sera lu , publié. &c. Fait au Conseil
» d'État, le 4 Octobre 1672. *Signé*, COLBERT. »
   Cet Arrêt est en entier dans le Recueil de M. JOUSSE , tome 1 , p.
306.

*Arrêt du Parlement de Paris , concernant la conduite des
prisonniers.*

Du 20 Mars 1690.

» Vu par la Cour l'information faite de l'Ordonnance de la Cour ,
» Par Me. Marc Bertheau Avocat, en ladite Cour & au Siege de
» la ville & Châtellenie d'Yenville , exerçant la Justice pour vacance
» de la charge de Lieutenant Civil & Criminel audit Siege , le 24
» Février dernier , à requête du Procureur Général du Roi , pour raison
» de l'évasion du nommé Bertrand , contre Louis Courinaut , conduc-
» teur de la Messagerie de Nyort , à Paris. Arrêt du 11 Mars présent
» mois , par lequel il auroit été ordonné que ledit Courinaut seroit

„ ajourné à comparoître en perfonne en la Cour, pour être oui &
„ interrogé fur les faits réfultants de ladite information : interrogatoi-
„ res à lui faits en conféquence par le Confeiller commis, le 13 dudit
„ préfent mois, contenant fes réponfes, confeffions, & dénégations ;
„ conclufions du Procureur Général du Roi : oui le rapport de Me.
„ Louis Godard, Confeiller, tout confidéré. La Cour a ordonné &
„ ordonne que dans trois mois, ledit Courinaut fera tenu conftituer
„ prifonnier ledit Bertrand ès prifons de la Conciergerie du Palais : finon
„ & ledit temps paffé y fera contraint par corps. Lui enjoint lorfqu'il
„ fera chargé de la conduite des prifonniers de les mener avec une
„ efcorte fuffifante, & de marcher entre deux foleils ; à peine d'en
„ répondre ; & en outre que les Meffagers, & autres conducteurs des
„ prifonniers feront tenus d'obferver les Arrêts & réglements de la
„ Cour ; ce faifant que ceux qui ameneront des prifonniers en la
„ Conciergerie du Palais, prendront leurs décharges au Greffe de la Géole de
„ ladite Conciergerie, pour la remettre dans le mois ès mains des Greffiers,
„ des Sieges & Jurifdictions des prifons, defquelles lefdits prifonniers
„ auront été transférés, & que ceux qui transféreront des prifonniers des
„ prifons de ladite Conciergerie, en celles d'autres Sieges, s'en char-
„ geront fur le régiftre de la Géole de ladite Conciergerie, & feront tenus
„ de rapporter dans le mois au Greffe de ladite Géole, un certificat
„ du Géolier des prifons dudit Siege, vifé par le Juge de la prifon &
„ le fubftitut du Procureur Général du Roi, ou du Procureur Fifcal,
„ faifant mention du jour que les prifonniers auront été amenés en
„ leurs prifons ; pour être ledit certificat remis ès mains dudit Procureur
„ Général du Roi ; le tout à peine de cinquante livres d'amende pour chacune
„ contravention : au payement de laquelle lefdits Meffagers & conduc-
„ teurs, feront contraints par corps, fur le rôle qui en fera délivré
„ au Receveur des amendes & certifié par le Greffier des Sieges, ou
„ de la Géole de la Conciergerie, chacun à leur égard. Et fera le
„ préfent Arrêt lu. &c. Fait en Parlement le 20 Mars 1690 ; DONGOIS. „

Cet Arrêt fe trouve en entier au Recueil, de M. Jouffe, tome 2,
p. 65.

Autre Arrêt du Parlement de Paris, concernant la conduite des prifonniers.

Du 16 Août 1704.

„ Vu par la Cour, le procés criminel inftruit de l'Ordonnance d'icelle
„ par les Confeillers, commis à la requête du Procureur Général du
„ Roi, demandeur & accufateur contre Jacques Sergent, Cocher de la
„ Meffagerie de Chartres, & Laurent Lemoine facteur de ladite Meffa-
„ gerie, défendeurs & accufés ; ledit Lemoine prifonnier ; la requête

„ présentée par le Procureur Général contenant sa plainte de ce que
„ Claude & Noël Thibaut , ayant été condamnés par le Lieutenant
„ Criminel de Chartres , savoir ledit Claude Thibaut , aux galeres , & ledit
„ Noël Thibaut à un bannissement , ils ont été mis és mains desdits
„ Sergent , & Lemoine , pour être transférés en la Conciergerie du
„ Palais ; & étant arrivés à Bonelle , lesdits Sergent , & Lemoine , par
„ leur négligence ont laissé évader ledit Claude Thibaut , & ledit Noël
„ a été conduit en ladite Conciergerie par ledit Lemoine , qui a été
„ arrêté : Arrêt rendu sur ladite requête , le 23 Mai dernier , par lequel
„ auroit été ordonné qu'à la requête du Procureur Général , il seroit
„ informé de ladite évasion pardevant le Lieutenant Criminel de Chartres ,
„ & ledit Lemoine recommandé pour être interrogé par le Conseiller
„ Rapporteur , sur ladite évasion pour le tout rapporté être ordonné ce
„ que de raison , &c. La Cour déclare la contumace bien instruite
„ contre ledit Sergent ; & en adjugeant le profit pour les cas résultants
„ du procès , condamne ledit Sergent à être conduit aux galeres du
„ Roi , pour y servir comme forçat pendant cinq ans ; & après que
„ ledit Lemoine a été admonesté , le condamne à aumôner au pain des
„ prisonniers la somme de quatre livres , à prendre sur ses biens :
„ ordonne que dans trois mois Chérier , Péan , & autres associés pour la
„ Messagerie de Chartres , seront tenus de constituer prisonniers , ès
„ prisons de ladite Conciergerie , Claude Thibaut d'Auvillers , & faute
„ de ce faire dans ledit temps , contraints par corps ; ordonne que l'Arrêt
„ du 20 Mars 1690 sera exécuté , & en conséquence seront les cer-
„ tificats y mentionnés , visés gratuitement par les Juges , les substituts
„ du Procureur Général du Roi , & les Procureurs Fiscaux ; & lorsque
„ les prisonniers seront transférés des prisons , des Sieges & Jurisdictions
„ du ressort de la Cour , en celles de la Conciergerie du Palais , lesdits
„ substituts & Procureurs Fiscaux , seront tenus d'envoyer audit Procureur
„ Général du Roi , copie de l'acte par lequel les conducteurs des pri-
„ sonniers s'en seront chargés , contenant les noms , qualités & demeu-
„ res des prisonniers , & des conducteurs , & le jour de leur départ ;
„ ladite copie signée du Greffier , & ce dans le jour dudit départ ,
„ & par autre voie que celle desdits conducteurs ; le tout à peine , par
„ lesdits substituts & Procureurs Fiscaux , d'en répondre en leur propre
„ & privé nom , & sera le présent Arrêt lu , publié ; &c. Fait en Par-
„ lement , le 26 Août 1704 , *Signé* DONGOIS.

Cet Arrêt est en entier dans le Recueil de M. Jousse , tome 2 , p.
364.

Arrêt du Parlement de Paris, concernant la conduite des prisonniers, & le port des procédures.

Du 9 Août 1737.

„ Louis par la grace de Dieu Roi de France, & de Navarre, favoir
„ faifons que vu par notre Cour, la requête préfentée par Pierre
„ Mourade, Claude Herbet, & compagnie, Fermiers des Coches, Carroffes
„ & Meffageries de plufieurs Généralités, à ce qu'il plût à la Cour,
„ ordonner que conformément aux Edits & Déclarations du Roi, ils
„ foient maintenus, enfemble leurs Sous-Fermiers, commis & prépofés
„ au droit de fe charger feuls des prifonniers qu'il convient de tranf-
„ férer d'une prifon en une autre, & des procès foit civils, ou
„ criminels, enquêtes, informations, & autres procédures, qu'il faut
„ porter d'un Siege à un autre ou à notre Cour, Cour des Aides, ou
„ ailleurs; enjoindre aux Greffiers de délivrer aux fuppliants, à leurs
„ Sous-Fermiers, ou commis, chacun dans fa route, les prifonniers
„ enquêtes, informations, procès civils & criminels, pour être lefdits
„ prifonniers remis ès prifons, & les procédures aux perfonnes indiquées;
„ faire défenfes à toutes perfonnes d'entreprendre fur lefdits Droits,
„ &c. La Cour ordonne que les Ordonnances, Edits & Déclarations
„ enrègiftrées en icelle, & les Arrêts de notredite Cour, concernant
„ les Meffageries feront exécutés felon leur forme & teneur; ce faifant
„ maintient & garde les fuppliants leurs Sous-Fermiers, & prépofés au
„ droit de fe charger, à l'exclufion de tous autres, de tous les prifonniers
„ qui fe trouveront dans l'étendue du département de leurs Meffageries,
„ dont la tranflation & le renvoi conviendront être faits d'un Siege à
„ un autre, ou dans la Conciergerie du Palais & ailleurs, ainfi que
„ des procès civils & criminels, dont le tranfport fera ordonné. Enjoint
„ aux Greffiers chacun à leur égard de faire la délivrance defdits
„ prifonniers aux fuppliants, leurs Sous-Fermiers ou prépofés; enfemble
„ des procès dont le tranfport conviendra être fait, pour être par
„ eux remis aux lieux & endroits de leur deftination; en fe chargeant
„ par eux defdits prifonniers & procès en la forme & ainfi qu'il eft
„ porté par les Edits, Arrêts, & Réglements rendus à ce fujet; fait
„ défenfes à toutes perfonnes de quelle qualité qu'elles foient d'entre-
„ prendre fur le droit des fuppliants; à peine d'être refponfables du
„ droit & émolument qui leur auroit appartenu, fait pareillement
„ défenfes à tous Greffiers tant de la Conciergerie de notre Palais,
„ qu'autres, de délivrer aucuns prifonniers ou procès, ou donner décharge
„ & exécutoire à autres qu'aux fuppliants, fous les peines portées par les
„ Edits & Arrêts: permet de faire imprimer, afficher, &c. Fait en
„ Parlement, le 9 Août 1737. *Signé* DUFRANC.

trouve cet Arrêt en entier dans le Recueil, de M. Jousse, tome 533.

Autre Arrêt du Parlement de Paris, concernant la conduite des prisonniers.

Du 17 Août 1747.

„ Vu par la Cour, le procès Criminel, fait de l'Ordonnance de la
„ Cour, tant en icelle que par le Lieutenant Criminel au Bailliage
„ d'Auxerre, à la requête du Procureur Général du Roi, demandeur
„ & accusateur contre Jean Drevet Brigadier, & Claude Chapuis Cava-
„ lier de la Maréchaussée de Lyon, accusés prisonniers : l'Arrêt du 16
„ Mai 1747, portant qu'il seroit informé de l'évasion du nommé Nouilly,
„ pour les témoins étant à Paris, être entendus pardevant le Conseiller
„ Rapporteur, & pour les témoins qui sont hors de Paris, pardevant
„ le Lieutenant Criminel d'Auxerre ; & cependant que lesdits Drevet,
„ & Chapuis seroient recommandés pour être ouis & interrogés : leurs
„ interrogatoires du 16 ; l'information faite par ledit Lieutenant Crimi-
„ nel d'Auxerre ; l'Arrêt du 29 Juillet qui ordonne que le nommé Moreau
„ l'un des Cochers du carrosse de Châlons, seroit entendu en déposition,
„ &c. Tout considéré.
„ Ladite Cour, pour les cas résultants du procès après que lesdits
„ Drevet, & Chapuis, pour ce mandés en la Chambre de la Tournelle
„ ont été admonestés, les condamne à aumôner au pain des prisonniers
„ chacun la somme de trois livres. Faisant droit sur les conclusions du
„ Procureur Général ordonne que dans trois mois à compter de la
„ signification qui sera faite aux associés pour la Messagerie de Châ-
„ lons, du présent Arrêt, lesdits associés seront tenus constituer pri-
„ sonnier ès prisons de la Conciergerie du Palais, le nommé Nouilly ;
„ & autrement à faute de ce faire dans ledit temps, & icelui passé,
„ qu'ils y seront contraints par corps : ordonne que les Arrêts & régle-
„ ments de la Cour, & notamment les Arrêts des 20 Mars 1690 &
„ 26 Août 1704, seront exécutés selon leur forme & teneur ; ce faisant
„ que lorsque les conducteurs des Messageries seront chargés de la con-
„ duite des prisonniers, ils seront tenus de les mener avec une escorte
„ suffisante, & de marcher entre deux soleils, à peine d'en répondre ;
„ comme aussi que ceux qui ameneront des prisonniers à la Conciergerie
„ du Palais, prendront leurs décharges au Greffe de la Géole de ladite
„ Conciergerie, pour les remettre dans le mois ès mains des Greffiers,
„ des Sieges & Jurisdictions des prisons, desquelles les prisonniers
„ auront été transférés ; & que ceux qui transféreront des prisonniers
„ des prisons de la Conciergerie en celles des autres Sieges ; s'en
„ chargeront sur le régistre de la Géole de ladite Conciergerie, &

„ feront tenus d'en rapporter dans le mois au Greffier de la Géole
„ un certificat des Géoliers des prifons defdits Sieges , vifé par le Juge
„ de la prifon , & du fubftitut du Procureur Général ou du Procureur
„ Fifcal, faifant mention du jour que les prifonniers auront été amenés
„ dans leurs prifons, pour être ledit certificat remis ès mains du Procu-
„ reur Général du Roi ; & feront lefdits certificats vifés gratuitement par
„ les Juges, le fubftitut du Procureur Général , & les Procureurs Fifcaux.
„ Le tout à peine de cinquante livres d'amende pour chacune contravention :
„ au paiement de laquelle lefdits Meffagers & conducteurs feront contraints
„ par corps fur le rôle qui en fera délivré au Receveur des amendes &
„ certifié par les Greffiers des Sieges ou de la Géole de la Conciergerie ,
„ chacun à leur égard : ordonne en outre que lorfque les prifonniers
„ feront transférés des prifons des Sieges & Jurifdictions du reffort de
„ la Cour, en celles de la Conciergerie du Palais , les fubftituts du
„ Procureur Général & les Procureurs Fifcaux , feront tenus d'envoyer
„ au Procureur Général copie de l'acte, par lequel les conducteurs des
„ prifonniers s'en feront chargés, contenant les noms , qualités & demeu-
„ res defdits prifonniers & conducteurs, & le jour de leur départ ; la-
„ dite copie fignée du Greffier, & ce dans le jour dudit départ , &
„ par autre voie que celle defdits conducteurs. Le tout à peine par
„ lefdits fubftituts & par les Procureurs Fifcaux d'en répondre en leurs
„ propres & privés noms ; & feront lefdits Arrêts des 20 Mars 1690 ,
„ & 26 Août 1704 , fi fait n'a été , enfemble le préfent Arrêt , lus &
„ publiés à l'Audience tenant ès Bailliages , Sénéchauffées & autres Sieges
„ Royaux. Fait en Parlement, le 17 Août 1747. *Signé.* LE BRETON. „

2. Il a été obfervé fur l'article VI , de ce titre, n. 4, que ce n'eft
qu'au grand criminel , que les Greffiers font obligés d'envoyer la
Sentence & tout le procès avec l'accufé ; d'où il réfulte qu'au petit
criminel le Greffier n'eft pas tenu de délivrer la Sentence , fi les épices
ne font pas payées. C'eft alors à l'intimé qui veut fe fervir de cette
Sentence à en fournir un extrait comme en matiere civile ; fuivant
l'article IV du titre XXXI, de l'Ordonnance de 1667, qui oblige les
Greffiers à délivrer la production & les pieces , fans leur impofer la
même obligation , à l'égard de la Sentence. Il a été prouvé fur les
articles XI , & XII , de ce titre qu'en caufe d'appel on fuit au petit
criminel les mêmes regles qu'au civil, ce qui prouve en même temps
qu'il faut auffi les fuivre à l'égard des épices & expédition des Sentences du petit criminel. C'eft ce qui a fait dire à M. Jouffe dans fon
commentaire fur l'article VII , de l'Edit de 1673, appelié l'Edit des
épices , que ces regles font conformes à un autre Edit de Juin 1510 ;
qui article XLIV , veut que les épices foient payées nonobftant toutes
appellations relevées & à rélever , & fans préjudice d'icelles ; mais à
la forme de l'article VII de l'Edit des épices, on peut décerner execu-
toire aux parties qui ont débourfé les épices.

ARTICLE XV.

Les accusés seront interrogés en nos Cours sur la sellette ou derriere le barreau, lors du Jugement du procès.

Cet article entend parler des procès du grand criminel. Voyez les observations sur l'article XXI du titre XIV, pour distinguer les cas où les interrogatoires doivent être faits sur la sellette.

La sellette n'est pas une note d'ignominie, elle n'infame pas par elle-même : suivant le Droit Romain, c'étoit une prérogative d'être assis en présence des Juges ; elle n'étoit accordée qu'aux personnes patriciennes, prétoriennes, ou consulaires : Loi 3, Cod. *ubi senatores.* Balde sur cette Loi observe que c'est un argument pour dire que les Evêques accusés doivent être assis. Mornac, sur la même Loi fait différence des accusés illustres qui sont assis sur une escabelle, & des autres qui le sont sur la sellette : au procès du Duc d'Alençon, il fut assis sur une basse escabelle, au milieu du parquet : lorsque le Marechal de Biron subit l'interrogatoire, il fut mis sur un petit escabeau au bureau des Pairs, d'où il s'avança dans le parquet, parce qu'il n'entendoit pas facilement les interrogatoires. Voyez les Loix criminelles, tome 1, p. 334.

ARTICLE XVI.

Si les Arrêts rendus sur l'appel des Sentences portent con-damnation de peines afflictives, les condamnés seront renvoyés sur les lieux sous bonne & sûre garde aux frais de ceux qui en seront tenus, pour y être exécutés, s'il n'est autrement ordonné par nos Cours, pour des considé-rations particulieres.

Il est très intéressant pour le bien de la Justice, que l'on fasse subir aux condamnés sur les lieux les peines prononcées contr'eux. L'exemple est le principal objet de la Justice, qui a intention d'inspirer de la terreur aux mauvais dans le lieu même où le crime a été commis : les anciennes ordonnances l'ont prescrit comme celle-ci ; c'est l'usage dans tous les Royaumes ; la disposition du droit y est précise ; Loi 28, parag. 15. D. *De pœnis: famosos latrones in his locis ubi grassati sunt furcâ figendos pluribus placuit : ut ex conspectu deterreantur alii ab iisdem faci-noribus, & solatio sit cognatis & affinibus interremptorum eodem loco pœnâ reddita in quo latrones homicidia fecissent.*

C'est un mauvais prétexte de dire que lorsque les exécutions sont renvoyées sur les lieux, elles sont fort à charge au domaine du Roi : en effet en quelques lieux qu'elles soient faites, le domaine doit payer l'échafaut, & les droits de l'Exécuteur : il n'y a donc que son voyage. On a prouvé que c'est aux villes à le payer, lorsqu'il n'y a pas d'Exécuteur & qu'il faut en mander un. Voyez les observations à la fin de l'article dernier du titre précédent : on peut faire transférer le condamné de brigades en brigades par les Cavaliers qui sont gagés, & qui ne peuvent rien exiger lorsqu'ils ne sortent pas de leur arrondissement ; mais quand il y auroit à la charge du domaine du Roi des frais, c'est aller contre l'intention de sa Majesté qui connoissant, on ne dit pas l'avantage, mais la nécessité de faire faire les exécutions sur les lieux, a bien voulu par cet article de l'Ordonnance payer sur son domaine les frais de translation, lorsqu'ils seroient à sa charge : ainsi c'est un faux prétexte que celui des frais ; même à l'égard des Seigneurs, auxquels on n'évite aussi que les frais de translation, qui souvent sont très médiocres suivant la distance des lieux ; l'Ordonnance en a fait un devoir & une obligation aux Cours : il est vrai que cet article ajoute que par des considérations particulieres, elles pourront en ordonner autrement : c'est-à-dire que lorsqu'il y aura du danger, que les condamnés soient enlevés dans la route, elles pourront faire faire les exécutions dans la ville où est établi le Parlement ; mais c'est un cas qui arrive rarement : il faudroit pour cela que les criminels fussent d'une famille puissante dont on auroit lieu de craindre l'autorité & les forces : nous vivons dans un siecle, où il n'y a plus rien à craindre à cet égard : il est donc vrai de dire que les Cours qui ne renvoient pas les exécutions sur les lieux, vont directement contre l'intention du Roi, & contre l'intérêt public qui se trouve par ce moyen privé de l'exemple qui lui est dû sur les lieux où les crimes ont été commis ; ce qui est d'une grande conséquence ; puisque nous voyons des villes, & des provinces entieres, a la réserve des capitales : où l'on ne fait jamais d'exécution : il seroit absurde de dire qu'il y a toujours des considérations particulieres pour ne renvoyer jamais sur les lieux : la Loi commande de les y renvoyer : les Juges sont obligés d'obéir ; le premier Parlement du Royaume donne à cet égard aux autres Cours un exemple digne du zele que ce Sénat a pour le bien de la Justice, & de son exactitude à faire exécuter les ordres du Prince. Si le chef de la Justice avoit connoissance de l'abus qui regne à cet égard ; son amour pour le bien public lui feroit sans doute prendre les mesures nécessaires pour en arreter le cours : le principal objet de la Justice, on le répete, n'est pas seulement de punir les criminels, c'est de donner au public sur les lieux où les crimes ont été commis des exemples qui soient capables de donner de la terreur à ceux qui les ont vu commettre, afin qu'ils ne tombent pas dans le même cas. Il faut donc des motifs bien considérables pour contrevenir à des

Loix & ordonnances auſſi préciſes, il faut que les criminels expient leurs crimes ſur les lieux où ils ont troublé la ſociété, *ut alii deterreantur*. C'eſt même comme dit la Loi qui vient d'être citée, une conſolation & une eſpece de ſatisfaction due à ceux qui ont ſouffert du crime ; la Loi, *deſertorem*, 3, D, *de re militari*, liv. 49, titre XVI, porte, *ibi enim pœna plecti debet, ubi facinus admiſſum eſt*.

Suivant la Loi au Cod. *de feriis*, & une Ordonnance de 1551, article IV, les exécutions ne doivent pas être faites les jours de Dimanches & les jours de Fêtes : il y a cependant des cas où l'on eſt obligé de paſſer ſur cette regle, tels que ceux dont il eſt parlé ſur la Loi 9, du même titre, *ne differatur ſceleratorum proditio*. Il y a encore le cas d'un condamné qui, au moyen d'un teſtament de mort, des déclarations de complices & des confrontations qu'il lui faut faire, fait enſorte de retarder ſon exécution juſqu'au lendemain qui ſe trouve jour de Fête, comme cela eſt arrivé à l'occaſion de Cartouche & autres ; il faut néceſſairement que l'exécution ſe faſſe, puiſque l'Arrêt ou Jugement eſt prononcé : article XXI du titre XXV, par la Loi, *de feriis*, qui vient d'être citée on pouvoit condamner à la queſtion, même faire exécuter à mort un voleur de grand chemin, les jours de fêtes, ce qui eſt défendu par le droit Canonique ; on puniſſoit les voleurs les jours de Fêtes chez les Romains, *in odium latrocinii ; ſecus de aliis criminibus, ut teſtatur Cornelius Tacitus*. Dans ſes annales liv. 4, n. 70 ; & dans les crimes très atroces comme celui de leſe Majeſté, Loi 9, Cod. *de feriis*. Voyez Anne Robert, *rerum judicatarum*, liv. 4, chap. 15, & Ravior, queſtion 78, tome 1, p. 192.

TITRE XXVII.

Des Procédures à l'effet de purger la mémoire d'un Défunt.

ARTICLE I.

La veuve, les enfants, & les parents d'un condamné par Sentence de contumace, qui sera décédé dans les cinq ans, à compter du jour de son exécution, pourront appeller de la Sentence ; & si la condamnation de contumace est par Arrêt ou Jugement en dernier ressort, ils se pourvoiront pardevant les mêmes Cours, ou Juges, qui l'auront rendue.

1. LOrs des conférences sur cet article, M. le premier Président observa qu'il y avoit trois états à considérer, pour purger la mémoire ; le premier, si l'accusé décede avant le Jugement de contumace ; le second, s'il décede pendant les cinq ans ; & le troisieme, s'il décede après les cinq années, à compter du jour de l'exécution de son Jugement ; que cet article ne parle que du second état, mais qu'il ne regle pas de quelle sorte se doit faire l'instruction, si l'on convertira l'information en enquête, & s'il y aura enquête respective. M. Pussort répondit que le crime étant éteint par la mort, & que la mémoire n'étant blessée par aucune condamnation, ces questions n'étoient plus de la matiere criminelle, parce qu'il ne restoit aux héritiers, qu'une action en dommages & intérêts, qu'ils pouvoient intenter par les voies qu'ils aviseroient ; ensorte qu'il dépendroit du Juge, d'admettre la preuve de part & d'autre, & de leur permettre la preuve respective. M. le premier Président de Lamoignon, répliqua que cet article s'entendoit d'un accusé, mort après la condamnation, & devant l'expiration des cinq ans de la contumace ; & qu'il croyoit aussi que dans ce cas, le Juge devoir permettre aux parties une enquête respective : effectivement, l'affaire étant purement civile, il n'y a pas d'autre parti que de civiliser la procédure ; mais cette civilisation ne dessaisit pas le tribunal, qui est competent, pour connoître des matieres criminelles civilisées. Suivant les regles rapportées sur l'article III du titre II, n. 8, le Greffe Criminel étant saisi des minutes de la procédure, il ne conviendroit pas à un Lieutenant Civil, d'ordonner qu'elles seroient apportées à son Greffe, quand même les deux

Greffes feroient réunis & exercés par un feul titulaire ; ce ne font pas moins deux Greffes de deux Jurifdictions, qui ont chacune leur chef diftinct & féparé.

Il y auroit plus de difficulté, fi la condamnation étoit intervenue par un Jugement Prévôtal, parce que les Prévôts ne peuvent connoître des procès civils, même de ceux qui font civilifés : il eft cependant vrai que cet article de l'Ordonnance ayant voulu que lorfque la condamnation auroit été prononcée, par un Jugement en dernier reffort, les parties feroient obligées de fe pourvoir pardevant les mêmes Juges ; il eft cenfé avoir entendu parler de tout le Tribunal où le Jugement auroit été rendu ; ce qui ne peut concerner que le Lieutenant Criminel du Siege : c'eft une inftance qui, quoique civilifée, dérive d'un procès criminel ; elle participe toujours du Criminel, il s'agit d'anéantir une condamnation en matiere criminelle ; fi le Prévôt n'en avoit pas connu, le Lieutenant Criminel auroit inftruit & jugé le procès ; il n'y a donc que lui qui puiffe fuppléer au défaut du Prévôt, qui ne peut connoître de fes procès civilifés ; ainfi qu'il a été prouvé fur l'article XXX de la Déclaration du Roi de 1731, commentée ci-devant à la fuite du titre II, & fur les articles XXVI & XXVII du même titre II, où l'on a fait voir que la connoiffance des procès prévôtaux civilifés, appartient aux Lieutenants Criminels : ces principes font fi certains que l'appel d'une Sentence pour purger la mémoire, quoique rendue après une civilifation, feroit porté à la Tournelle, comme fi l'inftance étoit criminelle ; il y a même fouvent lieu à procéder contre ceux qui ont pourfuivi le défunt, parce qu'il y a ordinairement, dol, fraude, fubornation de témoins, &c.

Il n'eft pas néceffaire que celui qui veut purger la mémoire d'un défunt, foit fon héritier : l'Ordonnance n'exige que la qualité de parent, elle ne fixe même aucun dégré ; les plus proches font cependant préfé- rables, ainfi qu'il a été expliqué fur l'article I du titre III, des plaintes, n. 11 ; & fi les parents ne le faifoient pas, l'héritier étranger à la famille y feroit reçu : un héritier eft tenu de venger la mort de celui auquel il a fuccédé ; à plus forte raifon, feroit-il admis à purger fa mémoire.

Si le condamné étoit décédé après les cinq ans, à compter du jour de l'exécution par effigie, ce terme fatal excluroit toute action, pour purger fa mémoire ; parce que la mort civile étoit encourue lors de fon décès, fuivant l'article XIX du titre XVII : il pouvoit, fuivant l'article XXVIII du même titre, obtenir des lettres pour efter à droit ; elles l'auroient relevé du laps des cinq ans ; il a négligé ce fecours, les parents n'ont plus de reffource que celle des lettres, à la forme de l'article fuivant de l'Ordonnance.

2. Il y a grande différence entre la procédure inftruite contre un cada- vre, & celle qui eft faite pour purger la mémoire d'un défunt ; il ne faut pas les confondre, comme l'ont fait plufieurs Auteurs : on ne peut

N n 2

faire le procès aux cadavres, que pour les crimes expliqués dans l'article I du titre XXII; & ce procès ne se fait que pour prononcer des peines contre le cadavre; au lieu que la procédure faite pour purger la mémoire, est faite en faveur de la mémoire du défunt, & pour la purger de l'infamie encourue par la condamnation prononcée contre lui: & elle se fait dans tous les cas, & pour toutes sortes de crimes: l'Ordonnance ne fait aucune distinction, ni réserve, au sujet de la mémoire des défunts, & elle en fait beaucoup à l'égard des procès instruits contre les cadavres: une autre différence, c'est que dans ce dernier cas, on peut faire prononcer la confiscation des biens du défunt; au lieu que les parents en faisant purger la mémoire du condamné, font anéantir la condamnation prononcée contre lui; & par conséquent anéantir aussi la confiscation de ses biens, & toutes les autres peines pécuniaires, prononcées par l'Arrêt ou Jugement de condamnation.

3. La procédure pour purger la mémoire d'un défunt, devant être instruite comme civilisée, ainsi qu'il vient d'être expliqué, n. 1: toute l'instruction doit être faite comme dans un procès civil: c'est sur ce principe, que la Chambre des Vacations du Parlement de Dijon, jugea le 24 Septembre 1708, au procès du sieur Nicole, contre Simone Bachelet, veuve de Jean Bertrand, que cette veuve ne pouvoit forcer Nicole, qui avoit été partie civile, à faire apporter la procédure à la Cour, à ses frais; mais la procédure ne peut être refusée à la veuve, ou aux parents, suivant la lettre de M. le Chancelier Voisin, rapportée sur l'article IX du titre XVI, n. 3: le Chef de la Justice manda aux Officiers du Bailliage de Saumur, de délivrer à une veuve, les expéditions de toute la procédure dont elle avoit besoin pour purger la mémoire de son mari, qui avoit été rompu vif.

4. Après le laps de trente ans, on n'est plus recevable à purger la mémoire d'un défunt, ainsi qu'il a été jugé par Arrêt de la Tournelle, à Paris, le 7 Septembre 1737: les trente années commencent à courir du jour de l'exécution de la Sentence par effigie, suivant les articles XVI & XXIX du titre XVII: cet Arrêt est rapporté par M. Jousse, sur l'article XXVIII du même titre XVII, n. 4, p. 371.

Il semble, dit Bruneau, titre XXIX, n. 3, p. 298, que l'Ordonnance n'entend dans cet article parler que de ceux qui ont été condamnés par contumace; mais il rapporte plusieurs Arrêts, cités par Papon, qui ont rétabli la mémoire des condamnés, & exécutés à mort; l'usage est encore le même à présent, l'Arrêt de 1708, rapporté au n. précédent, & plusieurs autres exemples depuis l'Ordonnance, en font des preuves suffisantes: il est de la Justice & de la bonté du Prince, de faciliter aux familles, les moyens de rétablir leur honneur flétri, & de faire paroître l'innocence de quelques-uns de leurs membres, injustement condamnés par contumace, ou contradictoirement.

5. Sur les mêmes principes, Despeisses, partie 1, section 1, sur la fin,

dit que non-seulement les condamnés par contumace, sont déchargés en la purgeant ; mais encore que lorsqu'ils ont été condamnés & exécutés, on peut faire casser leur condamnation, rétablir leur honneur, & faire restituer leurs biens ; ainsi qu'il dit l'avoir vu pratiquer en faveur des héritiers du sieur Desmarêts, qui firent rétablir sa mémoire : nous en avons encore un exemple ; c'est celui du sieur Deserriere, exécuté à mort, en conséquence d'un Jugement du Prévôt de Mantes ; sa mémoire fut purgée par Jugement Souverain du 1 Septembre 1699 ; & par celui du sieur Beaupré, rapporté ci-devant sur l'article IX du titre XVI, n. 3 ; ce fut par la voie de cassation au Conseil, que la veuve parvint à purger sa mémoire. M. de Langlade, dont l'histoire est dans les causes célebres, & autres, exécutés à mort, ont donné lieu à de pareilles procédures.

6. Cet article de l'Ordonnance, donne aux Juges en dernier ressort, le pouvoir de se réformer ; ensorte qu'ils peuvent purger la mémoire de celui qu'ils ont condamné à mort, le déclarer innocent, & annuller la confiscation de ses biens qu'ils ont prononcée ; les Juges sont sujets à se laisser surprendre ; les faux témoins, les subornations, le faux, mille autres moyens que la chicane & la mauvaise foi peuvent fournir, sont capables de faire tomber les plus éclairés dans l'erreur ; c'est ce qui saisit le Tribunal Criminel du procès à civiliser.

7. Les moyens les plus ordinaires pour purger la mémoire, sont les déclarations faites dans les testaments de mort, ou autres actes par lesquels des Criminels avouent avoir commis les crimes pour lesquels ceux dont on veut purger la mémoire, avoient été condamnés à mort ; il y a aussi la nullité des procédures, la précipitation des pieces recouvrées, qui n'ont été ni examinées, ni produites, quoiqu'elles prouvent les faits décisifs de justification, & autres de cette espece, qui peuvent être employées pour parvenir à justifier l'innocence de celui qui a été condamné par contumace, ou contradictoirement, & faire punir les mauvaises manœuvres de ceux qui ont ou prévariqué dans leurs Offices, ou suborné les témoins, &c.

ARTICLE II.

Aucun ne sera reçu à purger la mémoire d'un défunt, après les cinq années de la contumace, expirées, sans obtenir nos lettres en notre grande Chancellerie.

1. L'article précédent parle des condamnés qui sont morts pendant les cinq années de la contumace, leurs parents n'ont pas besoin d'obtenir des lettres, mais celui-ci parle des condamnés qui sont décédés après

les cinq ans de la contumace, à compter du jour de l'exécution de leurs Jugemens par effigie : il n'y a cependant point de différence de ces deux cas, sinon qu'il faut que les parens de ceux-ci, obtiennent des lettres pour être relevés du laps des cinq ans qui ont fait passer le Jugement de contumace, en force de chose jugée, suivant l'article XXVIII du titre XVII ; au lieu que les autres n'ont besoin d'aucunes lettres.

2. La forme ordinaire de ces lettres, est de mander aux Juges qui en doivent connoître, que la partie publique, & les autres parties intéressées appellées, s'il paroît que l'exposé de l'impétrant est véritable, il soit reçu à justifier l'innocence du défunt, & à purger la mémoire du crime pour lequel il a été condamné ; le tout en payant les frais de Justice, & en consignant l'amende. Voyez le style de ces lettres, rapporté par Bruneau, titre XXIX, n. 4, p. 299.

ARTICLE III.

Nos Procureurs & les parties civiles, s'il y en a, seront assignées en vertu des lettres dont leur sera donné copie, & sera procédé dans les délais prescrits pour les affaires civiles.

1. Cet article ne parle que des Procureurs du Roi, parce que de pareilles lettres ne peuvent être adressées qu'à des Juges royaux : encore faut-il qu'ils soient Juges en dernier ressort, suivant l'article I de ce titre, parce que l'on pourroit appeller de la Sentence, sans avoir recours aux lettres du Prince.

2. Un Seigneur confiscataire ne seroit pas recevable à s'opposer à l'entérinement de ces lettres, sous prétexte de l'amende à lui adjugée, ou même de la confiscation des biens dont il se seroit emparé après les cinq ans : c'est ce qui a été suffisamment prouvé sur l'article I du titre XVI, n. 5 ; on ne doit appeller que la partie civile, s'il y en a eu une, & la partie publique, suivant cet article ; aucun autre n'a droit de s'en mêler, ni de s'y opposer.

ARTICLE IV.

Avant de faire aucune procédure, les frais de Justice seront acquittés, & l'amende consignée.

1. Cet article est conforme au XIXᵉ. du titre XVII, qui veut aussi que lorsque l'accusé contumax se représente, il rembourse à la partie

civile, les frais de contumace ; il est vrai que le même article ajoute que néanmoins, faute de paiement, il ne sera pas sursis à l'instruction & au Jugement du procès : au lieu que celui-ci parle dans des termes impératifs, qui semblent ne pas faire la même restriction : cependant il y a lieu de croire que si l'impétrant n'étoit pas en état de rembourser les frais & l'amende adjugée au Roi, ou au Seigneur, par l'Arrêt ou Jugement de condamnation, les Juges ne laisseroient pas de passer outre en faveur de l'innocence dont on doit toujours rechercher avec empressement la découverte.

Dans le cas où il n'y auroit point eu de partie civile, il paroît qu'il n'y auroit aucuns frais à rembourser ; puisque les parties publiques ne peuvent jamais prétendre des frais pour les poursuites qu'ils font au Criminel ; ils en sont dédommagés par les Seigneurs qui ont les épaves, les amendes, les confiscations, & autres profits, s'ils sont Officiers des Seigneurs ; & s'ils le sont des Procureurs du Roi, ils ne peuvent par les mêmes raisons en aucuns cas, prétendre aussi leurs dépens sur les parties, ainsi qu'il a été expliqué sur les articles VI du titre I, & I du titre XV, n. 6.

2. Brillon, tome I, p. 433, dit que le 19 Février 1675, à l'Audience de la Grand'Chambre du Parlement de Paris, dans un procès entre la veuve Nadau, & le Lieutenant Criminel de Périgueux, il fut ordonné que celui-ci qui vouloit être reçu à purger la mémoire d'un défunt, paieroit les dépens, quoiqu'il fût question d'un Jugement de contumace : on objectoit que les articles XVIII & XIX du titre XVII, des contumaces, veulent que par la représentation du condamné, tous Jugements soient anéantis, même après les cinq ans, sans qu'il soit tenu de payer les dépens, sinon ceux de contumace ; mais on lui répondit qu'il falloit faire différence entre un homme vivant, & celui qui étoit mort. Brillon cite Lapeyrere, édition de 1717, p. 371, c'est 351, au mot *purger la mémoire*. Voyez aussi le Journal des Audiences, liv. 2, chap. 62.

ARTICLE V.

Le Jugement des instances, à l'effet de purger la mémoire d'un défunt, sera rendu sur les charges, informations, procédures, & pieces sur lesquelles la condamnation par contumace, sera intervenue.

Cet article relativement au premier de ce titre, entend parler des condamnés qui sont décédés pendant les cinq années de contumace, à compter du jour de l'exécution par effigie ; mais il n'a pas moins lieu à l'égard de ceux qui sont morts après les cinq ans ; il n'y a de différence que les lettres de la grande Chancellerie dont les premiers n'ont pas besoin.

Il semble qu'à prendre les termes de cet article V, à la rigueur, on ne pourroit faire aucunes nouvelles procédures, produire aucunes autres pieces, ni faire aucunes nouvelles preuves ; mais les observations de Messieurs les Commissaires, rapportées sur l'article I, prouvent le contraire : ceux qui entreprennent de purger la mémoire d'un défunt, peuvent produire toutes sortes de pieces, & être reçus à faire de nouvelles preuves pour justifier son innocence, & tous autres faits nécessaires pour y parvenir, à la forme de l'article suivant, même par la voie extraordinaire, s'il y a prévarication, subornation, ou autre crime.

ARTICLE VI.

Pourront aussi les parties, respectivement, produire de nouveau, telles pieces que bon leur semblera, & les attacher à une requête qui sera signifiée à la partie ; & copie baillée de la requête & des pieces, sans qu'il puisse être pris aucun appointement.

Cet article défend de prendre aucun appointement, parce que, quoique l'instance pour purger la mémoire soit, comme il a déja été observé, une instance civilisée, on ne laisse pas à cet égard, de suivre la disposition du titre XXIII de cette Ordonnance, qui a plusieurs articles, tous tendants à abroger les appointements & autres procédures qui tirent en longueur ; ce qui prouve de plus en plus que ces sortes d'instances participent toujours du Criminel, & que c'est aux Lieutenants Criminels à en connoître, privativement aux Lieutenants Civils ; on juge cependant ces sortes de procès par écrit, quoiqu'il n'y ait point d'appointement à écrire, comme cela se pratique au Criminel.

ARTICLE VII.

Les parties y répondront par autre requête, qui sera pareillement signifiée, & copie baillée de la requête, & des pieces qui y seront attachées, dans les délais ordonnés pour les matieres civiles ; si ce n'est qu'ils soient prorogés par les Juges.

Cet article & le précédent, ne sont presque qu'une répétition de la disposition de l'article III du titre XXIII, ci-devant : ce qui prouve
encore

encore que dans les inſtances pour purger la mémoire , on ſuit les mêmes regles qu'en matiere criminelle.

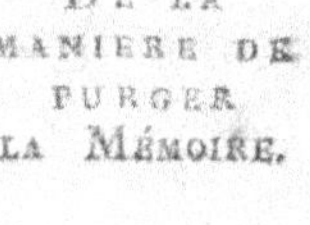

Dans le projet de l'Ordonnance , on avoit inſéré au titre XXIII *de l'abrogation des appointements* , un article IV , conçu en ces termes : " ne " pourront néanmoins , d'autres procédures criminelles , être produites en " cauſe d'appel , que celles ſur leſquelles le procès aura été jugé. „ Mais M. le premier Préſident , remontra que cet article étoit contraire à l'uſage , & que l'on ne pouvoit refuſer à un accuſé , de recevoir toutes les pieces qu'il préſenteroit ; qu'ordinairement on les joignoit au procès ; & que s'il y avoit différentes procédures criminelles contre un accuſé , on devoit les voir toutes en cauſe d'appel : cette obſervation fit retrancher l'article en entier ; d'où il réſulte que les parties dans un procès Criminel , même dans une inſtance pour purger la mémoire , peuvent faire ordonner que des procédures criminelles , faites pour d'autres crimes , ſeront apportées pour les faire joindre , & en tirer avantage , pour faire voir l'innocence de celui dont il s'agit de purger la mémoire , ou pour en tirer des inductions contraires , en faveur de la mémoire du défunt , contre ceux qui l'ont pourſuivi.

Lorſque les parents ont juſtifié l'innocence du défunt , l'Arrêt ou Jugement déclare que ſa mémoire demeure bien & valablement purgée & juſtifiée de l'accuſation qui lui avoit été intentée , & de la condamnation contre lui prononcée ; & en conſéquence , la partie civile , s'il y en a une , ou le dénonciateur , eſt condamné aux dommages & intérêts , & autres réparations civiles ; & même quelquefois à des peines , ſuivant les circonſtances ; ſur-tout lorſqu'il y a calomnie évidente , faux , ſubornation de témoins , ou autres pareilles manœuvres : on a auſſi en pareils cas , ſouvent ordonné des fondations , pour faire prier Dieu pour le repos de l'ame du défunt : enfin , on a vu des Juges pris à partie , & condamnés à des peines infamantes. On peut voir au Journal des Audiences , tome 5 , p. 1031 , l'Arrêt célebre du 1 Septembre 1699 , rendu contre les Officiers de la Maréchauſſée de Mantes : autre preuve que c'eſt le Juge ou Tribunal Criminel , qui en doit connoître.

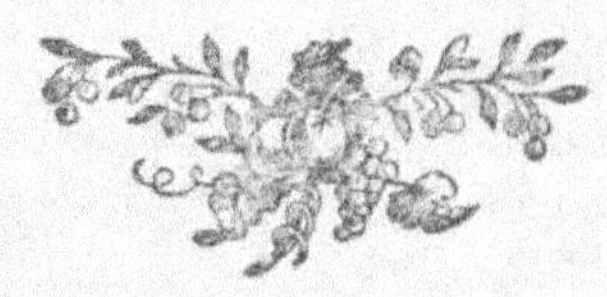

TITRE XXVIII.

DES FAITS JUSTIFICATIFS.

ARTICLE I.

Défendons à tous Juges, même à nos Cours, d'ordonner la preuve d'aucuns Faits justificatifs, ni d'entendre aucuns témoins pour y parvenir, qu'après la visite du Procès.

1. LA preuve des faits justificatifs ne doit être ordonnée qu'après que les Juges ont vu tout le procès; afin que l'instruction de la procédure ne puisse être retardée. Il pourroit même arriver que les preuves ne seroient pas suffisantes pour la conviction, & dans ce cas, il seroit frustratoire d'admettre la preuve pour la justification d'un accusé qui ne seroit pas suffisamment convaincu: c'est en voyant tout le procès que les Juges peuvent décider, si l'accusé a besoin de ce secours. Dans le cas où il y a conviction, on ne peut refuser de l'accorder, on ne pourroit même de son consentement le rejeter; ce consentement seroit regardé comme une folie ou un désespoir. Ainsi les Juges ordonneroient d'office la preuve des faits de justifications articulés par l'accusé au procès; & la partie publique feroit les diligences pour y parvenir.

L'Ordonnance de 1536, article XIX; & celle de 1539, article CLVII, portent, comme celle-ci, que la preuve des faits justificatifs ne sera admise qu'après les confrontations parfaites, & lorsque le Juge trouvera que l'accusé aura articulé des faits péremptoires ou justificatifs, servant à sa décharge & à prouver son innocence. Quand la partie civile veut s'y opposer & que le cas est grave, elle n'y réussit jamais.

2. C'est une question de savoir, si la folie de l'accusé est un fait justificatif qui puisse être proposé par ses parents, ou dont le Juge puisse d'office ordonner la preuve. Brillon, au mot *Crime*, nombre 17, renvoie à ce sujet aux Arrêts de Catellan dans l'espece suivante. Un Prêtre voulut se jeter sur M. de Fieuber premier Président, allant à l'Audience en Robe rouge: il fut arrêté, & ne voulut pas nommer un Procureur pour défendre pour lui, comme c'étoit alors l'usage. On en nomma un: le Procureur dit, que le Prêtre avoit voulu se jeter aussi sur lui, lorsqu'il l'étoit allé voir dans la prison, & demanda qu'il lui fût donné un Curateur, avant d'ordonner qu'il seroit visité par des Médecins, & qu'un Commissaire se transporteroit sur les lieux du séjour de l'accusé pour in-

former de sa folie. Il fut cependant ordonné, qu'il seroit procédé à la confrontation des témoins ; ce qui étoit plus conforme à l'intention de l'Ordonnance. L'accusé fut trouvé & jugé fou au Parlement de Toulouse. Brillon ne date pas cet Arrêt qui est antérieur à l'Ordonnance de 1539, puisque les accusés étoient reçus à défendre par Procureurs.

La folie est un fait justificatif, non pour éteindre le crime, mais du moins, pour en faire convertir la peine en celle d'être enfermé dans un Hôpital, ou autre endroit de force. Il faut cependant observer que l'on n'a égard à la folie, que lorsque l'accusé en étoit attaqué lors du crime ; car si elle survenoit postérieurement, l'accusé ne seroit pas excusé.

Les Cours ne veulent pas que les Juges leurs inférieurs, ordonnent en aucun cas la preuve de la folie ; elles veulent qu'ils jugent le procès d'un insensé, comme s'il ne l'étoit pas : sauf à en faire informer en cause d'appel à la Cour. Voyez à ce sujet les observations sur les articles I du titre III, n. 27 ; III du titre V, n. 15 ; & XXI du titre XVI, n. 1. M. Jousse, sur cet article rapporte des Arrêts du Parlement de Paris des 11 Février 1732, 12 Décembre 1733, & 8 Juillet 1738, qui ordonnent aux Juges appellables, de juger, dans le cas de folie, à la rigueur ; sauf à la Cour d'ordonner la preuve de la folie ; mais cet Auteur dit, avec raison, que l'on ne peut regarder ces Arrêts comme devant servir de Jurisprudence fixe, parce que l'Ordonnance est contraire ; puisqu'elle permet à tous Juges d'admettre la preuve des faits justificatifs, & que la folie en est un. Un fou ne peche ni devant Dieu, ni devant les hommes ; & cependant on veut contraindre des Juges à condamner à mort un homme insensé : s'il est condamné par contumace, il faudra faire exécuter la Sentence par effigie, sans la faire confirmer par Arrêt. On ne croit pas qu'un Juge puisse le faire ; ce seroit déshonorer, avec la plus grande injustice, une famille. D'ailleurs il est impossible d'entendre les témoins sur les circonstances du crime, sans en même temps informer de la folie à décharge. Les témoins eux-mêmes refuleroient de déposer & prendroient le Juge pour un prévaricateur, s'il ne faisoit pas mention en entier de tout ce qu'ils savent & de tout ce qu'ils ont vu ; ils se retireroient & ne finiroient pas leurs dépositions ainsi morcelées. Il y a plusieurs cas dont l'appel n'est pas forcé ; un fou n'interjetera pas appel. La Sentence sera donc exécutée contre lui ou sur ses biens, sans que son état qui pouvoit l'excuser, ou diminuer les réparations civiles, soit constaté. Il n'est pas vraisemblable qu'il se trouve des Juges qui voulussent suivre ces maximes. Tous se récuseroient & s'abstiendroient volontairement ; le Juge de la plus petite Juridiction est obligé comme tous les autres d'informer à charge & décharge.

Du Rousseau de la Combe, partie 1, chap. 1, n. 31, rapporte les mêmes Arrêts, mais il ne les a pas aussi regardés comme faisant une Jurisprudence fixe & applicable à toutes sortes de folie : car partie 3, chap. 17, n. 5, p. 515, de l'édition de 1744 ; il dit que le Juge, si l'accusé est trouvé coupable, jugera les procès suivant son honneur, ses lumieres, & sa conscience, pour le punir comme son crime le mérite; mais que s'il se trouve véritablement fou, & entiérement privé de raison, il l'enverra à l'Hôpital pour y être enfermé avec les foux. Une pareille Sentence seroit exécutée sans être confirmée par Arrêt, parce qu'elle ne condamneroit le fou à être enfermé que pour un temps, & que cette peine n'est pas du nombre de celles portées par l'article VI du titre XXVI, dont l'appel est forcé; ce n'est même pas là une peine, c'est une sûreté pour le public, & une précaution autorisée par les Ordonnances & Arrêts.

3. L'aggression de la part de l'instigant est un bon moyen justificatif; à proposer de la part de l'accusé qui souvent a négligé de donner sa plainte assez tôt, il se trouve décrété avant d'avoir pu faire entendre ses témoins; il est donc juste, après qu'il a essuyé toute la rigueur de l'instruction, de lui ouvrir la porte de sa justification. Il n'en peut articuler un moyen plus valable que celui de l'aggression, sans laquelle il n'auroit pas commis le crime : non-seulement l'aggression excuse le délit, mais elle donne une action dont la nature & l'effet, ont été expliqués sur l'article I du titre X, nombre 1.

C'est un fait justificatif très-pertinent, de demander de la part de l'accusé, à prouver qu'il n'a commis le meurtre que dans le cas d'une légitime défense, par nécessité, ou par cas fortuit. Il est cependant vrai que s'il y a un homicide réel, la preuve de ce fait justificatif ne peut opérer l'absolution : parce que, suivant notre Droit françois, tout homme qui tue est digne de mort, s'il n'a lettres du Prince. Mais il n'est pas moins vrai que l'on ne pourroit refuser à l'accusé la vérification de pareils faits; afin de lui faciliter l'obtention de ses lettres : & pour diminuer les réparations civiles. Voyez les observations sur l'article II du titre XVI, *des lettres*, n. 20.

4. Il s'est trouvé des parties publiques, qui pour favoriser les accusés ont demandé à faire informer par ampliation; afin de faire entendre des témoins, qui au lieu d'augmenter les preuves les ont diminuées. C'est ce que l'on appelle faits justificatifs anticipés; parce que la preuve en est acquise contre la disposition de cet article de l'Ordonnance, qui veut qu'elle ne puisse être admise qu'après l'instruction finie, & après que les Juges ont vu tout le procès. Nous en avons un exemple au procès instruit au Bailliage d'Avalon & jugé par Arrêt du Parlement de Dijon, après un mis sur le Bureau, prononcé à l'Audience Criminelle, le 16 Juillet 1756, contre le Sieur Bullard Curé de Châtelgirard. On tira de l'information les faits les plus importants, sur lesquels il avoit été décrété de prise de corps, tant par le Juge royal que par le Juge d'Eglise, pour en composer des faits contraires & atténuatifs; on fit ensuite entendre par ampliation des témoins si favorables à l'accusé qu'ils anéantirent les preuves. Il étoit accusé d'avoir été surpris en flagrant délit avec une

femme, dont il avoit envoyé le mari tirer des pierres; les nouveaux témoins dépoſerent avoir ouï dire au mari que le même jour, il avoit mal à une jambe, & qu'il n'étoit pas ſorti de ſa maiſon : une autre femme avoit dépoſé que le Curé avoit uſé de voie de fait envers elle, pour ſatisfaire ſa paſſion, & qu'il lui avoit promis l'abſolution : on fit au contraire dire par les nouveaux témoins, que cette femme avoit dit qu'elle n'avoit dépoſé ces faits que parce que ſon mari l'y avoit forcée. Les autres faits, les plus graves ſe trouvoient auſſi détruits par la ſeconde information, ou tellement affoiblis qu'il ne reſtoit preſque plus de preuves. Malgré cela la Cour décida ſur l'appellation comme d'abus, qui avoit été interjetée par le Procureur du Roi, de l'Ordonnance de l'Official, portant permiſſion de faire informer par addition, qu'il n'y avoit abus ; & le procès dans l'état où il étoit, fut renvoyé pardevant l'Official & le Lieutenant Criminel, pour l'inſtruction être continuée, juſqu'à jugement définitif incluſivement ; ſauf en jugeant à légitimer les témoins, ſoit de l'information principale, ſoit de l'ampliation, & avoir tel égard que de raiſon à leurs dépoſitions.

Le motif de cet Arrêt intervenu enſuite d'un partage, fut que quoiqu'il y ait abus dans l'exécution de l'Ordonnance qui avoit permis l'ampliation, il n'y avoit point d'abus dans cette Ordonnance, que le Juge n'avoit pu s'empêcher de rendre : il n'avoit pu refuſer à une partie publique la permiſſion de faire informer par addition. Le Lieutenant Criminel & le Procureur du Roi s'étoient laiſſés ſurprendre auſſi-bien que l'Official par le Promoteur, qui avoit requis l'ampliation, & qui leur avoit même donné les noms des nouveaux témoins ; enſorte qu'il y avoit eu de la part des deux Juges, même Ordonnance qui l'avoit permiſe. L'abus qui ſe trouvoit dans l'exécution fit que la Cour ajouta les réſerves, qui viennent d'être rapportées : mais comme la conduite du Promoteur qui avoit été pris à partie étoit repréhenſible ; & que d'ailleurs il étoit accuſé d'avoir fourni une copie de la procédure ; le même Arrêt le décréta d'ajournement perſonnel, auſſi-bien que le Greffier de l'Officialité. Cet exemple doit donner aux Juges, & principalement aux Juges royaux de la défiance ſur le compte des Promoteurs, qui ſouvent favoriſent les accuſés de leur état.

5. La preuve des faits juſtificatifs articulés par un accuſé eſt ſi favorable, que s'il ne la demandoit pas, la partie publique pourroit la requérir ; & même les Juges pourroient l'ordonner d'Office. C'eſt ce qui a été décidé par pluſieurs Arrêts, & entr'autres par celui du Parlement de Paris du 24 Juillet 1696, au procès de la Dame Dubois. La Cour ordonna d'Office, qu'il ſeroit informé à la requête de M. le Procureur Général de pluſieurs faits articulés par l'accuſée, quoiqu'elle n'en eût pas demandé la preuve. Les Juges ont intérêt d'inſtruire leur religion, en choiſiſſant eux-mêmes les faits qu'ils croient pouvoir prouver la juſtification, comme ceux de la conviction ; c'eſt ce qui ſe trouve encore

décidé par un Arrêt de Réglement rendu le 16 Février 1602, entre le Lieutenant Criminel & les Commissaires au Châtelet de Paris. Cet Arrêt porte que les enquêtes sur faits justificatifs & de reproches, *informations d'Office* & autres procédures extraordinaires, seront faites par le Lieutenant Criminel. Il est souvent arrivé par l'événement de ces preuves ordonnées d'Office, que ceux qui étoient accusateurs, témoins principaux, ou dénonciateurs ont été décrétés, & qu'après le procès instruit toutes les preuves sont tombées sur eux. Voyez les Loix Criminelles, tome 1, chap. 27, p. 360. On en trouve encore un exemple dans le procès du Poëte Rousseau contre Saurin qui se trouvoit convaincu ; il articula des faits de subornation ; M. le Procureur Général demanda d'en faire la preuve, elle fut faite, & l'Arrêt qui intervint au Parlement de Paris, le 7 Avril 1712, condamna au bannissement Rousseau qui dans l'origine étoit l'instigant.

Si Saurin avoit articulé la subornation au commencement de l'instruction, la preuve en auroit été ordonnée sur le champ ; parce que la subornation de témoins n'est pas un fait justificatif ; effectivement la preuve ne tend pas à justifier l'innocence de l'accusé, ni à excuser le crime ; elle ne concerne que la procédure, elle tend à faire anéantir les preuves seulement, puisqu'elle fait voir la fausseté des dépositions : ainsi elle n'est pas un vrai fait justificatif dont on ne peut admettre la preuve qu'en jugeant. Elle est regardée comme un fait péremptoire dont on doit admettre la preuve, aussi-tôt qu'elle est demandée : on ne peut même la joindre au fond ; ainsi qu'il a été jugé par les Arrêts du Parlement de Paris des 6 Avril 1675, & 18 Mars 1712, rapportés sur l'article XI du titre XV, des récollements, n. 7.

Il est vrai que Raviot, question 161, n. 12, tome 1, p. 495, parlant d'une inscription de faux, dit que si l'accusé apprend que le demandeur suborne les témoins, il ne doit pas obtenir monitoire pour en acquérir la preuve ; parce que ce seroit une justification anticipée : sauf, dit cet Auteur, après l'instruction du procès à poser les faits de subornation en ordre de faits justificatifs ; ainsi qu'il dit avoir été jugé par Arrêt du Parlement de Dijon du 12 Janvier 1632, & par un autre de la même Cour du 26 Février 1637. Mais Raviot s'est trompé sur la foi de ces deux anciens Arrêts ; il n'en a pas, suivant les apparences, bien vérifié les circonstances : car alors, comme à présent, la subornation n'étoit pas regardée comme un fait justificatif ; elle est plus forte, car c'est un fait péremptoire qui anéantit les preuves, & on doit en informer aussi-tôt qu'elle est proposée en tout état de cause ; pourvu que l'accusé ait satisfait au décret. Les Arrêts cités sur l'article, dont on vient de parler, en sont une preuve convaincante. Celui du 18 Mars 1712, en réformant une Sentence du Châtelet de Paris, qui avoit joint au procès une plainte en subornation, ordonna que le Lieutenant Criminel seroit mandé pour n'avoir pas permis d'en faire informer sur le champ. La subornation est un nouveau crime survenu incidemment, dont l'instruction ne peut être retardée; tant pour en arrêter le cours, que parce qu'elle rend inutile le reste de l'instruction si elle est prouvée: c'est l'usage de tous les tribunaux.

6. Il y a une exception à la regle générale, prescrite par cet article de l'Ordonnance; c'est lorsque l'accusé articule des faits justificatifs pertinents, & que pendant l'instruction, il expose que les témoins qui peuvent justifier son innocence sont malades, fort âgés, ou prêts à faire voyage. Il paroît que l'article III du titre XV, des récollements, favorise cette prétention. En effet cet article en permettant de récoller de pareils témoins sans délai, dans les mêmes cas, ou pour autres causes urgentes, même avant aucun Jugement qui ordonne le récollement, semble autoriser les Juges à en faire de même dans le cas des faits justificatifs; ce sont les mêmes raisons, la faveur de l'innocence a été l'objet de l'Ordonnance: s'il est juste de s'écarter des regles générales, lorsqu'il s'agit de l'instruction contre l'accusé; il n'est pas moins juste de suivre les mêmes principes, lorsqu'il s'agit de sa justification, qui est encore plus favorable. Cela dépend, comme le dit M. Jousse sur cet article, de la prudence du Juge, qui doit s'informer, si effectivement les cas sont assez pressant pour craindre que l'accusé n'échappe les preuves de sa justification: car il doit être en pareille occasion fort circonspect; puisque l'on ne peut trop l'être, quand il s'agit de s'écarter des regles prescrites par l'Ordonnance: c'est pourquoi il peut ordonner dans ces cas que les témoins seront entendus, sauf en jugeant, à examiner s'il y a surprise, & s'il y avoit nécessité absolue d'entendre ces témoins.

7. Il arrive quelquefois, comme il vient d'être observé, nombre 5, que par l'événement de la preuve des faits justificatifs, le plaignant, ou même les témoins deviennent accusés; la vérité s'étant fait jour, ils sont convaincus de calomnie & de faux. On en trouve un exemple dans l'Arrêt du Parlement de Dijon du 2 Août 1755, rapporté sur les articles I du titre III, n. 19; & XI du titre XV, n. 3.

8. Il y a grande différence entre un fait justificatif & un fait péremptoire; cependant plusieurs mauvais praticiens les confondent. Le fait justificatif ne concerne que le crime: il tend à prouver l'innocence de l'accusé, ou du moins à l'excuser, mais il laisse subsister le crime & l'accusation, & il ne détruit pas le corps du délit. Le fait péremptoire au contraire ne concerne que la procédure & les mauvaises manœuvres qui ont été employées pour augmenter les preuves: il tend même quelquefois à prouver qu'il n'y a point de crime. On soupçonne, par exemple, l'accusé d'avoir tué un homme qui a disparu, & qui cependant est vivant; ainsi que l'accusé demande à le prouver. Cette preuve doit être admise en tout état de cause; c'est un fait péremptoire, & non justificatif: il tend à anéantir non-seulement la procédure, mais même l'accusation & le crime; point de crime, point de procès, point de justification. On ne peut donc trop

promptement vérifier un fait aussi péremptoire, tendant à détruire l'accusation même. Ce qui est bien différent du fait justificatif qui n'éteint ni le crime, ni l'accusation, & qui tend seulement à justifier l'innocence, ou à excuser le coupable en diminuant les preuves.

9. Il y a des Auteurs, & entr'autres Muyart de Vouglans dans ses Institutes, partie 5, chap. 20, p. 300, qui mettent les reproches des témoins au nombre des faits justificatifs ; ils ne le font cependant pas : ils seroient plutôt des faits péremptoires, suivant les principes qui viennent d'être établis ; car les reproches des témoins ne tendent pas à justifier l'innocence de l'accusé, ce n'est leur objet qu'indirectement : ils attaquent les dépositions des témoins pour anéantir les preuves. Il est cependant vrai que l'on ne peut permettre la preuve des reproches contre les témoins qu'en voyant le procès, & cela pour deux raisons ; la première, parce que ce n'est que dans le temps du Jugement que les Juges assemblés peuvent légitimer les témoins : la seconde, parce qu'il seroit inutile d'admettre l'accusé à la preuve de ses reproches, s'il ne se trouvoit pas, après toute l'instruction, suffisamment convaincu, même en laissant subsister toutes les dépositions des témoins reprochés.

ARTICLE II.

L'accusé ne sera point reçu à faire preuve d'aucuns faits justificatifs, que de ceux qui auront été choisis par les Juges, du nombre de ceux que l'accusé aura articulés dans les interrogatoires & confrontations.

1. Pourvu que l'accusé propose ses faits justificatifs avant le Jugement, même dans ses réponses sur la sellette, ou derriere le Barreau ; ils doivent être admis, s'ils sont pertinents, & s'il y a assez de preuves pour sa conviction : car il seroit inutile de travailler à sa justification, s'il n'étoit pas suffisamment convaincu, ou si l'on ne pouvoit prononcer contre lui aucune peine. Il y a même des Auteurs qui prétendent que si un accusé étoit assez peu intelligent pour n'avoir pas articulé les faits de sa justification dans la procedure, il pourroit y être suppléé par une requête avant le Jugement. Il est vrai que l'Ordonnance ne parle pas de cette voie de justification ; mais il est à présumer qu'elle l'auroit permise, si elle avoit prévu le cas : car l'on voit en général par toutes ses dispositions que son intention est de fournir aux accusés toutes sortes de moyens pour prouver leur innocence. D'ailleurs les Juges cherchent aussi tous les moyens possibles pour éclaircir la vérité ; ils peuvent même, comme il a déjà été observé, ordonner d'Office la preuve de tous faits justificatifs ; ainsi à plus forte raison, ils l'ordonneroient de quelque

façon qu'elle fut demandée par l'accusé ou par ses parents, même par requête.

Le parti de la douceur est toujours favorable. Il est vrai que le plus sage des hommes a dit dans les proverbes, *qui justificat impium, & condemnat justum, uterque abominabilis apud Deum* ; mais c'est ici le cas de cette belle maxime, s'il ne faut point avoir de compassion des scélérats, il faut aussi, avant d'user de sévérité, fournir aux accusés tous les secours qui peuvent tendre à leur justification : c'est ce qui fait dire à Domat, supplément au droit public, liv. 3, titre XIV, n. 1, que quand le Juge condamne un criminel, il ne doit pas affecter une sévérité outrée, ni une douceur qui pourroit avoir des suites dangereuses, suivant la Loi 11, D. *De pœnis. Perspiciendum est judicanti ne quid aut durius, aut remissius constituatur quàm causa deposcit ; nec enim aut severitatis, aut clementiæ gloria affectanda est. Sed perpenso judicio prout quæque res postulat, statuendum est. Planè in levioribus causis proniores ad lenitatem judices esse debent, in gravioribus pœnis severitatem legum cum aliquo temperamento benignitatis subsequi.*

S. Bernard, livre 3, des considérations, recommande la sévérité, en disant que l'impunité excite à mal faire, qu'elle est la fille de la négligence, la mere de l'insolence, la source de l'impudence, & la nourrice des crimes.

2. L'appel d'une Sentence qui admet la preuve des faits justificatifs est suspensif ; il n'est pas permis de passer outre. Le Parlement de Paris, sur les conclusions de M. l'Avocat Général Servin, le 12 Juillet 1602, fit un réglement à ce sujet, & cassa une enquête faite en pareil cas pour un Juge de Macon, qui fut condamné à rendre les vacations qu'il avoit reçues. Fileau, partie 1, titre 4, chap. 4, p. 193, *in-fol.* rapporte un Arrêt de la même Cour du 12 Mai 1604, rendu au procès d'un Chanoine de Ligneres, par lequel défenses furent faites au Lieutenant Criminel d'Issoudun, & à tous autres Juges en matiere criminelle où ils recevroient les accusés à la preuve de leurs faits justificatifs, ou de reproches, ou en procès ordinaire, de passer outre à l'instruction, au préjudice des appellations, & leur enjoignit d'y adhérer : à peine de tous dépens, dommages & intérêts : cet Arrêt est aussi dans Néron édition de 1666, p. 227, à la suite de l'Edit de Novembre 1554 ; il y en a encore un autre du Parlement de Paris du 12 Janvier 1611, qui défend aussi au Juge de Civrai de passer outre à l'exécution des Sentences, portant que les accusés feront preuves de leurs faits justificatifs, au préjudice des appellations ; à peine de suspension de son état, dépens, dommages, & intérêts ; enfin par un autre Arrêt de la même Cour du premier Avril 1705, une enquête de faits justificatifs, faite au préjudice d'un appel, par le Lieutenant Criminel de Cognac, fut cassée, avec injonction de déférer en pareil cas, à l'appel, & défenses au Procureur du Roi de passer outre : il n'est pas surprenant qu'après

ces Arrêts tous les Auteurs foient d'avis qu'il faut déférer à l'appel.

Cependant M. Jousse , m'a observé après avoir lu ce Code , qu'il faut distinguer , s'il y a appel , par la partie publique , ou non ; que dans le premier cas l'appel est suspensif , mais que dans le second cas il ne l'est pas ; & que la raison de cette différence se présente d'elle-même ; ce qui signifie que lorsque le Procureur du Roi est appellant , étant à présumer qu'il y échet peine afflictive , il est néceffaire de suspendre le Jugement ; mais que quand c'est une partie qui seule est appellante , il est permis de passer outre. Malgré cela , je crois que les Arrêts qui viennent d'être cités ne faisant aucune distinction , un Juge ne doit pas s'exposer aux peines qu'ils prononcent en cas de contravention à leurs dispositions.

M. Jousse , dans son commentaire sur l'article IV , de ce titre n'avoit pas fait la même distinction ; car il dit expressément , que s'il y a appel , par la partie civile ou publique , du Jugement qui ordonne la preuve des faits justificatifs , il ne paroît pas que cet appel suspende l'instruction , ni même qu'il empêche de passer outre au Jugement définitif ; parce qu'alors la partie publique ou civile ont la voie de se pourvoir contre cette Sentence ; mais il y auroit , comme il vient d'être observé , encore plus de danger à suivre ce sentiment ; le motif des Arrêts cités est , qu'un préparatoire qui admet à la preuve des faits justificatifs , pourroit tendre à favoriser l'accusé en détruisant par une preuve mal à propos permise , toutes celles d'une procédure ; en un mot on ne connoît point d'Auteurs qui pensent que l'appel ne soit pas dans ce cas suspensif ; soit qu'il y ait appel interjeté par la partie civile , ou par la partie publique ; on peut voir entr'autres Bruneau , titre XXVIII , n. 3 , p. 288 ; le Traité criminel imprimé en 1732 , p. 236 , & 237 : Du Rousseau de la Combe , partie 3 , chap. 25 , n. 7 ; Brillon au mot *procédure* , n. 68 ; les Loix criminelles , tome 2 , p. 104 , &c.

Il est cependant vrai que le Parlement de Dijon m'a confirmé dans l'espece suivante : j'avois admis par Sentence du 30 Décembre 1734 , les nommés Raquillet pere & fils , vignerons à Couches , à la preuve de leurs faits justificatifs ; il y en eut appel de la part de la partie civile : je ne laissai pas de passer outre ; & par autre Sentence du 19 Mars suivant , vu la preuve des Raquillet , en la déclarant complette & justificative , ils furent renvoyés de l'accusation contr'eux formée par le nommé Pertuisot , qui fut déclaré convaincu d'avoir calomnieusement accusé les Raquillet , de lui avoir volé un cheval , la selle & le manteau , dans lequel Pertuisot prétendoit avoir mis la somme de trois cents livres : Pertuisot fut condamné à une réparation d'honneur , en deux cents cinquante livres de dommages & intérêts & aux dépens : il appella de nouveau de cette Sentence définitive , & par Arrêt du Parlement de Dijon , du 29 Juillet 1735 , ma Sentence fut confirmée avec amende & dépens : ce qui peut faire croire que le Parlement de Dijon n'est pas dans le même usage à cet égard que le Parlement de Paris , & effectivement je ne trouve pas que les autres Cours , aient rendu des Arrêts pareils à ceux de Paris. Malgré cela m'étant trouvé de nouveau dans le cas d'un pareil appel , j'y ai déféré , parce que c'est la regle , pourvu que le Juge soit informé qu'il y a appel ; sans cela la partie qui auroit célé l'appellation en seroit seule garante , & non le Juge.

4. On n'admet pas à la preuve des faits justificatifs lorsqu'il n'y a eu ni récollement ni confrontation ; ce n'est qu'au grand criminel que les accusés y sont reçus ; argument tiré des termes de cet article de l'Ordonnance qui porte , que les faits justificatifs seront choisis du nombre de ceux que l'accusé aura articulés dans ses réponses & dans les confrontations ; d'où il faut conclure que quand il n'y a point eu de confrontation , on ne doit pas admettre la preuve des faits justificatifs ; c'est une marque que la matiere est légere , quand il n'y a point eu de réglement à l'extraordinaire.

5. L'*alibi* , est un des plus puissants faits justificatifs qui puissent être proposés ; c'est même improprement qu'il est appellé justificatif ; parce qu'il anéantit l'accusation , c'est un fait péremptoire ; car il tend à prouver qu'il est physiquement impossible , que l'accusé ait commis le crime , puisque dans le même temps , & à la même heure , il étoit dans un lieu fort éloigné ; il n'est pas possible de donner des regles pour la distance : les uns croient qu'il faut que l'accusé prouve qu'il étoit à quinze lieues , d'autres veulent que ce soit à vingt lieues ou plus , mais la plus commune opinion & la meilleure , est que cela dépend des circonstances , de la qualité , de l'âge , & du tempérament de l'accusé ; un jeune homme feroit dix lieues en poste pendant qu'un vieillard , ou un valétudinaire , ou une femme , n'en pourroient faire deux ou trois ; ainsi c'est au Juge à décider de la possibilité de l'*alibi* ; il peut même être bien vérifié , quoique l'accusé fût dans la même ville où le crime a été commis ; cinq ou six témoins irréprochables déposeront que depuis huit heures du soir jusqu'à minuit , ils sont restés à table ou au jeu avec Pierre , sans qu'il soit sorti de leur compagnie ; ensorte qu'ils ne l'ont pas perdu de vue ; il sera cependant accusé d'avoir tué le même jour à dix ou à onze heures du soir un homme , à une autre extrémité de la ville. Il est vrai que l'*alibi* , étant une preuve négative , il doit être fondé sur des dépositions très fortes : puisqu'elles tendent à détruire des preuves affirmatives : dans cet embarras il faut convenir que des Juges n'ont aucune regle fixe pour se déterminer ; aucune ordonnance n'en a parlé : nous avons celle de Mars 1498 , qui article III , parle de l'*alibi* , & ordonne de faire diligence dans l'instruction à cet égard ; mais elle ne regle pas la distance : il faut donc toujours dire que c'est aux Juges à se déterminer suivant les circonstances ; ce qui rend cette matiere arbitraire.

6. La preuve des faits justificatifs peut être faite par les domestiques.

Imbert, liv. 3, chap. 13, n. 14, de sa Pratique criminelle, nous en fait un principe dans ses notes, en disant que dans ce cas, on peut recevoir les familiers & domestiques de l'accusé, & autres personnes qui ne sont pas irréprochables ; parce que les faits d'innocence se prouvent facilement, même par présomption ; Brillon au mot *alibi*, n. 4, dit aussi que l'on peut prouver par les domestiques que le maître est demeuré dans sa maison toute la nuit, pendant laquelle un homme a été tué dans la rue. Néron édition de 1666, p. 41, sur l'article CLVII de l'Ordonnance de 1539, dit de même, que l'on prouve les faits justificatifs par toutes sortes de témoins, & que le frere y peut être reçu, suivant Balde, sur la Loi, *parentes. Cod. de testibus.* Du Rousseau de la Combe, partie 3, chap. 27, n 1, prétend de même qu'il seroit permis à un accusé de se servir pour la preuve de ses faits justificatifs du témoignage des serviteurs, domestiques, parents, ou alliés de la partie civile, & même des témoins qu'il auroit reprochés à la confrontation, sans pour cela se départir de ses reproches.

Bruneau, titre XX, n. 7, p. 304, soutient également que l'accusé dans ce cas peut s'aider des domestiques des parents, & même des témoins qui lui ont été confrontés & qu'il a reprochés, sans pour cela déroger à ses reproches : il cite plusieurs Auteurs du même sentiment. M. Jousse, sur l'article IV de ce titre, est aussi du même avis : non-seulement les Auteurs modernes le pensent ainsi, *in favorem liberationis ;* mais encore les anciens ; car Jul. Clar. dans sa pratique criminelle question 24, n. 12, & 20, p. 119, dit, liv. 5, *sententiarum*, que les parents de l'accusé ne peuvent déposer contre lui, & il ajoute, *sed ad defensam ego vidi multoties examinari affines ad probandam innocentiam rei :* il dit encore, *ibidem, item scias quod isti testes quos supra diximus repelli à testificando in causis criminalibus, possunt nihilominus & debent admitti si producantur ad defensam, & ad probandam innocentiam rei.* Il est vrai que cet Auteur ajoute, *quod tamen intellige non ut omnino plenè probent, sed ut deinde inspectâ facti & personarum qualitate, judicis ipsius religioni relinquatur, quanta sit eis fides adhibenda.*

Enfin Lapeyrere, lettre P, n. 13, & au mot *preuve*, p. 335, dit que la preuve domestique peut être admise pour justifier l'innocence, comme pour prouver l'*alibi*, & autres faits justificatifs qu'il détaille; en effet & la preuve qui tend à la justification, est si favorable que l'on ne peut trop la faciliter, suivant la Loi : *si non defendantur, D. de judiciis.* Il y a même des cas où l'on ne peut découvrir la vérité que par les parents & les domestiques, comme dans les cas d'assassinat dans la maison, ou despoliation d'hoirie dont il a été parlé ci-devant.

ARTICLE III.

*Les faits seront insérés dans le même Jugement qui en ordon-
nera la preuve.*

1. Il ne suffiroit pas que le Juge permît en termes généraux à l'accusé de faire preuve des faits articulés dans ses réponses & confrontations ; il faut qu'ils soient choisis & détaillés dans le Jugement ; parce qu'il n'y a que ceux qui y ont été énoncés, qui puissent être prouvés.

On trouve dans Brillon, au mot *procédure*, n. 130, le procès instruit à requête du Curé de Milai contre son valet accusé de l'avoir volé : ce valet demanda la preuve de ses faits justificatifs, il y fut admis par un Jugement qui ne circonstancia aucun fait. M. l'Avocat Général du Grand Conseil, où l'affaire fut portée, dit que le Juge auroit dû résumer les faits & les détailler dans son Jugement ; ne suffisant pas d'admettre, d'une maniere vague, à la preuve des faits justificatifs ; il conclut à la cassation du Jugement, de tout ce qui avoit suivi, & au renvoi du procès au Présidial d'Autun ; ce qui fut ordonné par Arrêt du 15 Mars 1703, c'étoit un cas Présidial ; parce qu'il y avoit vol avec effraction ; le Prévôt fut dépouillé.

2. On prononce ordinairement le Jugement dans ces termes : Nous, auparavant de faire droit, avons admis l'accusé à la preuve des faits justificatifs par lui allégués dans ses réponses & confrontations ; savoir 1°. que ..... 2°. que... 3°. &c. auquel effet l'accusé sera tenu lors de la prononciation qui lui sera faite de notre présent Jugement de nommer sur le champ les témoins, dont il entend se servir ; lesquels témoins seront assignés à requête du Procureur du Roi, aux frais de l'accusé qui sera tenu de consigner au Greffe la somme qui sera par nous ordonnée, toutes preuves & moyens demeurant réservés : il ne faut pas mettre dans le Jugement ces mots. *Sauf la preuve contraire*; parce qu'il n'est pas permis de faire preuve respective ; mais on peut réserver tous moyens de droit des parties, même d'ordonner une information par ampliation & autres poursuites, *s'il y échet.*

3. On ne peut dans le Jugement fixer la somme que l'accusé doit consigner pour faire sa preuve ; cela dépend du nombre des témoins qu'il nommera, lorsque le Jugement lui sera prononcé par le Juge.

ARTICLE IV.

Le Jugement qui ordonnera la preuve des faits justificatifs sera prononcé incessamment à l'accusé par le Juge, & au plus tard dans vingt-quatre heures ; & sera interpellé l'accusé de nommer les témoins par lesquels il entend les justifier ; ce qu'il sera tenu de faire sur le champ ; autrement il n'y sera plus reçu.

1. Cet article veut que ce soit le Juge qui prononce le Jugement qui admet les faits justificatifs ; quoique dans les autres cas les Jugemens soient prononcés par le Greffier seul, c'est parce qu'il faut qu'il y ait un procès verbal exact contenant cette prononciation & les noms des témoins que l'accusé veut nommer pour parvenir à sa preuve. D'ailleurs c'est dans ce verbal que le Juge doit fixer la somme qui doit être consignée : il doit avertir l'accusé de les nommer tous sur le champ ; parce qu'il ne sera plus reçu à en nommer d'autres. On peut lui faire entendre que dans ce cas il peut nommer pour témoins, ses parents & ses domestiques, même ceux de la partie civile, & les témoins qui ont déposé contre lui, quoiqu'il les ait reprochés à la confrontation, ainsi qu'il a été expliqué sur l'article précédent, n. 6.

2. On peut dire que l'Ordonnance dans cette occasion est sévere, puisqu'elle exige d'un accusé souvent illitéré, & détenu quelquefois depuis un an dans les cachots, qu'il nomme sur le champ ses témoins, sans lui donner le temps de s'informer des noms de ceux qui peuvent lui être utiles ; il peut-être étranger & n'avoir ni parents, ni amis, ni connoissance dans le pays qui puissent lui fournir du secours ; l'Ordonnance ne permet même pas au Juge de lui accorder le moindre délai : il paroît cependant qu'il est de la religion du Juge en entendant les témoins indiqués, de tâcher de leur faire nommer dans leurs dépositions ceux qui peuvent avoir comme eux connoissance des faits de justification ; afin que le Procureur du Roi puisse les faire assigner ; l'humanité exige que l'on fournisse dans cette occasion à un misérable prisonnier abandonné, tous les secours qui lui sont nécessaires pour acquérir la preuve de son innocence, & pour découvrir la vérité que les Juges doivent rechercher avec empressement ; il n'y a rien en cela de contraire à l'Ordonnance qui n'a eu intention en cette occasion que d'accélérer & d'éviter les prétextes de tirer la procédure en longueur, ce qui arriveroit presque toujours, si les accusés avoient la liberté de nommer des témoins, sans leur fixer aucuns délais. Il est même d'usage, comme l'attestent Bornier sur cet article, & Sallé sur l'article XLVII du titre du faux

principal, de tempérer cette sévérité en accordant aux accusés un bref délai.

3. Dans les Cours de Parlement c'est le Rapporteur qui fait prononcer, par le Greffier en sa présence, l'Arrêt, & qui dresse le verbal contenant les noms des témoins ; mais dans les Présidiaux, c'est le Lieutenant criminel, quand même il ne seroit pas Rapporteur comme cela se pratique dans quelques Présidiaux, qui ont des réglements portant que les procès Présidiaux seront distribués. Ces réglements n'ont privé les Lieutenants Criminels que du rapport, ainsi qu'il a été prouvé sur l'article IX du titre XXV, n. 2, & 3 ; tous leurs autres droits subsistent ; ils ont celui de faire toutes les procédures criminelles tant avant qu'après les Jugements ; ce qui entraîne la prononciation, & les procès verbaux d'exécution ; on ne s'est pas encore avisé de leur contester ces droits. Les Edits de création de leurs Offices & autres, rendus en conséquence, sont trop précis à ce sujet pour souffrir aucun doute. Voyez encore les observations sur l'article XXI du titre XXV, n. 3.

4. Il n'est pas permis d'accorder cours de monitoire, pour la preuve des faits justificatifs, puisque cet article, conformément aux anciennes Ordonnances, veut que l'accusé nomme sur le champ ses témoins, & qu'il défend d'en recevoir d'autres dans la suite ; il a même été jugé par plusieurs Arrêts que cette voie est fermée aux accusés : Bouvot, tome 2, de ses Arrêts au mot *monitoire*, questions 6 & 12, rapporte un Arrêt du Parlement de Dijon du 5 Avril 1609, qui l'a expressément défendu. L'Arrêt du Grand Conseil du 15 Mars 1703, cité sur l'article III de ce titre, n. 1, l'a décidé de même : on peut encore voir à ce sujet Brillon, au mot *faits*, n. 5, & au mot *monitoire*, n. 14 : Du Rousseau de la Combe, partie 3, chap. 27, n. 13, & Févret, Traité de l'abus, tome 2, livre 8, chap. 2, n. 15, p. 238.

5. Un accusé peut se repentir d'avoir nommé certains témoins, ou croire qu'il est inutile de les entendre ; dans ces cas, il peut requérir la partie publique de ne les pas faire assigner : Brillon *ibidem*, rapporte un Arrêt du Parlement de Tournai, rendu, les Chambres consultées, le 24 Avril 1697, qui ordonna qu'il seroit demandé à l'accusé s'il vouloit faire entendre les témoins qu'il avoit nommés, & ayant répondu qu'il croyoit qu'ils n'étoient pas informés du fait, ils ne furent pas entendus. Voyez les Auteurs cités au nombre précédent ; effectivement les témoins sont entendus aux frais de l'accusé ; c'est son enquête, il ne les a nommés, que parce qu'il a cru qu'ils lui seroient utiles, il apprend qu'ils ne sont pas informés des faits de sa justification ; il auroit pu ne les pas nommer ; il peut par conséquent s'en départir : il y a cependant le cas dont il est parlé au n. 5, de l'article I de ce titre, qui est celui d'un accusé qui par simplicité ou par désespoir négligeroit sa défense ; les Juges doivent y suppléer d'Office.

ARTICLE V.

*Après que l'accusé aura nommé une fois les témoins, il
ne pourra plus en nommer d'autres ; & ne sera point
élargi pendant l'instruction de la preuve des faits justificatifs.*

1. Cet article est une suite de la sévérité des articles précédents :
mais il semble que l'Ordonnance ne déclare l'accusé non recevable que
lorsqu'il a *une fois* nommé des témoins ; en effet s'il disoit, lorsque le
Jugement lui est prononcé, qu'il ne peut nommer ses témoins ; parce
qu'il a toujours été détenu dans les cachots, au secret, ce qui l'a
empêché de s'informer de ceux qui pourroient déposer de sa justification ; il paroît que le Juge pourroit lui donner un délai ; les Loix
doivent toujours être expliquées en faveur de l'absolution : ces termes
une fois, semblent supposer que jusqu'à ce que l'accusé ait nommé ses
témoins, il pourra être reçu à les nommer ; mais qu'il ne peut en
nommer deux fois : d'ailleurs, l'intérêt que les Juges ont à éclaircir la
vérité, doit les faire pancher en faveur de l'accusé, pour lui donner le
temps de se justifier : cependant les termes de l'article précédent sont si
formels, qu'il n'est pas possible de lui donner aucune interprétation
favorable : il veut que lors de la prononciation du Jugement, l'accusé
soit *tenu* de nommer *sur le champ* les témoins ; ainsi il faut absolument
qu'il les nomme lors de la prononciation du Jugement, sans espérance
d'aucun délai : mais la partie publique n'est jamais non recevable ; elle
doit rechercher la décharge comme la charge : l'Ordonnance n'a prononcé
la fin de non recevoir que contre l'accusé. On ne doit donc pas présumer
qu'elle ait voulu priver la partie publique du pouvoir de faire assigner
des témoins, qu'elle découvrira pour la justification & l'innocence ; de
même que les Juges pourroient d'Office, ordonner la preuve des faits
justificatifs, si l'accusé est assez foible pour ne la pas demander.

2. Cet article de l'Ordonnance, défend d'élargir les accusés pendant
l'instruction de la preuve des faits justificatifs ; c'est tant parce qu'ils
pourroient s'évader, que parce qu'ils pourroient avec liberté, suborner
les témoins : d'ailleurs, dans les crimes graves, la Justice ne se dessaisit
pas facilement de ses gages, afin de pouvoir donner au public par des
exécutions réelles, les exemples qui lui sont dûs ; il seroit contre les
regles, d'élargir par provision un accusé, après que toute l'instruction
criminelle est finie, puisque l'on peut juger définitivement dans un
bref délai.

ARTICLE

ARTICLE VI.

*Les témoins seront assignés à requête de nos Procureurs, ou
de ceux des Seigneurs, & ouïs d'Office par le Juge.*

1. C'est une regle générale, que les accusés décrétés ne peuvent diligenter aucuns témoins, quand même dans le principe de l'instance, ils auroient été parties plaignantes ; toutes les fois qu'il s'agit de faire une preuve ou autre poursuite, à requête d'un accusé, elles doivent être faites à la diligence & au nom de la partie publique, qui n'est jamais suspecte ; elle est présumée comme les Juges, *laborare pro innocentiâ.*

2. Il a été prouvé sur l'article X du titre VII, des Monitoires, n. 4, que l'accusé ne peut forcer la partie civile, de faire entendre tous les témoins venus en révélation ; c'est ordinairement cette partie de témoins non entendus, que les accusés choisissent pour la preuve de leurs faits justificatifs, parce qu'ils présument que l'instigant a cru qu'ils lui seroient contraires : d'ailleurs, il faut croire que la partie civile a négligé de les faire entendre, parce qu'elle a cru qu'ils pourroient être reprochés ; & comme les reproches n'ont pas lieu contre les témoins, de la preuve des faits justificatifs ; ainsi qu'il a été expliqué sur l'article II de ce titre, n. 4 : l'accusé ne manque pas ordinairement de se servir des témoins négligés par l'instigant, lorsqu'il y a eu publication de monitoires,

ARTICLE VII.

*L'accusé sera tenu de consigner au Greffe, la somme qui sera
ordonnée par le Juge, pour fournir aux frais de la preuve
des faits justificatifs, s'il peut le faire ; autrement, les
frais seront avancés par la partie civile, s'il y en a ; sinon
par nous, ou par les engagistes de nos Domaines, ou par
les Seigneurs Hauts-Justiciers, chacun à leur égard.*

1. Il semble que cet article est contraire aux regles qui défendent d'obliger l'accusé à fournir les frais des procédures ; mais c'est une exception qui, dans le cas dont il s'agit, est très juste, puisque la preuve de les faits justificatifs, est une instruction faite sur les réquisitions ; & pour parvenir à sa justification ; il ne seroit par conséquent pas juste que les frais fussent à la charge de la partie civile, qui a même intérêt qu'elle ne soit pas faite ; il est cependant vrai que si l'accusé n'étoit pas en état de faire ces frais, la partie civile seroit, suivant cet article,

obligée de les avancer ; ce qui auroit même lieu, s'il falloit une discussion des biens de l'accusé, parce qu'il faut accélérer ; sauf à lui délivrer tels exécutoires qu'il conviendroit pour le recouvrement de ses avances ; & dans le cas où ni l'une ni l'autre des parties ne pourroit les avancer, ils seroient pris sur le Domaine du Roi, des Engagistes, ou des Seigneurs.

2. Quoique cet article porte que les Seigneurs Hauts-Justiciers seront tenus aux frais, *chacun à leur égard*, il n'en est pas moins vrai qu'ils sont solidaires : sauf à répartir sur tous les Seigneurs dans la suite, ce que l'un d'eux auroit payé pour les autres, par la force de la solidité. Il faut que la Justice soit rendue avec célérité, ce qui ne pourroit arriver, si le Procureur du Roi étoit obligé de prendre exécutoire contre plusieurs Seigneurs, pour faire avancer les frais nécessaires : il en est de même dans cette occasion, que dans celle de la confiscation, quand elle a lieu au profit de plusieurs Seigneurs ; chacun doit sa portion des frais du procès, à proportion de ce qu'il profite de la confiscation ; mais il n'en est pas moins vrai que l'on a contr'eux tous la voie de solidité, pour faire payer les frais ; sauf à eux à faire régler dans la suite, ce que chacun en doit supporter : si ces principes pouvoient être contestés, on pourroit recourir à l'Arrêt du Parlement de Dijon, rendu à mon profit le 16 Juillet 1747, rapporté sur l'article VI du titre I, n. 2, à la fin : je fis condamner M. le Comte de Vichy, à me payer mille cinquante livres, portées par un exécutoire de la Cour ; sauf son recours contre les autres Seigneurs.

ARTICLE VIII.

L'enquête étant achevée, elle sera communiquée à nos Procureurs, ou à ceux des Seigneurs, pour donner leurs conclusions ; & à la partie civile, s'il y en a, & sera jointe au procès.

1. L'Ordonnance qualifie d'enquête la preuve des faits justificatifs ; c'est en cette qualité, qu'elle doit être communiquée à la partie civile : il semble que l'accusé en devroit aussi avoir communication avec d'autant plus de raison que c'est son enquête, & qu'elle est faite à ses frais : cependant l'Ordonnance veut qu'elle soit secrette à son égard, puisqu'elle n'ordonne pas qu'il en aura communication ; d'où il résulte que cette procédure participe du Civil & du Criminel : elle n'est pas faite avec toutes les formalités prescrites pour les enquêtes ordinaires, par l'Ordonnance de 1667, puisque d'un côté, la preuve n'est pas respective, qu'il n'y a aucuns délais, qu'il n'y a point de reproches à fournir, &c. ; &

que de l'autre, les témoins sont entendus comme en matiere criminelle, sans qu'il soit dressé aucun verbal en présence des parties, ni qu'elles y soient appellées.

La partie civile ne peut reprocher les témoins, comme il a déja été observé : il est cependant vrai que si elle en avoit la preuve par écrit, elle pourroit les faire signifier, non pour faire rejeter leurs dépositions, mais pour en faire diminuer la foi, suivant l'autorité de Jul. Clar., rapportée n. 6, de l'article II de ce titre. Voyez l'article suivant.

2. Il arrive quelquefois que l'enquête ne justifie pas entiérement l'accusé, & que cependant elle diminue beaucoup les preuves de la procédure criminelle : les Juges ne peuvent dans ce cas, que prononcer le renvoi, le hors de cause, ou un plus amplement informé, ou un renvoi jusqu'à rappel ; mais il est à observer que le plus amplement informé & le renvoi jusqu'à rappel, sont des cas où l'accusé & le procès, doivent être envoyés à la Cour ; ainsi qu'il a été expliqué sur l'article XIII du titre XXV, n. 24 & 25 : il en est de même du mis hors de cause. Voyez les observations sur l'article XXIV du titre X, n. 2. On peut malgré le renvoi jusqu'à rappel, ou le plus amplement informé, condamner l'accusé aux dépens. Voyez les observations sur l'article XX du titre XXV, n. 4.

ARTICLE IX.

Les parties pourront donner leurs requêtes, auxquelles elles ajouteront telles pieces qu'elles aviseront sur le fait de l'enquête, lesquelles requêtes & pieces seront signifiées respectivement, & copie baillée ; sans que pour raison de ce, il soit besoin de prendre aucun Réglement, ni faire une plus ample instruction.

Il semble que cet article défende de présenter aucune requête, ni signifier aucune piece concernant le fonds ; c'est-à-dire, le procès Criminel, & qu'il veuille que tout soit réduit à l'examen de l'enquête justificative : cependant, comme l'on réserve par le Jugement qui admet la preuve des faits justificatifs, toutes autres preuves résultantes de la procédure criminelle, & même cette réserve étant de droit, il n'est pas douteux que les parties peuvent tirer avantage respectivement, de tout ce qui résulte de l'un & de l'autre ; c'est-à-dire, tant de la procédure criminelle, que de l'enquête : la partie civile, ou la partie publique, pourroient même encore faire informer par ampliation, si elles avoient découvert de nouvelles preuves du crime.

Voulons que la présente Ordonnance soit gardée & observée dans tout notre royaume, terres & pays de notre obéissance, à commencer au premier Janvier de l'année prochaine 1671 ; abrogeons toutes Ordonnances, Coutumes, Loix, Statuts, Réglements, styles, & usages différents ou contraires aux dispositions y contenues : si donnons en Mandement, &c. Donné à Saint Germain-en-Laye, au mois d'Août, l'an de Grace 1670, & de notre regne, le 28ᵉ. Signé LOUIS, & plus bas par le Roi, COLBERT.

Cette Ordonnance ayant été envoyée au Parlement de Paris, & présentée, les Chambres assemblées, il y eut Arrêt du 23 Août 1670, qui ordonna que ces lettres, en forme d'Edit, seroient publiées & regiſtrées pour être exécutées selon leur forme & teneur, & ensuite lettre de cachet du 24 du même mois, conçue dans ces termes.

" Nous avons appris avec beaucoup de satisfaction, la conduite que
,, vous avez tenue pour l'enrégistrement de notre Ordonnance, sur le fait
,, de la procédure criminelle, nous ne pouvons trop promptement faire
,, ressentir à nos sujets les avantages qu'ils en recevront ; & comme il
,, est nécessaire, avant de l'envoyer dans les Provinces, qu'elle soit lue
,, & publiée dans une Audience publique, ainsi qu'il est accoutumé :
,, voulons & vous mandons que vous ayez à en tenir une pour cet effet,
,, mardi prochain, ou le jeudi suivant ; encore qu'elles aient cessé dès le
,, 15 du présent mois, *signé* LOUIS. ,,

Il y eut en conséquence, Audience publique, le mardi, 26 Août 1670, & Arrêt d'enrégistrement, portant que cette Ordonnance commenceroit à être exécutée le 1 Janvier 1671.

Fin du Tome troisieme.

CODE CRIMINEL,

OU

COMMENTAIRE

Sur l'Ordonnance de 1670,